U0845896

北京市社会科学理论著作
出版基金资助

ZHONGGUO WENHUA CHANPIN MAOYI DE LILUN YU SHIZHENG YANJIU

中国文化产品贸易的理论与实证研究

曲如晓 著

北京师范大学出版集团
BEIJING NORMAL UNIVERSITY PUBLISHING GROUP
北京师范大学出版社

图书在版编目(CIP)数据

中国文化产品贸易的理论与实证研究/曲如晓著. —北京：北京师范大学出版社，2017.1
北京市社会科学理论著作出版基金资助
ISBN 978－7－303－20990－3

Ⅰ.①中…　Ⅱ.①曲…　Ⅲ.①文化产品－贸易－研究－中国
Ⅳ.①F724.786

中国版本图书馆 CIP 数据核字(2016)第 166809 号

营销中心电话　010-58805072　58807651
北师大出版社学术著作与大众读物分社　http://xueda.bnup.com

出版发行：北京师范大学出版社　www.bnup.com
北京市海淀区新街口外大街 19 号
邮政编码：100875
印　　刷：北京中印联印务有限公司
经　　销：全国新华书店
开　　本：890 mm×1240 mm　1/32
印　　张：14.75
字　　数：380 千字
版　　次：2017 年 1 月第 1 版
印　　次：2017 年 1 月第 1 次印刷
定　　价：58.00 元

策划编辑：马洪立　　责任编辑：戴　铁
美术编辑：王齐云　　装帧设计：王齐云
责任校对：陈　民　　责任印制：马　洁

前言

信息与通信技术的进步、产业结构的升级换代及全球经济的快速发展，催生了人类更高层次的精神文化需求，使文化在全球经济中的地位日益提高。正如美国著名经济学家雷·罗森所言："我们的经济将向何处发展？什么能带动我们的发展？答案是文化。"的确，当今世界，全球经济的竞争不再局限于传统产品的生产与服务领域，而是向着集知识、技术和创新于一体的文化产品生产与服务领域延伸。文化经济已成为全球经济格局中又一迅猛发展的经济形式，成为提升一国国际竞争力的重要力量。

作为文化经济的重要形式，文化贸易在全球国际贸易格局中发挥着越来越重要的作用，其影响得到了社会各界的关注。文化产业是文化贸易发展的基础，文化产品则是文化产业发展的核心。与传统产品相比，文化产品不仅体现了传统产品的经济属性，而且反映了一个国家或地区的宗教信仰、生活习惯、社会道德准则等核心文化价值观念，是一种集经济属性与意识形态为一体的特殊产品。文化产品的双重属性赋予了文化产业低投入、低耗能、低污染、高回报、高融合的产业特征，是一种典型的绿色产业。因此，在全球产业结构调整和经济全球化的浪潮中，越来越多国家的政府开始意识到文化产业在国民经济中的重要地位，大力发展文化贸易已成为推动各国文化产业发展、获得更多经济利润以及提高各国文化在全球影响力的重要途径。例如，自20世纪90年代以来，为了振兴国内经济，日本政府将文化与经济结合起来，确立了文化立国方针，通过设立和举办各类战略会议来推动本国文化贸易的发展。此外，作为全球最大移民国，美国实际上缺少自己的历史文化，却积极地吸收他国优秀的历史文化，并借助自身的资本与技术优势，将其打造成全球“文化巨无霸”，成为全球最大的文化“输出”国。

对于中国而言，积极地发展文化贸易，不仅有利于提高对外贸易发展质量、转变经济发展方式、创造更多的经济价值，还可以有效地在全球传播中国文化、树立良好的大国形象、增强全球对中国文化认同、提升中国文化“软实力”。自“十二五”规划以来，党中央、国务院高度重视发展文化贸易，先后出台一系列重要决策文件。中国共产党十七届六中全会通过了《中共中央关于深化文化体制改革 推动社会主义文化大发展大繁荣若干重大问题的决定》，该文件提出要完善支持文化产品和服务“走出去”政策措施，提高中国文化贸易的整体实力。中国共产党十八届三中全会通过的《中共中央关于全面深化改革若干重大问题的决定》进一步强调了发展文化贸易的重要目标，要求提高中国文化市场的开放水平、培育外向型文化企业、支持文化企业对海外市场的开拓。令人欣喜的是，2014年3月，国务院又专门印发了《关于加快发展对外文化贸易的意见》，该文件就新时期中国对外文化贸易发展的总体要求进行了系统的阐述，并从金融支持、财税支持、服务保障措施和文化企业四个方面进行了详细的政策部署。

中国文化贸易政策文件的陆续出台为中国文化贸易发展创造了重要的机遇，中国文化贸易取得了蓬勃的发展。根据联合国商品贸易数据库(UN COMTRADE)统计，2000年中国核心文化产品出口额仅为27.29亿美元，而2014年中国核心文化产品出口额已达到176亿美元，增长是举世瞩目的。即便如此，中国与世界文化贸易强国之间仍存在着很大的差距。在核心文化产品出口中，中国出口的核心文化产品以视频游戏机、手工艺品等劳动密集型文化产品为主，这些产品缺少文化内容、附加值较低，其出口主要得益于中国传统的制造成本低廉的优势。而真正能够展现一国文化内容、文化竞争力的影视媒介、版权、表演艺术类等附加值较高的文化产品以进口为主。因此，打造具有中国文化价值符号的文化产品、优化中国文化产品出口结构、推动中国文化贸易发展，成为一项具有重要意义的战略举措。

作者自2006年起开始从事国际文化贸易领域的研究，至今已有10年的时间。本书是基于作者对国际文化贸易的数年研究撰写而成的，分别从理论与实证两个层面就当前中国文化贸易重点与前沿问题进行了全面的阐述，希望能为中国文化贸易的学术研究贡献微薄之力。然而受作者自身学识所限，加之时间仓促，本书仍存在错漏与不足，恳请广大读者批评指正，以便日后进一步完善。

曲如晓

2016年6月

目录

图表目录

图目录

表目录

第1章 导 论

中国共产党十七届六中全会通过的《中共中央关于深化文化体制改革 推动社会主义文化大发展大繁荣若干重大问题的决定》中明确提出，要推动文化产业成为国民经济支柱性产业，使之成为新的经济增长点、经济结构战略性调整的重要支点、转变经济发展方式的重要着力点，同时大力开拓国际文化市场，发展服务外包。同时，党的十八大报告进一步指出，文化实力和竞争力是国家富强、民族振兴的重要标志，并提出要“扩大文化领域对外开放，积极吸收借鉴国外优秀文化成果”。在以文化为标志的新一轮国际竞争中，如何实现中华文化的伟大复兴，使中国在政治上更有影响力、经济上更有竞争力、形象上更有亲和力、道义上更有感召力，便具有了重要的战略意义。在这一过程中，全面把握和分析中国文化产品贸易发展概况、探讨影响因素以及存在的问题，对于制定新时期文化贸易发展战略有着很强的现实意义。

近十年来，文化产品的对外贸易日益受到世界各国的重视，贸易竞争的激烈程度也在逐渐加剧。主要原因包括以下三个方面：首先，有形资源日益紧缺，环境压力越来越大，这使传统产品生产的成本不断加大，生产的边际收益迅速减少；而文化产品由于主要依赖于智力资源进行生产，且其边际收益是递增的，所以吸引了主要发达国家的注意，各国都在努力扩大生产并促进对外文化贸易。其次，全球生活水平总体上升，消费的文化内容、精神满足方面的追求正不断加强，文化产品的国际市场规模逐步扩大。再次，世界主要国家都已经意识到通过文化产品出口，是使本民族文化得以融入世界体系、与他民族文化共存的有效途径；同时，通过扩大文化产品出口，可以增强民族自信心，进而增强本民族的文化生命力，从而保持本民族的独特性和民族生存力。

尽管近年来中国文化产品贸易取得了快速发展，但依然存在着若干值得高度重视的问题，如贸易平衡、出口竞争力、市场多元化等问题。因此，在对中国文化贸易总体情况分析的基础上，我们还需要进一步探讨中国文化贸易在世界格局中的地位、竞争优势和劣势，从而找准未来发展定位，采取有效措施，促进文化贸易跨上新台阶，使之成为新的经济贸易增长点，充分发挥其在政治、经济、社会领域的特殊功能和作用。

1.1 研究的背景与意义

1.1.1 世界范围内文化产业的迅猛发展

在日益全球化的世界里，经济驱动力和文化驱动力可以被视为影响人类行为的两个重要力量(Thorsby，2001)。文化与经济、政治相互交融，文化与科技结合日益紧密，在很多发达国家，文化产业正逐步成为经济活动的核心。对于转型发展中的中国而言，文化的重要性已成为政府和社会的共识：一方面，文化产业在承接经济结构转型过程中潜力巨大，在改变了经济增长的价值含量的同时，也为经济增长方式的转变提供了巨大的创造性空间；另一方面，通过制定、运用和实施国家文化战略去获得本国战略利益的最大化，是国家与国家之间战略竞争的重要手段。

20 世纪 80 年代以来，文化在经济领域内经历了显著的转变。文化产品不再被视为与“真正的”经济活动隔着一层的次级品，因为曾几何时，人们认为只有生产耐久而“有用的”商品才是"真正的"经济活动。随之而来的是文化企业的所有权与组织形式的剧烈变化，大型企业不再专注于某个特定的文化产业门类，如电影、出版、电视或唱片；相反，它们开始跨行业运作，公司与公司之间的兼并重组程度空前激烈，也形成了类似迪士尼(Disney)和新闻集团(News Corporation)这样跻身于世界最有价值的公司之列的文化企业。在政府层面，文化政策和文化规制也经历着重大改变，长期存在的公共所有制及规制传统已被摒弃，重要决策的制定日益在国际层面上执行。

在上述的转变过程中，具备先行优势的国家逐步形成了对世界文化发展的垄断地位。以 2008 年的数据为例，2008 年世界文化产业规模达 1.70 万亿美元，但如此庞大的文化产品供给规模仅由少数国家垄断，其中，美国占据的规模最大，达到 36.6%，然后依次为日本、英国、德国和法国，如图 1-1 所示。

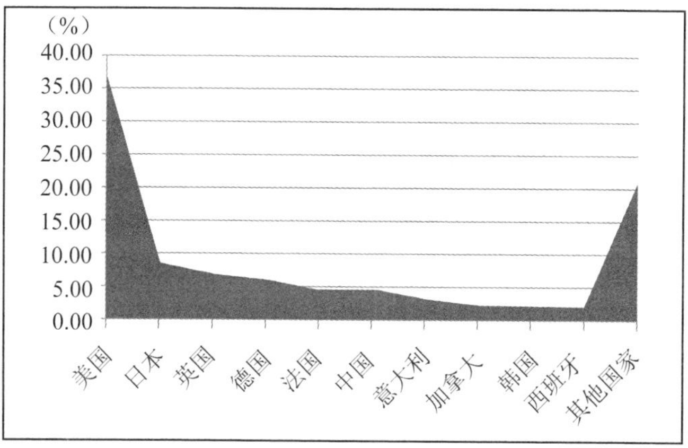

图 1-1 主要国家文化产业市场规模面积图

数据来源：韩国文化体育观光部，《2008 年韩国文化产业白皮书》，2008：48。

从具体数据分析，市场规模前十位的国家中除去中国(含中国香港、中国澳门地区)均为发达国家，规模总占比为 73.9%，文化产品国际市场中的"南—北"差异十分显著。发达国家文化产品输出的比较优势格局对发展中国家文化多样性形成重大威胁(UNESCO，1999)，一国思想、信仰、传统和价值观的多样性是文化资本的重要属性，它具有促使新资本形成的能力，文化产品的创新在某种程度上受到现有文化资源的启发，而更多样化的资源会在将来产生更多样性和更有文化价值的艺术作品。

可见，注重文化的发展，特别是文化产品贸易的发展，对中国而言不仅有战略层面的意义，也有着现实的经济意义。

1.1.2 文化产品贸易是中国文化走出去的必然之路

文化产品凝结了一国价值观、信仰和行为准则等文化内涵，文化产品的输出可以最大限度地增加进口国对出口国文化的认知和理解，从某些方面来讲，文化产品的社会价值输出超过其商品价值。文化如水，具有独特的渗透力，文化产品承载着价值观念和生活方式，与其他商品相比，文化产品在文化特征上会对消费者潜移默化地产生持续影响。

无疑，中国是一个资源大国，但在文化产品输出能力上却是一个小国。在整个国际文化市场中，中国所占份额不及6%，而这个比例更多的是由低附加值、劳动密集型的文化硬件产品所贡献。“十一五”期间，中国核心文化产品出口占中国货物贸易出口的比重仅为0.74%，如电影、电视、演出、动漫、游戏等体现核心文化内容的文化产品，出口能力极弱，这表明中国文化在世界范围内传播的被动，文化影响力效率低下，文化软实力“软弱”。

一直以来，中国文化的对外传播主要基于“送出去”的形态，也从一定程度上导致了部分国家对“中国威胁论”的炒作，文化发展空间长期受到压制。必须改变这种被动的思维模式，将文化“送出去”改变为“卖出去”“走出去”，通过文化产品在国际市场的贸易行为，将中国文化形象化、具体化，这不仅有利于吸引更多的贸易伙伴并获得经济利益，同时也能够让世界更好地了解逐步开放的中国，带来外交和文化传播的辐射效果。作为对外文化贸易的重要组成部分，推进中国文化产品贸易对于促进中国文化的对外传播、提升中国文化“软实力”具有重要意义。因此，积极推进中国文化产品贸易的发展是当前不可替代的最现实手段和最有效路径。

1.2 文献综述

与传统的一般物质产品相比，文化产品在生产、流通、分配和消费等方面有着并不完全相同的经济规律。然而，在文化的经济学领域并未建立起一个成熟的、经过大量经验检验的理论模型框架，这也导致在很长一段时间内，对于文化产业以及文化产品的研究更多的是由文化学和传媒学者来完成。虽然经济学向文化领域的渗透进展缓慢，但是可以看到，全世界范围内对经济和文化现象之间关系的研究兴趣越来越浓。特别是近年来，文化的经济地位逐渐凸显，新闻、出版、广播、影视、艺术欣赏、广告、动漫、娱乐等形式的文化产业，在为国民提供获取信息、学习、享受娱乐服务的同时，也创造出了巨大的社会产出，成为国民经济的一个重要组成部分。作为文化产业发展的必然落脚点，文化产品贸易就体现了宏观层次比较优势的微观细致化。

文化产品贸易被作为国际贸易中的热点问题进行专题研究，是在20世纪90年代初“文化产业”被发达国家逐渐作为各自的产业发展战略重点之后。就可查的文献来看，国外对文化贸易的研究最早出现在90年代中期，代表性学者包括Marvasti and Canterbery(1994)以及Hoskins and Mirus(1995)等。国内对文化产品贸易开展有针对性的研究虽起步稍晚，但进入21世纪发展迅速，尤其是“十一五”时期中国确立文化产业发展战略之后，国内有关文化产品贸易的研究文献成倍增长。本章将尝试从文化产品贸易的相关定义、发展现状、影响因素以及发展对策等几个方面进行系统梳理，为后文的研究提供一定的线索和分析思路。

1.2.1 文化产品的定义及属性特征

1. 关于文化产品定义的相关研究

早在18世纪和19世纪经济学家就开始从艺术和文化部门中举例探讨经济问题，Adam Smith对于“歌剧歌唱家和舞蹈家”的举例，Jevons对于“公共博物馆”的分析等都从供给面的角度初步探讨了文化产品的问题。对于文化产品本身的定义，文献中并未形成一个统一的范畴，一个直觉的定义是凡是表达思想、价值符号和生活方式的商品和服务都可以称之为文化产品(Corral and Poussin，2000)，如视听影视、唱片、书籍、杂志、多媒体产品和时尚设计等。

归纳来看，不同的学者从不同的立足点出发，其界定方式也存在差别，研究结果大致可以分为三类：一是从文化产品的载体属性来定义，例如王立凤(2007)认为文化产品是指那些带有文化意义的产品，其中文化意义是指产品使用价值中或使用价值以外所包含的象征性含义；李东华(2006)的观点是文化产品是指由文化人和文化行业生产出来的含有文化性、艺术性或文化含量高的文化载体和服务。二是从其商品属性来定义，例如文化产品是由相关人士或者部门创作的，以文化或艺术为主要内容，能够满足人类精神需求，反映社会意识形态，满足大众娱乐的文化载体(臧秀清，2011)。三是从文化活动领域的区别来定义，UNESCO(2009)在其文化统计框架中将文化产品定义为传递思想符号、生活方式的消费品，如书籍、杂志、多媒体产品、软件、唱片、电影、音像节目、手工艺品和时装等；文化生产和消费的领域主要包括文化和自然遗产、表演和庆祝活动、视觉艺术品和手工艺品、书籍和报刊、音像和交互媒体产品、设计产品和创意服务；并鼓励各国在这些领域里收集可比数据。

从文化产品的形态上划分，又表现为有形文化产品、无形文化产品以及文化服务三类。区别于有形文化产品以实物的形态存在，无形文化产品则主要表现为意识形态的一种集合，如信仰、经验、文化传统等；文化服务是由文化供给主体提供的满足人们文化需求的服务行为，一般以有形或无形的文化产品为载体(Cheng，2006)。

尽管对于文化产品的定义和具体所指在文献中存在着大量的、差异化的界定，但这主要是由学科特点和研究出发点不同所造成的，大多数定义并无太大的差异。其中，联合国教科文组织(UNESCO，2009)的定义在经济学领域的研究中得到了较多的认可。

2. 文化产品的属性及特征

所有的文化产品和服务的共性是它们都含有创造性和艺术成分，这也使得文化产品的体验来源于消费者差异性的感知、情绪和主观经验。可以讲，文化产品是凝结文化艺术内涵的载体，就载体形式而言，可以是有形的，也可以是无形的；可以是最终消费产品，也可以是中间投入品；可以是耐用消费品，也可以是即时消费品。文化产品的生产过程也区别于普通产品，具备独特艺术价值、无法复制的文化产品通过仅有的一次创造性步骤完成生产，不具有规模经济；有些可复制的文化产品其生产经过创意和复制两个阶段。

文化产品和普通产品一样也具有经济属性，它们的生产都要使用土地、劳动力、资本等投入要素，尤其是人类的智力活动。但更值得关注的是文化产品的特殊性，即文化产品的外部性特征和公共物品属性。文化产品的外部性是指某一个体对文化产品的消费活动对其他个体的消费施加的间接影响，并且这种影响使得对其他个体所造成的损失或收益均不能通过市场交易价格来反映，这种外部性特征表现为正外部性和负外部性。

当然，依据文化产品的消费属性不同，也可将其分为公共品、准公共品和私人品，以非排他性和非竞争性为依据对这些属性的文化产品剖析，是阐述政府干预文化产品供给的重要理论基础。

1.2.2 文化产品的分类和统计

从已有文献来看，根据不同的文化产品定义、不同的研究出发视角，对文化产品的分类就并不同。总体上，从以下几种思路对文化产品进行分类：第一，从产品性质和文化的相关程度划分。联合国教科文组织(UNESCO)将文化产品划分为核心文化产品和相关文化产品，两者的区别在于产品本身是否有着文化、艺术特征的组成部分。核心文化产品主要包括书籍、记录媒介、文化遗产、视听产品等，而相关文化产品则主要指支撑创意、生产、销售核心文化内容的设备、材料等，如手工艺品、空白胶片、录影带等。第二，从产品的产权归属关系以及排他性角度划分，将文化产品划分为私人品、准公共品和公共品。第三，从文化产业形式来划分，可以分为生产型文化产品和服务型文化产品，也就是通常所讲的文化产品和文化服务。第四，从物理形态角度来划分，可以分为有形文化产品和无形文化产品，即文化硬件和文化软件。

有了界定清晰的文化产品分类，才可以构建文化统计的基本框架。从目前来讲，并不存在一个统一的统计框架，各国主要根据本国实际情况从相关产业指标中，按照一定的原则建立起有机组合的指标体系来作为文化统计框架。以加拿大为例，其文化产品统计包括了“以经济、文化为主题的产品主体(广播、电影、电视、音像、图书、出版、杂志等)的印刷、生产、制作、广告和发行；还包括了诸如博物馆、图书馆、档案馆、书店、表演艺术、可视艺术在内的服务”，近年来又增加了多媒体和信息网络等内容。另一个典型国家是英国，英国政府将“那些出自个人的创造性、技能及智慧和通过对知识产权的开发生产可创造潜在财富和就业机会的活动”，均列入文化产业的统计范围，可见英国对于文化统计的界定范围比较宽泛。

相比来讲，联合国教科文组织(UNESCO)和联合国贸发会议(UNCTAD)这两大国际组织的文化统计框架有着更为广泛的应用。UNESCO对于文化的定义较为宽泛，其文化统计框架涵盖了诸如运动、旅游、游戏产业等方面的内容，并按照文化相关性分为核心文化产品与相关文化产品。UNESCO的分类依据1986年教科文组织文化统计框架划分，并反映在《1994—2003年文化产品和文化服务的国际流动》中，该报告分类与联合国国际贸易标准分类(第三版)相对应，并精确到三级编码。随后UNESCO在1986年文化统计框架的基础上进行了修订，并公布了最新的文化统计框架即《2009年联合国教科文组织文化统计框架》，该框架对文化产品和服务的国际贸易进行了考察，文化产品的流动数据是利用世界海关组织提供的海关统计数据，并借助2007年版商品名称及协调编码制度(HS)整编而成，文化服务则采用扩大的国际收支服务分类(EBOPS)获取，以跨境交付统计为主。

另一个权威的国际贸易组织——UNCTAD近年来通过一系列《创意经济报告》的形式，发布了2003年以来创意经济的贸易数据。尽管从范围所指上来看，创意产品是区别于文化产品的，但两者的界定还是有着较多的重叠部分。

作为目前世界范围最主要的文化统计框架，UNESCO与UNCTAD的分类均涵盖了广泛领域，以便获得普适性，二者均包含核心产品和相关产品，而且界定核心和相关产品的原则也基本相同(杨京英、王金萍，2007)。

1.2.3 文化产品贸易的发展现状研究

现状研究一般是发现问题和寻求对策的前提和基础。国内学者最早关注的是版权贸易，其中又以图书版权贸易为核心，至21世纪初有关图书版权贸易现状的研究，几乎构成中国文化贸易研究文献的全部。21世纪以来，有关中国图书版权贸易现状、问题及对策的研究，在文化贸易研究文献中所占比重最大(李嘉珊，2012)。随着研究的不断深入，相关文献也从图书版权扩展到包括图书版权在内的新闻报刊、音像制品、广播影视作品、计算机软件以及网络游戏、动漫作品的版权贸易等各个领域。这一时期的文献，不仅对中国版权贸易现状进行了总结，而且对存在的问题及其原因开展了多层面的分析。姚德权、赵洁(2007)以及包温慧、邓志龙(2007)对2006年以前国内版权贸易研究进行了综述。王清、杨威(2010)则对“十一五”期间中国图书版权引进与输出研究现状进行了综述。

从文化贸易整体视角进行研究的国内文献出现在中国加入WTO之后(李怀亮，2002)。2003年9月，文化部制定下发《关于支持和促进文化产业发展的若干意见》，2004年4月国家统计局发布《文化及相关产业分类》以后，国内文化贸易研究进入快速发展期。众多研究表明，文化贸易在中国对外贸易中的地位较低，占世界文化贸易份额较小，文化贸易缺少“明星”企业和品牌产品(彭育园，2006；张海涛，2007)；文化产品出口结构单一，国际营销手段落后，贸易渠道狭窄(蒋晓梅，2007)；由于文化信息传播渠道和影响力不够，使得中国文化贸易存在结构性劣势、品牌劣势和外部认知性劣势(王学成、郭金英，2007)；文化服务贸易严重落后于文化产品贸易，文化产业外向国际化刚刚起步(赵有广、盛蓓蓓，2008；杨文兰，2011)；由于文化出口中重产品形式，轻产品内容，导致文化出口产品附加值和利润率低(梓豪，2009)；中国文化出口贸易中的文化折扣度高，国际竞争力弱(魏雪莲，2009；王丽丽，2011)；中国文化贸易主要与收入水平差距较大的国家或地区进行(霍步刚，2008；黄娟，2009)。在对中国文化贸易增长、贸易差额、贸易结构、贸易主体和贸易市场现状的研究方面，由于中国缺乏完整的文化贸易统计数据，绝大多数文献仍基于国家版权局发布的版权贸易数据进行分析，因此，得出的研究结论与前述对版权贸易现状研究的文献得出的结论基本一致(李清亮，2009；孙海鹊，2011；张抒，2011)。

在2008年联合国贸发会议(UNCTAD)发布《创意经济报告》之后，国内从创意文化贸易概念视角开展研究的文献逐渐出现，这些研究均依据创意经济数据库中的统计数据进行比较分析，因此，在对中国创意文化贸易现状的认识上得出了一些不同的结论。胡飞葛、秋颖(2009)研究发现，中国创意产品贸易发展迅猛，贸易顺差逐步扩大；国际贸易地位不断提升，中国内地已成为创意产品的主要出口地区；创意产品进出口类别结构不断调整，但总体相对稳定。白远、陶英桥(2009)研究认为，随着全球文化市场规模的不断扩大和中国出口产品竞争力的提升，中国创意产品出口增长迅速，在核心创意文化产品出口规模上已居世界第三位，仅次于英国和美国，中国创意文化产品贸易呈现明显贸易顺差。何伟、常深(2009)则认为，中国在世界创意产业国际贸易中占有举足轻重的地位，但仍存在商品结构单一、服务贸易巨额逆差等问题。

总之，现状研究是国内文化产品贸易研究的另一重点，从起初简单的历史数据分析和对贸易现象的定性描述，逐步转向国际数据比较基础上的实证研究，对中国文化产品贸易现状的认识更加全面和深入。但是，由于国内外对文化贸易概念的理解、分类及统计标准不统一，文化贸易统计数据不完整，不同学者采用不同来源数据，对中国文化贸易或创意文化贸易现状进行分析，得出了一些不同的结论。而且，由于统计数据缺乏，迄今有关中国文化服务贸易现状研究的文献不多。

1.2.4 文化产品贸易的影响因素研究

文化产品不同于普通的商品，其本身具有“双重属性”特征——商品属性和文化属性的统一，因此对于文化产品贸易而言，除了传统的地理距离、国家规模效应、共同边界等因素外，一些反映文化属性、文化差异的变量对贸易额的影响更值得关注。

早期文献将文化差异作为一种宽泛意义上的交易成本直接

引入引力模型框架进行研究，即除了地理距离体现的贸易成本外，利用共同语言与殖民联系的虚拟变量来反映贸易国间的文化差异，但 Tadesse and White(2010)通过对美国和加拿大、墨西哥间的贸易关系分析发现，上述这些所谓交易成本变量并不能完全解释文化差异所带来的影响。正如 Deardorff(2004)所说，区别于传统的可观测变量，一些无法直接观测的“文化因素”变量同样对贸易产生了抑制效应。而这些无法直接观测的影响因素中，反映两国间文化差异的文化距离(Hofstede，2001)和一国消费者对于他国文化产品的消费成瘾性特征(Schulze，1999)对文化产品贸易有着显著作用。

前期文献中对于影响贸易的一些无形距离因素(intangible distance barriers)的忽视逐渐引起了学者们的关注(Grossman，1998；Frankel，1997)，贸易国间对于彼此文化的不熟悉以及不完全信息都会增强距离因素对于贸易的抑制效应。较大的文化差异会增加彼此间了解对方市场、预测对方行为的难度(Elsass and Veiga，1994)，从而使得彼此间的经济往来更为复杂化(Neal，1998)。因此，一些文献开始利用不同的代理指标来研究文化差异与贸易间的关系，Guiso et al.(2009)使用双边信任变量、Disdier and Mayer(2007)使用双边共同观点变量、Melitz(2008)使用语言近似度、Wagner(2002)使用移民变量、Rose(2000)使用过去的殖民联系，等等。但对于类似研究普遍存在着一个疑问，就是这种单维度的指标能否如实“体现”文化这种多维度概念？因此，近年来部分学者通过使用文化距离来反映贸易国间的文化差异，进而引入计量模型进行实证研究。文化距离指标的构造通常有三种思路：一是利用世界价值观(WVS)或欧洲价值观(EVS)调查数据，选取价值准则、行为准则、服从性等指标维度，配以不同的权重来构造文化距离指标(Tadesse and White，2010；Maystre and Olivier，2005)；二是 Inglehart and Baker(2000)通过传统与世俗行为、自我生存与自我表现两个综合维度，构造的文化距离指数；三是

Hofstede(1991，2001)利用横跨50个国家的117 000名IBM员工调查数据，从权力距离、不确定规避、个人与集体主义、男性气质、长期取向、放纵与克制6个文化维度构造的文化距离指数。这些文化距离指标的构造，尽可能地体现了样本国居民所共享的传统习惯、信仰、风俗、行为准则以及价值观，更好地反映了国家间的文化差异。

但值得注意的是，在利用文化距离进行的具体实证研究中，却有着不一致的结论：Tadesse and White(2007)、Linders et al.(2005)、Boissoand Ferrantino(1997)发现较大的文化距离对贸易存在着抑制效应，增加贸易成本，减少双边文化贸易额；而Guiso et al.(2005)利用16个欧洲国家1970—1996年的数据，从企业角度研究发现较大的文化距离反而会促进贸易的发生。出现这一结果的一个重要原因就是对文化距离变量内生性问题的忽视，就目前文献来看，并没有一个恰当的、构造合理的文化距离工具变量出现，Maystre et al.(2008)依据World Economic Survey数据构造了用以反映国家间文化相似度的指标，但后来的研究发现该指标消除文化变量内生性影响的效果并不十分显著；Disdier and Mayer(2010)在对商品总贸易的研究中使用已发生的文化贸易额作为双边文化距离的工具变量，发现文化贸易额用以反映双边文化距离是一种有效的手段，但遗憾的是这种方法显然不适用于本书针对文化产品贸易本身的研究。无法取得一致研究结论的另一个重要原因在于样本数据结构的差异，部分研究使用单一国家对其主要贸易伙伴国的数据用以实证分析，其潜在的必然前提就是这些主要贸易伙伴国与该国已经具有较好的贸易往来和较近的文化距离，最终必然会低估文化距离的影响，而高估语言、共同边界、殖民联系等国家特征的影响，此结果只能用以解释针对该国文化产品贸易的影响因素。

另一个影响文化产品贸易的主要因素就是文化产品消费具有的成瘾性特征，即消费者对于某种文化产品产生的依赖性和消费持续性，比如对于某类音乐的偏爱、某种风格电影的欣赏、某类艺术品的鉴赏，等等，不仅会持续增加这种所熟知的文化产品的消费，而且会排斥其他替代性的文化产品，这也是文化产品拥有的重要特质之一。经济学中对于消费成瘾性特征的研究由来已久，Becker and Murphy(1988)利用需求函数分析了香烟的成瘾性与香烟消费间的关系，并解释了吸烟所带来的成瘾性特征；Chaloupka(1991)使用年度贴现因子，将成瘾性量化为过去消费对当前所累积的“消费资本存量”(stock consumption)；Schulze(1999)在新贸易理论框架下研究了贸易国间艺术品消费的成瘾性特征，发现艺术品如同Tuscany的红酒、法国的奶酪一样会由于消费习惯而产生依赖效应，进而引致增加了下期艺术品贸易额。因此，那些文化贸易额有限的国家之间由于不能积累足够的“文化消费资本”(cultural consumption capital)，而无法提升对于彼此产品的“鉴赏”能力，进而又抑制了未来文化产品贸易的发生。

1.2.5 贸易开放与文化

Berstein(2008)在对两河流域经济史的研究中发现，自古以来贸易不仅带来了物质的繁荣，还有各族文化的融合与大发展。在双边贸易的发展中，发生交换的不仅是商品和服务，还包括贸易国双方的价值观、社会信仰以及思想。这个过程存在着直接和间接的过程(Coyne and Williamson, 2012)。直接的表现是文化产品的进出口以及企业的投资行为。间接形式主要是指并非以文化传播为主要目的，但在贸易往来的过程中无意识地对当地文化产生了不可预期的影响，比如国外企业和组织所带来的管理文化和企业组织文化等，都间接地影响着当地文化，并形成一种持久的扩散效应。

目前，有关贸易开放对于文化的影响主要由以下两个方面组成：第一，“文化繁荣说”。一部分学者认为贸易的开放将带来正的外部性，促进文化的繁荣。Cowen(2002)认为贸易开放在带来某些文化被破坏的同时，也会产生出更有益的文化，相对于那些逐渐消失的社会观念，贸易开放能够提高个体的自主意识，带来更多的交易机会，进而培养人们对于彼此间的信任和尊重。Jone(2006)认为贸易的开放将促进文化的融合，可以减少不同群体间贸易交易的成本，有利于信任感的培养和社会价值体系的重建。Coyne and Williamson(2012)研究表明贸易开放确实对一国文化具有正向的影响。第二，“文化衰退说”。一部分学者认为贸易的开放将带来负的外部性，会对一国文化产生负面效应，破坏一国社会价值体系，导致内部凝聚力和认同度下降(Rodrick，1997；Chan，2007)。贸易开放会淹没已有的价值观和行为准则，鼓励个人主义作风，导致大量利用社会关系追寻个人利益现象的发生，降低社会中个体的自我认同感(Barber，1995；Huntington，1996)。

1.2.6 文化多样性与文化产品贸易

文化多样性最早被定义为“来自不同文化背景(价值观念、生活方式、行为习惯、宗教信仰等)的人们之间源于文化的差异性”(Coase，1993)。也有学者认为，文化多样性可理解为人类的不同群体体现在生活方式、价值体系、宗教信仰、风俗习惯等方面的表达方式与组织形式的多元化(Harmon，2002)。Cowen(2007)认为，文化多样性是指某一特定国家或民族独有价值观念、宗教信仰、思维方式、道德伦理、风俗习惯等文化内涵的丰富程度。联合国教科文组织(UNESCO，2005)则从人类社会文明发展的角度，将文化多样性定义为“各群体与社会借以表现其文化的多种不同的形式，这些表现形式在不同群体内部及其间传承，既体现在人类文化遗产通过丰富多彩的文化表现形式来表达，也体现在借助各种形式和技术进行的艺术创造、生产、传播、销售和消费的多种形式”。

在文化多样性的测度方面，MacArthur(1965)认为可利用某一群体具有的不同文化特性的种类数表示，种类越多则文化多样性程度越高。这种方法简单地将种类数等同于多样性，无法全面衡量多样性程度。Shannon(1969)在研究美国音乐行业的文化多样性时，指出不同类型音乐所占比重是衡量音乐行业文化多样性的重要指标，各比重的均衡程度越大，文化多样性程度越高。借鉴生物多样性的研究，Stirling(1999)提出文化多样性应同时包含“种类数、均衡度、差异性”三个维度，某一群体具有的不同文化特性的种类越多、各自所占比重越平均、任意不同文化特性之间的差异越大，则该群体的文化多样性程度越高。Stirling(2007)构建了测算文化多样性的综合指标，并以不同文化特性之间的欧氏空间距离表示差异程度。Benhamou and Peltier(2009)在Stirling(2007)研究的基础上引入特定参照基准类别，得到新指标，使定量测度文化多样性的综合指标更加完备。

最后，在文化多样性与文化产品贸易关系方面，已有研究中仅是少量的文献定性说明中国文化多样性变动的事实，或是间接探讨文化多样性与文化产品贸易的问题，如罗能生(2007)定性地论述了国际贸易和文化之间的互动，但没有涉及文化多样性与文化产品贸易的关系；Linders(2005)、Guiso(2009)利用殖民联系、移民、语言相似度、双边信任等变量表示文化差异分析了文化差异对文化产品贸易的影响，但文化差异性并不等同于文化多样性。

1.2.7 文化产品贸易其他相关主题的研究

除对文化贸易中的上述五个主题进行了相对集中的关注和研究外，国内少部分文献也对“中国文化贸易长期存在逆差的原因”和“WTO与文化贸易”两个专题，进行了分析和探讨。

就中国文化贸易长期存在逆差的原因，国内学者通过研究提出了以下观点：中国文化贸易尤其是版权贸易存在逆差有其合理性，是长期以来国家不重视文化的经济功能、文化产业不发达、文化企业国际影响力弱、文化产品和服务国际竞争力不强的基本体现(张志林等，2006；姚德权、赵洁，2007；魏婷、夏宝莲，2008)；政府和企业没有将丰富的文化元素进行梳理、凝练并进行经济化传播，造成中国文化产品的内容适应性低，增大了产品的文化折扣(赵有广，2006；张海涛等，2007；于晓燕，2009)；中国文化产品贸易参与主体少，专业人才匮乏，国际营销渠道狭窄，缺乏自主文化品牌(李运祥，2007；沙汉英、杨小川，2009；卫红，2010；朱娟娟、陈朝霞，2011)；中国政府在鼓励、支持、推动文化产品及文化企业走向世界的过程中，政策不到位、措施不具体(赵有广、盛蓓蓓；2008；缪凯、姚拓洲，2009)；由于文化产品的特殊性，使得世界各国基于文化安全目的对文化产品进口实施了程度相对更高、更加灵活多样的保护政策(李嘉珊，2008；余雄飞，2009；阮婷婷、欧阳有旺，2010)。

关于WTO与文化贸易这一专题，国内现有文献的研究结论表明：一方面，WTO自由贸易体制对文化贸易增长起到了积极作用；另一方面，自由贸易又导致文化产品与服务过于集中，形成市场垄断，导致文化多样性面临挑战(马冉，2006)。虽然WTO并没有将文化例外明确写入有关协定，但是在GATT乌拉圭回合谈判过程中，欧盟各成员国和加拿大等国提出的文化产品及服务具有特殊性，不应被视为普通贸易商品及服务，不必完全履行GATT原则的主张，在WTO成立以来的贸易实践中还是被很多国家所“默认”并付诸实践(姚新超，2008)。事实上，分散在1994年GATT第4条有关“电影放映限额”和第20条(f)项有关“保护具有艺术、历史和考古价值国家财产规定的一般例外”、服务贸易总协定(GATS)所包含的属于“视听服务”的最惠国豁免清单，以及文化服务部门开放须做出单独承诺等规定，还是为文化贸易“例外”保留了一定的空间(张斌，2011)。这也就为某些成员以保护文化多样性和“文化安全”为由，对部分文化产品和服务实施进口限制提供了借口。对中国而言，这既对扩大文化产品和服务出口带来潜在威胁，也对中国保护本国文化市场提供了一定政策空间(张丽英，2011)。鉴于文化产品和服务具有超越商业价值的特殊属性，而且随着技术进步所导致的文化传播手段更新，不仅文化产品和服务种类日益增多，而且文化产品和服务之间的界限也日益模糊，这必然对 WTO 现有贸易规则提出挑战(马冉，2009，2010)。但是，GATT 乌拉圭回合谈判中，文化例外的主张未被采纳的现实也表明，寻求在 WTO 规则体系中引入“单独的”文化条款困难很大。因此，WTO 成员只能充分利用并进一步发展现有 WTO 规则所提供的政策空间，尽可能在贸易自由化与文化保护的冲突中取得平衡(李墨丝、佘少峰，2011)。

1.2.8 相关文献的评价

对本章所述的理论和研究进行总结归纳，比较本书想要完成的研究目标，现有文献在以下几点尚存在阐释不清和尚不完善的地方。

第一，对于文化产品界定和文化统计使用的混乱。什么样的文化产品界定决定了什么样的文化产品分类，进而决定了文化统计框架。而部分涉及定量研究的文献对于文化产品的界定和文化统计框架并不“配套”，前后的不统一导致研究的规范性受到质疑。

第二，有关文化产品贸易的影响因素研究大多从文化差异角度出发，缺乏对微观层面和需求层面的研究。从目前文化产品贸易的影响因素研究来看，大部分文献主要从国家间文化差异性视角来研究文化产品贸易的影响因素，包括广义文化因素、文化距离等，而忽略了企业异质性和本地文化消费需求对于国家间文化产品贸易的影响。事实上，近些年随着中国经济水平的提升，居民的文化消费需求和不同文化企业的生产效率成为影响中国文化产品贸易的重要因素。因此，仅仅从文化差异的角度来探讨文化产品贸易发展是远远不够的。

第三，缺乏文化贸易与文化认同以及其对文化多样性影响的研究。由于文化贸易具有经济和文化双重属性，因此，随着文化贸易尤其是文化产品和服务进口的不断扩大，一国文化及其由文化所决定的价值理念、道德信仰和意识形态等，受到影响的程度和范围也会不断提升和扩大，这就有可能对本国文化多样性造成威胁。那么，文化贸易会通过哪些传导途径对一国文化安全和文化多样性产生影响？同时，文化产品贸易发展还取决于国家间居民对双方文化的认同。那么，国家间文化认同的提高是否会推动文化产品贸易发展呢？

第四，缺乏文化贸易领域贸易保护特征及趋势的研究。在2008年国际金融危机、2011年欧债危机和世界局部地区政治动荡、社会不稳，导致世界经济前景充满不确定性和不稳定性的趋势下，各种形式的贸易保护措施日渐增多。而随着文化贸易成为世界各国关注和发展的重点，贸易保护主义也势必加速向该领域蔓延。从WTO成立以来，成员之间就文化贸易是否应作为多边贸易规则的“例外”，至今仍争论不休，以及近年来各国保护文化安全和文化多样性的呼声日渐提高等现象，就可以看出某些端倪。因此，我们应“未雨绸缪”，对文化贸易领域内可能会出现的贸易保护新趋势、新特点和新形式，给予关注和跟踪研究，以便政府和文化贸易企业提早制定预案和对策。

1.3 研究内容与框架

文化产品贸易正日益受到世界各国的重视，特别是中国近年来在文化产品贸易发展上取得了惊人的成绩，但是，依然存在着如贸易不平衡、出口竞争力差、市场多元化程度低的问题。本书立足于中国文化产品贸易的发展，以竞争力的定量评价作为切入点，通过系统阐释文化产品贸易理论模型，利用不同的技术方法对文化产品贸易的影响因素进行实证研究；在此基础上，本书继续从贸易开放度、文化多样性、贸易摩擦等角度对中国文化产品贸易的影响展开深入的理论分析和定量研究；同时，为了更直观地反映中国文化产品贸易发展中的不足，本书以影视产品贸易为例，有比较、有评价地进行案例探讨；最后总结全书的研究结论，并提出政策建议及启示。

本书的研究内容主要包括以下几个方面。

第一，对文化产品的概念进行界定，并列示研究所使用的文化统计框架。文化产品定义和文化统计框架的不匹配，是进行深入研究的重要掣肘。本书综合考虑文化产品的特征，并基于联合国教科文组织关于文化产品的分类框架，对文化产品、文化商品、文化服务、核心文化产品、相关文化产品的概念进行了详细而明确的界定，并列示了文化产品相关数据的分类标准和统计口径。通过规范研究对象的概念及统计口径，确保所有定性及定量分析的规范性和统计数据来源的一致性，为接下来对文化产品的进一步研究奠定了基础。

第二，尝试用新贸易理论与新新贸易理论对文化产品贸易的理论模型进行系统阐释。文化产品作为特殊的商品，既有一般贸易商品的共同性，又有其自身的独特性。因此，对于文化产品贸易的理解，仅仅从传统的一般贸易理论出发是不够的。本书首先就传统贸易理论对文化产品贸易的解释进行了梳理，并以此为背景，阐释了新贸易理论框架下的垄断竞争模型，通过文化差异影响消费者效用函数的设定，推导得出文化产品进口国的购买能力、出口国的生产能力、传统文献中地理距离等冰山成本，以及文化距离等文化因素是影响文化产品贸易的主要因素。接着，以 Melitz(2003)新新贸易理论框架为基础，来探讨中国文化产品贸易发展的内在动力，并深入研究不同贸易成本对中国文化产品出口的二元边际影响。

第三，系统梳理中国文化产品贸易发展概况。本书分别从全球层面、市场结构和贸易结构视角系统地分析了从 1992 年至 2013 年中国文化产品贸易发展的总体格局。在全球层面，重点分析了 20 多年来中国文化产品贸易发展的总趋势，并对其间文化产品贸易的国际地位变化进行了分析。在贸易结构方面，本书就中国主要的核心文化产品贸易发展现状进行了总结与分析。最后，在市场结构方面，对中国与主要文化贸易伙伴(包括金砖国家、OECD国家等)之间的文化产品贸易发展趋势、特征等情况进行了阐释。

第四，利用不同的技术方法，对文化产品贸易的影响因素进行实证研究。前文描述了中国文化产品贸易的现状，并对文化产品贸易的发展进行了国际比较，但结论只告诉我们"是怎样"，却没有说明"为什么"。因此，本部分将重点探讨中国文化产品贸易发展的主要影响因素。利用贸易引力模型确定文化产品贸易的一般影响因素；在此基础上，从异质性企业、本地市场效应两个角度实证检验影响中国文化产品贸易发展的主要因素。

第五，从贸易开放度、文化多样性、文化认同等新的视角，探讨其对中国文化产品贸易的影响。一国文化产品贸易事实上受到很多因素的影响，从不同的角度进行探讨有着更现实的价值。本书从贸易开放度、文化多样性、文化认同等角度，就其对中国文化产品贸易的影响从理论分析再到实证研究，深入地进行剖析。首先，利用Hansen(1999)的门槛效应模型就贸易开放对中国文化产品贸易的影响进行实证研究，探讨开放对一国文化以及文化产品的影响；其次，在经济学分析视角下界定文化多样性内涵的基础上，借鉴文化多样性综合测度指标，从种类数、均衡度、差异性三个层面测算得出2002—2010年中国文化多样性综合指数，并实证检验了文化多样性变动对文化产品贸易的影响；最后，以文化认同为视角，探讨了文化认同对中国文化产品贸易发展的影响。

第六，以"文化例外"为视角，就中国如何应对文化贸易摩擦提出解决思路，并以影视产品贸易为案例进行比较和评价，综合全书研究结论提出政策建议与启示。首先以"文化例外"为视角，对WTO规则中与文化贸易有关的法律条例进行总结，并就中国未来如何化解或避免摩擦提出解决思路；其次，就中韩两国间影视产品贸易发展截然不同的走向进行对比分析；再次，在探讨发达国家成功经验的基础上，对中国影视产品贸易的发展提出启示；最后，基于前文对中国文化产品贸易现状、影响因素、文化多样性、文化认同以及贸易摩擦的研究，提出了优化中国文化产品贸易发展的政策与建议。

1.4 研究思路与方法

本书的研究目的是回答以下几个主要问题：中国文化产品贸易的发展现状究竟如何？文化产品贸易的影响因素有哪些？贸易开放、文化多样性、文化认同以及贸易摩擦对中国文化产品贸易究竟产生了怎样的影响？就中国目前的实际而言，该如何去促进文化产品贸易的发展？

众所周知，文化产品贸易的提升对于当前的中国来讲有着诸多现实意义，文化产品在国外市场的生产与销售带来的不仅仅是经济利益，也促进了中国文化价值观的海外传播，是文化“走出去”的必然载体。然而，中国文化产品贸易似乎并没有带给我们太多的欣喜，图书、影视、演艺等产品在国际市场上表现乏力，并且更多地局限在东亚地区和欧美的“华人圈”，处于一种文化资源“大国”、文化输出“小国”的尴尬地位。

对于中国，在文化产品贸易的发展过程中，既要坚持“两手抓，两手都要硬”，充分挖掘文化资源，促进具有中国特色的内容型文化产品出口，又要巩固和提升文化硬件行业的水平，促进外贸转型升级；既要做好文化产品的出口工作，扩大中国文化的影响力，又要有序引导进口工作，借鉴国外先进文化成果，促进中国文化产业的升级，满足人民群众日益增长的精神文化需求。要推动文化产业成为国民经济支柱性产业，使之成为新的经济增长点、经济结构战略性调整的重要支点、转变经济发展方式的重要着力点，发展文化产品贸易是重中之重。同时大力开拓国际文化市场，发展服务外包，提升文化实力和竞争力是国家富强、民族振兴的重要标志。在以文化为标志的新一轮国际竞争中，如何实现中华文化的伟大复兴，使中国在政治上更有影响力、经济上更有竞争力、形象上更有亲和力、道义上更有感召力，全面把握中国文化贸易发展现状和存在的问题，将对制定新时期文化贸易发展战略具有重要意义。

本书的研究对象涉及经济学、统计学、文化传播学、社会学等多门学科，是中国当前在理论上和实践上迫切需要突破和推进的现实问题。研究采用经济理论演绎分析、统计调查分析、实证分析、比较研究、规范分析相结合与集成的方法，以设立子课题的方式将项目研究流程有机地统一起来，整本书贯穿理论研究和实证研究两条主要线索。

1.5 主要创新点

第一，在国际贸易理论的基础上，系统阐释了文化产品贸易的理论框架。文化产品作为特殊的商品，既有一般贸易商品的共同性，又有其自身的独特性。因此，对于文化产品贸易的理解，仅仅从传统的一般贸易理论出发是不够的。区别于已有文献认为的文化差异因素影响贸易成本，本书基于新贸易理论框架下的垄断竞争模型，通过引入文化产品影响消费者效应这一变量，推导得出文化产品进口国的购买能力、出口国的生产能力、传统文献中地理距离等冰山成本，以及文化距离等文化因素是影响文化产品贸易的主要因素。此外，以影视产业为例，利用新新贸易理论框架下的企业异质性模型分析了存在双边固定贸易成本与全球固定贸易成本两种情况下，贸易成本对电影票房的影响，以此利用新新贸易理论解释了文化产品贸易。

第二，分别从不同研究视角，深入探讨了影响中国文化产品贸易的因素。以往文献在探讨文化产品贸易的影响因素时，主要关注的是文化差异性对于文化产品贸易的影响，诸如文化距离、广义上的文化因素。本书除了从传统的影响文化产品贸易的角度进行分析外，还分别从需求层面与微观层面对上述问题进行研究。在需求层面，本书重点考察了本地市场效应对中国文化产品贸易的影响，发现本地市场效应正取代传统的要素禀赋优势成为推动中国文化产品贸易的重要因素。在微观层面，本书从企业异质性视角，探讨了中国文化产品贸易发展的内在动力，发现集约边际依旧是推动中国文化产品贸易发展的主要因素。

第三，开拓全新的视角，从中国文化贸易开放度、中国文化多样性、中国文化认同和中国文化贸易摩擦等不同角度，深入剖析了其对中国文化产品贸易的影响。本书在经济学的视角下，界定文化贸易开放度和文化多样性概念，借鉴综合测度指标，从不同的层面研究影响中国文化产品贸易的影响因素；在此基础上，通过对文化多样性与图书产品贸易，以及对文化多样性与核心文化产品贸易的计量分析，对以下内容进行了实证检验：文化多样性变动对核心文化产品进口产生持续的、显著的正向作用，说明文化多样性与文化产品贸易之间存在一定的动态关系；同时，核心文化产品进口也在一定程度上影响中国的文化多样性变动，进一步验证了文化多样性与文化产品贸易是一个相互影响、相互作用的过程。在文化认同方面，本书采用"来华留学生规模、来华旅游规模、版权输出数量和外国人对中国正面形象评价比例"作为文化认同指标，就文化认同对中国文化产品贸易发展影响进行实证分析。最后，本书在讨论中国文化贸易摩擦与 WTO 规则的基础上，通过对"中美服务贸易视听案"进行专题研究，阐释了"文化例外"在中国文化贸易摩擦问题中的重要作用。

第 2 章　文化产品的概念界定及统计框架

对于文化产品不同的定义，决定了产品分类的差异。而当研究界定的文化产品定义、分类，与定量研究使用的数据所依赖的文化统计框架不匹配时，研究的规范性便受到了质疑。因此，统一文化产品的定义、分类以及文化统计框架是后续研究的重要保证。本章将就本书所使用的文化产品、核心文化产品、相关文化产品的概念进行界定，并列示跨国文化产品数据获取所使用的文化统计框架。本章的内容也是对前文综述研究的一个延伸。

2.1　文化产品的界定

2.1.1　文化产品的概念

在已有文献中，从经济学视角对于文化产品的研究并不丰富。尽管 Throsby(2001)、Hesmondhagh(2002)分别对这一领域进行了较为全面的讨论，但其重点在于文化经济学框架的研究以及对文化产业的分析，对微观层面的文化产品并未进行过多的讨论。

对于文化产品本身的定义，文献中尚未形成一个统一的范畴，不同的学者从不同的立足点出发，其界定方式也存在着差别。国内学者赵淼(2008)把文化产品界定为：文化产品是文化产业活动所提供的产品，可以将其分为文化商品和文化服务。文化商品是指能够传达生活理念、表现生活方式的消费品，具有传递信息与娱乐的作用，有助于建立群体间的认同感，并对文化实践活动产生一定的影响。当文化商品的生产者取得了版权后，文化商品可以通过工业过程进行大量的生产与复制，并面向全球进行传播，其中包括书籍、杂志、电影、工艺品和设计、唱片、软件等。文化商品可以分为核心文化商品与相关文化商品。文化商品主要是以有偿形式进行提供的，而文化服务主要指政府、私人、半公立机构或企业取得文化利益或满足社会文化需求的活动。文化服务不包括其服务所提供的物质形态，只包括艺术表演及其相关的其他文化活动，以及为提供和保存文化信息而进行的文化活动，包括图书馆、档案馆和博物馆等机构活动。李东华(2006)认为文化产品是由文化行业或文化人生产出来的文化性、艺术性和文化含量高的文化载体与服务。

然而，李小牧、李嘉珊(2007)则认为：从文化服务和文化产品的概念上看，两者有着明显区别，但从常态上去很难真正分开，其中的区别也有些模糊，因为有些软件同时具备产品和服务的特性。文化软件可以被划分为服务的是表演现场，包括音乐和戏剧表演。而文化软件中的古董、原创字画和雕塑等则被界定为文化产品，尽管它们也和服务有一定的联系。还有一部分以软件形式存在的商品很难说它们到底是服务还是产品。它们有时是服务有时是商品，完全取决于它们的存储和运输工具，如书籍、电影和音乐。例如，当一本书以传统的方式传播知识的时候就被认定为文化产品，而当一本书以电子书的形式呈现在读者面前，有时 WTO 成员将其认定为文化服务，应该受服务贸易总协定(GATS)的保护和规范。类似地，当一场音乐剧以现场表演的形式再现时，毫无疑问它属于文化服务。然而当它以电子信号呈现到观众眼前时，就很难界定它到底是一种产品还是服务了。因此，如何对文化产品进行合理的界定与分类，对于未来文化贸易的研究具有非常重要的意义。

鉴于此，本书将根据联合国教科文组织（UNESCO）发布的《1994—2003 年文化产品和文化服务的国际流动》，将文化产品定义为“传播思想、符号和生活方式，并能够提供信息和娱乐进而形成群体认同、影响文化行为的消费品”。在 2005 年，UNESCO 对文化产品的种类进行了划分，并以文化内容的概念为标准区分了核心文化产品和相关文化产品。在本书的研究中，也将以 UNESCO 的标准界定文化产品及相关概念，具体见表 2-1。此外，本书所关注的是除文化服务以外的文化商品，即文化产品。

表 2-1 相关概念的界定

联合国教科文组织（UNESCO）针对文化产业、文化产品、文化商品、文化服务的定义
文化产业（Cultural Industries） 对本质上无形并具有文化含量的创意内容进行创作、生产，并使之商业化的产业称为文化产业。 文化产品（Cultural Products） 文化产业活动所提供的产品称为文化产品，文化产品分为文化商品和文化服务两大类。 文化商品（Cultural Goods） 文化商品指的是那些能够传达生活理念、表现生活方式的消费品，它具有传递信息或娱乐的作用，有助于建立集体认同感，并能影响文化实践活动。在取得版权后，文化商品能够通过工业过程大量生产并在全球广泛传播。它包括图书、杂志、多媒体产品、软件、唱片、电影、录像、视听节目、工艺品和设计。文化商品包括核心文化商品（传统的文化商品）和相关文化商品两大类。文化商品主要以有偿形式提供。

续表

文化服务(Cultural Services)
文化服务指的是政府、私人、半公立机构或公司取得文化利益或满足文化需求的活动。文化服务不包括其服务所借助的物质形态，只包括艺术表演和其他文化活动，以及为提供和保存文化信息而进行的活动(包括图书馆、档案馆和博物馆等机构的活动)。文化服务包括核心文化服务(传统的文化服务)和相关文化服务两大类。文化服务以有偿服务或免费服务的形式提供。

资料来源：联合国教科文组织(UNESCO),《1994—2003 年文化产品和文化服务的国际流动》。

2.1.2 文化产品的特征

文化产品本身具有双重属性特征，即商品的经济属性和凝结了文化内涵特征的艺术属性。就文化产品的艺术属性而言，所有的文化产品和服务都含有创造性和艺术成分。文化产品的属性特征决定了形态的复杂性，有的文化产品是有形的，有的是无形的；有的是最终消费产品，有的是中间投入品；有的是耐用消费品，有的是即时消费品。同时，有些是独一无二的文化产品，它们通过仅有的一次创造性步骤完成生产，不具有规模经济；有些是可复制的文化产品，它们的生产经过创意和复制两个阶段。当然，文化产品也有着外部性特征和公共物品属性，文化产品的外部性是指某一个体的文化产品消费活动对其他个体的消费施加的间接影响，并且这种影响对其他个体所造成的损失或收益均不能通过市场交易价格来反映，表现为公共产品的外部效应。根据文化产品不同的消费属性又可将其分为公共品、准公共品和私人品，以非排他性和非竞争性为依据对文化产品进行剖析，是阐述政府干预文化产品供给的重要理论基础。

同时，文化产品的形态也有着一定的复杂性。Grasstek(2005)认为，“文化的‘实体’可被定义为能生产或分配物质资源的产品和服务，这些产品和服务能通过音乐、文学、戏剧、喜剧、文档、舞蹈、绘画、摄像和雕塑等艺术形式娱乐大众或激发人们思考。这些艺术形式，有的能以现场表演的方式(如音乐厅和舞台剧)展示给大众，有的却是先被存储记录下来(如在压缩光盘里)再进行传播”。也有的学者认为，文化产品的形态存在着“硬件”与“软件”之分，文化硬件主要是指一些器物工具和物态载体，主要用来生产、储存、传播文化内容，如艺术创造和表达的工具、娱乐器材、摄影器材、游戏等；文化软件则指的是包含了具体的、凝结了艺术创造性的内容产品和服务，诸如广电节目、电影和动画片等视听节目、印刷出版物、表演艺术、娱乐、会展等。

2.2　文化周期

文化周期囊括了文化创造、生产和传播的不同阶段，这些活动可以是制度化的，也可以是非制度化的；可以是国家管控范围之内的，也可以是这一范围之外的；即使一个部门包含非正规的、业余的以及与市场无关的活动，也可以将其统称为一个“领域”。这一概念既涵盖了与市场无关的社会性活动，又包含了与市场有关的经济性活动。在联合国教科文组织 1986 年的文化统计框架中(UNESCO，1986)给出了一个五阶段组成的文化产品生产的循环模型，见图 2-1。

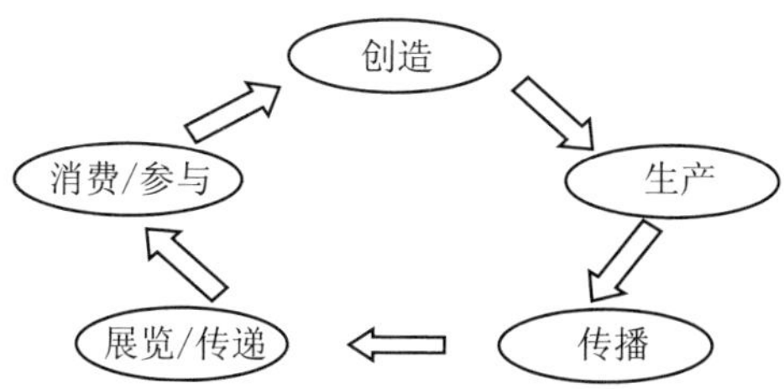

图 2-1　文化周期的循环图示

创造：产生并创造想法和内容(如雕刻家、作家、设计公司)以及非重复性产品(如手工艺品、美术作品)的制作。

生产：可重复生产的文化形式(如电视节目)，以及实现重复生产所需的专业工具、基础设施和流程(如乐器生产、报纸印刷)。

传播：让消费者和展览者接触到批量生产的文化产品(如批发、零售或出租音乐唱片及电脑游戏，发行电影)。通过数字化传播手段，有些产品或服务可以直接由创作者传递给消费者。

展览/传递：指在消费场所，以及通过授权或售票方式向观众提供直播的或是直接的文化体验，让消费/参与按时间付费的文化活动(如组织并举办节日庆典歌剧院、剧场、博物馆)。传递是指传递那些不涉及商业交易且通常产生于非正式场合的知识和技能，这其中包括非物质文化遗产的世代相传。

消费/参与：指消费者和参与者消费文化产品、参与文化活动和体验的活动(如阅读、跳舞、参加狂欢节、听收音机、参观画廊)。

文化周期阐明了文化活动之间的相互关系，也表明了文化活动(消费)刺激新的文化产品和艺术品生产这样的反作用流程。在实际中，这些阶段也可以是合并的，比如音乐家也许既可以作曲(创作)，又可以演唱(生产/传播)；而剧作家会写剧本(创作)，却很少会去亲自表演(生产/传播)。同时我们也会观察到这样的现象，比如单独的一位工艺品生产者因为同时涉及收集原材料(非正规的资源输入)、使用传统技术(非正规训练)以及在路边摊上销售产品(非正规的传播和零售)等多个阶段，以非正规的形式参与了整个文化周期。

对于一些文化活动而言，其流程可以将这五个阶段的任何一个阶段作为起点，而且有的阶段还可以合并或者不存在。例如，文化遗产的创造就可以说是发生在过去，大多数跟它相关的活动都发生在“展览/传递”和“消费/参与”阶段。特别是随着新技术的产生，新的生产形式也随之出现，新技术在不同的功能之间建立了相互联系，最终，新型的文化流程可能导致这些功能的合并，例如通过网络视频或博客等手段，人们可以同时进行创造和消费。

针对文化周期的探讨告诉我们，在制度涉及文化生产的公共政策时，很重要的一点就是明白政策要针对的是整个流程的哪一个阶段。尽管一项特定的文化政策并不需要考虑整个文化周期，但是政策制定者必须清楚，小范围的干预也可能会在整个文化周期中产生比较广泛的影响。

2.3 文化产品的分类及统计指标体系

当前国内对文化产品的相关定量研究缺乏统计基础，统计建设滞后，难以适应实践发展要求。现有的研究主要基于一些行业统计数据进行个案研究，或者从服务贸易统计数据中进行挖掘整理，而这种做法并不能涵盖文化产品贸易的全部。与国内状况相比，国际上关于文化贸易统计则存在着统计口径不一、范围多样等问题。因此，有必要对本书研究所使用的文化产品分类和文化统计框架进行细致的界定。

2.3.1 文化产品分类原则

文化产品的定义和分类直接影响文化产品的统计，由于关于文化产品的定义和分类很多，所以，统计指标也有很多差异。要有效地测量文化领域，并确定哪些范畴属于文化领域以及哪些不属于文化领域，就必须首先规定文化领域的范围，也就是说，必须以文化表现形式作为划分领域的基础，这样才能较为有效地衡量产业和非产业流程中生产的文化活动、产品和服务。原因在于，文化产品和服务具有艺术价值、审美价值、象征价值和精神价值；文化产品和服务的特征不同于其他产品，因为它们的价格体系与欣赏价值或娱乐价值是紧密联系的，而且它们还具有不可复制性（Throsby，2001）。文化产品传递着思想、象征意义和生活方式，有些产品还受到版权限制。文化服务本身并不代表物质文化产品，却能促进它们的生产和分配。例如，文化服务包括授权活动和其他与版权相关的服务，音像产品销售活动，艺术和文化演出宣传，以及文化信息服务（图书馆、文献中心、博物馆）和收藏书籍、唱片、艺术品的活动。文化活动的表现形式或传递文化的方式，与它们可能存在的商业价值无关，这些活动本身就是终点，也可能继续推动文化产品和服务的生产（UNESCO，2005）。

就目前而言，世界范围内并无统一的文化统计框架，无论是联合国教科文组织、联合国贸发会议等国际组织，还是加拿大、英国、澳大利亚等文化产业发达国家，其制定和执行的统计框架之间也无法确保文化产品数据的可比性和统一性。究其原因，主要有以下三个方面。

一是文化的生产和分配同时存在于正规和非正规的经济领域和社会领域，发达国家和发展中国家都有着非正规的文化生产。

二是文化生产和传播的资金和管理存在三个来源：公共资金，主要来自政府和公共机构，包括直接（补贴和拨款）或间接（免税）两种形式；私人来源，来自资本市场的融资；非营利性组织和捐赠。由于各国的公共财政结构（集中化和分散化）和采用的方法不一致，导致数据对比极其困难。①

三是文化同经济和社会的关系是很难割裂的，许多文化要素，包括那些市场范围之外的要素，只能依靠参与度、时间的使用或者社会资本等指标进行追踪和测度。

---

① UNESCO文化支出和财政特别工作组承认，获取有关欧洲国家在文化上的公共支出数据，并确保数据的可比性和统一性的确非常困难（European Commission，2001）。

2.3.2 国际文化产品统计指标体系的特点

目前，国际上对文化产业尚无统一明确的界定，所以各个国家文化产品方面的统计口径也存在差别。但由于发达国家文化产品的生产和实际消费量处于较高水平，对国民经济的贡献度较大，因此，发达国家文化产品的统计体系也较为完善。国际上文化产品统计的主要特点有以下三个方面。

第一，文化产品指标体系是各国根据本国国情从第二产业和第三产业众多的指标中选择出来并按照一定的原则建立起有机组合的指标群。

第二，文化产品统计涵盖面广。发达国家根据其对国民经济贡献率的大小不断增加文化产品和服务的统计口径，如随着信息技术的发展，将在线游戏、动漫和卡通形象等也作为文化产品纳入统计范畴。

第三，文化产品统计为一个部门牵头，多部门协作完成。在此基础上，发达国家定期对外发布相关数据或出版相关政府报告。

2.3.3 文化产品分类及统计体系的比较

不同的文化统计框架、不同的文化产品分类，会导致文化产业在各国各部门的统计口径和方法不一致。目前，国际上有关文化产品分类及统计主要以联合国贸发会议(UNCTAD)对于创意产品和创意服务的分类和联合国教科文组织(UNESCO)制定的相关文化统计框架及分类为主。本部分将分别对上述两类分类及统计体系进行具体的梳理。

1. 联合国贸发会议(UNCTAD)关于创意产品和创意服务的分类及统计体系

2007 年，UNCTAD 在综合各种分类基础上，对创意产业内涵和外延进行了界定。按照 UNCTAD 的界定，创意产业应具有以下特点。

第一，创造力和智力作为首要的投入商品和服务的创造、生产和分配活动。

第二，构成了一套以知识为基础的活动，侧重但不局限于艺术和文化，可以从国际贸易和知识产权中获取潜在的收入。

第三，带有创造性内容、经济价值和市场目标的有形产品和无形的智力或艺术服务。

第四，它是贯穿于艺术领域、服务业部门和工业部门的一个交叉领域。

第五，已经成为国际贸易中较为活跃的新兴部门。

在创意产业的外延方面，UNCTAD 将文化创意产业分为四组，包括创意产品和创意服务两个部分，具体见表 2-2。

表 2-2 文化创意产业分类

范围	子范围	产品
文化遗产	传统文化遗产	手工艺、节日和庆祝活动
	文化遗址	考古遗址、博物馆、图书馆、展览馆等
艺术品	视觉艺术	绘画、雕塑、摄影和古董等
	表演艺术	现场音乐、戏剧、舞蹈、戏曲、马戏、木偶等
媒体	出版物、印刷媒体	包括图书在内的一切出版物
	视听媒体	电影、电视、广播等
功能型产品	设计	室内设计、图形设计、时装、珠宝首饰及玩具等
	新媒体	软件、视频游戏、数字化创意
	创意服务	建筑、广告、创意研发、文化和娱乐活动等

资料来源：联合国贸发会议(UNCTAD)，《创意经济报告 2010》。

在创意服务和创意产品方面，UNCTAD将创意产品定义为“具备创意内容、经济与文化价值以及市场目标的有形产品的创造、生产和分销过程，是以最终产品出现的有形的生产要素组合”(罗立彬、孙俊新，2013)，具体包括设计品、艺术品、出版物、表演艺术品、新媒介、视听产品。而认为创意服务主要是指那些无形的，往往涉及生产要素本身，包括广告、市场调研、建筑、工程、个人、文化和娱乐服务等。然而，文化产品和文化服务与创意产品和创意服务是存在区别的。UNCTAD指出：所谓文化商品(cultural products)是指“无论是从人类学还是从功能来看，均可以表现出‘文化’概念的商品”。无论是文化服务还是文化产品，如电影、电视节目、艺术品、表演等，它们都要拥有下述三个特征：首先，生产中需要创造性投入；其次，除了满足实用功能外，它们充当消费者信息传播的载体；最后，对于产品和服务的生产者而言，它们至少应该包含其生产者的知识产权。UNCTAD认为文化产品与文化服务是创意产品与创意服务的子集，除了文化产品与文化服务外，创意产品与创意服务还包括如软件、时尚产品等。与其他类创意产品与创意服务相比，文化产品与文化服务除了拥有商业价值外，它们自身还蕴藏着难以用金钱来衡量的文化价值。而其他类创意产品与创意服务只是包含了商业价值，虽然它们的生产过程中确实需要一定的创意投入。

在创意产品和创意服务统计分类方面，UNCTAD在统一界定文化创意产品和创意服务的内涵和外延的基础上，将文化创意产品与创意服务分成了四大类和七小类，其中四大类包括文化遗产、艺术品、媒体和功能性产品，七小类包括工艺品、视听媒体、设计、新媒体、表演艺术、出版物、视觉艺术。具体分类如表2-3所示。

表 2-3 UNCTAD 有关创意产品和创意服务的分类

范围	子范围	产品	HS2002 代码
工艺品	地毯	包括羊毛或其他细的动物毛、棉、椰子纤维打结或编制的地毯	17
	庆祝用品	圣诞节、节日、嘉年华等使用的物品	2
	其他	蜡烛、人造花朵、木工艺品等	6
	纸制品	手抄纸	1
	藤制品	编篮、藤垫、柳条制品等	4
	纱制品	手工花边、手工编织、刺绣、床上用品、人为或印刷或钩编的材料	30
视听媒介	电影	两种曝光的电影片	2
设计	建筑设计	建筑设计的原始绘图	1
	时装设计	太阳镜、头饰、皮革制品等；不包括服装和鞋；手袋、配件等	37
	玻璃器具	餐桌、厨房器具、水晶制成的杯子	5
	室内设计	家具、餐具、桌布、壁纸、陶瓷、照明装置等	32
	首饰	由金、银、珍珠或其他贵重金属制成或纺织的首饰	17
	玩具	娃娃、轮式玩具、电动火车、谜题、游戏等	10
新媒体	数字录制	声音、影像数字录制	6
	视频游戏	视频游戏	2
表演艺术	音乐制品	磁带、影碟	6
	音乐印刷品	印制或手稿音乐	1

续表

范围	子范围	产品	HS2002代码
出版物	图书	书、词典、百科全书、说明书、传单、儿童绘图、彩印书等	4
	报纸	报纸、杂志、期刊	3
	其他出版物	地图、小册子、明信片、日历等	8
视觉艺术	古董	100年以上的古董	3
	绘画	绘画、手工蜡笔画等	3
	摄影	胶印感光片、已曝光和显影的摄影胶卷	4
	雕塑	小型雕像、瓷器、象牙或其他金属的装饰品、处理过的雕刻材料	7

资料来源：联合国贸发会议(UNCTAD),《创意经济报告2010》。

2. 联合国教科文组织(UNESCO)关于文化产品及服务的分类及统计框架

UNESCO于2006年公布的《1994—2003年文化产品和文化服务的国际流动》将文化产品从文化商品和文化服务两个大类层面进行了统计，并且将每一大类又划分为核心层与相关层，而核心层与相关层进一步将文化产品划分为核心文化产品和相关文化产品。

直观来讲，核心文化产品是指凝结了创造性和艺术特质在其中的产品；而相关文化产品是指为核心文化产品生产、传播提供介质的可重复性生产产品，比如艺术创作所需的专业工具、基础设施和流程(如乐器生产、报纸印刷等)。对于相关文化产品而言，区别于核心文化产品，它们主要参与文化内容产品的生产和传播。核心文化产品主要与文化内容、艺术的创作有关，而相关文化产品的生产则仅需要运用半工业化或非工业化的方法。例如，电视节目的制作是基于文化传播意图的行为，几乎所有的文化产品统计都会将电视内容节目囊括其中，电视节目本身属于核心文化产品；而电视机的制作却是相关文化产品范围，消费类电子产业研发技术并制造机器，使得我们可以体验和消费核心文化产品，因为它们提供了文化内容得以复制和传输的硬件①（如电视机、个人音响、放映机等）。从这个角度来讲，本书研究所关心的文化产品主要指核心文化产品，因为核心文化产品更加体现了一国文化资本存量、文化创造性和文化竞争力的水平；而相关文化产品的生产只不过是国际化生产背景下专业化分工的结果。这一点，也将在后文的研究中进行佐证和引用。

在《1994—2003年文化产品和文化服务的国际流动》中，UNESCO给出了文化商品核心层和相关层（见表2-4）、文化服务核心层和相关层（见表2-5）以及对应的SITC3分类（见表2-6）。

表 2-4 文化产品统计指标体系

<table>
<tr><th colspan="3">文化商品核心层</th></tr>
<tr><th>大类</th><th>中类</th><th>小类</th></tr>
<tr><td>一、文化遗产</td><td>（一）古董</td><td>1. 100年以上的古董</td></tr>
<tr><td rowspan="10">二、印刷品</td><td rowspan="2">（一）图书</td><td>1. 印刷读物、小册子和传单等</td></tr>
<tr><td>2. 儿童图片、图画和彩色书籍等</td></tr>
<tr><td>（二）报纸和期刊</td><td>1. 报纸、杂志和期刊，不论是否装订或带插图</td></tr>
<tr><td rowspan="6">（三）其他印刷品</td><td>1. 音乐，不论印刷品还是手稿，是否装订或带插图</td></tr>
<tr><td>2. 地图、水文图或其他类似制图</td></tr>
<tr><td>3. 明信片和问候卡</td></tr>
<tr><td>4. 日历</td></tr>
<tr><td>5. 图画、设计图和照片</td></tr>
<tr><td>6. 邮票</td></tr>
</table>

① 尽管这些相关文化产品本身也可能存在着“设计”因素，但这并不是设计师工作的核心，其主要的使用功能才是这类产品价值的体现。

续表

文化商品核心层		
大类	中类	小类
三、音乐和艺术表演	(一)录音媒介	1. 留声机唱片
		2. 激光唱片
		3. 宽度大于 4 毫米的磁带
		4. 宽度介于 4 毫米到 6.5 毫米之间的磁带
		5. 宽度大于 6.5 毫米的磁带
		6. 其他录音媒介
四、视觉艺术	(一)绘画	1. 绘画、图画、彩色蜡笔画和平贴画等
	(二)其他视觉艺术	1. 原创雕刻品、普通印刷物和平板印刷物
		2. 原创雕塑和雕像
		3. 小型雕像和其他装饰物
		4. 小型雕像和其他木制装饰物
		5. 小型雕像和其他陶制装饰物
		6. 小型雕像和其他镀金装饰物
		7. 其他金属制小型雕像和装饰物
		8. 经加工的动物的骨头、角、壳等及其加工而成的产品
五、视听媒介	(一)摄影	1. 摄像带和胶卷
	(二)电影	1. 电影胶片
	(三)新型媒介	1. 电视机用录像带或光盘

续表

文化产品相关层		
大类	中类	小类
一、音乐	(一)乐器	1. 乐器及其零部件
	(二)声音播放或录音设备	1. 电子声音生成设备
		2. 电子录音设备
		3. 录像及其生产设备
	(三)录音媒介	1. 空白录音带
二、影院和摄影	(一)照相机	1. 照相机及其附属设备
	(二)电影摄影机	1. 电影摄影机及放映机
		2. 图像放映机、照相放大器或缩小器
		3. 照相馆所用设备
	(三)照相馆和电影院使用的产品	1. 感光板，已曝光的胶片
		2. 未曝光的胶卷
		3. 易于感光但未曝光的照相纸和照相板
		4. 已曝光但未冲洗的感光板、胶片和照相纸
		5. 已曝光但未冲洗的感光板和胶片
		6. 缩印胶片
三、电视和收音机	(一)电视机	1. 电视机、录像监控器和放映机
	(二)收音机	1. 收音机、收音电话两用机
四、建筑和设计		1. 建筑、工程、工业、商业、地形规划和制图
五、广告		1. 广告材料、广告目录及相关产品

续表

文化产品相关层		
大类	中类	小类
六、新型媒介	(一)软件	1. 用于复制的磁带
		2. 已录制的激光磁盘
		3. 其他已录制的激光磁盘
		4. 其他用于生产目的已录制的媒介

注：一些商品可能不具有文化性质，此分类只考虑具有文化性质的商品。

表 2-5　文化服务统计指标体系

文化服务核心层		
大类	中类	小类
一、试听及相关服务	(一)试听及相关服务	1. 录音服务
		2. 声音后期处理服务
		3. 动作片、录像磁带和电视节目生产服务
		4. 收音机节目生产服务
		5. 试听生产支持服务
		6. 动作片和电视节目的发行服务
		7. 胶片和磁带的后期制作服务
		8. 其他与动作片、电视节目和收音机节目生产相关的服务
		9. 动作片放映服务
		10. 录像带放映服务
		11. 广播(规划和时间安排)服务
	(二)租赁服务	1. 电视机、收音机、录像机以及相关设备和附件的租赁服务
		2. 录像带的租赁服务

续表

文化服务核心层		
大类	中类	小类
二、特许使用税和许可费		1. 计算机软件使用权的许可服务
		2. 娱乐设施、文学作品和听觉原著使用权的许可服务
		3. 其他非经济的无形资产使用权的许可服务
三、娱乐、文化和运动服务		1. 表演艺术活动的推广和组织服务
		2. 表演艺术活动的生产和表演服务
		3. 表演艺术活动设施的运转服务
		4. 其他表演艺术和现场娱乐服务
		5. 表演艺术家提供的服务
		6. 作者、作曲家、雕塑家和其他艺术家提供的服务
四、个人服务		1. 图书馆服务
		2. 档案馆服务
		3. 不包括历史遗址和建筑物在内的博物馆服务
		4. 对历史遗址和建筑物进行的保存服务
文化服务相关层		
	(一)广告、市场研究和民意调查	1. 广告的规划、创造和布置服务
		2. 其他广告服务
		3. 交易会和博览会的组织服务
	(二)建筑、工程和其他技术服务	1. 建筑咨询和设计前服务
		2. 建筑设计和合同管理服务
		3. 其他建筑服务

续表

文化服务相关层		
大类	中类	小类
	(三)新闻机构服务	1. 新闻机构对报纸和期刊提供的服务
		2. 新闻机构对视听媒介提供的服务

注：部分文化服务内容尚未在国际上达成共识。

表 2-6 UNESCO 分类下文化产品对应的 SITC 编码

核心文化产品(Core Cultural Goods)	相关文化产品 (Related Cultural Goods)
文化遗产(SITC3：8965-8966) ——收集品和收藏家的珍藏品 ——超过百年的古董 书籍(SITC3：8921) ——印刷的书、小册子、传单和类似的印刷品等 ——儿童图画书，绘画书/涂色书 报纸和期刊(SITC3：8922) 其他印刷品(SITC3：8924) ——乐谱 ——地图 ——明信片 ——图片、设计图纸和照片 记录媒介(SITC3：8986-8987) ——唱片 ——预先录制的激光唱片，用于生产唱片 ——录制好的磁带 ——未另列明的已记录声音的媒介 视觉艺术(SITC3：8961-8964) ——绘画作品 ——其他视觉艺术(雕像、原始刻版印书画、平板书画) 视听媒介(SITC3：8826/883/89431) ——带有电视接收机的视频游戏机 ——照相和电影胶片，已曝光和显影	设备/支持材料(SITC3：761-762/882/898) ——乐器 ——声音播放器和已记录声音的媒介 ——电影摄录机和照相物资 ——电视和收音机 建筑图纸贸易和贸易广告材料(SITC3：89282/89286)

可见，不同的文化统计框架、不同的文化产品分类，会导致文化产业在各国、各部门的统计口径和方法不一致，使得研究的结果出现较大差异。基于此，本书的研究将以联合国教科文组织(UNESCO)制定的相关文化统计框架及分类作为依据标准。在文化产品方面，本书的文化产品是指能够体现各国文化内涵、差异化生产的核心文化产品，这一设定也将一些与文化相关的设备生产及文化服务贸易排除在本书研究范围外。

2.4 本章小结

本章在综合考虑文化产品特征的基础上，基于联合国教科文组织关于文化产品的分类框架，对文化产品、文化商品、文化服务、核心文化产品、相关文化产品的概念进行了详细而明确的界定，并列示了文化产品相关数据的分类标准和统计口径。本章通过规范研究对象的概念及统计口径，确保所有定性及定量分析的规范性和统计数据来源的一致性，为接下来对文化产品的进一步研究奠定了基础。

第3章 文化产品贸易的理论基础

由于国际文化贸易是在20世纪80年代后才逐步兴起的，因此对其进行理论研究的国内外文献还比较少，缺乏系统性的研究。现有文献的研究多集中在定性的理论层面的探讨，属于规范分析，缺乏定量的实证层面的验证。目前文化贸易理论还在发展之中，有关文化产品贸易的案例研究逐渐丰富，但理论研究相对不足，没有形成完整的体系。本章将在梳理文化产品贸易领域成熟文献的基础上，首先就传统国际贸易理论对文化产品贸易的解释进行评价；其次，分别在新贸易理论和新新贸易理论框架下，就文化产品贸易模型进行探讨。

3.1 传统国际贸易理论对文化产品贸易的解释

在已有的文献中，大多数理论和实证研究运用传统国际贸易理论对文化产品贸易进行解释。对普通的跨国产品贸易，人们通常倾向于以李嘉图的比较优势理论、H—O的要素禀赋理论为分析工具。但由于国际文化贸易格局的复杂性，不同学者采用了不同的理论来解释。李怀亮(2003)从偏好相似理论解释文化产品进口和出口高度集中于少数几个国家的趋势。邱继洲(2005)运用比较优势理论对国际文化贸易的分析，认为由于发达国家早已完成了工业化进程，第三产业成为创造财富的主要手段。借助于网络化和信息化手段，发达国家的第三产业进一步升级，文化产业的异军突起就是第三产业升级的表现。

在国际文化产业的发展中，发达国家具有资金、技术、创意上的相对优势，从而可以拉开与发展中国家文化产品的价格差异，价格差异会导致文化产品由发达国家流入发展中国家。文化产品和文化服务是中高档消费品，某些文化产品和服务甚至是奢侈品，具有较高的需求收入弹性。文化背景相似的两个国家的消费者容易理解、接纳、欣赏来自对方的文化产品和文化服务。所以国际文化产品与文化服务贸易也呈现出产业内贸易的特征。还有学者运用波特的竞争战略理论解释文化产品的国际贸易。韩骏伟、胡晓明(2009)以产业融合理论进行解释，认为传统文化产业和新技术、新服务、新产业的融合创造出的产品往往具有较高的附加值，既可以作为传统文化产品的补充，也可以满足不同消费者的不同偏好，扩大了消费群体。

文化贸易实际上是产品和服务背后隐藏的文化。也就是说，在文化贸易中，实际交易的是各国不同的文化。所以，仅从一般贸易理论的角度考虑是不够的，还要涉及文化领域。白玲、吕东峰(2009)提出文化互补理论，文化互补理论有两个前提：不同国家和民族间的文化是不同的，人是有好奇心和探知欲的。不同国家生产者的文化背景是不一样的，所生产出来的产品即使是同一产品，仍然存在文化差异，这一差异永远存在。

3.1.1 比较优势理论

比较优势理论是由大卫·李嘉图在其代表作《政治经济学与赋税原理》中所提出的。该理论假设存在两个国家、两种商品、劳动力和资本，且要素不能跨越国家进行流动。基于上述假设，该理论认为，如果一个国家生产一种商品的机会成本低于另一个国家生产该种商品的机会成本，则该国家将在这种商品的生产上获得比较优势，从而出口此类商品。据此，国家间将发生商品贸易的往来。我们将上述理论称为比较优势理论。

比较优势理论从机会成本的角度解释了国际专业化分工及国际贸易的产生，为我们理解国际文化产品贸易的发生奠定了理论基础。与之对应，比较优势理论也可以用来解释国家间文化产品的贸易往来。但与之不同的是，除了传统的劳动力及资本外，文化资源禀赋、人力资本及创新能力同样是影响国家文化产品生产比较优势的因素。

3.1.2 国家竞争优势理论

国家竞争优势理论是由著名经济学家迈克尔·波特于1998年所提出的。该理论认为，要素禀赋、需求、相关产业、企业战略与竞争、机遇和政府六个要素构成了一个充满竞争性的外部环境，上述因素成为影响一个国家竞争优势形成的重要动力。该理论认为，一个国家的某个产业是否具有竞争优势主要由四个基本因素和两个辅助因素组成，其中四个基本因素主要是指要素、需求、企业的战略及结构和相关产业，而两个辅助因素主要是指市场机遇和政府对该产业的支持。具体来看，该理论的主要观点如下。

第一，要素禀赋。要素禀赋主要是指人力资本、自然资源、金融资本等。上述要素中有些是天然形成的，取决于国家所处的地理位置及气候条件等自然因素。而有些是后天形成的，包括人力资本、金融资本，其中作为国家产业重要的竞争优势，国家当地的教育水平对于人力资本形成具有重要的影响。为此，只有先天要素和后天要素共同作用才能对国家产业竞争优势的形成起到作用。

第二，需求条件。需求条件主要包括国内和国外市场的需求规模。一般而言，市场需求规模越大，越有助于企业获得规模经济优势，即随着企业规模的扩张，企业生产成本将逐渐降低，从而提高企业的生产和服务水平及创新能力。

第三，相关产业及支持产业。一般而言，一个国家某产业的上下游产业链越齐全，越有助于企业间相互协调与沟通，从而发挥相关产业所带来的协同效应。

第四，企业的战略及结构。一般而言，企业的结构及所选战略均会影响整个产业链的竞争实力。同行业激烈的企业竞争将会促进企业转型升级，而使得那些落后企业面临淘汰，有助于培养产业链条中的核心竞争企业。

第五，机遇。所谓机遇是指国家所面临的重大变革。例如，对于发展中国家而言，能否抓住国际产业转移的机遇来进一步对本国产业链进行转型升级，培育新的竞争优势。

第六，政府。一般而言，政府对于产业适当的支持有助于培育产业的竞争优势，同时政府还可以通过上述四类基本要素来影响相关产业从而培育产业的竞争优势。

文化产业是文化产品贸易发展的重要支柱，与制造业类似，文化产业的发展同样需要上述六种因素的支持，而国家文化产业竞争优势的形成也会进一步提升文化产品贸易的国际竞争力。

3.1.3 产业内贸易理论

根据产业内贸易理论，一个国家或地区的某产业的产品贸易同时存在着进口与出口两种现象。这是因为产业内贸易理论是建立在差异化产品和规模经济的假设上的。在产业内贸易理论中，一个国家或地区的某个产业部门将生产两类产品，一类是同质性产品，另一类是异质性产品。对于同质性产品而言，国家或地区间同质性产品往往存在着可替代性，与此同时，这种产品的贸易主要属于产品间贸易。对于异质性产品而言，产品间的差异化程度及规模经济将成为决定产业内贸易发生的重要因素。

该理论同样适用于文化产品贸易。这是因为与普通商品相比，文化产品往往表现出较大的差异性。例如，同为电影，但电影的文化内容、演员阵容及投入规模等均会使得影视产品具有极强的差异性，从而使得国家或地区间发生产业内贸易。

3.1.4 重叠需求贸易理论

重叠需求理论认为，如果两个国家收入水平越相似，两个国家需求就会越相似，从而形成相似的商品需求结构，发生国际贸易。将该理论应用于文化产品贸易中，可以进行如下解释：人均收入水平越相似的国家，往往经济发展水平也就越相近，特别地，文化产品和服务作为一种高档消费品，往往和消费者的收入水平成正比。一般而言，一个国家或地区经济水平发展越高，该国家或地区居民对于文化产品或服务的需求也就越高。那么，对于那些存在着相似收入结构的国家或地区而言，国家或地区间对文化产品的需求结构也就存在着极大的相似性，从而会促进双边文化产品贸易的往来。

3.1.5 规模经济贸易理论

规模经济贸易理论是由保罗·克鲁格曼等人于1985年在《市场结构与国际贸易》中所提出的。该理论认为，规模收益递增是国际贸易产生的重要因素。一般而言，若企业所生产的产品具有规模收益递增的特征，那么随着企业生产规模的扩大，将进一步降低企业的生产成本，从而使得企业获得比较优势，企业将专业化生产此类产品并出口该类产品。规模经济贸易理论同样可以解释国家间文化产品贸易的发生。这是因为，文化产业是一种集人力及知识于一体的资本密集型产业，由于文化产品的复制成本极低，文化产品的生产具有极强的规模经济效应。文化产品的这种极强的规模经济特征可以更好地解释国家或地区间文化产品贸易的发生。

3.2 基于新贸易理论框架的文化产品贸易模型

传统的文化产品贸易模型大多直接基于引力模型，将文化距离、文化折扣等差异因素直观地视为“冰山成本”的一类，而忽视了文化差异因素是如何“进入”模型的。事实上，文化差异因素并不影响贸易的成本，而影响消费者在消费他国文化产品时的效用。

基于上述分析，我们沿着克鲁格曼的思路，考虑一个标准的 Dixit-Stiglitz 垄断竞争模型，假定文化产品消费者的效用方程满足 CES 形式，j 国消费者的效用取决于 i 国生产并出口到 j 国的文化产品 h 的数量 $x_{ij}(h)$，其中 $i=1, 2, \cdots, s$，表示所有参与文化产品贸易的国家，并且每个国家是在递增的规模报酬下生产差异化的文化产品。

假定不同文化产品间的替代弹性为常数 δ，且 $\delta>1$。考虑到不同国家间存在文化差异性，我们用 a_{ij} 表示 i 国对 j 国文化产品出口的折扣关系，用以描述 j 国消费者对于 i 国生产的文化产品的“接受”程度。n_i 表示 i 国生产并用以出口的文化产品的种类数量，则相应的效用方程为：

$$U_j = \left[\sum_{i=1}^{s}\int_{n_i}(a_{ij}\cdot x_{ij}(h))^{\frac{\delta-1}{\delta}}\mathrm{d}h\right]^{\frac{\delta}{\delta-1}} \tag{3-1}$$

在均衡时，i 国生产并出口到 j 国的文化产品将具有相同的数量(Redding and Venables，2004)，则上式可以从积分形式写为：

$$U_j = \left[\sum_{i=1}^{s}n_i\cdot(a_{ij}x_{ij})^{\frac{\delta-1}{\delta}}\right]^{\frac{\delta}{\delta-1}} \tag{3-2}$$

定义 i 国生产并出口到 j 国的文化产品价格为 p_{ij}，若 i 国文化产品的离岸价格为 p_i，则有：

$$p_{ij}=(1+\tau_{ij})p_i=T_{ij}\cdot p_i$$

其中，τ_{ij} 表示 i 国和 j 国间的冰山成本等从价税形式的贸易成本。

在完成上述设定后，我们考虑 j 国消费者的效用最大化，令 $\rho=\delta-1/\delta$。

$$U_j = \left[\sum_{i=1}^{s} n_i \cdot (a_{ij}x_{ij})^{\rho}\right]^{1/\rho}$$

$$\max U_j$$

$$\text{s.t.} \sum_{i=1}^{s} p_{ij}n_i x_{ij} = I$$

则 F. o. C 为 $1/\rho\left[\sum_{i=1}^{s} n_i \cdot (a_{ij}x_{ij})^{\rho}\right]^{1/\rho} \cdot n_i\rho\,(a_{ij}x_{ij})^{\rho-1} \cdot a_{ij} = \lambda n_i p_{ij}$。

解得：$\lambda = \left[\sum_{i=1}^{s} n_i \cdot (a_{ij}x_{ij})^{\rho}\right]^{1/\rho} \Big/ I$。

设数量指数为：$Q = \left[\sum_{i=1}^{s} n_i \cdot (a_{ij}x_{ij})^{\rho}\right]^{1/\rho}$，则 $\lambda=Q/I$，代回 F. o. C 并化简整理可有：

$$x_{ij} = Q^{\frac{\rho}{\rho-1}} \cdot p_{ij}{}^{\frac{1}{\rho-1}} / I^{\frac{1}{\rho-1}} \cdot a_{ij}{}^{\frac{\rho}{\rho-1}} \tag{3-3}$$

引入价格指数 G_j，使得 $G_jQ=I$ 成立，并代回 δ，则式(3-3)可整理为：

$$x_{ij} = Q \cdot \left(\frac{p_{ij}}{G_j}\right)^{-\delta} \cdot a_{ij}{}^{\delta-1} \tag{3-4}$$

进而 $G_jQ=I=\sum_{i=1}^{s} p_{ij}n_i x_{ij} = \sum_{i=1}^{s} p_{ij}n_i Q \cdot \left(\frac{p_{ij}}{G_j}\right)^{-\delta} \cdot a_{ij}{}^{\delta-1}$。

化简归并可有 j 国对于文化产品消费的价格指数：

$$G_j = \left[\sum_{i=1}^{s} a_{ij}{}^{\delta-1} n_i p_{ij}{}^{1-\delta}\right]^{\frac{1}{1-\delta}} \tag{3-5}$$

同时定义 E_j 为 j 国对于 i 国生产并出口的文化产品的总支出，则 j 国进口的 i 国文化产品总量为：

$$n_i x_{ij} = \frac{E_j}{p_{ij}} \tag{3-6}$$

联立上述方程并化简：

$$n_i x_{ij}=E_j G_j^{\delta-1}\cdot n_i a_{ij}^{\delta-1}\cdot T_{ij}^{-\delta} p_i^{-\delta}$$

则 i 国对 j 国的文化产品出口总额为：

$$n_i p_i x_{ij}=\underbrace{(E_j G_j^{\delta-1})}_{j\text{国购买力}}\underbrace{(n_i p_i^{1-\delta})}_{i\text{国生产能力}}\underbrace{(T_{ij}^{-\delta})}_{\text{冰山成本}}\underbrace{(a_{ij}^{\delta-1})}_{\text{文化差异因素}} \tag{3-7}$$

可以看出 i 国对 j 国的文化产品出口额取决于四个部分：一是 j 国总支出和价格水平的函数所反映的 j 国文化产品购买力；二是 i 国生产的文化产品种类和价格的函数反映的 i 国文化产品生产能力；三是传统文献中的“冰山成本”，包括共同边界、地理距离、殖民联系；四是我们所关心的造成文化差异的相关因素，包括文化距离、语言距离。考虑到 $\delta>1$，直观地看，文化距离增大会减少 j 国对 i 国文化产品的“接受”程度，进而 a_{ij} 减小，降低 i 国对 j 国的文化产品出口。

3.3 基于新新贸易理论框架的文化产品贸易模型

无论是传统贸易理论还是新贸易理论，都以“产业”作为研究单位，而并不涉及企业的边界问题，进而也忽视了企业的异质性与出口选择的问题。因此，在该部分，我们将结合 Melitz (2003)的模型，从两个层面对文化产品进行探讨。

第一，假设出口固定成本来自进出口国双方，只要生产者进入一个新的出口市场就会产生相应的出口固定成本。

第二，假设固定成本来自全球所有贸易伙伴，即具有全球性。只要生产者进入一个新的出口市场就会产生这种全球性的贸易成本。

针对“贸易成本如何影响每部电影的票房”，我们的模型将给出截然不同的结论。同时，基于贸易成本产生于事前或事后两种情况，即贸易成本是否产生在厂商明确了其生产类型后，我们将对固定贸易成本对贸易模式的影响进行讨论。

3.3.1 基本模型的设定

本部分的研究主要以电影产品为例，而不考虑其他文化产品的存在。由于电影产品的消费具有离散性，所以我们采用离散选择模型的框架(Anderson，Palma，and Tisse，1992)。基本模型的设定与Melitz(2003)相同。

假设存在多个行业，消费者满足科布—道格拉斯的效用函数，存在许多国家，其中u代表出口商，k代表进口商；同时，根据Melitz and Ottaviano(2005)的模型，认为电影企业的利润加成具有异质性。

作为文化产品的一种，电影产品往往具有文化折扣的特征(Waterman，2005)。对于k国的消费者而言，同本国电影相比，u国的电影带给消费者的效用往往会减少δ_{uk}，其中$\delta_{uk}>0$。δ_{uk}代表了由于文化、习俗、价值观、翻译等原因造成k国电影文化价值的损失。一般而言，δ_{uk}越小，两国文化、价值观、语言等因素就越为相似。

当然，电影产品也受到固定贸易成本与可变贸易成本的影响。我们将可变贸易成本定义为$t_{uk}>0$，包括关税、国外电影销售额所征收的附加费用(Marvasti and Canterbery，2005)、电影分销商和国外电影放映商的交易成本(Gil and Laontaine，2007)、广告宣传费用和影片出版费用等。固定的出口成本主要和影片在国外的分销权、国际电影市场的竞争、出口影片的编辑与字幕翻译等相关。一般而言，固定贸易成本分为两类：一类是特定市场的贸易成本(如果每一个国家拥有其特定的市场竞争)；另一类是全球性的贸易成本(如果单一市场的竞争可以满足多个国家)。显然，可变贸易成本和固定贸易成本都拥有共同的决定因素，包括地理距离、语言、合同执行的成本。

对于k国而言，消费者o将从n_k(本国和外国电影)中选择一部电影观看，如果他选择了影片j，其效用函数为$V_{jk}^{o}=v_{jk}+\varepsilon_{jk}^{o}$。

其中，ε_{jk}^{o}是一个独立同分布且期望为 0，方差为 $\rho^2/6$，服从二元指数分布的随机变量。

v_{jk}形式如下：

$$v_{jk}=\lambda_{jk}-\delta_{jk}-t_{jk}-p_{jk} \tag{3-8}$$

其中，p_{jk}是指电影 j 在 k 国的价格（令 $\delta_{kk}=t_{kk}=0$）。λ_{jk}为需求解释变量，衡量电影的异质性。λ_{jk}值越大，电影就越受欢迎，反之亦然。我们假定电影的受欢迎程度不取决于其放映所在国，对于所有国家 k 而言，可有 $\lambda_{jk}=\lambda_j$，同时，λ_j 服从 $G(\lambda)$的分布。

我们采用 Anderson et al.（1992）模型的结论，可以得到 u 国电影 j 在 k 国的票房数：

$$s_{juk}=(p_{juk}+t_{uk})\exp\ (\lambda_j-\delta_{uk}-t_{uk}-p_{juk})A_k \tag{3-9}$$

其中，$A_k=\alpha Y_k/M_k$，且 $M_k=\sum_{l}(p_{lk}+t_{lk})\exp\ (v_{lk})$，$Y_k$是收入，$\alpha$ 是电影行业的支出份额，p_{juk}是电影 j 在 k 国的价格，M_k 描述了 k 国电影市场的竞争程度，类似于 CES 价格指数的形式。

式(3-10)描述了一个 CES 形式的每一种电影的需求方程。k 国电影 h 的国内票房数量为：

$$s_{hkk}=p_{hk}\ \exp\ (\lambda_h-p_{hk})A_k \tag{3-10}$$

我们假设电影的生产有如下四个步骤。

第一，u 国电影生产者雇佣 u 国 f_E 单位的劳动力来生产，称为沉没劳动投入。

第二，电影生产者将拥有一个服从 $G(\lambda)$分布的 λ 指数。

第三，电影的放映需要可变劳动力，该投入成本源于观众所在国市场。

第四，电影生产者获得利润。

考虑到电影生产者将拥有一个服从 $G(\lambda)$分布的 λ 指数，我们假设固定的生产成本产生在电影未获得知名度之前，我们将这种成本称为完全的沉没成本。这和 Melitz(2003)的模型不同，在 Melitz(2003)模型中假设固定的生产成本来源于企业的异质性，我们将其称作部分的沉没成本。相比部分沉没成本，完全的沉没成本涵盖了电影生产者所面临的未知性风险和电影“寿命短”的特性。衡量一部电影知名度的最佳指标是该影片放映一周的票房数量(特别是在本国电影市场)，在这段时间内将存在电影的生产成本与国内发行成本。从大量的统计观察来看，三周时间后平均一部电影将获得其票房的66%的收益(Vany and Walls，1999)。

在Melitz(2003)中，我们将把生产者进入市场的沉没成本锁定在N_k上，即k国服从$G(\lambda)$分布的电影生产者的数量。同时，假定每个电影公司都将生产一类特定的电影。但是，根据Bernard，Redding，and Schott(2006)，我们的模型同样也考察了一个生产多种不同类型影片的电影公司。通常，大部分影片都是由几个大的电影工作室发行的，这其中也包括了电影的生产环节。虽然存在许多的影视公司或电影工作室，但实际上大部分高票房电影的发行一半是由电影工作室完成的。因此，我们不妨将电影工作室看作是一个生产多部影片的影视公司。在一年内，一个电影工作室可以发行许多部电影，其中每一部电影都看成一类特定的影视作品。由于电影的“寿命短”的特性，使得每一个电影工作室生产的影片具有一定的差异性，来避免同时发行多部电影的情况。虽然一个工作室可以生产多部电影，但每类电影只生产一部。因此，在上述情况下仍然适用于电影生产的四个步骤，我们也将对其进行进一步解释。

根据Melitz(2003)，我们假设电影行业是一个垄断竞争行业。根据式(3-9)和式(3-10)，国内电影h的需求弹性为$-p_{hkk}$，u国电影j在k国的需求弹性为$-(p_{ukj}+t_{uk})$。当电影价格上升时，电影的需求将更加富有弹性，电影生产商的利润加成将进一步降低，这种情况和Meltiz and Ottaviano(2005)的线性需求所得结论一样。具体形式如下：

$$p_{hkk}=w_k+1,\ p_{ukj}+t_{uk}=w_k+1+t_{uk}\rightarrow p_{hkk}=p_{juk}=w_k+1 \tag{3-11}$$

其中，w_k 为 k 国的工资水平。由于文化折扣是本国市场偏好的原因之一，因此，它将不影响电影价格（Anderson and Wincoop，2004）。类似地，λ_j 将影响电影的需求量却不影响价格。根据式(3-11)，我们不难发现在 k 国市场中，本国和外国的电影价格是相同的。

一旦 k 国的电影生产者确定了自己的 λ，将会开始拍摄并制作电影，沉没成本随之产生，销售量和价格如式(3-10)、式(3-11)所示。令 n_{kk} 为 k 国电影数量，N_k 为 k 国服从 $G(\lambda)$ 分布的电影数量，且 $n_{kk}=N_k$。

为了得到 k 国电影在本国的票房，我们假设 $G(\lambda)$ 为指数分布，即：

$$G(\lambda)=1-d^{\kappa}\exp(-\lambda\kappa),\ \kappa>0 \text{ 且 } \lambda\in[\ln d,\ +\infty)$$

根据式(3-9)，我们令 s_{hkk} 为帕累托分布，且 k 国电影的票房数量为：

$$S_{kk}=N_k\int_{\ln d}^{\infty}s_{hkk}\mathrm{d}G(\lambda)=n_{kk}(w_k+1)\mathrm{e}^{-(w_k+1)}A_k\frac{\kappa d}{\kappa-1} \tag{3-12}$$

当 k 国的支出 A_k 增加或 k 国工资 w_k 减少，k 国本国电影的票房数量将上升。

3.3.2 全球固定贸易成本下的企业出口选择

本部分我们将具体考察 u 国电影生产者，且这些生产者将准备向 k 国出口。当 λ 确定后，出口行为将产生全球性固定贸易成本，即 f_G 单位的 u 国劳动力。在电影行业中，电影生产者首先在国内进行电影的发行与放映，如果电影在国内取得好评，他们才将影片进行出口。因此，我们允许电影生产者在进行出口决定前可以观察到自己属于哪一类生产厂商，即仅在国内进行销售还是从事电影的出口的两种类型。如果电影生产者可以支付其固定贸易成本，则其电影将出口到所有国外市场。根据式(3-9)，u 国电影 j 的生产商将在 k 国获得 s_{juk} 的票房数量。电影 j 的出口总票房数量为 $\sum_{k\neq u} s_{juk}$，电影 j 出口的利润为：

$$\pi_{ju}=e^{\lambda_j}Q_u-f_G w_u,\ Q_u=\sum_{k\neq u}e^{-(w_k+1+t_{uk}+\delta_{uk})}A_k \quad (3\text{-}13)$$

令 $\pi_{ju}=0$，则 λ 的临界值为：

$$\lambda_0=\ln\frac{w_u f_G}{Q_u} \quad (3\text{-}14)$$

根据式(3-14)，由于固定贸易成本具有全球性，λ_0 不会随着进口国家的改变而改变。一旦影片出口到国外，它将出口到世界所有的国家。u 国将生产两类电影：一种是只在国内放映的($\lambda_j<\lambda_0$)；另一种是出口到世界所有的国家的。

根据 λ_0，我们将得到 u 国出口到 k 国的影片数量：

$$n_{uk}=N_u\int_{\lambda_0}^{\infty}\mathrm{d}G(\lambda_j)=N_u d^k\exp(-\lambda_0\kappa) \quad (3\text{-}15a)$$

以及 u 国电影在 k 国的票房数量：

$$\begin{aligned}S_{uk}&=N_u\int_{\lambda_0}^{\infty}s_{juk}\,\mathrm{d}G(\lambda_j)\\&=n_{uk}(1+w_k+t_{uk})e^{-(w_k+1+t_{uk}+\delta_{uk})}A_k\frac{\kappa e^{\lambda_0}}{\kappa-1}\end{aligned} \quad (3\text{-}15b)$$

根据式(3-15b)，S_{uk} 将随着 k 国经济情况变化而变化，比如 k 国的支出和可变贸易成本。

上述变化主要由两部分组成：广义边际，即 u 国出口到 k 国的影片数量；集约边际，即 u 国每部电影平均票房数量。在式(3-15a)中，广义边际是对特定的出口国家而言的，不随着进口国家经济情况的变化而变化，因此，S_{uk} 的变化会受到集约边际的影响。考虑到固定出口成本不随着进口国家改变而改变，因此固定出口成本并不影响集约边际。

结合上述方程，我们有：

$$\ln\left(\frac{S_{uk}/n_{uk}}{S_{kk}/n_{kk}}\right)=-\delta_{uk}-t_{uk}+\ln\left(1+\frac{t_{uk}}{w_k+1}\right)+\ln C_u$$

$$\approx -\delta_{uk} - t_{uk}\frac{w_k}{w_k+1} + \ln C_u$$

$$\approx -\delta_{uk} - t_{uk} + \ln C_u \tag{3-16}$$

其中，$C_u = \exp(\lambda_0)/d$。根据式(3-16)，S_{uk}/n_{uk} 和 S_{kk}/n_{kk} 为 u 国电影在 k 国的平均票房数量和 k 国本国的平均票房数量。式(3-16)左边，我们称之为平均票房比率。对式(3-16)两边取对数后，市场竞争度 M_k 与本国电影支出 αY_k 将被剔除。不难发现，平均票房率与可变贸易成本呈负相关。

如果我们剔除电影生产者的异质性因素和固定出口成本，我们得到的结果和式(3-16)相似：

$$\ln\left(\frac{S_{uk}/n_{uk}}{S_{kk}/n_{kk}}\right) \approx -\delta_{uk} - t_{uk} \tag{3-17}$$

式(3-17)和标准的垄断竞争模型十分相似。正如式(3-16)所示，S_{uk} 的变动将受到集约边际的影响。但区别于 Melitz (2003)，该方程得出的结论与之相反。

3.3.3 双边固定贸易成本下的企业出口选择

接下来，我们将考虑双边固定贸易成本的情况。为了出口电影，电影生产商将受到目标市场固定成本的影响。向 k 国出口 u 国的一部电影将需要 f_{uk} 个单位 k 国的固定劳动投入。其余假定同前文。在这里，虽然 Melitz(2003)没有考虑到具体固定的贸易成本(双边或全球性)情况，但在研究企业异质性的大部分文献中都考虑了双边固定贸易成本的情况。

对于 u 国的生产者而言，向 k 国出口电影 j 的利润为：

$$\pi_{juk} = e^{\lambda_j - (w_k + 1 + t + \delta)} A_k - f_{uk} w_k \tag{3-18}$$

令 $\pi_{juk} = 0$，可得到临界值 λ_{0uk}：

$$\lambda_{0uk} = w_k + 1 + t_{uk} + \delta_{uk} + \ln\frac{w_k f_{uk}}{A_k} \tag{3-19}$$

当 k 国的工资上升，将提高 u 国电影的固定出口成本，使得其需求更富有弹性，降低其利润加成。上述两种效应均会降低 u 国电影在 k 国的利润，并提高临界值 λ_{0uk}。上述特征在

Ottaviano and Melitz(2005)的文章中均有体现。

利用λ_{0uk}，我们将得到u国电影出口到k国的电影数量：

$$n_{uk}=N_u\int_{\lambda_{0uk}}^{\infty}\mathrm{d}G(\lambda_j)=N_u d^{\kappa}\exp(-\lambda_{0uk}\kappa)$$

以及u国电影出口到k国的票房数量：

$$\begin{aligned}S_{uk}&=N_u\int_{\lambda_{0uk}}^{\infty}s_{juk}\,\mathrm{d}G(\lambda_j)\\&=\frac{\kappa d^{\kappa}\mathrm{e}^{-\lambda_{0uk}(\kappa-1)}}{(\kappa-1)}N_u(w_k+1+t_{uk})\mathrm{e}^{-(w_k+1+t_{uk}\kappa)A_k}\\&=\frac{\kappa n_{uk}}{\kappa-1}(w_k+1+t_{uk})w_k f_{uk}\end{aligned}\tag{3-20}$$

进而我们有：

$$\begin{aligned}\ln\left(\frac{S_{uk}/n_{uk}}{S_{kk}/n_{kk}}\right)&=\ln(f_{uk})+\ln\frac{w_k}{A_k}+w_k+\ln\left(1+\frac{t_{uk}}{w_k+1}\right)+C_3\\&\approx\ln(f_{uk})+\ln\frac{w_k}{A_k}+w_k+\frac{t_{uk}}{w_k+1}+C_3\end{aligned}\tag{3-21}$$

其中，$C_3=1-\ln d$。平均票房比率与固定贸易成本、可变贸易成本呈正相关，但和进口国家电影支出份额呈负相关。

可见，固定贸易成本对集约边际与广义边际有着重要影响，当固定贸易成本从全球性贸易成本向双边贸易成本转变，平均票房比率与贸易成本的关系将从负相关变成正相关的关系。

3.3.4 完全沉没成本与部分沉没成本下的企业出口选择

与已有文献不同，在生产成本的处理方面，本部分假定生产成本是一种完全的沉没成本(事前成本，即贸易成本产生在电影生产者确定生产类型前，无论是在本国销售还是出口到国外)。接下来，我们将假定贸易成本是一种部分的沉没成本(事后成本，即贸易成本产生在电影生产者确定生产类型后)。

假设k国电影h的生产者需要b单位的k国劳动力作为其

生产类型确定后(λ_j 确定)的固定生产成本。同时，认为在 N_k 个电影中，只有 $n_{kk}<N_k$ 最终被拍摄。因此，当电影生产者的 λ_j 确定后，为了避免支付额外的固定生产成本，生产者或许不决定对电影 h 进行出口。

与前文相类似，我们将得到电影 h 的利润：

$$\pi_{hkk}=e^{\lambda_{kh}-w_k-1}A_k-bw_k,\ A_k=\alpha Y_k/M_k$$

临界值 λ：

$$\lambda_{0kk}=w_k+1+\ln\frac{w_k b}{A_k}$$

k 国实际拍摄的电影数量：

$$n_{kk}=N_k\int_{\lambda_{0kk}}^{\infty}\mathrm{d}G(\lambda_h)=N_k d^{\kappa}\exp(-\lambda_{0kk}\kappa)$$

以及 k 国电影的总票房数量：

$$S_{kk}=N_k\int_{\lambda_{0kk}}^{\infty}s_{hkk}\mathrm{d}G(\lambda_h)=\frac{\kappa d^{\kappa}e^{-\lambda_{0kk}(\kappa-1)}}{(\kappa-1)e^{w_k+1}}N_k(w_k+1)A_k$$

$$=\frac{\kappa n_{kk}}{\kappa-1}(w_k+1)w_k b$$

实际拍摄电影的比率 n_{kk}/N_k 将随着本国市场的经济情况改变，例如本国支出和电影的支出份额，同时也受到调整机制的影响，这种调整机制在完全沉没成本情况下是不存在的。

为了进一步分析这种调整机制的重要性，我们将考虑一下其对 k 国电影的本国票房的影响，即 S_{kk}。假设 k 国的规模上升，且在已知 λ 情况下 N_k 不发生任何改变。此时，S_{kk} 将上升。从式(3-10)我们不难看出，此时 k 国每一部电影的国内票房数量将上升。由于每部电影的利润将上升，k 国将有更多电影被拍摄，即 n_{kk} 上升。

事实上，k 国市场规模的变化对集约边际 S_{kk}/n_{kk} 没有影响，但 S_{kk} 将会根据广义边际进行调整。相反，在完全的沉没成本模型中，市场规模将不会改变实际拍摄电影的数量；此外，S_{kk} 将会根据集约边际进行调整。

进一步，我们可以得到不同固定贸易成本假设下的平均票房比率。如果固定贸易成本是全球性的，则有：

$$\ln\left(\frac{S_{uk}/n_{uk}}{S_{kk}/n_{kk}}\right)=-\delta_{uk}-t_{uk}-w_k+\ln\left(1+\frac{t_{uk}}{w_k+1}\right)+\ln\frac{A_k}{w_k}+C_{u1}$$
$$\approx-\delta_{uk}-t_{uk}-w_k+\ln\frac{A_k}{w_k}+C_{u1} \quad (3\text{-}22)$$

其中，$C_{u1}=\lambda_{0u}-\ln b-1$。显然，平均票房率与可变贸易成本成反比，但不同的是，与进口国家的支出成正比。本国电影的生产将根据广义边际进行调整，但电影的出口将根据集约边际进行调整，使得进口国的经济情况对国外和国内电影的票房量产生不同的影响。

如果固定的贸易成本是双边的，则有：

$$\ln\left(\frac{S_{uk}/n_{uk}}{S_{kk}/n_{kk}}\right)=\ln\frac{f_{uk}}{b}+\ln\left(1+\frac{t_{uk}}{w_k+1}\right)\approx\ln\frac{f_{uk}}{b}+\frac{t_{uk}}{w_k+1} \quad (3\text{-}23)$$

式(3-23)同Melitz(2003)的模型结论十分相似，平均票房率与固定和可变的贸易成本呈正相关，但不同的是，其与进口国经济情况不相关。本国与外国电影的票房只随着广义边际进行调整，使得进口国经济情况对两类电影生产者的平均票房量影响相同。

3.4　本章小结

文化产品作为特殊的商品，既有一般贸易商品的共同性，又有其自身的独特性。因此，对于文化产品贸易的理解，仅从传统的一般贸易理论出发是不够的。区别于已有文献认为的文化差异因素影响贸易成本，本章基于新贸易理论框架下的垄断竞争模型，通过引入文化产品影响消费者效应这一变量，推导得出文化产品进口国的购买能力、出口国的生产能力、传统文献中地理距离等冰山成本，以及文化距离等文化因素是影响文化产品贸易的主要因素。此外，以影视产品为例，利用新新贸易理论框架下的企业异质性模型分析了存在双边固定贸易成本与全球固定贸易成本两种情况下贸易成本对电影票房的影响，以此为例利用新新贸易理论解释了文化产品贸易。

第 4 章　中国文化产品贸易的总体地位

文化产品贸易是国家之间、经济体之间的文化交换行为，既包括有形的产品形态，也包括无形的服务形态。文化产品贸易不同于普通产品贸易，带给一国的福利不仅体现在市场份额的占有率和利润的获得上，更体现在文化产品出口国对进口国产生的文化影响力上，具体指进口国对出口国文化的接受和认知程度。随着中国加入 WTO、对外开放的进一步深化和十七大关于提高国家文化软实力战略任务的提出，中国对外文化贸易快速发展，增长速度超过世界平均水平；与此同时，贸易结构、产品结构、市场结构和行业结构也在不断发生着变化。

在前文明晰了文化产品界定和文化产品统计框架的基础上，本章将就中国文化产品贸易的整体发展现状进行描述，并通过国际比较来研究中国文化产品贸易的总体地位。

4.1　中国文化产品贸易的发展规模

随着经济全球化的推进，国家和地区间的文化产品贸易发展迅速，并在全球贸易中显现出勃勃生机。来自联合国贸发数据库(UNCTAD)的数据表明，文化产品的贸易出口总额从 2002 年的 1 982 亿美元增长到 2010 年的 3 832 亿美元，年均增长率为 8.7%，与同时期商品贸易出口增幅持平；而文化服务贸易出口以高于同期国际服务贸易 3.2 个百分点的年均增速发展(达到 14.4%)，从 2002 年的 496 亿美元增长到 2010 年的 1 450 亿美元。[①] 特别是在 2009 年，世界贸易在金融危机的冲击下整体萎缩时，文化产品贸易的降幅远低于商品贸易，体现出文化产品贸易较强的抗经济波动的能力。图 4-1 直观地描述了这一变动过程。

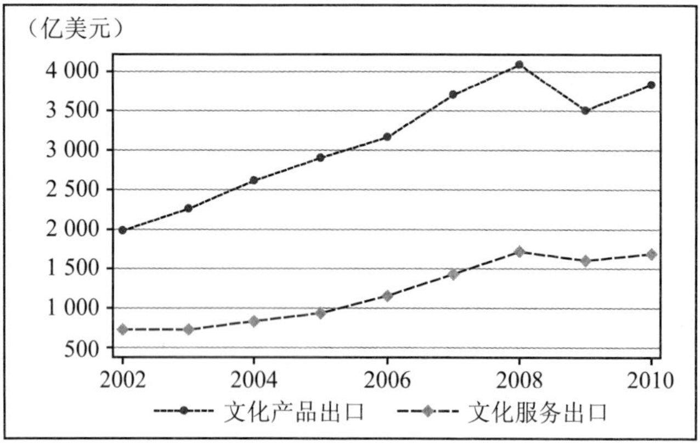

图 4-1　2002—2010 年世界文化产品出口和文化服务出口

从目前的文化统计框架的划分来看，近十年来文化贸易中文化产品贸易的比重一直保持在 75%以上，而当前对文化服务贸易的统计只涵盖了个人娱乐，而对于涉及版权交易以及商业存在形式的服务贸易形式却没有包括。统计上的局限性，加之文化服务贸易原本所占比重并不高，故下文的探讨并不将文化服务贸易作为重点。数据主要来源于联合国商品贸易数据库(UN COMTRADE)和联合国贸发数据库(UNCTAD)。

区别于核心文化产品，相关文化产品贸易也受到世界文化

① 从理论划分上，版权转让贸易应该属于文化服务贸易的组成部分，但由于在数据的收集上存在很大困难，所以在 UNCTAD 的文化服务贸易数据库中并没有列出版权转让的内容，上述列出的数据存在着一定向下偏误，当然，这没有影响我们的基本判定。

贸易发展趋势的带动。2000—2010年，世界相关文化产品贸易的年均增长速度为8.58%，到2011年时，相关文化产品出口比重达到世界商品贸易的7.3%。

从全球范围的文化产品出口贸易来看，发达国家占据传统的主导地位，但是近年来发展中国家增长态势迅猛。在2002年文化产品出口市场上，发达国家所占比重达到了62.1%，而发展中国家仅为37.3%；但到了2010年，发达国家和发展中国家所占比重各自为51.2%和48%，分别下降了10.9个百分点和增长了10.7个百分点。此消彼长之间，发达国家和发展中国家在贸易量上“平分秋色”。但这仅仅是表象，通过研究出口文化产品的结构我们发现，发达国家在视觉艺术、视听产品、新兴媒体、表演艺术等“文化艺术”含量更高、意识形态更强的核心文化产品贸易方面占有绝对优势；而发展中国家则更依赖于乐器制造、视听设备、手工艺品等劳动密集型的相关文化产品出口。

从文化产品进口贸易来看，发达国家占据文化产品进口的70%以上，居于主导地位，并且这一现状并没有因为发展中国家出口贸易的发展而改变。到2010年时，发达国家的文化产品进口总额占全部进口贸易的75.2%，而发展中国家仅为22.5%，并且这一比重自2002年以来上升十分有限。较高的经济发展水平和消费结构，决定了发达国家对文化产品有更大的消费需求。就世界文化产品贸易的实际来看，发达国家既是核心文化产品的主要出口国，也是核心文化产品的主要进口国和消费国。

近十年来文化产品贸易的一个突出现象是跨国公司越来越成为主导全球文化贸易的重要载体。自2000年以来，随着诸如时代华纳、美国电讯公司、新闻集团、国家广播环球公司、哥伦比亚广播公司、贝塔斯曼、迪士尼集团、默多克、威望迪、维亚康姆、索尼、威廉希尔等跨国传媒集团的并购重组，全球文化产业格局也随之调整，来自西欧、日本、美国的跨国公司涵盖了全球文化贸易量的 2/3。国际文化贸易由政府主导逐渐转变为跨国公司主导的模式。

随着经济全球化的推进，国家和地区间的文化产品贸易发展迅速，并在全球贸易中呈现其重要的地位。尤其是伴随着中国文化产业的较快发展，中国核心文化产品的国际化进程也逐渐加快，文化产品贸易取得了一定成绩，这使得中国的文化在世界上的影响力与日俱增；但中国文化贸易仍处于初级阶段，并呈现以下特点：

首先，中国的文化产品贸易处于高速增长的阶段。来自联合国商品贸易数据库(UN COMTRADE)的数据表明，中国核心文化产品的贸易进出口总额从 1992 年的 2.7 亿美元，增长到 2012 年的 117.53 亿美元(见图 4-2)，20 年间增长了约 43 倍，核心文化产品的年均环比增长率约为 20.76%。

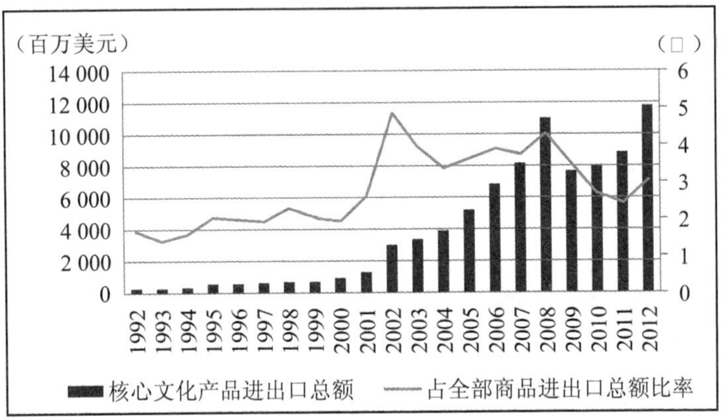

图 4-2 核心文化产品进出口贸易发展趋势

自 1992 年到 2008 年的 17 年间，中国核心文化产品的贸易处于飞速增长阶段(见图 4-2)，其进出口总额与同时期全部商品进出口总额增幅持平，并基本维持了正增长(仅 1996 年和 1999 年为−0.56%和−0.13%，见图 4-3)；虽然个别年份，贸易增长较为缓慢，但绝大多数年份，中国核心文化产品处于高速增长阶段；特别是自 2000 年以来，中国政府提出推动文化产业成为支柱性产业的政策后，逐步提高了对于文化贸易的重视程度，加之中国市场在国际分工中处于的有利地位，使得中国文化产品贸易得到了迅猛发展；2002 年，中国核心文化产品的进出口总额的增长率甚至高达 129%；2009 年，由于受到全球范围内金融危机的影响，世界贸易整体急剧萎缩，核心文化产品进出口总额也从 2008 年的 109.96 亿美元，急剧下降到 2009 年的 76.67 亿美元，环比下降了 35%之多；随着 2012 年全球经济复苏，中国核心文化产品贸易再度增长至 117.53 亿美元，恢复到 2008 年金融危机之前的文化产品贸易水平。

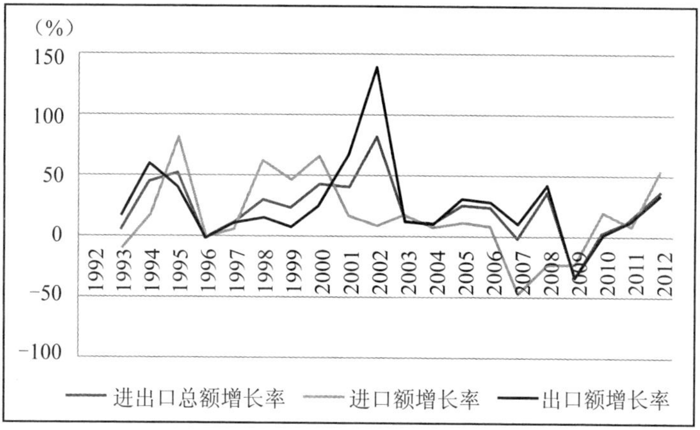

图 4-3　核心文化产品贸易增长趋势

其次，虽然中国核心文化产品贸易处于快速发展阶段，但是它仍然处于初级发展阶段。20 年来，核心文化产品进出口总额占中国全部商品进出口总额的比重，基本维持在 5‰以下（见图 4-2），占比最高的年份也仅达到 4.86‰（2002 年），还不到中国商品贸易总额的 1%。由此可见，核心文化产品贸易在中国商品贸易中，仍然处于较低的地位，贸易所占比重可以说是微不足道。因此，中国核心文化产品产业仍然具有很大的发展空间，为了提升中国文化在世界上的影响和地位，加强国际文化交流，中国仍应大力加强核心文化产品产业的发展，促进国际文化交流与进步。

此外，一个国家、地区的产品进出口贸易结构，可以很好地反映该国在相关产业方向的优势与劣势所在，进而反映出相关产业的结构特点以及产品在国际市场上的竞争力。就中国核心文化产品的进口贸易与出口贸易而言，两者呈现出不太相同的态势。

1992 年至 2012 年间，中国核心文化产品出口额大于进口额(见图 4-4)，表现为顺差；同时，核心文化产品出口额占中国全部商品出口总额的比重，大于核心文化产品进口额所占全部商品进口总额的比重，在核心文化产品贸易中占主导地位；但总的来说，两者所占全部商品进出口贸易总额的比重仍低于1%，其中，进口所占比重甚至不到2‰。虽然中国核心文化产品进出口贸易在全部商品贸易中均处于较低的地位，但是，中国核心文化产品的进出口贸易却处于快速发展阶段(见图 4-3)。尤其是中国核心文化产品的出口，在绝大多数年份，处于高速增长

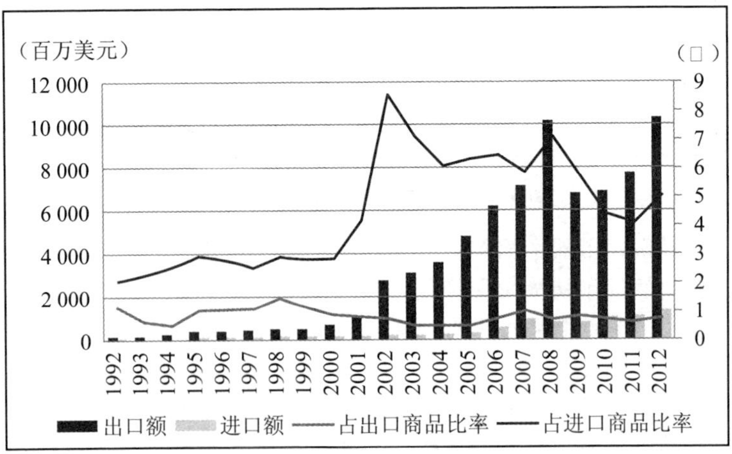

图 4-4 核心文化产品进口和出口贸易发展趋势

阶段，2000年的年均环比增长率甚至高达150%。

综上所述，中国核心文化产品贸易处于快速增长的初级阶段，进出口贸易增长速度较快，但占全部商品贸易比重较低；核心文化产品出口贸易，在中国核心文化产品贸易中占主导地位，中国更多的是在输出本国文化；然而，对于外国文化产品的进口，由于中国文化产业的管理制度中，对文化产品的进口存在一定程度的限制，因此，虽然中国核心文化产品进口贸易处于高速增长阶段，但却远远低于出口贸易的增长，并没能做到完全开放地融入全球文化交流当中去。

4.2　中国核心文化产品贸易的国际地位

4.2.1　中国核心文化产品进出口贸易地位

全球核心文化产品在1992年、2002年、2012年的进出口贸易规模及排名，如表4-1所示。全球核心文化产品进出口贸易前三名分别为1992年的美国、英国、德国，2002年的美国、英国、德国，2012年的美国、英国、中国。美国是核心文化产品进出口贸易的强国，其核心文化产品进出口贸易稳定居于世界首位，在1992年、2002年、2012年贸易额分别为94.3亿美元、162亿美元、256亿美元，并呈现逐年上升的趋势，占世界核心文化产品进出口贸易额的百分比为20%～25%；英国的核心文化产品进出口贸易稳定居于世界第二位，其核心文化产品进出口贸易总量在1992年、2002年、2012年分别为72.2亿美元、109亿美元、195亿美元，贸易总量占世界核心文化产品进出口贸易额的百分比约为16%。

表 4-1 中国核心文化产品进出口贸易地位

年份	排名	国家(地区)	进出口贸易额(亿美元)	占比(%)
1992	1	美国	94.30	21.34
	2	英国	72.20	16.35
	3	德国	43.90	9.93
	4	法国	33.80	7.64
	5	瑞士	23.00	5.20
	6	加拿大	21.20	4.80
	7	比利时—卢森堡	15.30	3.45
	8	荷兰	14.80	3.35
	9	日本	14.00	3.17
	10	意大利	13.10	2.97
	11	西班牙	11.80	2.67
	12	中国香港	11.40	2.57
	13	奥地利	8.38	1.90
	14	澳大利亚	7.66	1.73
	15	瑞典	5.57	1.26
	16	新加坡	5.41	1.22
	17	墨西哥	4.21	0.95
	18	丹麦	3.91	0.89
	19	爱尔兰	3.00	0.68
	20	韩国	2.50	0.57
2002	1	美国	162.00	23.93
	2	英国	109.00	16.11
	3	德国	53.50	7.93
	4	加拿大	31.90	4.73

续表

年份	排名	国家(地区)	进出口贸易额(亿美元)	占比(%)
2002	5	法国	30.60	4.53
	6	中国	29.50	4.36
	7	中国香港	27.00	4.00
	8	瑞士	24.80	3.68
	9	日本	23.00	3.40
	10	西班牙	18.80	2.79
	11	墨西哥	15.90	2.36
	12	意大利	15.70	2.33
	13	比利时	13.40	1.98
	14	荷兰	10.20	1.51
	15	澳大利亚	9.03	1.34
	16	新加坡	8.79	1.30
	17	奥地利	7.57	1.12
	18	匈牙利	7.51	1.11
	19	俄罗斯	5.36	0.79
	20	瑞典	5.05	0.75
2012	1	美国	256.00	21.64
	2	英国	195.00	16.45
	3	中国	105.00	8.89
	4	德国	86.30	7.29
	5	法国	58.70	4.96
	6	中国香港	56.60	4.78
	7	日本	41.00	3.46
	8	瑞士	40.20	3.39

续表

年份	排名	国家(地区)	进出口贸易额(亿美元)	占比(%)
2012	9	加拿大	37.70	3.19
	10	意大利	27.10	2.29
	11	比利时	21.20	1.79
	12	荷兰	20.80	1.76
	13	新加坡	20.20	1.71
	14	西班牙	18.40	1.55
	15	澳大利亚	15.80	1.34
	16	奥地利	14.20	1.20
	17	墨西哥	10.30	0.87
	18	俄罗斯	9.69	0.82
	19	韩国	9.68	0.82
	20	波兰	8.85	0.75

资料来源：根据联合国商品贸易数据库(UN COMTRADE)分类数据整理得到。

中国的核心文化产品贸易飞速发展。1992 年中国并未进入世界核心文化产品进出口贸易前二十名；2002 年却迅速上升到了世界第六名，核心文化产品进出口贸易额为 29.5 亿美元，进出口贸易额占世界核心文化产品进出口贸易额的百分比为 4.36%；截至 2012 年，中国核心文化产品进出口贸易已超越德国成为世界第三名，贸易额为 105 亿美元，进出口贸易额占世界核心文化产品进出口贸易额的百分比为 8.89%；而德国核心文化产品进出口贸易则降至第四名，贸易额为 86.3 亿美元，进出口贸易额占世界核心文化产品进出口贸易额的百分比为 7.29%。

4.2.2　中国核心文化产品进口贸易地位

全球核心文化产品在 1992 年、2002 年、2012 年的进口贸易规模及排名，如表 4-2 所示。全球核心文化产品进口贸易前三名分别为 1992 年的美国、英国、法国，2002 年的美国、英国、加拿大，2012 年的美国、英国、德国。美国和英国在核心文化产品进口贸易方面，分别稳居世界第一和第二名，美国是核心文化产品进口贸易的强国，稳居世界首位，在 1992 年、2002 年、2012 年其核心文化产品进口贸易额分别为 47.8 亿美元、104 亿美元、135 亿美元，呈现逐年上升的趋势，进口贸易额占世界核心文化产品进口贸易额的百分比在 20%左右，2002 年甚至高达 29.1%；英国的核心文化产品进口贸易稳定居于世界第二名，其核心文化产品进口贸易总量在 1992 年、2002 年、2012 年分别为 34.8 亿美元、52.1 亿美元、95.8 亿美元，进口贸易额占世界核心文化产品进口贸易额的百分比稳定在 14%～16%。而德国、加拿大、法国则在第三至第五名的范围内徘徊。

表 4-2　中国核心文化产品进口贸易地位

年份	排名	国家(地区)	进口贸易额(亿美元)	占比(%)
1992	1	美国	47.80	20.30
	2	英国	34.80	14.77
	3	法国	18.40	7.81
	4	加拿大	17.00	7.21
	5	德国	16.50	7.01
	6	瑞士	12.40	5.27
	7	日本	8.53	3.63
	8	比利时—卢森堡	7.98	3.39
	9	荷兰	6.94	2.95

续表

年份	排名	国家(地区)	进口贸易额(亿美元)	占比(%)
1992	10	澳大利亚	6.35	2.70
	11	西班牙	6.25	2.66
	12	奥地利	6.05	2.57
	13	意大利	5.15	2.19
	14	中国香港	4.16	1.77
	15	瑞典	3.79	1.61
	16	墨西哥	3.33	1.41
	17	爱尔兰	2.35	1.00
	18	新加坡	2.31	0.98
	19	波兰	1.87	0.80
	20	挪威	1.87	0.80
2002	1	美国	104.00	29.10
	2	英国	52.10	14.63
	3	加拿大	22.50	6.32
	4	德国	22.10	6.20
	5	法国	16.40	4.61
	6	瑞士	14.20	3.99
	7	中国香港	12.20	3.44
	8	日本	8.98	2.52
	9	西班牙	8.03	2.25
	10	澳大利亚	7.14	2.00
	11	比利时	7.09	1.99
	12	墨西哥	6.59	1.85
	13	意大利	6.25	1.75

续表

年份	排名	国家(地区)	进口贸易额(亿美元)	占比(%)
2002	14	荷兰	5.65	1.58
	15	奥地利	5.27	1.48
	16	新加坡	4.35	1.22
	17	瑞典	3.34	0.94
	18	韩国	3.22	0.90
	19	爱尔兰	2.85	0.80
	20	俄罗斯	2.74	0.77
2012	1	美国	135.00	22.62
	2	英国	95.80	16.01
	3	德国	35.80	5.98
	4	加拿大	30.30	5.07
	5	法国	28.30	4.73
	6	中国香港	26.50	4.43
	7	瑞士	25.50	4.27
	8	日本	24.90	4.16
	9	澳大利亚	12.90	2.15
	10	比利时	11.90	1.98
	11	意大利	11.80	1.98
	12	荷兰	11.10	1.86
	13	奥地利	10.90	1.82
	14	新加坡	9.57	1.60
	15	西班牙	9.31	1.56
	16	中国	9.14	1.53
	17	墨西哥	7.68	1.28

续表

年份	排名	国家(地区)	进口贸易额(亿美元)	占比(%)
2012	18	俄罗斯	7.63	1.28
	19	韩国	5.80	0.97
	20	瑞典	4.95	0.83

资料来源：根据联合国商品贸易数据库(UN COMTRADE)分类数据整理得到。

1992 年和 2002 年中国的核心文化产品进口贸易均没有进入世界前二十名。直至 2012 年，中国的核心文化产品进口贸易在世界中的排名中才上升至第十六位，贸易额为 9.14 亿美元，贸易总量占世界核心文化产品进口贸易额的百分比为 1.53%，仅占全球核心文化产品进口贸易的很小一部分。

4.2.3　中国核心文化产品出口贸易地位

全球核心文化产品在 1992 年、2002 年、2012 年的出口贸易规模及排名，如表 4-3 所示。全球核心文化产品出口贸易前三名分别为 1992 年的美国、英国、德国，2002 年的美国、英国、德国，2012 年的美国、英国、中国。美国和英国在核心文化产品出口贸易方面，仍分别位居世界第一和第二名。美国是核心文化产品出口贸易的大国，稳居世界首位，在 1992 年、2002 年、2012 年其核心文化产品出口贸易额分别为 46.6 亿美元、57.8 亿美元、121 亿美元，呈现逐年上升的趋势，出口贸易额占世界核心文化产品出口贸易额的百分比在 20%左右；英国的核心文化产品出口贸易稳定居于世界第二名，其核心文化产品出口贸易额在 1992 年、2002 年、2012 年分别为 37.5 亿美元、56.6 亿美元、98.9 亿美元，出口贸易额占世界核心文化产品出口贸易额的百分比在 17%左右。

表 4-3 中国核心文化产品出口贸易地位

年份	排名	国家(地区)	出口贸易额(亿美元)	占比(%)
1992	1	美国	46.60	22.52
	2	英国	37.50	18.14
	3	德国	27.40	13.25
	4	法国	15.40	7.45
	5	瑞士	10.60	5.12
	6	意大利	8.00	3.87
	7	荷兰	7.89	3.82
	8	比利时—卢森堡	7.29	3.53
	9	中国香港	7.21	3.49
	10	西班牙	5.55	2.69
	11	日本	5.46	2.64
	12	加拿大	4.27	2.07
	13	新加坡	3.10	1.50
	14	奥地利	2.33	1.13
	15	丹麦	2.09	1.01
	16	瑞典	1.78	0.86
	17	中国	1.38	0.67
	18	澳大利亚	1.31	0.63
	19	韩国	1.20	0.58
	20	哥伦比亚	1.14	0.55
2002	1	美国	57.80	18.15
	2	英国	56.60	17.76
	3	德国	31.40	9.86
	4	中国	27.30	8.57

续表

年份	排名	国家(地区)	出口贸易额(亿美元)	占比(%)
2002	5	中国香港	14.80	4.63
	6	法国	14.20	4.44
	7	日本	14.00	4.39
	8	西班牙	10.80	3.39
	9	瑞士	10.60	3.33
	10	意大利	9.48	2.98
	11	加拿大	9.40	2.95
	12	墨西哥	9.31	2.92
	13	匈牙利	6.78	2.13
	14	比利时	6.28	1.97
	15	荷兰	4.55	1.43
	16	新加坡	4.43	1.39
	17	俄罗斯	2.62	0.82
	18	奥地利	2.29	0.72
	19	芬兰	2.23	0.70
	20	丹麦	2.10	0.66
2012	1	美国	121.00	20.63
	2	英国	98.90	16.90
	3	中国	96.10	16.43
	4	德国	50.50	8.64
	5	法国	30.40	5.20
	6	中国香港	30.10	5.15
	7	日本	16.10	2.75
	8	意大利	15.30	2.61

续表

年份	排名	国家(地区)	出口贸易额(亿美元)	占比(%)
2012	9	瑞士	14.60	2.50
	10	新加坡	10.60	1.82
	11	荷兰	9.66	1.65
	12	比利时	9.37	1.60
	13	西班牙	9.07	1.55
	14	加拿大	7.36	1.26
	15	波兰	5.89	1.01
	16	印度	5.44	0.93
	17	捷克	4.29	0.73
	18	韩国	3.88	0.66
	19	奥地利	3.35	0.57
	20	丹麦	3.07	0.52

资料来源：根据联合国商品贸易数据库(UN COMTRADE)分类数据整理得到。

中国的核心文化产品出口贸易飞速发展。1992 年中国在世界核心文化产品出口贸易中排第十七名，贸易额为 1.38 亿美元，出口贸易额占世界核心文化产品出口贸易额的百分比为 0.67%，仅是世界核心文化产品出口贸易中很小的一部分；2002 年却迅速上升到了世界第四名，核心文化产品出口贸易额为 27.3 亿美元，出口贸易额占世界核心文化产品出口贸易额的百分比为 8.57%；截至 2012 年，中国核心文化产品出口贸易已超越德国成为第三名，核心文化产品出口贸易额为 96.1 亿美元，出口贸易额占世界核心文化产品出口贸易额的百分比为 16.43%；而德国核心文化产品出口贸易则降至第四名，核心文化产品贸易额为 50.5 亿美元，出口贸易额占世界核心文化产品出口贸易额的百分比为 8.64%。

综上所述，美国、英国、德国等发达国家是核心文化产品贸易的大国和强国，其贸易额稳定居于全球核心文化产品贸易前列，在全球核心文化产品贸易中占有举足轻重的地位。其中，美国核心文化产品贸易无论是进口还是出口，均居于世界首位；英国则居于第二名；而作为发展中国家的中国，其核心文化产品贸易早期排名比较靠后，进口贸易甚至未进入世界前二十名；然而中国的核心文化产品贸易的发展却十分迅速，并于2012年超越德国，成为世界第三名；但较其他发达国家而言，中国核心文化产品贸易的进出口结构并不平衡，核心文化产品进口贸易和出口贸易的排名分别为第十六名和第三名，出口明显高于进口，存在着较大的出口顺差。

4.3 中国分类文化产品贸易地位

本节进一步考察中国核心文化产品中印刷品、视觉艺术品、视听媒介这三大类核心文化产品贸易的发展情况。

4.3.1 中国印刷品贸易地位

1. 中国印刷品进出口贸易地位

书籍、报纸和期刊归类于印刷品，全球印刷品在1992年、2002年、2012年的进出口贸易规模及排名，如表4-4所示。全球印刷品进出口贸易的前三名在1992年分别是美国、德国、英国，2002年分别是美国、英国、德国，2012年分别是美国、英国、德国。可见，美国是印刷品贸易的强国，其印刷品进出口贸易稳定居于世界首位，在1992年、2002年、2012年分别为39.1亿美元、53.6亿美元、60.6亿美元，并呈现稳步上升的趋势，进出口贸易额占世界印刷品进出口贸易额的百分比分别为15.51%、16.15%、12.93%，在2012年却出现下降的趋势；英国的印刷品进出口贸易由1992年的世界第三名上升至2002年的世界第二名，并在2012年保持住其世界排名，其印刷品进出口贸易总量在 1992 年、2002 年、2012 年分别为 28.3 亿美元、42.3 亿美元、52.1 亿美元，进出口贸易额占世界印刷品进出口贸易额的百分比分别为 11.23%、12.73%、11.12%；德国的印刷品进出口贸易则由 1992 年的世界第二名下降至 2002 年的世界第三名，其印刷品进出口贸易总量在 1992 年、2002 年、2012 年分别为 29 亿美元、30.7 亿美元、37.5 亿美元，进出口贸易额占世界印刷品进出口贸易额的百分比分别为 11.5%、9.24%、7.99%。

表 4-4　中国印刷品进出口贸易地位

年份	排名	国家(地区)	进出口贸易额(亿美元)	占比(%)
1992	1	美国	39.10	15.51
	2	德国	29.00	11.50
	3	英国	28.30	11.23
	4	法国	21.40	8.49
	5	加拿大	17.10	6.78
	6	比利时—卢森堡	11.50	4.58
	7	荷兰	10.50	4.14
	8	瑞士	9.15	3.63
	9	意大利	8.07	3.20
	10	西班牙	7.55	2.99
	11	奥地利	7.17	2.84
	12	日本	6.46	2.56
	13	澳大利亚	6.16	2.44
	14	中国香港	5.91	2.34
	15	新加坡	4.55	1.80
	16	瑞典	3.94	1.56
	17	墨西哥	3.48	1.38

续表

年份	排名	国家(地区)	进出口贸易额(亿美元)	占比(%)
1992	18	丹麦	3.20	1.27
	19	爱尔兰	2.73	1.08
	20	波兰	1.81	0.72
2002	1	美国	53.60	16.15
	2	英国	42.30	12.73
	3	德国	30.70	9.24
	4	加拿大	22.50	6.78
	5	法国	18.60	5.61
	6	中国香港	13.30	4.00
	7	西班牙	12.90	3.90
	8	意大利	11.50	3.48
	9	比利时	11.10	3.34
	10	瑞士	9.16	2.76
	11	荷兰	7.33	2.21
	12	墨西哥	6.42	1.94
	13	新加坡	6.18	1.86
	14	日本	6.05	1.82
	15	奥地利	5.81	1.75
	16	中国	5.69	1.72
	17	澳大利亚	5.69	1.71
	18	俄罗斯	5.26	1.59
	19	爱尔兰	3.62	1.09
	20	瑞典	3.25	0.98

续表

年份	排名	国家(地区)	进出口贸易额(亿美元)	占比(%)
2012	1	美国	60.60	12.93
	2	英国	52.10	11.12
	3	德国	37.50	7.99
	4	法国	28.30	6.04
	5	加拿大	26.50	5.66
	6	中国香港	25.10	5.35
	7	中国	22.70	4.84
	8	比利时	15.00	3.21
	9	荷兰	14.30	3.04
	10	意大利	14.10	3.01
	11	西班牙	12.40	2.64
	12	瑞士	12.10	2.58
	13	新加坡	10.10	2.15
	14	澳大利亚	9.84	2.10
	15	奥地利	9.25	1.97
	16	俄罗斯	7.24	1.54
	17	捷克	6.67	1.42
	18	波兰	6.28	1.34
	19	墨西哥	6.06	1.29
	20	日本	5.55	1.18

资料来源：根据联合国商品贸易数据库(UN COMTRADE)分类数据整理得到。

中国的印刷品进出口贸易飞速发展。1992 年中国并未进入世界印刷品进出口贸易的前二十名；2002 年却迅速上升到了世界第十六名，印刷品进出口贸易额为 5.69 亿美元，进出口贸易额占世界印刷品进出口贸易额的百分比为 1.72%；截至 2012 年，中国印刷品进出口贸易发展成为世界第七名，贸易额为 22.7 亿美元，进出口贸易额占世界印刷品进出口贸易额的百分比为 4.84%。

2. 中国印刷品进口贸易地位

全球印刷品在 1992 年、2002 年、2012 年的进口贸易规模及排名，如表 4-5 所示。全球印刷品进口贸易前三名在 1992 年分别是加拿大、美国、英国，2002 年分别是美国、加拿大、英国，2012 年分别是加拿大、美国、英国。可见，加拿大、美国和英国在印刷品进口贸易方面，一直包揽着世界的前三名，其中加拿大和美国的印刷品进口贸易相差不大。加拿大是印刷品进口贸易的强国，在 1992 年、2002 年、2012 年其印刷品进口贸易额分别为 14.4 亿美元、16.7 亿美元、22.8 亿美元，呈现逐年上升的趋势，进口贸易额占世界印刷品进口贸易额的百分比分别为 11.25%、9.85%、9.67%，呈现逐年下降的趋势；美国同样是印刷品进口贸易的强国，其印刷品进口贸易总量在 1992 年、2002 年、2012 年分别为 13.4 亿美元、24.5 亿美元、22.4 亿美元，进口贸易额占世界印刷品进口贸易额的百分比分别为 10.48%、14.43%、9.49%。而德国、法国则在第四名和第五名徘徊。

表 4-5　中国印刷品进口贸易地位

年份	排名	国家(地区)	进口贸易额(亿美元)	占比(%)
1992	1	加拿大	14.40	11.25
	2	美国	13.40	10.48
	3	英国	11.60	9.08
	4	法国	11.00	8.63
	5	德国	8.97	7.02
	6	瑞士	6.84	5.36

续表

年份	排名	国家(地区)	进口贸易额(亿美元)	占比(%)
1992	7	比利时—卢森堡	6.28	4.92
	8	奥地利	5.33	4.17
	9	澳大利亚	5.24	4.11
	10	荷兰	4.61	3.61
	11	日本	3.80	2.97
	12	瑞典	2.98	2.33
	13	西班牙	2.77	2.16
	14	墨西哥	2.68	2.10
	15	爱尔兰	2.14	1.67
	16	意大利	1.77	1.39
	17	波兰	1.73	1.35
	18	新加坡	1.67	1.30
	19	挪威	1.54	1.21
	20	丹麦	1.49	1.17
2002	1	美国	24.50	14.43
	2	加拿大	16.70	9.85
	3	英国	16.20	9.51
	4	德国	10.10	5.95
	5	法国	9.54	5.62
	6	瑞士	7.09	4.17
	7	比利时	5.95	3.50
	8	中国香港	5.00	2.94
	9	墨西哥	4.89	2.88
	10	澳大利亚	4.65	2.74

续表

年份	排名	国家(地区)	进口贸易额(亿美元)	占比(%)
2002	11	日本	4.62	2.72
	12	奥地利	4.36	2.57
	13	意大利	4.16	2.45
	14	西班牙	3.66	2.15
	15	荷兰	3.34	1.97
	16	俄罗斯	2.70	1.59
	17	爱尔兰	2.41	1.42
	18	新加坡	2.31	1.36
	19	瑞典	2.09	1.23
	20	丹麦	1.58	0.93
2012	1	加拿大	22.80	9.67
	2	美国	22.40	9.49
	3	英国	18.60	7.89
	4	法国	14.50	6.13
	5	德国	12.70	5.37
	6	中国香港	10.50	4.46
	7	瑞士	9.97	4.23
	8	比利时	8.67	3.68
	9	澳大利亚	8.02	3.40
	10	奥地利	7.68	3.25
	11	荷兰	7.09	3.01
	12	俄罗斯	5.26	2.23
	13	西班牙	5.24	2.22
	14	中国	4.47	1.90

续表

年份	排名	国家(地区)	进口贸易额(亿美元)	占比(%)
2012	15	意大利	4.40	1.86
	16	墨西哥	4.34	1.84
	17	日本	3.84	1.63
	18	新加坡	3.75	1.59
	19	挪威	3.20	1.35
	20	瑞典	2.79	1.18

资料来源：根据联合国商品贸易数据库(UN COMTRADE)分类数据整理得到。

1992年和2002年中国的印刷品进口贸易均没有进入世界前二十名。直至2012年，中国的印刷品进口贸易在世界中排名才上升至第十四位，贸易额为4.47亿美元，进口贸易额占世界印刷品进口贸易额的百分比为1.9%，仅占全球印刷品进口贸易的很小一部分。

3. 中国印刷品出口贸易地位

全球印刷品在1992年、2002年、2012年的出口贸易规模及排名，如表4-6所示。全球印刷品出口贸易前三名在1992年分别为美国、德国、英国，2002年分别是美国、英国、德国，2012年分别是美国、英国、德国。所以，美国、英国和德国在印刷品出口贸易方面一直包揽着世界的前三名。美国是印刷品出口贸易的大国，稳居世界首位，在1992年、2002年、2012年其印刷品出口贸易额分别为25.7亿美元、29.1亿美元、38.2亿美元，呈现逐年上升的趋势，出口贸易额占世界印刷品出口贸易额的百分比分别为20.68%、17.94%、16.4%，却呈现逐年下降的趋势；英国和德国的印刷品出口贸易相差不大，在世界第二、三名徘徊。英国在1992年、2002年、2012年印刷品出口贸易额分别为16.7亿美元、26.1亿美元、33.5亿美元，出口贸易额占世界印刷品出口贸易额的百分比分别为

13.45%、16.11%、14.38%；德国在1992年、2002年、2012年其印刷品出口贸易额分别为20亿美元、20.6亿美元、24.8亿美元，出口贸易额占世界印刷品出口贸易额的百分比分别为16.1%、12.68%、10.65%，贸易额并未发生明显变化，占比却逐年下降。

表4-6 中国印刷品出口贸易地位

年份	排名	国家(地区)	出口贸易额(亿美元)	占比(%)
1992	1	美国	25.70	20.68
	2	德国	20.00	16.10
	3	英国	16.70	13.45
	4	法国	10.40	8.34
	5	意大利	6.30	5.06
	6	荷兰	5.84	4.69
	7	比利时—卢森堡	5.26	4.23
	8	西班牙	4.78	3.84
	9	中国香港	4.48	3.60
	10	新加坡	2.88	2.32
	11	加拿大	2.72	2.19
	12	日本	2.66	2.14
	13	瑞士	2.30	1.85
	14	奥地利	1.84	1.48
	15	丹麦	1.70	1.37
	16	哥伦比亚	1.13	0.91
	17	瑞典	0.95	0.77
	18	芬兰	0.93	0.75
	19	澳大利亚	0.92	0.74
	20	墨西哥	0.81	0.65

续表

年份	排名	国家(地区)	出口贸易额(亿美元)	占比(%)
2002	1	美国	29.10	17.94
	2	英国	26.10	16.11
	3	德国	20.60	12.68
	4	西班牙	9.29	5.73
	5	法国	9.07	5.59
	6	中国香港	8.27	5.10
	7	意大利	7.38	4.55
	8	加拿大	5.80	3.58
	9	比利时	5.15	3.18
	10	中国	4.18	2.58
	11	荷兰	4.00	2.47
	12	新加坡	3.86	2.38
	13	俄罗斯	2.56	1.58
	14	瑞士	2.08	1.28
	15	芬兰	1.97	1.21
	16	丹麦	1.66	1.02
	17	墨西哥	1.54	0.95
	18	奥地利	1.45	0.90
	19	日本	1.43	0.88
	20	爱尔兰	1.21	0.74
2012	1	美国	38.20	16.40
	2	英国	33.50	14.38
	3	德国	24.80	10.65
	4	中国	18.20	7.82

续表

年份	排名	国家(地区)	出口贸易额(亿美元)	占比(%)
2012	5	中国香港	14.60	6.25
	6	法国	13.90	5.94
	7	意大利	9.74	4.18
	8	荷兰	7.19	3.08
	9	西班牙	7.16	3.07
	10	比利时	6.37	2.73
	11	新加坡	6.32	2.71
	12	波兰	4.82	2.07
	13	捷克	4.01	1.72
	14	加拿大	3.74	1.61
	15	印度	2.82	1.21
	16	瑞士	2.13	0.91
	17	俄罗斯	1.98	0.85
	18	澳大利亚	1.82	0.78
	19	墨西哥	1.72	0.74
	20	日本	1.70	0.73

资料来源：根据联合国商品贸易数据库(UN COMTRADE)分类数据整理得到。

中国的印刷品出口贸易快速发展。1992年中国的印刷品出口贸易没有进入世界前二十名。2002年却迅速上升到世界第十名，印刷品出口贸易额为4.18亿美元，出口贸易额占世界印刷品出口贸易额的百分比为2.58%；截至2012年，中国印刷品飞跃成为世界第四名，印刷品出口贸易额为18.2亿美元，出口贸易额占世界印刷品出口贸易额的百分比为7.82%。

综上所述，从印刷品进出口贸易及出口的情况来看，美国、英国、德国稳居世界前三，其进出口贸易额之和占世界印刷品进出口贸易额的百分比稳定在37%左右，出口贸易额之和占世界印刷品出口贸易额的百分比稳定在50%左右；而印刷品的进口贸易情况则变动较大，加拿大在印刷品的进口贸易方面具有媲美美国的优势，甚至在1992年和2012年超越美国，跃居世界第一；中国在印刷品进出口贸易方面虽然发展比较迅速，但较发达国家仍稍显弱势，截至2012年仍未进入世界前三名。

4.3.2 中国视觉艺术品贸易地位

1. 中国视觉艺术品进出口贸易地位

视觉艺术品主要包括核心文化产品中的绘画作品、雕像/雕塑、邮票/邮资。全球视觉艺术品在1992年、2002年、2012年的进出口贸易规模及排名，如表4-7所示。其中，全球视觉艺术品进出口贸易的前三名在1992年分别是英国、美国、瑞士，2002年分别是美国、英国、瑞士，2012年分别是英国、美国、瑞士。英国、美国和瑞士是视觉艺术品贸易的强国，三者视觉艺术品进出口贸易相差不大，包揽世界前三名。其中英国和美国的贸易总量之和占世界视觉艺术品进出口贸易额的百分比从1992年的57%上升到2002年的71%，2012年略有回落，在68%的水平上。英国在1992年、2002年、2012年的视觉艺术品进出口贸易额分别为35.6亿美元、54.5亿美元、128亿美元，并呈现稳步上升的趋势，进出口贸易额占世界视觉艺术品进出口贸易额的百分比分别为30.71%、33.72%、34.22%；美国的视觉艺术品进出口贸易由1992年的世界第二名上升至2002年的世界第一名，但在2012年又下降至世界第二名，其视觉艺术品进出口贸易总量在1992年、2002年、2012年分别为31.1亿美元、60.7亿美元、127亿美元，进出口贸易额占世界视觉艺术品进出口贸易额的百分比分别为26.87%、37.56%、34.09%；瑞士的视觉艺术品进出口贸易则稳居世界第三名，其视觉艺术品进出口贸易总量在 1992 年、2002 年、2012 年分别为 12.9 亿美元、14.8 亿美元、27 亿美元，呈现逐年上升的趋势，进出口贸易额占世界视觉艺术品进出口贸易额的百分比分别为 11.1%、9.17%、7.23%，与进出口贸易额相反，呈现逐年下降的趋势。

表 4-7 中国视觉艺术品进出口贸易地位

年份	排名	国家(地区)	进出口贸易额(亿美元)	占比(%)
1992	1	英国	35.60	30.71
	2	美国	31.10	26.87
	3	瑞士	12.90	11.10
	4	德国	9.28	8.01
	5	法国	6.18	5.34
	6	日本	4.53	3.91
	7	意大利	2.96	2.56
	8	荷兰	2.66	2.29
	9	比利时—卢森堡	2.38	2.05
	10	西班牙	1.33	1.15
	11	加拿大	1.21	1.05
	12	中国香港	0.80	0.69
	13	澳大利亚	0.73	0.63
	14	瑞典	0.72	0.62
	15	丹麦	0.45	0.39
	16	韩国	0.41	0.35
	17	奥地利	0.34	0.29
	18	以色列	0.24	0.20
	19	新加坡	0.22	0.19
	20	波兰	0.20	0.17

续表

年份	排名	国家(地区)	进出口贸易额(亿美元)	占比(%)
2002	1	美国	60.70	37.56
	2	英国	54.50	33.72
	3	瑞士	14.80	9.17
	4	德国	6.74	4.17
	5	法国	5.72	3.54
	6	西班牙	2.64	1.63
	7	日本	2.15	1.33
	8	加拿大	2.12	1.31
	9	意大利	2.05	1.27
	10	韩国	1.11	0.69
	11	荷兰	1.07	0.66
	12	中国香港	1.02	0.63
	13	澳大利亚	0.77	0.47
	14	比利时	0.74	0.46
	15	奥地利	0.64	0.40
	16	瑞典	0.58	0.36
	17	以色列	0.40	0.25
	18	南非	0.38	0.23
	19	丹麦	0.35	0.22
	20	新加坡	0.25	0.15
2012	1	英国	128.00	34.22
	2	美国	127.00	34.09
	3	瑞士	27.00	7.23
	4	法国	19.20	5.14

续表

年份	排名	国家(地区)	进出口贸易额(亿美元)	占比(%)
2012	5	德国	16.40	4.39
	6	中国香港	7.68	2.06
	7	意大利	6.49	1.74
	8	中国	5.63	1.51
	9	日本	3.46	0.93
	10	加拿大	3.35	0.90
	11	新加坡	3.18	0.85
	12	印度	2.68	0.72
	13	比利时	2.65	0.71
	14	韩国	2.63	0.70
	15	挪威	2.27	0.61
	16	奥地利	2.14	0.57
	17	澳大利亚	1.69	0.45
	18	西班牙	1.46	0.39
	19	卡塔尔	1.21	0.32
	20	以色列	1.08	0.29

资料来源：根据联合国商品贸易数据库(UN COMTRADE)分类数据整理得到。

中国的视觉艺术品进出口贸易飞速发展。1992 年和 2002 年中国并未进入世界视觉艺术品进出口贸易的前二十名；2012 年中国视觉艺术品进出口贸易却飞跃成为世界第八名，贸易额为 5.63 亿美元，进出口贸易额占世界视觉艺术品进出口贸易额的百分比为 1.51%。

2. 中国视觉艺术品进口贸易地位

全球视觉艺术品在 1992 年、2002 年、2012 年的进口贸易规模及排名，如表4-8所示。同视觉艺术品进出口贸易相似，英国、美国和瑞士仍然包揽视觉艺术品进口贸易的世界前三名，其中英国和美国视觉艺术品进口贸易相差不大。全球视觉艺术品进口贸易的前三名在1992年分别是英国、美国、瑞士，2002年分别是美国、英国、瑞士，2012年同样是英国、美国、瑞士。英国是视觉艺术品进口贸易的强国，在1992年、2002年、2012年的视觉艺术品进口贸易额分别为16.8亿美元、27.6亿美元、66.4亿美元，并呈现快速上升的趋势，进口贸易额占世界视觉艺术品进口贸易额的百分比分别为31.69%、31.51%、36.96%；美国的视觉艺术品进口贸易由1992年的世界第二名上升至2002年的世界第一名，但在2012年又下降至世界第二名，其视觉艺术品进口贸易额在1992年、2002年、2012年分别为14.3亿美元、38.2亿美元、62.3亿美元，呈现快速上升的趋势，进口贸易额占世界视觉艺术品进口贸易额的百分比分别为26.91%、43.7%、34.69%；瑞士的视觉艺术品进口贸易则稳居世界第三名，其视觉艺术品进口贸易额在1992年、2002年、2012年分别为4.85亿美元、6.4亿美元、14.6亿美元，呈现缓慢上升的趋势，进口贸易额占世界视觉艺术品进口贸易额的百分比分别为9.13%、7.32%、8.12%。

表4-8 中国视觉艺术品进口贸易地位

年份	排名	国家(地区)	进口贸易额(亿美元)	占比(%)
1992	1	英国	16.80	31.69
	2	美国	14.30	26.91
	3	瑞士	4.85	9.13
	4	日本	4.34	8.17
	5	德国	3.08	5.81
	6	意大利	2.05	3.86

续表

年份	排名	国家(地区)	进口贸易额(亿美元)	占比(%)
1992	7	法国	1.86	3.51
	8	荷兰	1.14	2.14
	9	西班牙	0.78	1.47
	10	比利时—卢森堡	0.68	1.29
	11	加拿大	0.53	1.01
	12	中国香港	0.45	0.85
	13	澳大利亚	0.40	0.74
	14	韩国	0.21	0.39
	15	奥地利	0.18	0.34
	16	新加坡	0.17	0.33
	17	丹麦	0.14	0.27
	18	墨西哥	0.13	0.24
	19	瑞典	0.12	0.22
	20	以色列	0.09	0.17
2002	1	美国	38.20	43.70
	2	英国	27.60	31.51
	3	瑞士	6.40	7.32
	4	德国	2.64	3.01
	5	日本	1.71	1.96
	6	西班牙	1.63	1.87
	7	法国	1.58	1.80
	8	意大利	1.39	1.59
	9	加拿大	0.73	0.83
	10	荷兰	0.73	0.83

续表

年份	排名	国家(地区)	进口贸易额(亿美元)	占比(%)
2002	11	中国香港	0.66	0.76
	12	韩国	0.58	0.66
	13	奥地利	0.38	0.43
	14	澳大利亚	0.33	0.38
	15	瑞典	0.33	0.37
	16	比利时	0.31	0.35
	17	南非	0.27	0.30
	18	以色列	0.22	0.25
	19	捷克	0.19	0.22
	20	新加坡	0.18	0.21
2012	1	英国	66.40	36.96
	2	美国	62.30	34.69
	3	瑞士	14.60	8.12
	4	德国	6.67	3.71
	5	中国香港	5.28	2.94
	6	法国	4.02	2.24
	7	意大利	2.66	1.48
	8	日本	1.87	1.04
	9	加拿大	1.86	1.04
	10	新加坡	1.73	0.96
	11	韩国	1.47	0.82
	12	奥地利	1.33	0.74
	13	比利时	1.19	0.66
	14	澳大利亚	0.93	0.52

续表

年份	排名	国家(地区)	进口贸易额(亿美元)	占比(%)
2012	15	挪威	0.73	0.40
	16	卡塔尔	0.63	0.35
	17	以色列	0.62	0.35
	18	荷兰	0.47	0.26
	19	西班牙	0.46	0.25
	20	巴西	0.35	0.20

资料来源：根据联合国商品贸易数据库(UN COMTRADE)分类数据整理得到。

在1992年、2002年和2012年中国的视觉艺术品进口贸易均没有进入世界前二十名，仅占全球视觉艺术品进口贸易的很小一部分。

3. 中国视觉艺术品出口贸易地位

全球视觉艺术品在1992年、2002年、2012年的出口贸易规模及排名，如表4-9所示。全球视觉艺术品出口贸易前三名在1992年分别是英国、美国、瑞士，2002年分别是英国、美国、瑞士，2012年分别是美国、英国、法国。英国和美国在视觉艺术品出口贸易方面仍稳居世界前两名，是视觉艺术品出口贸易的强国。美国在1992年和2002年视觉艺术品出口贸易排名为世界第二名，但在2012年超越英国，跃居第一名，发展迅速，在1992年、2002年、2012年美国视觉艺术品出口贸易额分别为16.8亿美元、22.5亿美元、65.1亿美元，呈现逐年上升的趋势，出口贸易额占世界视觉艺术品出口贸易额的百分比分别为26.84%、30.31%、33.53%，同样呈现逐年上升的趋势；英国视觉艺术品出口贸易在2012年则由世界第一名下降至世界第二名，在1992年、2002年、2012年英国视觉艺术品出口贸易额分别为18.7亿美元、27亿美元、61.5亿美元，呈现逐年上升的趋势，出口贸易额占世界视觉艺术品出口贸易额的百分比分别为29.87%、36.32%、31.68%。瑞士在1992年和2002年居于世界视觉艺术品出口贸易第三名，而在2012年却未能进入前三，下降至第四名，瑞士在1992年、2002年、2012年其视觉艺术品出口贸易额分别为8.01亿美元、8.43亿美元、12.4亿美元，出口贸易额占世界视觉艺术品出口贸易额的百分比分别为12.78%、11.37%、6.4%，贸易额并未明显变化，占比却逐年下降；而法国则由1992年的第五名上升至2002年的第四名，再上升至2012年的第三名，法国在1992年、2002年、2012年其视觉艺术品出口贸易额分别为4.32亿美元、4.14亿美元、15.2亿美元，出口贸易额占世界视觉艺术品出口贸易额的百分比分别为6.89%、5.58%、7.82%。

表4-9　中国视觉艺术品出口贸易地位

年份	排名	国家(地区)	出口贸易额(亿美元)	占比(%)
1992	1	英国	18.70	29.87
	2	美国	16.80	26.84
	3	瑞士	8.01	12.78
	4	德国	6.19	9.88
	5	法国	4.32	6.89
	6	比利时—卢森堡	1.69	2.70
	7	荷兰	1.52	2.42
	8	意大利	0.92	1.46
	9	加拿大	0.68	1.08
	10	瑞典	0.61	0.97
	11	西班牙	0.56	0.89
	12	中国香港	0.35	0.56
	13	澳大利亚	0.34	0.54
	14	丹麦	0.31	0.50

续表

年份	排名	国家(地区)	出口贸易额(亿美元)	占比(%)
1992	15	韩国	0.20	0.32
	16	中国	0.19	0.31
	17	日本	0.19	0.30
	18	奥地利	0.15	0.25
	19	以色列	0.15	0.23
	20	波兰	0.12	0.19
2002	1	英国	27.00	36.32
	2	美国	22.50	30.31
	3	瑞士	8.43	11.37
	4	法国	4.14	5.58
	5	德国	4.10	5.53
	6	加拿大	1.39	1.88
	7	西班牙	1.00	1.35
	8	意大利	0.66	0.89
	9	韩国	0.53	0.71
	10	日本	0.44	0.59
	11	澳大利亚	0.43	0.58
	12	比利时	0.43	0.57
	13	中国香港	0.36	0.49
	14	荷兰	0.34	0.46
	15	奥地利	0.27	0.36
	16	瑞典	0.26	0.34
	17	中国	0.21	0.28
	18	丹麦	0.20	0.26
	19	以色列	0.18	0.24
	20	挪威	0.16	0.21

续表

年份	排名	国家(地区)	出口贸易额(亿美元)	占比(%)
2012	1	美国	65.10	33.53
	2	英国	61.50	31.68
	3	法国	15.20	7.82
	4	瑞士	12.40	6.40
	5	德国	9.73	5.01
	6	中国	5.30	2.73
	7	意大利	3.83	1.97
	8	印度	2.44	1.26
	9	中国香港	2.40	1.24
	10	日本	1.58	0.82
	11	挪威	1.54	0.79
	12	加拿大	1.49	0.77
	13	比利时	1.45	0.75
	14	新加坡	1.45	0.75
	15	韩国	1.16	0.60
	16	西班牙	1.00	0.51
	17	奥地利	0.81	0.42
	18	澳大利亚	0.76	0.39
	19	卡塔尔	0.58	0.30
	20	荷兰	0.47	0.24

资料来源：根据联合国商品贸易数据库(UN COMTRADE)分类数据整理得到。

中国的视觉艺术品出口贸易不断发展。1992年中国的视觉艺术品出口贸易位居世界第十六名，视觉艺术品出口贸易额为0.19亿美元，出口贸易额占世界视觉艺术品出口贸易额的百分比为0.31%；虽然2002年中国的视觉艺术品出口贸易退步至世界第十七名，视觉艺术品出口贸易额为0.21亿美元，出口贸易额占世界视觉艺术品出口贸易额的百分比为0.28%；但是，2012年中国的视觉艺术品出口贸易却迅速上升为世界第六名，视觉艺术品出口贸易额也增长为5.3亿美元，出口贸易额占世界视觉艺术品出口贸易额的百分比为2.73%。

综上所述，从视觉艺术品进出口贸易来看，贸易集中度较高，主要集中在英国、美国、瑞士、法国四个国家；英国、美国、瑞士稳居视觉艺术品进出口贸易及进口贸易的世界前三名；而在视觉艺术品出口贸易方面，瑞士则下降至第四名，由法国替代其第三名的位置；美国和英国视觉艺术品进出口贸易之和占世界核心文化产品进出口贸易额的百分比，从1992年的57%上升到2002年的71%，2012年略有回落，在68%的水平上；美国和英国的出口总量占世界视觉艺术品出口额的百分比，从1992年的56%发展到2012年的65%；中国在视觉艺术品进出口贸易方面，在1992年和2002年比较薄弱，并未进入世界前二十名；却于2012年迅速发展成为世界第八名，这主要是由于中国视觉艺术品贸易政策放开，出口贸易大幅增长造成；但中国视觉艺术品的进口贸易仍然十分薄弱，截至2012年，仍未进入世界前二十名，存在严重的进出口结构不平衡。

4.3.3 中国视听媒介贸易地位

1. 中国视听媒介进出口贸易地位

视听媒介主要包括摄影硬片及软片、电影胶片、视频游戏机。全球视听媒介在1992年、2002年、2012年的进出口贸易规模及排名，如表4-10所示。全球视听媒介进出口贸易的前三名变动较大，在1992年分别是美国、英国、法国，2002年分别为美国、中国、德国，而2012年分别是中国、美国、德国。美国是视听媒介进出口贸易强国，1992年和2002年贸易额一直位于世界第一，2012年下降至世界第二，美国在1992年、

2002 年、2012 年的视听媒介进出口贸易额分别为 24.1 亿美元、47.2 亿美元、68 亿美元，并呈现稳步上升的趋势，进出口贸易额占世界视听媒介进出口贸易额的百分比分别为 32.57%、26.03%、19.97%，却呈现不断下降的趋势；德国的视听媒介进出口贸易由 1992 年的世界第四名上升至 2002 年的世界第三名，并且在 2012 年保持其世界排名，其视听媒介进出口贸易总量在 1992 年、2002 年、2012 年分别为 5.59 亿美元、16.1 亿美元、32.4 亿美元，进出口贸易额占世界视听媒介进出口贸易额的百分比分别为 7.56%、8.9%、9.51%，进出口贸易额和占比均呈现稳步上升的趋势；中国的视听媒介进出口贸易则呈现快速发展的趋势，从 1992 年视听媒介进出口贸易世界排名第十四名，迅速上升到 2002 年的世界第二名，并于 2012 年成为世界第一名，其视听媒介进出口贸易总量在 1992 年、2002 年、2012 年分别为 0.94 亿美元、23.5 亿美元、76.9 亿美元，进出口贸易额占世界视听媒介进出口贸易额的百分比分别为 1.28%、12.96%、22.57%，进出口贸易额和占比均呈现快速上升的趋势。

表 4-10 中国视听媒介进出口贸易地位

年份	排名	国家(地区)	进出口贸易额(亿美元)	占比(%)
1992	1	美国	24.10	32.57
	2	英国	8.33	11.28
	3	法国	6.17	8.36
	4	德国	5.59	7.56
	5	中国香港	4.66	6.31
	6	日本	3.00	4.07
	7	加拿大	2.92	3.96
	8	西班牙	2.92	3.95
	9	意大利	2.11	2.85

续表

年份	排名	国家(地区)	进口贸易额(亿美元)	占比(%)
1992	10	荷兰	1.72	2.32
	11	比利时—卢森堡	1.35	1.82
	12	韩国	1.14	1.55
	13	瑞士	0.97	1.31
	14	中国	0.94	1.28
	15	瑞典	0.92	1.24
	16	奥地利	0.88	1.19
	17	澳大利亚	0.77	1.04
	18	新加坡	0.64	0.86
	19	泰国	0.62	0.84
	20	墨西哥	0.55	0.74
2002	1	美国	47.20	26.03
	2	中国	23.50	12.96
	3	德国	16.10	8.90
	4	日本	14.80	8.15
	5	中国香港	12.70	7.01
	6	英国	11.90	6.57
	7	墨西哥	9.35	5.16
	8	加拿大	7.28	4.02
	9	匈牙利	6.54	3.61
	10	法国	6.26	3.45
	11	西班牙	3.23	1.78
	12	澳大利亚	2.58	1.42
	13	新加坡	2.37	1.30

续表

年份	排名	国家(地区)	进出口贸易额(亿美元)	占比(%)
2002	14	意大利	2.14	1.18
	15	荷兰	1.79	0.99
	16	韩国	1.63	0.90
	17	比利时	1.54	0.85
	18	瑞典	1.21	0.67
	19	奥地利	1.11	0.61
	20	挪威	1.10	0.61
2012	1	中国	76.90	22.57
	2	美国	68.00	19.97
	3	德国	32.40	9.51
	4	日本	32.00	9.39
	5	中国香港	23.80	6.99
	6	英国	14.60	4.30
	7	法国	11.20	3.27
	8	加拿大	7.79	2.29
	9	新加坡	6.96	2.04
	10	意大利	6.49	1.90
	11	荷兰	5.57	1.64
	12	西班牙	4.53	1.33
	13	澳大利亚	4.30	1.26
	14	墨西哥	3.99	1.17
	15	韩国	3.64	1.07
	16	比利时	3.55	1.04
	17	巴拉圭	3.20	0.94

续表

年份	排名	国家(地区)	进出口贸易额(亿美元)	占比(%)
2012	18	瑞典	3.05	0.90
	19	奥地利	2.82	0.83
	20	丹麦	2.55	0.75

资料来源：根据联合国商品贸易数据库(UN COMTRADE)分类数据整理得到。

2. 中国视听媒介进口贸易地位

全球视听媒介在1992年、2002年、2012年的进口贸易规模及排名，如表4-11所示。与视听媒介进出口贸易相似，视听媒介进口贸易的世界前三名变化很大，前三名分别为1992年的美国、英国、法国，2002年的美国、德国、英国，2012年的美国、日本、德国。美国是视听媒介进口贸易的强国，其视听媒介进口贸易世界排名稳居第一，在1992年、2002年、2012年的视听媒介进口贸易额分别为20.1亿美元、41亿美元、50.7亿美元，并呈现快速上升的趋势，进口贸易额占世界视听媒介进口贸易额的百分比分别为36.92%、41.34%、27.7%；德国的视听媒介进口贸易由1992年的世界第四名上升至2002年的世界第二名，但在2012年又下降至世界第三名，其视听媒介进口贸易总量在1992年、2002年、2012年分别为4.45亿美元、9.38亿美元、16.4亿美元，呈现缓慢上升的趋势，进口贸易额占世界视听媒介进口贸易额的百分比分别为8.18%、9.46%、8.98%；日本的视听媒介进口贸易则呈现快速发展的趋势，其视听媒介进口贸易由1992年的世界第十八名，迅速上升到2002年的世界第八名，再一度飞跃至2012年的世界第二名，其视听媒介进口贸易总量在1992年、2002年、2012年分别为0.39亿美元、2.64亿美元、19.2亿美元，进口贸易额占世界视听媒介进口贸易额的百分比分别为

0.72%、2.67%、10.49%，进口贸易额和占比均呈现飞速上升的趋势。

表 4-11　中国视听媒介进口贸易地位

年份	排名	国家(地区)	进口贸易额(亿美元)	占比(%)
1992	1	美国	20.10	36.92
	2	英国	6.32	11.63
	3	法国	5.49	10.09
	4	德国	4.45	8.18
	5	西班牙	2.70	4.97
	6	中国香港	2.28	4.20
	7	加拿大	2.05	3.78
	8	意大利	1.32	2.43
	9	荷兰	1.19	2.19
	10	比利时—卢森堡	1.01	1.86
	11	澳大利亚	0.71	1.30
	12	瑞士	0.70	1.28
	13	瑞典	0.70	1.28
	14	奥地利	0.54	0.99
	15	墨西哥	0.53	0.96
	16	韩国	0.49	0.90
	17	新加坡	0.47	0.87
	18	日本	0.39	0.72
	19	挪威	0.26	0.47
	20	阿联酋	0.25	0.46

续表

年份	排名	国家(地区)	进出口贸易额(亿美元)	占比(%)
2002	1	美国	41.00	41.34
	2	德国	9.38	9.46
	3	英国	8.40	8.48
	4	中国香港	6.58	6.65
	5	法国	5.31	5.36
	6	加拿大	5.08	5.13
	7	西班牙	2.74	2.76
	8	日本	2.64	2.67
	9	澳大利亚	2.15	2.17
	10	新加坡	1.86	1.88
	11	墨西哥	1.62	1.64
	12	荷兰	1.58	1.60
	13	韩国	1.19	1.21
	14	瑞典	0.92	0.93
	15	比利时	0.84	0.84
	16	瑞士	0.72	0.72
	17	挪威	0.70	0.70
	18	意大利	0.70	0.70
	19	中国	0.61	0.61
	20	奥地利	0.53	0.54
2012	1	美国	50.70	27.70
	2	日本	19.20	10.49
	3	德国	16.40	8.98
	4	英国	10.80	5.92

续表

年份	排名	国家（地区）	进口贸易额（亿美元）	占比（%）
2012	5	中国香港	10.70	5.84
	6	法国	9.82	5.36
	7	加拿大	5.67	3.10
	8	意大利	4.78	2.61
	9	中国	4.34	2.37
	10	新加坡	4.10	2.24
	11	澳大利亚	3.93	2.15
	12	西班牙	3.62	1.98
	13	荷兰	3.57	1.95
	14	巴拉圭	3.19	1.74
	15	墨西哥	3.17	1.73
	16	俄罗斯	2.34	1.28
	17	韩国	2.14	1.17
	18	比利时	2.01	1.10
	19	瑞典	1.91	1.04
	20	奥地利	1.86	1.02

资料来源：根据联合国商品贸易数据库（UN COMTRADE）分类数据整理得到。

中国的视听媒介进口贸易比较薄弱，且发展缓慢。1992年中国的视听媒介进口贸易并没有进入世界前二十名；2002年中国的视听媒介进口贸易勉强位居世界第十九名，中国的视听媒介进口贸易额为0.61亿美元，进口贸易额占世界视听媒介进口贸易额的百分比为0.61%；2012年中国的视听媒介进口贸易额缓慢增长为4.34亿美元，世界排名第九，进口贸易额占世界视听媒介进口贸易额的百分比为2.37%。

3. 中国视听媒介出口贸易地位

全球视听媒介在1992年、2002年、2012年的出口贸易规模及排名，如表4-12所示。与视听媒介进出口贸易相似，全球视听媒介出口贸易前三名变化也很大，1992年分别是美国、日本、中国香港，2002年分别是中国、日本、墨西哥，2012年分别是中国、美国、德国。中国是视听媒介出口贸易的强国，中国在1992年视听媒介出口贸易中，虽然暂居世界第七名，却在2002年跃居第一名，发展迅速，并在2012年保持其世界排名。在1992年、2002年、2012年中国视听媒介出口贸易额分别为0.79亿美元、22.9亿美元、72.6亿美元，出口贸易额占世界视听媒介出口贸易额的百分比分别为4.05%、27.83%、46.03%，出口贸易额和占比均呈现飞速增长的趋势，并且在2012年约占世界视听媒介出口贸易额的一半；美国视听媒介出口贸易则由1992年的世界第一名下降至2002年的世界第六名，被排除在世界前三之外，却于2012年恢复至世界第二名，在1992年、2002年、2012年美国视听媒介出口贸易额分别为3.99亿美元、6.25亿美元、17.3亿美元，出口贸易额占世界视听媒介出口贸易额的百分比分别为20.44%、7.59%、10.99%；日本视听媒介出口贸易则由1992年和2002年的世界第二名，下降至2012年的世界第五名，在1992年、2002年、2012年其视听媒介出口贸易额分别为2.61亿美元、12.1亿美元、12.8亿美元，增长缓慢，出口贸易额占世界视听媒介出口贸易额的百分比分别为13.39%、14.74%、8.12%；而德国则由1992年的第五名上升至2002年的第四名，再上升至2012年的第三名，德国在1992年、2002年、2012年其视听媒介出口贸易额分别为1.14亿美元、6.76亿美元、16亿美元，出口贸易额占世界视听媒介出口贸易额的百分比分别为5.84%、8.22%、10.13%，出口贸易额和占比均呈现稳步上升的趋势。

表 4-12　中国视听媒介出口贸易地位

年份	排名	国家(地区)	出口贸易额(亿美元)	占比(%)
1992	1	美国	3.99	20.44
	2	日本	2.61	13.39
	3	中国香港	2.38	12.19
	4	英国	2.01	10.32
	5	德国	1.14	5.84
	6	加拿大	0.87	4.46
	7	中国	0.79	4.05
	8	意大利	0.78	4.02
	9	法国	0.69	3.52
	10	韩国	0.65	3.35
	11	荷兰	0.53	2.69
	12	泰国	0.52	2.67
	13	奥地利	0.34	1.74
	14	比利时—卢森堡	0.33	1.71
	15	瑞士	0.27	1.37
	16	以色列	0.23	1.19
	17	瑞典	0.22	1.14
	18	西班牙	0.21	1.09
	19	马来西亚	0.20	1.02
	20	新加坡	0.17	0.85
2002	1	中国	22.90	27.83
	2	日本	12.10	14.74
	3	墨西哥	7.73	9.39
	4	德国	6.76	8.22

续表

年份	排名	国家(地区)	出口贸易额(亿美元)	占比(%)
2002	5	匈牙利	6.47	7.86
	6	美国	6.25	7.59
	7	中国香港	6.14	7.46
	8	英国	3.53	4.28
	9	加拿大	2.21	2.68
	10	意大利	1.44	1.75
	11	法国	0.95	1.16
	12	比利时	0.71	0.86
	13	奥地利	0.58	0.70
	14	新加坡	0.51	0.62
	15	西班牙	0.49	0.60
	16	韩国	0.43	0.52
	17	澳大利亚	0.42	0.51
	18	挪威	0.40	0.49
	19	马来西亚	0.32	0.39
	20	瑞典	0.29	0.35
2012	1	中国	72.60	46.03
	2	美国	17.30	10.99
	3	德国	16.00	10.13
	4	中国香港	13.10	8.33
	5	日本	12.80	8.12
	6	英国	3.80	2.41
	7	新加坡	2.87	1.82
	8	加拿大	2.12	1.35

续表

年份	排名	国家(地区)	出口贸易额(亿美元)	占比(%)
2012	9	荷兰	2.00	1.27
	10	意大利	1.70	1.08
	11	比利时	1.54	0.98
	12	韩国	1.51	0.96
	13	法国	1.34	0.85
	14	瑞典	1.14	0.72
	15	奥地利	0.96	0.61
	16	丹麦	0.95	0.60
	17	西班牙	0.92	0.58
	18	墨西哥	0.82	0.52
	19	波兰	0.79	0.50
	20	斯洛伐克	0.47	0.30

资料来源：根据联合国商品贸易数据库(UN COMTRADE)分类数据整理得到。

综上所述，从视听媒介进出口贸易的角度来看，世界排名变动较大，并没有一个国家能常年稳居世界前三名，就算是美国这样的核心文化产品贸易强国，其视听媒介出口贸易也在 2002 年下降至第六名。中国在视听媒介进出口贸易中，处于大国地位；中国从 1992 年视听媒介进出口贸易世界排名的第十四名，迅速上升到 2002 年的世界第二名，并于 2012 年成为世界第一名；甚至在 2012 年，中国的视听媒介出口贸易约占世界视听媒介出口贸易额的一半；但与发达国家相比，作为发展中国家的中国却面临着严重的进出口结构不平衡；中国的视听媒介进口贸易比较薄弱，且发展缓慢，截至 2012 年，中国的视听媒介进口贸易在世界排名中位于第九名，进口贸易占世界视听媒介进口贸易额的百分比为 2.37%，仅是很小一部分，因此，在视听媒介进出口贸易方面，中国虽然是贸易大国，却不能称为贸易强国。

4.4 本章小结

本章系统地梳理了2002—2012年中国文化产品贸易规模的发展演变及其国际地位转变的过程。中国核心文化产品贸易处于快速增长的初级阶段，进出口贸易增长速度较快，世界排名已上升到第三；但占全球文化产品贸易及本国全部产品贸易的比重均较低。此外，包括报纸、书籍、期刊在内的印刷品是中国文化产品贸易的重要部分，而视觉艺术品及视听媒介的贸易仍发展不足。

第 5 章　中国文化产品贸易的商品结构

由上文分析可知，中国文化产品贸易发展迅速，贸易规模已是世界第三。那么，中国文化产品进出口贸易中的商品结构分布如何？不同类别的核心文化产品贸易发展如何？本章将梳理中国文化产品贸易的整体结构，并进一步探讨印刷品、视觉艺术、视听媒介三大类的文化产品贸易发展情况。

5.1　中国文化产品贸易的商品结构概况

5.1.1　文化产品贸易总体顺差，结构性逆差

表 5-1 报告了 2008—2012 年，中国核心文化产品的进出口贸易中商品结构变化的趋势。表中核心文化产品按照联合国商品贸易数据库(UN COMTRADE)的分类标准，分为 4 大类 12 小类；统计指标则分为五类，分别反映了当年该类别核心文化产品的进/出口贸易额、净出口贸易额、进出口贸易总额，以及该类别商品进出口贸易总额在全部核心文化产品进出口贸易总额中的占比。

中国核心文化产品贸易呈现了总体顺差、结构性逆差的发展趋势。虽然中国核心文化产品贸易近年来一直保持贸易顺差，并且总体上呈现净出口额持续增长的趋势(排除 2008 年金融危机的外来冲击)。但是，仍然有许多核心文化产品，在贸

易平衡方面存在着严重的商品结构逆差。

其中，超过百年的古董(8966)、报纸和期刊(8922)、邮票/邮资(8964)、摄影硬片及软片(8826)以及电影胶片(883)，这五类核心文化产品贸易主要依赖于进口。这表明，虽然中国文化贸易总体上表现为出口本国的文化产品，但实际上，仍有近半数种类的商品依赖于进口贸易，主要表现为报纸期刊、摄影及电影胶片这三类商品。特别是报纸和期刊的逆差非常严重，从2008年的1.14亿美元的逆差额，增长至2012年的2.16亿美元，呈现出不断恶化的趋势；此外，在2011年以前，中国超过百年的古董商品的贸易逆差基本维持在1 000万美元以内，但是在2012年，逆差额却飞速增长到5 000万美元，一年之间增长了4倍多。

值得注意的是，与另外四类逆差商品发展趋势不同，中国电影胶片的商品贸易逆差呈现出逐年减小的趋势，从2008年的25.27百万美元逆差，逐渐缩小到2012年的4.63百万美元。这表明，虽然近些年来中国的电影产品出口贸易基本没有扩张或少量扩张(维持在30万美元以内)，但是由于国内电影产业的政策限制，中国大量减少了影视商品的进口，进而导致中国影视商品的逆差减小，因此，这一贸易逆差的减小，并未反映出中国电影产业在国际上文化输出影响力的迅速发展，反而反映出中国电影产业存在闭门造车的弊病，缺乏对国际电影文化的输入与接纳。

5.1.2 核心文化产品贸易的商品结构严重不平衡

如表5-1所示，中国核心文化产品进出口贸易总额较高的主要是印刷品以及视听媒介两大类产品。其中，又以视频游戏机(89431)、书籍(8921)以及其他印刷品(8924)三类细分的核心文化产品为主。2012年中国视频游戏机、书籍以及其他印刷品三类核心文化产品的进出口贸易总额，占当年全部核心文化产品进出口贸易总额的比重分别是65.09%、17.11%和

表 5-1　中国核心文化产品贸易商品结构变化趋势

单位：百万美元

指标	年份	文化遗产		印刷品			视觉艺术				视听媒介		
		收藏品（8965）	超过百年的古董（8966）	书籍（8921）	报纸和期刊（8922）	其他印刷品（8924）	绘画作品（8961）	平板雕刻（8962）	雕像/雕塑（8963）	邮票/邮资（8964）	摄影硬片及软片（8826）	电影胶片（883）	视频游戏机（89431）
进口贸易额	2008	1.52	7.00	126.31	139.97	167.12	4.98	0.28	2.59	5.70	8.08	25.36	321.12
	2009	0.93	1.64	137.58	146.17	345.37	1.94	0.08	1.52	4.66	9.89	33.17	152.41
	2010	2.21	10.02	163.20	215.22	470.21	3.87	0.18	4.90	4.57	19.96	27.39	129.75
	2011	3.71	10.05	184.83	219.59	467.98	16.42	1.06	4.26	6.64	25.12	18.10	143.97
	2012	4.09	51.33	209.08	237.90	419.49	9.10	1.28	15.12	7.03	32.64	4.92	396.84
出口贸易额	2008	0.86	1.58	1 340.57	25.71	512.76	66.22	0.63	4.19	2.27	0.39	0.10	8 230.91
	2009	2.20	0.52	1 278.76	23.66	466.69	42.93	0.39	2.81	1.63	0.32	0.28	5 011.25
	2010	4.98	0.57	1 513.22	24.28	519.72	95.16	1.23	55.85	2.71	0.34	0.18	4 687.67
	2011	1.08	0.12	1 680.17	20.24	611.57	211.87	5.31	154.57	1.82	0.83	0.08	5 089.23
	2012	0.57	3.67	1 801.71	21.99	750.37	253.19	1.93	273.71	1.24	2.06	0.30	7 253.07
净出口贸易额	2008	-0.66	-5.43	1 214.26	-114.26	345.64	61.24	0.35	1.60	-3.43	-7.69	-25.27	7 909.78
	2009	1.27	-1.12	1 141.18	-122.51	121.32	41.00	0.32	1.29	-3.03	-9.57	-32.89	4 858.84
	2010	2.77	-9.46	1 350.01	-190.94	49.51	91.28	1.04	50.95	-1.86	-19.62	-27.21	4 557.92
	2011	-2.63	-9.93	1 495.34	-199.35	143.59	195.45	4.24	150.31	-4.82	-24.28	-18.02	4 945.25
	2012	-3.53	-47.66	1 592.63	-215.92	330.89	244.09	0.64	258.59	-5.79	-30.58	-4.63	6 856.23

续表

指标	年份	文化遗产		印刷品			视觉艺术				视听媒介		
		收藏品(8965)	超过百年的古董(8966)	书籍(8921)	报纸和期刊(8922)	其他印刷品(8924)	绘画作品(8961)	平板雕刻(8962)	雕像/雕塑(8963)	邮票/邮资(8964)	摄影硬片及软片(8826)	电影胶片(883)	视频游戏机(89431)
进出口贸易总额	2008	2.37	8.58	1 466.88	165.67	679.88	71.20	0.91	6.78	7.98	8.47	25.46	8 552.03
	2009	3.13	2.17	1 416.35	169.84	812.06	44.87	0.47	4.32	6.30	10.21	33.45	5 163.66
	2010	7.19	10.59	1 676.42	239.50	989.94	99.03	1.41	60.75	7.28	20.30	27.58	4 817.43
	2011	4.79	10.17	1 865.00	239.82	1 079.55	228.30	6.37	158.83	8.47	25.95	18.17	5 233.20
	2012	4.66	54.99	2 010.79	259.89	1 169.86	262.28	3.21	288.83	8.27	34.70	5.22	7 649.91
占比(%)	2008	0.02	0.08	13.34	1.51	6.18	0.65	0.01	0.06	0.07	0.08	0.23	77.77
	2009	0.04	0.03	18.47	2.22	10.59	0.59	0.01	0.06	0.08	0.13	0.44	67.35
	2010	0.09	0.13	21.07	3.01	12.44	1.24	0.02	0.76	0.09	0.26	0.35	60.54
	2011	0.05	0.11	21.01	2.70	12.16	2.57	0.07	1.79	0.10	0.29	0.20	58.94
	2012	0.04	0.47	17.11	2.21	9.95	2.23	0.03	2.46	0.07	0.30	0.04	65.09

资料来源：根据联合国商品贸易数据库(UN COMTRADE)分类数据整理得到。

9.95%，这三类商品总占比为92.15%，而另外九类产品的总占比仅为7.85%。此外，2008年至2011年，这三类核心文化产品的进出口贸易总额占比之和分别为97.30%、96.42%、94.05%和92.11%，而其他九类核心文化产品的进出口贸易总额总占比，还不到中国全部核心文化产品贸易进出口总额的10%。由此可见，中国核心文化产品贸易存在着严重的商品结构不平衡的现象，仅有少数类别的商品占据了贸易的绝大部分的份额。

视频游戏机(89431)是中国核心文化产品中最主要的进出口贸易商品，2008年至2012年视频游戏机的进出口贸易总额占全部核心文化产品进出口贸易总额的比重分别为77.77%、67.35%、60.54%、58.94%和65.09%，占据了中国核心文化产品贸易的主要份额，并呈现出逐年递减的趋势。但是，中国视频游戏机的贸易主要是加工贸易，属于低附加值、低文化内容的劳动密集型商品，其比较优势的根源在于中国低廉的制造成本，而并非与中国深厚的文化底蕴和文化资源的结合。

此外，书籍(8921)是中国核心文化产品中第二大的进出口贸易商品，2008年至2012年书籍的进出口贸易总额占全部核心文化产品进出口贸易总额的比重分别为13.34%、18.47%、21.07%、21.01%和17.11%，是中国核心文化产品贸易的重要组成部分，并且连续五年保持贸易顺差，这一现象主要是由中国书籍出口贸易相对快速的增长造成的。飞速的出口贸易增长和平稳的进口贸易增长，导致中国书籍进出口贸易，在保持进出口贸易总额及其占全部核心文化产品进出口贸易总额比重平稳增长的基础上，还实现了净出口贸易额的逐年增长，中国书籍的进出口贸易额由2008年的14.67亿美元增加至2012年的20.11亿美元。由于书籍包含了较高的文化创意水平和艺术含量，这表明中国部分文化产品的核心国际竞争力正在有效、持续地提升。

最后，值得注意的是，同样属于视听媒介类产品的电影胶片(883)，却呈现出与视频游戏机(89431)截然不同的发展趋势。中国电影胶片2008年至2012年进出口贸易总额占全部核心文化产品进出口贸易总额的比重分别为0.23%、0.44%、0.35%、0.20%和0.04%，近年来的进出口贸易占比还不到全部核心文化产品贸易进出口总额的5‰；更加糟糕的是，中国电影胶片的商品贸易连年逆差，2008年至2012年的净出口额分别是－25.27百万美元、－32.89百万美元、－27.21百万美元、－18.02百万美元和－4.63百万美元；虽然中国电影胶片的贸易逆差额呈现出逐年减小的趋势，但这并不是由于电影胶片的出口贸易额增长所造成的贸易扩张，而是由于其进口贸易额骤减所导致的进出口贸易的严重缩水；电影胶片是包含了较高文化创意和艺术含量的核心文化产品，此类核心文化产品的进出口贸易总额较低，势必会影响到中国文化产品的国际交流。

5.2 中国主要核心文化产品贸易的商品结构

随着经济全球化的推进，文化产品贸易在国家和地区间迅速发展，并占据越来越大的贸易份额。伴随着中国文化产业的发展，文化产品贸易尤其是核心文化产品贸易得到了较快发展。

图5-1反映了2013年中国核心文化产品进出口额的占比情况，可以看出，核心文化产品中进出口贸易额占比最大的是视听媒介，2013年视听媒介的进出口总额占全部核心文化产品的60.55%。其次是印刷品，其进出口总额占比达22.19%。再次是视觉艺术占比16.34%。文化遗产的进出口贸易总额占比最少，仅为0.92%。历年来文化遗产的贸易量较小，2013年文化遗产的进口额占比为4.68%，出口额仅占0.29%。因此本部分着重分析占比量较大的三种核心文化产品的贸易情况。本部分将基于联合国商品贸易数据库(UN COMTRADE)的数据，

进一步考察印刷品、视觉艺术和视听媒介三大类文化产品贸易的发展。

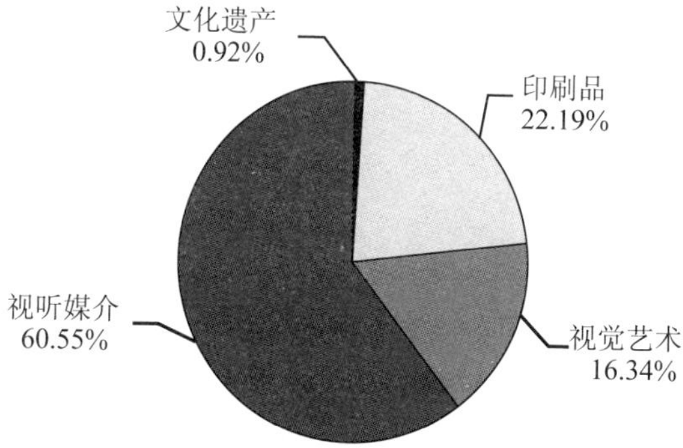

图 5-1 2013 年中国核心文化产品进出口总额占比结构

5.2.1 印刷品

根据联合国教科文组织(UNESCO)制定的相关文化统计框架及分类，印刷品分为书籍、报纸和期刊两大类，其中书籍又包括儿童图画书、书形式的地图、非书形式的地图、小册子和传单、字典和百科全书以及其他类型的书籍 5 个小类，报纸和期刊包括每周出版至少四次的报纸和期刊以及其他类型的报纸和期刊 2 个小类。

1. 印刷品贸易总量趋势

如图 5-2 至图 5-5 所示，联合国商品贸易数据库(UN COMTRADE)的数据表明，中国印刷品进出口总量从 1992 年的 1.1 亿美元增长到 2013 年的 23.3 亿美元，20 年间增长了约 20 倍，年均增长率为 16.2%。1992 年到 2008 年这 17 年间，中国印刷品贸易呈现逐年增长的趋势，2006 年贸易额首次突破 10 亿美元，2008 年达到 16.3 亿美元。大部分年份的增长率均在 10%以上，1997 年进出口量增长率达到最大值 35.65%；由于受到金融危机影响，2009 年世界商品贸易量均出现锐减，中国印刷品进出口贸易量也小幅下降到 15.9 亿美元，环比下降了 2.8%，之后又恢复逐渐上涨的趋势。

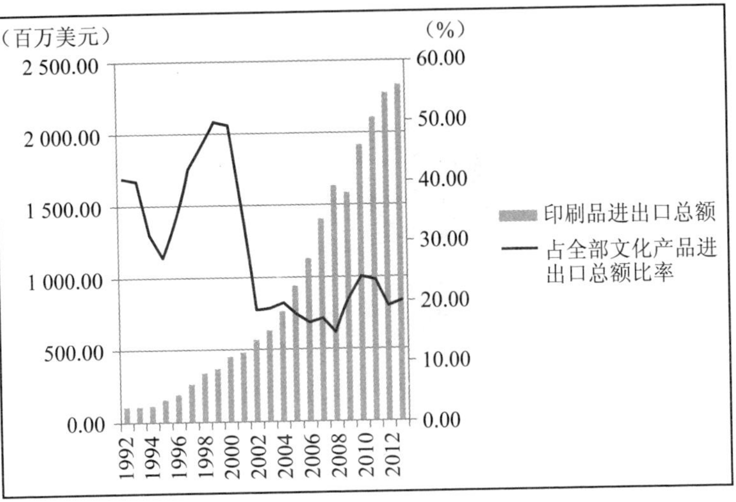

图 5-2　中国印刷品进出口贸易发展趋势

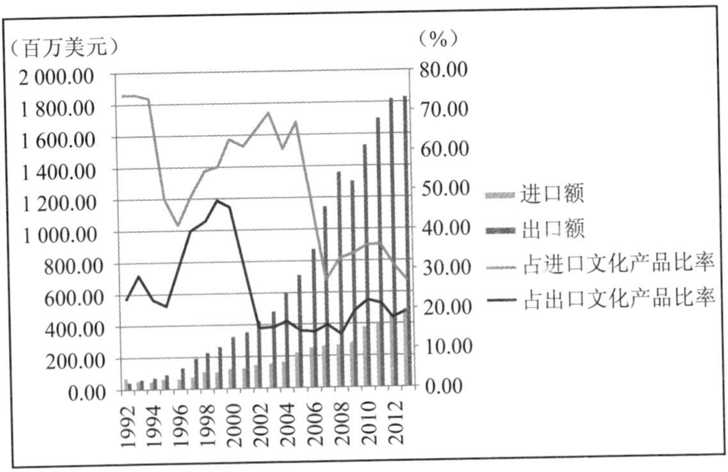

图 5-3　中国印刷品进口和出口贸易发展趋势

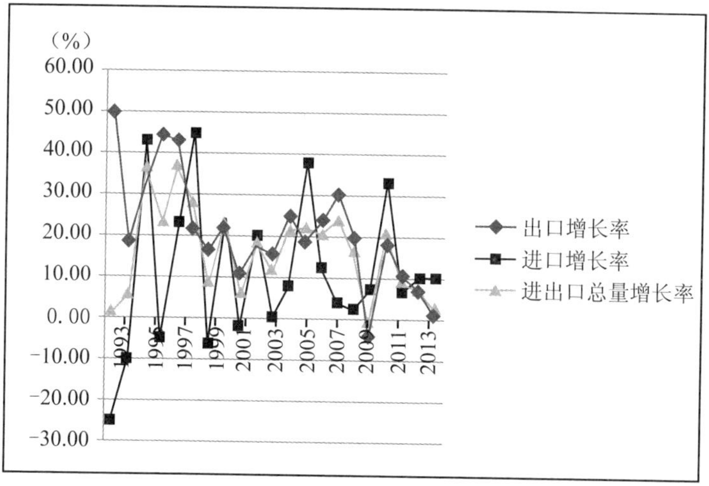

图 5-4　中国印刷品贸易增长趋势

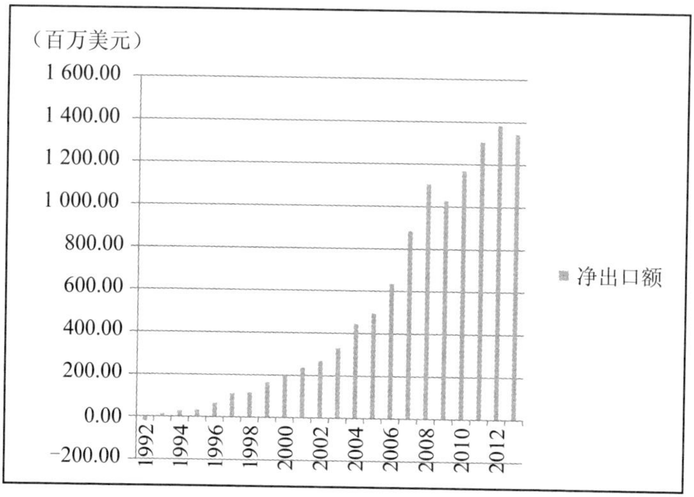

图 5-5　中国印刷品净出口发展趋势

虽然中国印刷品贸易呈现出较好的发展态势，但是中国印刷品贸易仍处于初级发展阶段。从印刷品进出口额占全部文化产品进出口比重来看，1992 年到 2013 年，中国印刷品进出口占全部文化产品进出口总额比重总体呈现下降趋势，同时表现出较大幅度的波动。具体来看，1992 年到 1995 年，该比重呈现下降趋势，1992 年中国印刷品进出口占全部文化产品进出口总额的比重为 40.19%，而 1995 年该比重却仅为 27.41%。随后，自 1996 年起中国印刷品进出口总额持续上升，其占中国全部文化产品进出口的比重逐年提高，1999 年该比重最大，达 49.88%。此后，中国印刷品进出口占其全部文化产品进出口比重持续下滑，2008 年该比重下降至 14.85%，为近年最低值。值得注意的是，虽然 2008 年以后该比重呈现出一定程度的上升，但中国印刷品进出口占全部文化产品进出口的比重仍然偏低，2013 年该比重也仅为 20.05%。可以看出，中国印刷品贸易还存在很大的发展空间，为了提高中国文化在世界的影响力和竞争力，中国仍应致力于印刷品的发展，促进书籍、报纸和期刊产业贸易，便于中国文化以最直接的方式被世界其他国家所接受。

分别从进口额和出口额方面来看，1992 年到 2013 年中国印刷品贸易的进口额和出口额均呈现出不断上涨的趋势。中国印刷品贸易的进口量从 1992 年的 0.7 亿美元上涨到 2013 年的 4.9 亿美元，年均增长率为 11.18%。22 年间，中国印刷品进口增长率处于不断的波动中，1998 年达到最大增长率 44.33%，2009 年进口额并没有受到金融危机的影响，印刷品进口环比增长 6.56%。出口贸易方面，中国印刷品出口量从 1992 年的 0.4 亿美元增长到 2013 年的 18.4 亿美元，年均增长率高达 20.74%。除了 2009 年受到金融危机影响，实现了负增长 4.67%，其他大部分年份均呈现较高的增长率，但是 2010 年以来增长率逐年下降，到 2013 年中国印刷品出口额增长率仅为 0.62%。

可以看出1992年到2013年的22年间，除了1992年进口额大于出口额，实现0.3亿美元的贸易逆差，从1993年开始，中国印刷品贸易的出口额均大于进口额，实现贸易顺差。21年来，贸易顺差不断扩大，从1993年的0.07亿美元逐年增长到2013年的13.4亿美元。此外，中国印刷品出口额占全部文化产品出口额的比重，大于中国印刷品进口额占全部文化产品进口额的比重。两者的变化趋势较为相似，但是变化规律都不是很确定，到2013年，中国印刷品出口额占全部文化产品出口额比重仅为18.75%，进口额比重仅为26.98%。

综上所述，中国印刷品贸易处于快速发展的初级阶段，进出口增长速度较快，但是占全部商品贸易比重较低；印刷品出口贸易，在中国印刷品贸易中占主导地位，中国主要是在输出中国的印刷品；然而，印刷品进口贸易，由于国外对于知识产品的保护力度较大，对印刷品的进口还存在一定的限制，中国在进口书籍、报刊和期刊方面，并没有很好地融入全球文化中。

2. 印刷品贸易商品结构

表5-2报告了1992—2013年，中国印刷品进出口贸易中的商品结构。中国印刷品分为书籍、报纸和期刊两大类，其中书籍又包括儿童图画书、书形式的地图、非书形式的地图、小册子和传单、字典和百科全书以及其他类型的书籍5个小类，报纸和期刊包括每周出版至少四次的报纸和期刊以及其他类型的报纸和期刊2个小类。

首先，从两个大类商品来看。在中国印刷品进出口贸易中，书籍占据了绝大部分的贸易份额。1992年，中国印刷品进出口贸易总额中，书籍所占比重为72.13%，报纸和期刊所占比重为27.87%。到2013年书籍占印刷品进出口贸易额的89.19%，报纸和期刊占10.81%。可以看出，1992年以来印刷品贸易中书籍的贸易额不断扩大，报纸和期刊的贸易额不断减少。

表 5-2 中国印刷品进出口贸易商品结构

单位：百万美元

指标	年份	书籍							报纸和期刊		
		儿童图画书	书形式的地图	非书形式的地图	小册子和传单	字典和百科全书	其他	总量	报纸和期刊(每周至少出版四次)	其他	总量
进口额	1992	0.39	0.23	0.51	7.28	0.22	34.27	42.90	1.87	25.10	26.98
	2002	0.59	0.07	0.99	33.72	1.60	61.27	98.24	21.52	31.17	52.69
	2011	1.53	0.29	3.41	16.88	0.29	162.44	184.83	20.72	198.87	219.59
	2012	1.81	0.40	4.06	17.34	0.17	185.30	209.08	23.82	214.09	237.90
	2013	2.07	0.24	4.63	17.62	0.51	239.81	264.89	20.06	209.76	229.82
出口额	1992	1.66	0.00	0.17	2.82	0.15	31.28	36.08	0.11	3.44	3.55
	2002	101.83	0.03	4.69	16.93	0.52	289.83	413.83	0.14	4.47	4.61
	2011	489.66	2.14	14.74	41.84	5.47	1 126.31	1 680.17	2.99	17.24	20.24
	2012	529.10	1.50	16.82	42.29	11.89	1 200.11	1 801.71	2.13	19.86	21.99
	2013	602.83	1.81	15.02	37.41	15.38	1 140.48	1 812.93	2.02	20.05	22.07

续表

指标	年份	书籍							报纸和期刊		
		儿童图画书	书形式的地图	非书形式的地图	小册子和传单	字典和百科全书	其他	总量	报纸和期刊（每周至少出版四次）	其他	总量
净出口额	1992	1.27	−0.23	−0.34	−4.46	−0.07	−2.99	−6.82	−1.76	−21.66	−23.43
	2002	101.24	−0.04	3.70	−16.78	−1.08	228.56	315.60	−21.38	−26.70	−48.08
	2011	488.13	1.85	11.33	24.96	5.19	963.88	1 495.34	−17.73	−181.62	−199.35
	2012	527.30	1.10	12.76	24.94	11.72	1 014.80	1 592.63	−21.69	−194.23	−215.92
	2013	600.76	1.56	10.39	19.79	14.87	900.67	1 548.04	−18.04	−189.71	−207.75
进出口额	1992	2.05	0.23	0.68	10.10	0.37	65.55	78.99	1.98	28.54	30.53
	2002	102.41	0.11	5.69	50.65	2.12	351.10	512.07	21.66	35.64	57.31
	2011	491.19	2.43	18.16	58.71	5.76	1 288.75	1 865.00	23.71	216.11	239.82
	2012	530.91	1.90	20.88	59.63	12.06	1 385.41	2 010.79	25.95	233.95	259.89
	2013	604.90	2.05	19.66	55.03	15.89	1 380.29	2 077.82	22.08	229.81	251.89

中国印刷品贸易在1992年存在0.3亿美元的贸易逆差，此后便呈现出不断扩大的贸易顺差的发展趋势。而从印刷品的分类来看，书籍贸易在1992年存在0.07亿美元的贸易逆差，此后便和总趋势一样呈现出逐年扩大的贸易顺差，2013年书籍贸易的贸易顺差达到15.48亿美元。1992年以来报纸和期刊贸易却呈现出逐年扩大的贸易逆差的趋势，1992年报纸和期刊的贸易逆差为0.23亿美元，而逐步扩大到2013年的2.08亿美元的贸易逆差。可以看出中国印刷品贸易中书籍的贸易贡献比较大。

其次，从书籍的小类来看。书籍又可以细分为5小类的商品，分别是儿童图画书、书形式的地图、非书形式的地图、小册子和传单、字典和百科全书以及其他类型的书籍。书籍进出口贸易总额从1992年的0.79亿美元增长到2013年的20.8亿美元，其中其他类型的书籍所占比重一直处于第一位，1992年其他书籍占书籍贸易总额的82.98%，但是其份额一直处于逐年下降的趋势，到2013年其他类型的书籍占书籍贸易总额的比重为66.43%。1992年书籍贸易中，小册子和传单占比为12.79%，儿童图画书占比为2.6%，非书形式的地图占比为0.86%，字典和百科全书占比为0.47%，书形式的地图占比为0.29%。此后，儿童图画书的贸易额逐渐提高，超过非书形式的地图成为书籍贸易中的第二位。2013年，儿童图画书占书籍贸易额的比重为29.11%，小册子和传单占比为2.65%，非书形式的地图占比为0.95%，字典和百科全书占比为0.76%，书形式的地图占比为0.1%。从净出口的角度看，儿童图画书一直处于贸易顺差，从1992年的0.01亿美元逐步扩大到2013年的6亿美元。而其他四类书籍在1992年均实现贸易逆差，并逐渐转变为贸易顺差。到2013年，五类书籍均实现了贸易顺差，其中贡献最大的是其他类型的书籍实现贸易顺差9亿美元，其次是字典和百科全书实现了1.5亿美元的贸易顺差。

再次，从报纸和期刊的小类来看。报纸和期刊分为2个小类的商品，分别是每周至少出版四次的报纸和期刊以及其他类型的报纸和期刊。从贸易总量来看，报纸和期刊的贸易额从1992年的0.3亿美元逐步增长到2013年的2.5亿美元。其中，其他类型的报纸和期刊一直占据着绝大部分的贸易份额。1992年，每周出版至少四次的报纸和期刊贸易额占报纸和期刊贸易额的6.49%，其他类型的报纸和期刊占比为93.5%。而到2013年每周出版至少四次的报纸和期刊占比为8.77%，其他类型的报纸和期刊占比为91.23%。1992年到2013年，报纸和期刊贸易一直实现着贸易逆差，它的2个小类商品也一直维持着贸易逆差。其中贡献较大的依然是其他类型的报纸和期刊。1992年，每周出版至少四次的报纸和期刊实现贸易逆差0.02亿美元，其他类型的报纸和期刊实现贸易逆差0.22亿美元。到2013年，二者分别实现贸易逆差0.18亿美元和1.9亿美元。

3. 印刷品贸易国别(地区)结构

表5-3反映了1992—2013年中国与世界其他国家(地区)印刷品进口贸易的国别(地区)结构。可以看出，1992年中国进口印刷品贸易的前十大国家和地区分别是中国香港、美国、日本、英国、法国、德国、加拿大、其他亚洲国家、新加坡和意大利。2013年中国进口印刷品贸易的前十大出口国家和地区分别是美国、英国、中国香港、新加坡、德国、比利时、荷兰、其他亚洲国家和法国。可以看出，22年来，中国进口印刷品的国别(地区)结构变化不大，1992年进口前十位国家和地区进口总额占比高达97.72%，2013年该比重也高达97.19%。其中，1992年中国进口印刷品贸易额第一位的是中国香港，占比36.98%，此后美国和英国逐渐超过中国香港，2013年美国实现占比40.35%、英国占比为23.89%以及中国香港占比为9.74%。美国已持续成为中国第一大印刷品进口贸易伙伴。可以看出，中国进口印刷品的国别(地区)相对比较集中于欧美发达国家以及一些亚洲国家和地区。

表5-4反映了1992—2013年中国出口印刷品的前十大国家

表 5-3　中国印刷品进口前十大国家和地区

单位：%

排名	2013 年		2012 年		2011 年		2002 年		1992 年	
1	美国	40.35	美国	41.39	美国	41.84	中国香港	33.45	中国香港	36.98
2	英国	23.89	英国	19.86	英国	17.85	美国	23.19	美国	21.10
3	中国香港	9.74	中国香港	10.96	中国香港	11.79	英国	10.32	日本	13.05
4	新加坡	7.27	德国	7.02	德国	6.26	日本	8.21	英国	7.98
5	德国	4.80	新加坡	5.59	新加坡	6.02	德国	3.94	法国	6.41
6	比利时	2.89	日本	3.40	荷兰	4.09	荷兰	3.83	德国	5.56
7	荷兰	2.83	荷兰	3.40	日本	3.80	新加坡	3.63	加拿大	2.68
8	日本	2.50	其他亚洲国家	2.76	其他亚洲国家	2.65	其他亚洲国家	3.42	其他亚洲国家	2.33
9	其他亚洲国家	2.22	比利时	2.40	比利时	2.52	韩国	2.79	新加坡	1.00
10	法国	0.69	法国	0.71	韩国	0.60	比利时	1.59	意大利	0.62

表 5-4 中国印刷品出口前十大国家和地区

单位：%

排名	2013 年		2012 年		2011 年		2002 年		1992 年	
1	中国香港	29.45	中国香港	32.54	中国香港	33.03	中国香港	50.07	中国香港	67.97
2	美国	26.99	美国	24.97	美国	26.25	美国	24.74	美国	11.60
3	英国	8.20	英国	9.00	英国	9.35	英国	16.24	日本	8.53
4	德国	3.91	德国	4.28	德国	3.78	日本	1.89	新加坡	1.50
5	法国	3.15	法国	3.06	法国	2.94	澳大利亚	1.04	印度	0.90
6	澳大利亚	2.98	澳大利亚	2.77	澳大利亚	2.62	德国	1.02	澳大利亚	0.90
7	俄罗斯	1.99	俄罗斯	2.10	俄罗斯	2.56	其他亚洲国家	0.67	加拿大	0.87
8	马来西亚	1.85	日本	1.76	荷兰	1.73	新加坡	0.62	德国	0.79
9	日本	1.74	西班牙	1.55	日本	1.64	荷兰	0.60	马来西亚	0.50
10	加拿大	1.63	巴西	1.27	西班牙	1.59	法国	0.43	英国	0.43

和地区。可以看出，1992 年中国出口印刷品的前十大国家和地区分别是中国香港、美国、日本、新加坡、印度、澳大利亚、加拿大、德国、马来西亚、英国。2013 年中国出口印刷品贸易额排名前十位的国家和地区分别是中国香港、美国、英国、德国、法国、澳大利亚、俄罗斯、马来西亚、日本和加拿大。可以看出，22 年来中国出口印刷品贸易的国别(地区)结构也没有发生很大的变化，中国香港一直占据着出口贸易额第一的位置，1992 年中国出口中国香港印刷品的贸易额占比高达 67.97%，之后逐年有所下降，到 2013 年中国出口中国香港的印刷品贸易额占比为 29.45%。相比之下，美国一直处于中国印刷品出口贸易额第二的位置，其出口贸易份额从 1992 年的 11.6%逐渐增长到 2013 年的 26.99%，与中国香港的距离在不断缩小。中国与前十位的出口贸易伙伴出口贸易额占出口额的比重，从 1992 年的 94%逐渐下降到 2013 年的 81.89%。可以看出，中国印刷品出口贸易的国别(地区)结构也相对比较集中。中国香港是中国出口印刷品贸易的第一大贸易伙伴，美国紧随其后。

表 5-5 反映了 1992—2013 年中国印刷品进出口贸易的国别(地区)结构。1992 年中国印刷品进出口贸易额排名前十位的国家和地区分别是中国香港、美国、日本、英国、法国、德国、加拿大、其他亚洲国家、新加坡和意大利。2013 年中国印刷品进出口贸易额排名前十位的国家和地区分别是美国、中国香港、英国、德国、法国、新加坡、澳大利亚、日本、俄罗斯和马来西亚。与前十位进出口贸易伙伴的贸易总额的比重，从 1992 年的 95.94%逐渐下降到 2013 年的 83.28%。可以看出，22 年间，中国印刷品进出口贸易的国别(地区)结构变化也不大。其中美国和中国香港竞相成为中国印刷品贸易的第一大贸易伙伴，1992 年中国香港成为中国印刷品贸易的第一大贸易伙伴，其进出口贸易额占比达到 48.2%，此后逐年下降。2011 年，美国超过中国香港成为第一大伙伴，其占比为 29.25%，

表 5-5 中国印刷品进出口前十大国家和地区

单位：%

排名	2013 年		2012 年		2011 年		2002 年		1992 年	
1	美国	29.83	中国香港	28.30	美国	29.25	中国香港	45.66	中国香港	48.20
2	中国香港	25.26	美国	28.20	中国香港	28.95	美国	24.33	美国	17.66
3	英国	11.53	英国	11.14	英国	10.98	英国	14.67	日本	11.41
4	德国	4.10	德国	4.82	德国	4.25	日本	3.57	英国	5.25
5	法国	2.63	法国	2.60	法国	2.47	德国	1.80	法国	4.23
6	新加坡	2.53	澳大利亚	2.29	荷兰	2.18	荷兰	1.46	德国	3.84
7	澳大利亚	2.40	日本	2.08	澳大利亚	2.17	新加坡	1.42	加拿大	2.03
8	日本	1.90	俄罗斯	1.73	俄罗斯	2.12	其他亚洲国家	1.40	其他亚洲国家	1.63
9	俄罗斯	1.63	新加坡	1.72	日本	2.06	韩国	0.92	新加坡	1.18
10	马来西亚	1.47	荷兰	1.64	新加坡	1.57	澳大利亚	0.80	意大利	0.51

仅以微弱优势超过中国香港。2012 年中国香港与美国贸易量基本持平。2013 年，美国以贸易额占比 29.83%超过中国香港成为中国印刷品贸易的第一大伙伴。可以看出，中国印刷品进出口贸易的国别(地区)结构也相对比较集中。

综上所述，中国印刷品进口贸易、出口贸易以及进出口贸易的国别(地区)结构都相对集中于美国、中国香港、英国等发达国家和地区以及一些亚洲国家，并且排名前十位的贸易伙伴大部分相似，如 2013 年进口和出口贸易前十位伙伴就有 6 位相同。美国和中国香港是中国两个最大的贸易伙伴。

5.2.2 视觉艺术

根据联合国教科文组织(UNESCO)制定的相关文化统计框架及分类，视觉艺术品分为绘画作品、平板雕刻、雕像/雕塑、邮票/邮资 4 个小类。

1. 视觉艺术品贸易总量趋势

如图 5-6 至图 5-8、表 5-6 所示，联合国商品贸易数据库(UN COMTRADE)的数据表明，中国视觉艺术品进出口总量从 1992 年的 19.91 亿美元，增长到 2013 年的 1 714.92 亿美元，20 年间增长了约 86 倍，年均增长率为 32.1%。1992 年到 2013 年的 22 年间，中国视觉艺术品贸易并未呈现连续的趋势，而是在 1993 年到 1997 年呈现递增的趋势，在 1997 年到 2000 年呈现递减趋势，2001 年到 2003 年则保持了相对稳定的趋势，之后除了 2008 年到 2009 年出现下降以外一直处于上涨态势。其中，1997 年贸易额首次突破 50 亿美元，这也是 1992 年到 2005 年间的峰值，在 2010 年首次突破了 100 亿美元的大关，并且从 2010 年开始呈现出爆炸式增长态势，2010 年较 2009 年上涨了约 200%，之后年均增长率超过了 100%，而在这之前的年均变化率只有 27%左右，如果剔除 1997 年的 147.86%这一极端值，1992 年到 2009 年的年均变化率只有不到 20%。同时，我们可以发现视觉艺术品的进出口总额受到金融危机的影

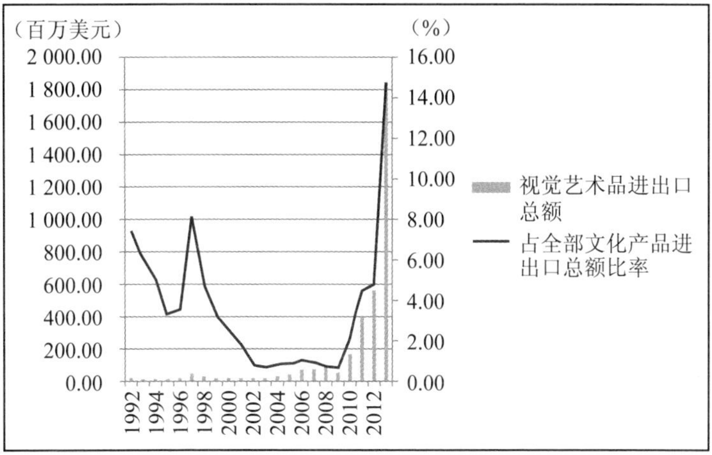

图 5-6　中国视觉艺术品进出口贸易发展趋势

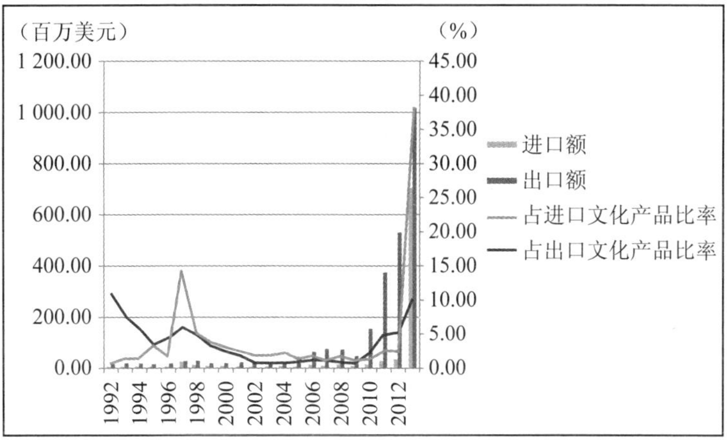

图 5-7　中国视觉艺术品进口和出口贸易发展趋势

响较大，受 1997 年下半年爆发的东南亚金融危机和由此演变的 1998 年亚洲金融危机的影响，视觉艺术品进出口总额在 1997 年到 1998 年之间出现了大幅下降，并且一直到 2000 年金

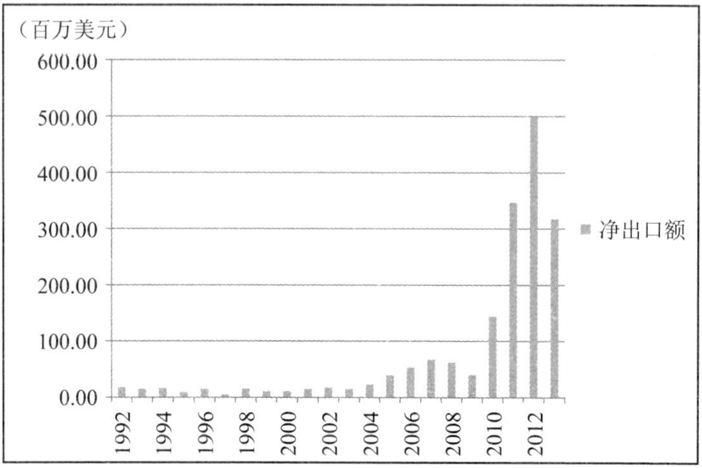

图 5-8 中国视觉艺术品净出口发展趋势

融危机消除才止住颓势，恢复上涨。同样，在 2008 年金融危机的影响下 2008 年到 2009 年也出现了贸易额大幅下跌的情况，但由于中国的强经济刺激政策，使得中国所受到的冲击十分有限，所以在 2010 年就恢复了增长，并且增长率达到了 201.06％。

表 5-6 中国视觉艺术品贸易增长趋势 单位：％

年份	进口增长率	出口增长率	进出口增长率
1993	65.68	－17.28	－14.81
1994	－9.00	12.89	11.62
1995	396.92	－17.11	2.50
1996	－43.21	19.86	5.38
1997	796.85	56.23	147.86
1998	－55.52	－8.80	－29.72

续表

年份	进口增长率	出口增长率	进出口增长率
1999	−30.67	−31.59	−31.33
2000	−11.63	−4.06	−6.22
2001	−19.78	15.84	6.24
2002	−21.28	5.72	0.23
2003	7.71	−7.13	−4.76
2004	38.96	45.95	44.69
2005	−41.38	49.97	34.12
2006	182.12	48.53	58.66
2007	−24.78	16.39	10.84
2008	86.44	1.67	9.43
2009	−39.53	−34.85	−35.58
2010	65.14	224.37	201.06
2011	109.84	141.10	138.59
2012	14.58	41.89	39.96
2013	2 050.68	91.54	204.82

尽管近年来视觉艺术品贸易的发展态势较为迅猛，但我们必须清楚地意识到，中国的视觉艺术品贸易还处于相对初级的发展阶段，除了1997年和2013年，在全部文化产品贸易额中的比率一直都处于6%以下，其中大部分年份甚至低于3%。可以看到，在1992年到1996年视觉艺术品贸易额在总额中的比重一直处于震荡态势，1997年出现大幅上涨后又开始下跌，直到2003年，之后视觉艺术品贸易额在总额中的比重一直在3%以下波动，从2009年开始则出现上升态势，在2013年甚至达到了14.76%。从这些数据中我们可以发现，中国的视觉艺术品贸易还存在着很大的发展空间，并且现今的发展态势十分乐观，这同样是提升中国文化产品贸易实力的一个落脚点，

而且像具有中国特色的绘画作品等，增强其贸易能力对于增进世界对中国文化的认可度有着积极影响，应加大对这些产业的投入力度。

分别从进口额和出口额对视觉艺术品贸易进行分析，我们可以发现，从总体上来看，进口额和出口额都呈现上升的态势。具体来看，就进口额而言，1992 年到 1997 年发展无规律，1997 年较 1996 年暴涨了 796.85%，由 1996 年的 2.53 百万美元上涨至 22.69 百万美元，之后就呈现下跌态势，直到 2002 年，之后又出现不明显的变化规律，直到 2009 年开始出现一路攀升的态势，2013 年更是较 2012 年上涨了 2 050.68%，一举达到 699.62 百万美元，而在 2011 年之前的进口额都是低于 20 百万美元的，2012 年也不过 32.53 百万美元。从 1992 年到 2013 年，进口额实现了从 0.59 百万美元到 699.62 百万美元的飞跃，增长了 1 184 倍，年均增长率超过了 40%。可以发现，1997 年的东南亚金融危机和 2008 年的全球金融危机都对其产生了影响，使得进口额出现下跌。同时，中国视觉艺术品进口占其全部文化产品进口的比重总体呈现一定的波动。1992 年，中国视觉艺术品进口占比仅为 1.42%，1998 年之前该比重出现大幅上升，1997 年该比重已达到 14.29%。随后，中国视觉艺术品进口占其全部文化产品进口的比重出现一定程度的下降，2011 年该比重仅为 2.58%。值得注意的是，自 2011 年起中国视觉艺术品进口占全部文化产品进口比重再一次进入快速增长阶段，2013 年该比重增长至 38.15%。再对出口进行分析，出口额的变化相对没有规律，但总体上是处于上升态势，2004 年之前的出口额都是在小范围内进行波动，但是可以发现，1997 年和 2008 年的金融危机都对出口额产生了消极影响，造成了其下跌，但是和进口额一样，2008 年的金融危机造成的恶性影响消除迅速，很快就恢复并且大幅上升，2010 年较 2009 年上涨了 224.37%，从 47.77 百万美元上涨到 154.94 百万美元。从 2009 年开始出口额就一直呈现上升的态势，在 2013 年首次突破 1 000 百万美元，达到了 1 015.30 百万美元，远超 2012 年的 530.07 百万美元。然而，中国视觉艺术品出口占其文化产品出口的比重却相对较低，2013 年该比重仅为 10.38%，远远低于其进口占文化产品进口的比重。

综合对比进口额和出口额可以发现，进口额的变化趋势较出口额更为剧烈，进口额的变化率在大部分年份是超过出口额的变化率的，在 22 年里仅有 7 年进口额的变化率低于出口额，同时可以发现，在大多数年份，进口额与出口额的变化方向是相同的，这说明两者的变化趋势类似。受到 2008 年国际金融危机的影响，2009 年无论是进口额还是出口额，以及净出口总额都出现了负增长，而在 2010 年，全球经济尤其是中国经济受到政府的强力刺激开始回暖，并且 2009 年 8 月中国第一部文化产业专项规划《文化产业振兴规划》出台，确立文化产业为国家战略性产业，这些因素促使了文化贸易的强势复苏，上述三个贸易指标都扭负为正，出现大幅增长，其中进口额增长 65.14%，出口额增长 224.37%，进出口总额增长 201.06%，并且之后都一直处于上升态势。但是对比发现，出口额无论是数额还是占比都大于进口额，也就是说中国的视觉艺术品贸易是一直处于贸易顺差状态的。总体来看，这种顺差还是处于逐渐扩大的态势，1992 年的净出口额为 18.72 百万美元，而到了 2013 年净出口额已经达到了 315.69 百万美元，这 22 年间的最低值出现在 1997 年，仅有 5.30 百万美元，而峰值则出现在 2012 年，达到 497.54 百万美元，后者为前者的 93.88 倍。

综上所述，中国的视觉艺术品贸易还处于初步发展的阶段，在商品贸易中占比较低，但是随着近几年来国家文化产业政策的接连颁布，文化产业在国民产业中的地位越来越重要，正在逐渐被推动提升为国民经济支柱型产业，致使视觉艺术品贸易近年来增长态势迅猛，有较大的发展空间。同时，对中国而言，视觉艺术品贸易是出口占优的，中国主要进行视觉艺术品的出口，而进口则相对较少，说明中国的视觉艺术品的贸易竞争优势还是较为明显的。

2. 视觉艺术品贸易商品结构

表 5-7 报告了 1992—2013 年，中国视觉艺术品进出口贸易中的商品结构。

表 5-7 中国视觉艺术品进出口贸易商品结构 单位：百万美元

指标	年份	绘画作品	平板雕刻	雕像/雕塑	邮票/邮资
进口额	1992	0.44	0.03	0.13	0.00
	2002	0.69	0.02	0.53	2.67
	2011	16.42	1.06	4.26	6.64
	2012	9.10	1.28	15.12	7.03
	2013	257.21	2.10	436.25	4.06
出口额	1992	13.55	0.58	5.18	0.00
	2002	16.08	0.60	0.86	2.98
	2011	211.87	5.31	154.57	1.82
	2012	253.19	1.93	273.71	1.24
	2013	472.39	7.33	533.81	1.77
净出口额	1992	13.11	0.55	5.05	0.00
	2002	15.39	0.58	0.33	0.31
	2011	195.45	4.24	150.31	−4.82
	2012	244.09	0.64	258.59	−5.79
	2013	215.19	5.23	97.57	−2.29
进出口额	1992	13.99	0.61	5.31	0.00
	2002	16.77	0.62	1.39	5.64
	2011	228.30	6.37	158.83	8.47
	2012	262.28	3.21	288.83	8.27
	2013	729.60	9.43	970.06	5.83

续表

指标	年份	绘画作品	平板雕刻	雕像/雕塑	邮票/邮资
占比	1992	70.27%	3.05%	26.67%	0.02%
	2002	68.67%	2.56%	5.68%	23.10%
	2011	56.80%	1.58%	39.51%	2.11%
	2012	46.62%	0.57%	51.34%	1.47%
	2013	42.54%	0.55%	56.57%	0.34%

注：1992年邮票/邮资的进出口额仅为8美元。

从进口额角度来讲，从1992年到2013年这四类商品都是处于上升态势的，绘画作品由1992年的0.44百万美元上涨到2013年的257.21百万美元，平板雕刻从1992年的0.03百万美元上涨到2013年的2.10百万美元，雕像/雕塑由1992年的0.13百万美元上涨到2013年的436.25百万美元，邮票/邮资则由1992年的接近于0上涨到2013年的4.06百万美元。可以观察到，除邮票/邮资外的其他三类商品在2013年均出现大幅上涨，其上涨幅度远超之前，绘画产品的增长率达到了2 726.48%，雕像/雕塑的增长率达到了2 785.25%，平板雕刻的增幅较小，但也达到了64.06%。

再从出口角度进行分析，从1992年到2013年这四类商品总体上看都是处于上升态势的，但其中平板雕刻和邮票/邮资则经历了先增长后下跌，在2013年重新上涨的变化趋势，绘画作品和雕像/雕塑则呈现一路上涨的态势。

通过对进口和出口数据的处理可以得到净出口额，我们可以发现，绘画作品、平板雕刻、雕像/雕塑一直是贸易顺差，而邮票/邮资则由小额顺差逐渐变为逆差。同时，我们发现，在2012年，除平板雕刻外的三类商品都达到了其贸易差额的峰值，而平板雕刻则是在2013年达到峰值。此外，绘画作品和雕像/雕塑的顺差额较大，而另外两种的贸易差额则相对较小。

通过对四类商品贸易总额的分析发现，从 1992 年到 2013 年都有较大的增长，其中，绘画作品增长了 5 115.15%，雕像/雕塑增长了 1 445.9%，平板雕刻增长了 18 168.55%，邮票/邮资由于 1992 年仅为 8 美元，所以增长了近乎无穷倍。但具体来看，与其他三种商品不同，邮票/邮资是先增长后下跌的，在 2011 年达到峰值 8.47 百万美元。

综合对比这四种商品，我们发现在整个视觉艺术品贸易中，2011 年及之前绘画作品所占比例呈现逐渐下跌的态势，1992 年占比高达 70.27%，在 2012 年之前都是排名第一，2012 年之后退居第二。平板雕刻的占比也是逐年递减，由 1992 年的 3.05%下跌到 2013 年的 0.55%。雕像/雕塑则由 1992 年排名第二的 26.67%下跌到 2002 年的 5.68%，之后又在 2012 年超过绘画作品成为排名第一，2013 年更是扩大份额到 56.57%。邮票/邮资则由 1992 年排名最末的 0.02%上涨到 2002 年排名第二的 23.10%，之后逐年递减，在 2013 年又成为视觉艺术品中占比最低的商品，占比仅为 0.34%。

综合以上分析我们可以发现，在视觉艺术品贸易中，绘画作品和雕像/雕塑是主要的品种，而且雕像/雕塑的份额正在以迅猛的态势增加，说明这一品种的贸易需求日益扩大，而绘画作品则日渐显露疲态，平板雕刻和邮票/邮资则一直占据较低的比例，说明其贸易需求较小。

3. 视觉艺术品贸易国别(地区)结构

表 5-8 反映了 1992—2013 年中国与世界其他国家(地区)视觉艺术品进口贸易的国别(地区)结构。可以看出，1992 年中国视觉艺术品进口贸易的前十大国家和地区分别是中国香港、日本、新加坡、印尼、美国、中国台湾、缅甸、中国澳门、其他亚洲国家和德国。2013 年中国视觉艺术品进口贸易的前十大国家和地区分别是中国台湾、法国、荷兰、瑞士、美国、中国香港、英国、意大利、俄罗斯及中国澳门。

可以看出，22 年来，中国进口视觉艺术品的国别(地区)结

表 5-8　中国视觉艺术品进口前十大国家和地区

单位：%

排序	2013 年		2012 年		2011 年		2002 年		1992 年	
1	中国台湾	58.70	印度	24.66	法国	16.35	中国澳门	26.47	中国香港	36.27
2	法国	13.74	英国	21.97	其他亚洲国家	15.64	中国香港	25.50	日本	27.39
3	荷兰	6.91	美国	9.82	比利时	14.76	法国	9.19	新加坡	12.91
4	瑞士	6.34	中国香港	8.48	美国	11.34	美国	8.70	印尼	8.44
5	美国	5.50	中国澳门	5.65	英国	7.79	韩国	7.68	美国	5.61
6	中国香港	3.98	法国	5.13	中国香港	5.70	日本	4.76	中国台湾	4.96
7	英国	2.17	西班牙	5.08	中国澳门	4.31	德国	3.84	缅甸	1.43
8	意大利	0.81	意大利	3.50	老挝	4.17	马来西亚	1.90	中国澳门	1.02
9	俄罗斯	0.70	日本	2.16	意大利	3.90	匈牙利	1.51	其他亚洲国家	0.81
10	中国澳门	0.30	比利时	1.74	比利时	2.40	澳大利亚	1.37	德国	0.24

构发生了一些变化，如1992年前十大国家和地区在2013年只剩下中国香港、美国、中国台湾和中国澳门，1992年进口额前十位国家和地区进口总额占比高达99.08%，2013年该比重也高达99.15%。在1992年排名第一的中国香港占比为36.27%，与第二位的日本仅差8.88%，而2013年排名第一的中国台湾则超过了50%，高达58.70%，超过排在第二的法国44.96%。通过对1992年、2002年、2011年、2012年及2013年这五个年份进行分析发现，每一年排名第一的国家和地区都不相同，分别为中国香港、中国澳门、法国、印度及中国台湾，只有中国香港、中国澳门、美国在这五个年份中均保持在前十位，其余国家和地区都处于动态变动之中，说明中国对这几个国家的视觉艺术品进口处于相对稳定的状态，2012年排名第一的印度只是在这一年昙花一现，其他年份甚至都没有排在前十之列。

表5-9反映了1992—2013年中国与世界其他国家(地区)视觉艺术品出口贸易的国别(地区)结构。可以看出，1992年中国视觉艺术品出口贸易的前十大国家和地区分别是中国香港、美国、日本、新加坡、法国、其他亚洲国家、德国、加拿大、马来西亚及澳大利亚，2013年中国视觉艺术品出口贸易的前十大国家和地区分别是日本、中国香港、美国、瑞士、加拿大、英国、荷兰、德国、法国和澳大利亚。

可以发现国别(地区)结构发生了一些改变，但变化不大，排名前三的仍为中国香港、美国、日本三个国家和地区，只是具体排名有所不同，排名第十的仍为澳大利亚。1992年排名前十的国家和地区总共占比96.03%，而2013年排名前十的国家和地区总共占比则仅为91.56%，可以看出贸易出口的集中度正在下降。1992年排名第一的中国香港所占比例为39.84%，而到了2013年，排名第一的日本所占比例超过了50%，达到了50.75%。综合对比1992年、2002年、2011年、2012年及2013年这五个年份，我们发现日本在2011年、2012年、2013

表 5-9 中国视觉艺术品出口前十大国家和地区

单位：%

排序	2013 年		2012 年		2011 年		2002 年		1992 年	
1	日本	50.75	日本	48.95	日本	33.89	美国	36.62	中国香港	39.84
2	中国香港	17.00	美国	19.21	美国	26.66	中国香港	18.51	美国	26.99
3	美国	11.36	加拿大	3.95	俄罗斯	6.92	日本	11.68	日本	13.92
4	瑞士	4.55	英国	3.43	荷兰	5.76	沙特阿拉伯	2.59	新加坡	8.79
5	加拿大	1.97	荷兰	2.80	加拿大	3.93	英国	2.29	法国	2.19
6	英国	1.69	中国香港	2.72	德国	2.65	西班牙	2.29	其他亚洲国家	1.09
7	荷兰	1.45	法国	2.20	英国	2.43	意大利	2.23	德国	1.09
8	德国	1.27	德国	2.07	法国	2.14	新加坡	2.09	加拿大	0.75
9	法国	0.79	澳大利亚	1.58	比利时	1.81	中国澳门	1.65	马来西亚	0.72
10	澳大利亚	0.73	比利时	1.26	西班牙	1.65	德国	1.49	澳大利亚	0.65

年三个年份均保持第一，并且份额一直上涨，这说明中国对日本视觉艺术品出口贸易日益繁荣，同时日本和美国一直处于前三之列，说明美国和日本一直都是中国视觉艺术品出口的主要国家，而只有中国香港、美国、日本及德国在这几个年份中都处于前十名，说明中国对这几个国家和地区的视觉艺术品出口处于相对稳定的状态。

表 5-10 反映了 1992—2013 年中国视觉艺术品进出口贸易的国别(地区)结构。1992 年中国视觉艺术品进出口贸易额排名前十位的国家和地区分别是日本、中国台湾、中国香港、美国、法国、瑞士、荷兰、英国、加拿大及德国，总共占比为 93.62%。2013 年中国视觉艺术品进出口贸易额排名前十位的国家和地区分别是中国香港、美国、日本、新加坡、法国、其他亚洲国家、德国、加拿大、马来西亚及中国澳门，总共占比为 95.65%。我们发现，国别(地区)结构的变化相对较大，日本、中国香港、美国、法国以及德国在这两个年份同时处于前十名，但是次序发生了较大变化。

综合对比 1992 年、2002 年、2011 年、2012 年及 2013 年这五个年份，我们发现排名第一的国家和地区占比都处于 30%～40%，没有出现较大的变动，同时在 1992 年、2002 年、2011 年日本都是排在第一名，在 2012 年被美国和中国香港赶超，美国排名第一，2013 年美国则被中国香港赶超，中国香港成为第一名，但是这两年日本仍保持第三的位置，这说明日本一直以来都是中国视觉艺术品贸易的重要伙伴。这可能是由于中国和日本相似的文化传统和审美观的影响造成了这种贸易需求。中国香港虽然地方很小，但是由于其实际就是中国的一个地区，在文化、生活习惯等各个方面都与中国内地相似相通，所以自然成为中国的密切贸易伙伴。而美国与中国的视觉艺术品贸易的繁荣则是受到美国拥有大量的中国移民，以及美国社会兼容并包的文化态度的影响，造成了大量的视觉艺术品贸易需求。

综上我们可以发现，中国的视觉艺术品贸易的伙伴主要是

表 5-10 中国视觉艺术品进出口前十大国家和地区

单位：%

排序	2013 年		2012 年		2011 年		2002 年		1992 年	
1	中国香港	39.73	美国	32.16	日本	31.59	日本	46.24	日本	30.06
2	美国	26.35	中国香港	19.63	美国	25.58	美国	18.67	中国台湾	24.00
3	日本	14.32	日本	10.57	俄罗斯	6.44	英国	4.50	中国香港	11.69
4	新加坡	8.91	中国澳门	5.62	荷兰	5.40	加拿大	3.80	美国	8.97
5	法国	2.13	法国	2.54	加拿大	3.71	中国香港	3.05	法国	6.07
6	其他亚洲国家	1.08	韩国	2.40	法国	3.14	荷兰	2.66	瑞士	5.28
7	德国	1.06	沙特阿拉伯	2.18	英国	2.81	法国	2.37	荷兰	3.68
8	加拿大	0.73	西班牙	2.03	德国	2.52	德国	2.01	英国	1.89
9	马来西亚	0.70	意大利	2.02	比利时	1.86	印度	1.58	加拿大	1.17
10	中国澳门	0.64	英国	1.96	西班牙	1.57	澳大利亚	1.51	德国	0.81

周边的具有相似文化背景的亚洲国家和地区以及欧美的部分发达国家，而且与这些国家的贸易较为稳定，有望一直保持下去并不断拓展合作，深化交流。

5.2.3 视听媒介

根据联合国教科文组织(UNESCO)制定的相关文化统计框架及分类，视听媒介品分为摄影硬片及软片、电影胶片、视频游戏机 3 个小类。

1. 视听媒介品贸易总量趋势

如图 5-9 至图 5-12 所示，联合国商品贸易数据库(UN COMTRADE)的数据表明，中国视听媒介品进出口总额从 1992 年的 94.27 百万美元上涨到 2013 年的 6 356.10 百万美元，22 年间上涨了大约 66 倍，年均增长率约为 22.12%。在这 22 年间，视听媒介品的进出口总额在总体上是呈现上涨趋势的。1992 年到 1995 年处于上升态势，就具体数值而言，在 1994 年首次超过 100 百万美元，达到了 185.92 百万美元，之后到 1999 年之前则是处于动态波动之中，其中 1997 年受东南亚金

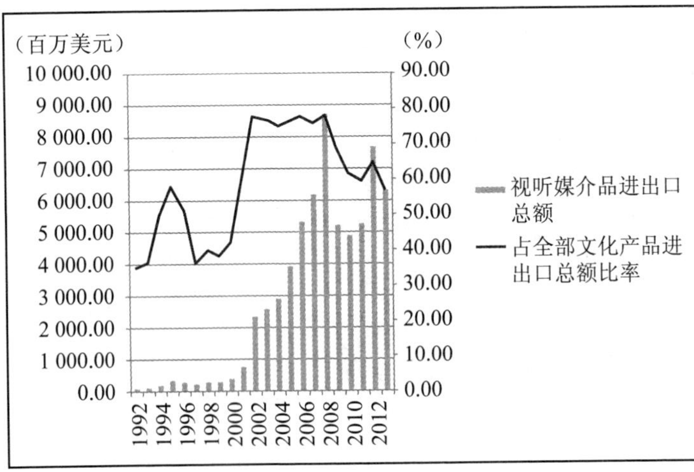

图 5-9 中国视听媒介品进出口贸易发展趋势

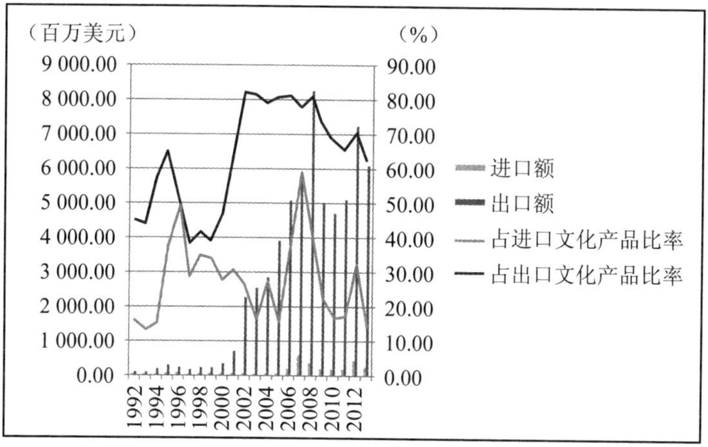

图 5-10 中国视听媒介品进口和出口贸易发展趋势

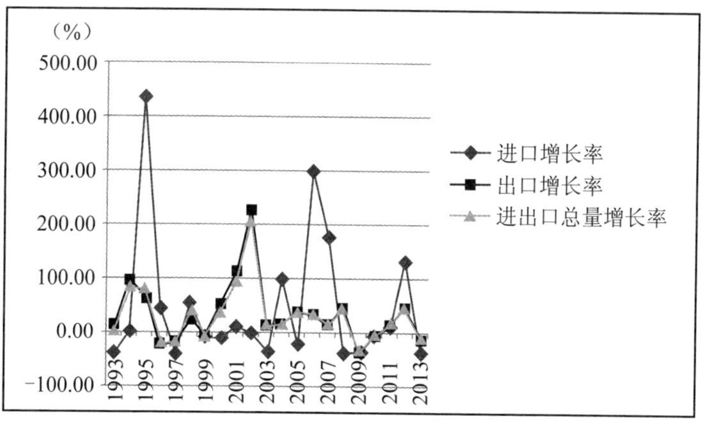

图 5-11 中国视听媒介品贸易增长趋势

融危机的影响，进出口总额出现小额下跌，但在 1998 年再次上涨。1999 年到 2008 年视听媒介品进出口总额一直处于持续上涨的态势，进出口贸易额由 1999 年的 279.33 百万美元上涨到了 2008 年的 8 585.96 百万美元，上涨幅度达到了 2 973.77%，其

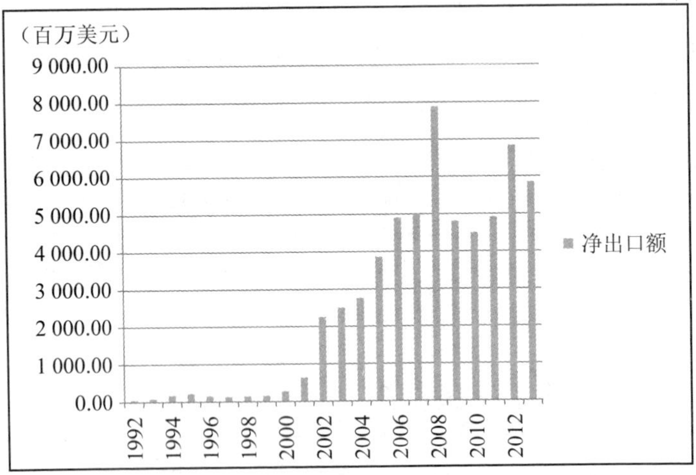

图 5-12 中国视听媒介品净出口发展趋势

中，受到中国加入 WTO 的影响，视听媒介品贸易大幅上涨，在 2002 年首次突破 1 000 百万美元，达到 2 351.24 百万美元，增幅达到 210.23%，之后更是一路上涨，在 2006 年首次突破 5 000 百万美元，达到 5 291.57 百万美元，在 2008 年达到峰值 8 585.96 百万美元。但是受到 2008 年国际金融危机的影响，在 2009 年又出现了贸易额下跌，这次金融危机的影响一直持续到 2011 年，进出口才开始随着经济回暖而复苏，上涨到 2012 年，2013 年又发生小额下跌。

在视听媒介品进出口占全部文化产品进出口比重方面，中国视听媒介品进出口占比总体保持较高水平，且具有较大的发展空间。1992 年到 2013 年，中国视听媒介品进出口占全部文化产品进出口的比重出现了一定程度的上升，1992 年中国视听媒介品进出口占全部文化产品进出口比重为 34.93%，而 2007 年该比重已达到 78.8%。同时，虽然同 2007 年比，2013 年中国视听媒介品进出口占全部文化产品进出口比重下降至 54.7%，但同其他核心文化产品贸易相比，中国视听媒介品进出口占全部文化产品进出口比重依然保持在一个较高水平，这主要得益于中国在视频游戏机生产上所拥有的劳动要素禀赋优势，也反映出全球市场对中国视听媒介品的巨大需求，中国视听媒介品贸易具有较大的发展空间。

分别从进口额和出口额对视听媒介品贸易进行分析，我们可以发现，从总体上来看，进口额和出口额都呈现上升的态势。具体来说，就进口额而言，1993 年较 1992 年发生下跌，从 1994 年开始上涨，涨至 1996 年的 74.37 百万美元，受到 1997 年金融危机的影响，进口额在 1997 年下跌到 45.45 百万美元，下跌了 38.89%，但是很快，在 1998 年又开始强力反弹，增长到 70.91 百万美元，之后一直处于震荡状态，并没有显著的变化趋势。2003 年突然下跌至 37.13 百万美元，但 2004 年又反弹到 72.98 百万美元，2006 年中国的视听媒介品进口额首次突破 100 百万美元，达到了 212.48 百万美元，较 2005 年的 53.34 百万美元增长了 298.35%，并于 2007 年一举突破 500 百万美元，达到 581.34 百万美元，这也是这 22 年间的最高值。之后受到 2008 年金融危机的影响，从 2008 年开始出现下跌，一直持续到 2010 年，下跌到 177.11 百万美元，在 2011 年开始随着经济回暖而复苏，2012 年出现强势增长，由 2011 年的 187.19 百万美元增长到 2012 年的 434.4 百万美元，涨幅达到了 132.06%，但是在 2013 年又出现了下跌，跌至 254.03 百万美元，但这相比 1992 年的 15.23 百万美元已经上涨了 1 567.96%，年均增长率达到了 14.34%。

再对出口进行分析，出口额从 1992 年的 79.04 百万美元上涨到 2013 年的 6 102.07 百万美元，上涨幅度达到了 7 620.23%，年均增长率高达 22.99%。具体来看，从 1992 年到 1995 年处于上涨趋势，并且于 1994 年首次突破 100 百万美元，达到 176.32 百万美元，之后发生下跌，在 1997 年下跌到 179.24 百万美元，然后一直上涨，受到中国加入 WTO 的刺激，在 2002 年首次突破 1 000 百万美元，达到 2 290.34 百万美元，较 2001 年上涨幅度达到 229.37%。之后在 2006 年突破

5 000 百万美元大关，达到 5 079.09 百万美元，持续涨到 2008 年至 8 231.4 百万美元，然后受到 2008 年金融危机的影响，出口额开始下跌，一直跌至 2010 年的 4 688.19 百万美元。之后随着经济的复苏又开始增长，到 2012 年达到了 7 255.43 百万美元，2013 年又出现小额下跌，跌至 6 102.07 百万美元。这 22 年间出口额的最高值是 2008 年的 8 231.4 百万美元，最低值是 1992 年的 79.04 百万美元，前者是后者的 104 倍。同时，观察视听媒介品出口贸易在全部文化产品出口贸易中的比例，我们发现其占比的变化与其出口额的变化规律也较为相似，比如 1997 年受金融危机的影响占比由 1996 年的 54.05％下跌到 38.28％，之后于 1998 年又迅速反弹到 41.98％，2008 年的金融危机同样导致视听媒介品的出口额占比出现下跌，从 2008 年的 83.23％下跌到 2011 年的 71.04％。在这 22 年间，视听媒介品出口占比的最高值在 2008 年，为 83.23％，最低值在 1992 年，为 37.72％。在这 22 年间，有三年的占比低于 40％，有七年的占比高于 80％，并且这七年为连续的，从 2002 年到 2008 年，视听媒介品的出口贸易占比几乎每年都低于进口贸易的占比，但差值不大。

综合对比进口额和出口额可以发现，出口增长率的变化与进口增长率的变化并不是严格正相关的，只是在个别年份两者存在相似的变化趋势，这主要是由于中国和贸易伙伴的经济环境等因素不同的影响。从二者的增长率数据可以看出，在进口增长率的 21 个数据中，有四个年份的增长率超过 100％，并且在 1995 年取得了 436.12％的增长率峰值，此外，有四个年份的变化率的绝对值在 10％以内。在出口增长率的 21 个数据中，有两个年份的增长率超过 100％，分别为 2001 年的 110.63％和 2002 年的 229.37％，有四个年份的变化率的绝对值在 10％以内，相比而言，出口增长率的变化幅度要小于进口增长率。再观察进出口增长率，在 21 个数据中，仅有一年的增长率超过100%，为2002年的210.23%，同时可以发现这一年进口增长率为负，出口增长率则达到峰值229.37%，这说明进出口贸易额的增长是由出口所贡献的，同时说明中国加入WTO主要对中国视听媒介品的出口产生巨大推动力，增强了其出口优势。同时，在21个数据中，有六个年份的增长率为负，有五个年份的变化率的绝对值小于10%。

再对中国视听媒介品的进出口额进行分析发现，视听媒介品贸易一直处于顺差状态，并且从总体上来看这种顺差缺口一直处于扩大状态，从1992年的63.81百万美元逐渐增长到2013年的5 848.04百万美元，增长幅度达到了9 064.77%，年均增长率达到了24.00%。在净出口额的变化中，从1992年到1995年是处于上涨态势的，1992年的净出口额为63.81百万美元，也是净出口额的最低值，在1994年净出口额首次突破100百万美元，达到166.71百万美元，之后受1997年金融危机的影响净出口额出现下跌，从1998年开始又出现上涨态势，并且一直增长到2008年，其中于2002年首次突破1 000百万美元达到2 229.44百万美元，较之2001年的632.85百万美元上涨了252.29%，之后在2008年达到峰值7 876.83百万美元。受到2008年金融危机的影响又开始下跌，在2011年才走出危机的阴影，重新开始增长，但是在2013年又出现了下跌。

综上所述，中国的视听媒介品贸易还处于初步发展的阶段，在商品贸易中占比较低，但是随着国家产业政策的调整以及对文化产业的倾斜力度加大，使得视听媒介品贸易前景较为光明，还有较大的发展空间。同时，可以看出，对中国而言，视听媒介品的进口和出口的发展还是很不均衡的，一直处于贸易顺差，并且缺口正在逐步扩大，说明中国视听媒介品的竞争优势较强，所以在国际贸易中占优。

2. 视听媒介品贸易商品结构

表5-11报告了1992—2013年，中国视听媒介品进出口贸易中的商品结构。

表 5-11　中国视听媒介品进出口贸易商品结构　单位：百万美元

指标	年份	摄影硬片及软片	电影胶片	视频游戏机
进口额	1992	3.37	1.54	10.32
	2002	4.40	1.23	55.28
	2011	25.12	18.10	143.97
	2012	32.64	4.92	396.84
	2013	21.01	2.59	230.43
出口额	1992	5.04	1.79	72.21
	2002	8.65	0.19	2 281.50
	2011	0.83	0.08	5 089.23
	2012	2.06	0.30	7 253.07
	2013	2.00	0.11	6 099.96
净出口额	1992	1.66	0.26	61.89
	2002	4.26	−1.04	2 226.22
	2011	−24.28	−18.02	4 945.25
	2012	−30.58	−4.63	6 856.23
	2013	−19.02	−2.48	5 869.54
进出口额	1992	8.41	3.33	82.52
	2002	13.05	1.41	2 336.78
	2011	25.95	18.17	5 233.20
	2012	34.70	5.22	7 649.91
	2013	23.01	2.70	6 330.39
占比	1992	8.92%	3.54%	87.54%
	2002	0.55%	0.06%	99.38%
	2011	0.49%	0.34%	99.16%
	2012	0.45%	0.07%	99.48%
	2013	0.36%	0.04%	99.60%

从进口额角度来讲，从1992年到2013年这三类商品都是处于上升态势的，摄影硬片及软片由1992年的3.37百万美元上涨到2013年的21.01百万美元，电影胶片从1992年的1.54百万美元上涨到2013年的2.59百万美元，视频游戏机由1992年的10.32百万美元上涨到2013年的230.43百万美元。可以观察到，在2013年，三类产品均出现大幅下跌，其中，摄影硬片及软片由2012年的32.64百万美元下跌到2013年的21.01百万美元，下跌了35.63%，电影胶片由2012年的4.92百万美元下跌到2013年的2.59百万美元，下跌了47.36%，视频游戏机由2012年的396.84百万美元下跌到2013年的230.43百万美元，下跌了41.93%。

再从出口额角度进行分析，从总体上看，1992年到2013年这三类商品只有视频游戏机是处于上升态势的，其他两种都处于下跌态势。其中，摄影硬片及软片从1992年的5.04百万美元下跌到2013年的2百万美元，电影胶片由1992年的1.79百万美元下跌到2013年的0.11百万美元，视频游戏机由1992年的72.21百万美元上涨到2013年的6 099.96百万美元。但是在2012年三类产品都出现了上涨，而在2013年则都出现了下跌。

通过对进口和出口数据的处理可以得到净出口额，我们可以发现，摄影硬片及软片与电影胶片都是逐渐从贸易顺差变为贸易逆差，摄影硬片及软片由1992年的顺差1.66百万美元变化为2013年的逆差19.02百万美元，电影胶片由1992年顺差0.26百万美元变化为2013年的逆差2.48百万美元，视频游戏机则是一直处于贸易顺差，并且顺差缺口逐渐扩大，由1992年的61.89百万美元变化为2013年的5 869.54百万美元。这些数据说明，中国的摄影影片及软片、电影胶片在国际市场上的竞争力正在逐渐下降，转为劣势，而视频游戏机的竞争力则在逐渐增强，占据优势。

通过对三类商品贸易总额的分析发现，从1992年到2013

年，摄影硬片及软片、视频游戏机有较大幅度的增长，其中摄影硬片及软片由1992年的8.41百万美元增长到23.01百万美元，视频游戏机则由82.52百万美元增长到6 330.39百万美元，而电影胶片则由3.33百万美元下跌到2.7百万美元。此外，虽然之前的变化趋势不同，但是三类商品都在2013年出现下跌。而观察三类商品进出口贸易额在视听媒介品贸易总额中的各自占比情况，我们发现摄影硬片及软片的占比是持续下跌的，在2013年跌至最低值0.36%，电影胶片也是呈现下跌趋势，由1992年的3.54%下跌到2013年的0.04%，视频游戏机则呈现上升态势，由1992年的87.54%上涨到了2013年的99.6%。

综合以上分析我们可以发现，在视听媒介品贸易中，视频游戏机的比重一直处于第一的位置，之后一直都是依次为摄影硬片及软片、电影胶片，并且后两者的占比还在一直缩减，说明这两种商品的贸易需求日益缩减，而视频游戏机的比重则日益凸显，显示出其强劲的贸易需求。

3. 视听媒介品贸易国别(地区)结构

表5-12反映了1992—2013年中国与世界其他国家(地区)视听媒介品进口贸易的国别(地区)结构。可以看出，1992年中国视听媒介品进口贸易的前十大国家和地区分别是中国香港、其他亚洲国家、美国、日本、意大利、德国、英国、法国、荷兰及俄罗斯，2013年中国视听媒介品进口贸易的前十大国家和地区分别是日本、韩国、美国、其他亚洲国家、德国、菲律宾、加拿大、中国香港、法国及新加坡。

可以看出，22年来，中国进口视听媒介品的国别(地区)结构发生了一些变化，像1992年前十位中的国家和地区在2013年只剩下中国香港、其他亚洲国家、美国、日本、德国、法国，1992年进口额前十位国家和地区进口总额占比高达99.10%，2013年该比重则仅为21.2%。在1992年排名第一的中国香港占比高达85.68%，与第二位的其他亚洲国家之差

表 5-12 中国视听媒介品进口前十大国家和地区

单位：%

排序	2013年		2012年		2011年		2002年		1992年	
1	日本	11.56	韩国	20.47	美国	11.55	日本	33.50	中国香港	85.68
2	韩国	3.17	日本	15.86	日本	4.20	中国香港	23.43	其他亚洲国家	3.97
3	美国	2.92	美国	2.91	其他亚洲国家	3.44	马来西亚	10.13	美国	3.45
4	其他亚洲国家	1.46	其他亚洲国家	1.98	韩国	3.04	其他亚洲国家	2.77	日本	2.65
5	德国	1.42	菲律宾	0.44	中国香港	0.59	美国	1.14	意大利	0.91
6	菲律宾	0.23	新加坡	0.09	菲律宾	0.55	摩洛哥	0.64	德国	0.63
7	加拿大	0.17	中国香港	0.05	加拿大	0.24	菲律宾	0.49	英国	0.62
8	中国香港	0.11	加拿大	0.04	比利时	0.10	法国	0.40	法国	0.58
9	法国	0.09	新西兰	0.03	法国	0.08	德国	0.34	荷兰	0.34
10	新加坡	0.07	法国	0.03	俄罗斯	0.04	加拿大	0.22	俄罗斯	0.27

达到了 81.71%，而 2013 年排名第一的日本则只占比 11.56%，超过排在第二的法国的 8.39%。这说明中国的视听媒介品进口正逐渐分散化，不再过分地依赖于某一国家或地区，这同时分散了进口的国别(地区)风险。我们通过对 1992 年、2002 年、2011 年、2012 年及 2013 年这五个年份进行分析，发现每一年排名第一的国家和地区都不相同，依次为中国香港、日本、美国、韩国、日本。中国香港、其他亚洲国家、美国、日本、法国在这五个年份中都排在前十位，说明中国与这几个国家和地区建立了较为稳定的进口贸易关系。同时，除了在 1992 年排名第四，在其他年份日本均排在前两位，说明日本已逐渐发展成为中国最为重要的视听媒介品进口贸易伙伴。

表 5-13 反映了 1992—2013 年中国与世界其他国家(地区)视听媒介品出口贸易的国别(地区)结构。可以看出，1992 年中国视听媒介品出口贸易的前十大国家和地区分别是中国香港、奥地利、德国、日本、西班牙、其他亚洲国家、巴拿马、美国、韩国及法国，2013 年中国视听媒介品出口贸易的前十大国家和地区分别是美国、日本、荷兰、英国、德国、中国香港、澳大利亚、新加坡、阿联酋及巴西。

可以看出，22 年来，中国出口视听媒介品的国别(地区)结构发生了一些变化，像 1992 年前十位中的国家和地区在 2013 年只剩下中国香港、德国、日本、其他亚洲国家、美国。1992 年出口额前十位国家和地区出口总额占比高达 98.48%，2013 年该比重则为 95.79%，虽然总额占比相差不大，但是在 1992 年排名第一的中国香港占比就高达 90.98%，超过排名第二的奥地利 89.2%，而 2013 年排名第一的美国则只有 50.82%，超过排名第二的日本 35.02%。这说明中国的视听媒介品出口正在逐渐分散化，不再过度地依赖某一国家或地区，这分散了出口的风险程度，增强了视听媒介品出口抵御风险的能力。我们通过对 1992 年、2002 年、2011 年、2012 年及 2013 年这五

表 5-13 中国视听媒介品出口前十大国家和地区

单位：%

排序	2013 年		2012 年		2011 年		2002 年		1992 年	
1	美国	50.82	美国	37.52	美国	47.69	美国	34.40	中国香港	90.98
2	日本	15.80	日本	16.34	德国	16.53	荷兰	28.53	奥地利	1.78
3	荷兰	8.22	德国	10.73	英国	8.90	中国香港	25.49	德国	1.37
4	英国	7.06	韩国	9.30	中国香港	5.39	日本	6.53	日本	0.82
5	德国	4.53	荷兰	6.49	荷兰	3.66	加拿大	1.43	西班牙	0.80
6	中国香港	4.46	中国香港	6.07	日本	3.33	阿联酋	0.90	其他亚洲国家	0.68
7	澳大利亚	2.31	英国	3.39	澳大利亚	2.67	澳大利亚	0.45	巴拿马	0.65
8	新加坡	1.09	阿联酋	1.96	乌拉圭	1.52	韩国	0.44	美国	0.58
9	阿联酋	0.87	澳大利亚	1.81	阿联酋	1.48	德国	0.38	韩国	0.45
10	巴西	0.63	新加坡	1.36	加拿大	1.42	俄罗斯	0.29	法国	0.37

个年份进行分析，发现除了1992年外的其他年份，美国均排名第一，中国香港、德国、日本、美国在这五个年份均处于前十之列，这说明这几个国家和地区与中国的出口关系相对稳定，而美国日益成为中国最为主要的视听媒介品出口国。

表5-14反映了1992—2013年中国与世界其他国家(地区)视听媒介品进出口贸易的国别(地区)结构。可以看出，1992年中国视听媒介品进出口贸易的前十大国家和地区分别是中国香港、奥地利、德国、其他亚洲国家、日本、美国、西班牙、巴拿马、法国及韩国，2013年中国视听媒介品进出口贸易的前十大国家和地区分别是美国、日本、荷兰、英国、德国、中国香港、澳大利亚、新加坡、阿联酋及韩国。

可以看出，22年来，中国进出口视听媒介品的国别(地区)结构发生了一些变化，像1992年前十位中的国家和地区在2013年只剩下中国香港、德国、日本、美国、韩国，并且这两个年份里韩国都排在第十位。1992年进出口额前十位国家和地区进出口总额占比高达98.25%，而到了2013年这一比例则为92.62%，但是在1992年排名第一的中国香港占比就高达90.13%，超过排名第二的奥地利88.64%，而在2013年排名第一的美国占比只有48.91%，仅超过排名第二的日本33.28%。可以发现中国的进出口贸易日趋分散化，贸易份额在贸易伙伴中逐渐均衡化，从而也降低了贸易风险。我们通过对1992年、2002年、2011年、2012年及2013这五个年份进行分析，发现除了1992年外的其他年份，美国均排名第一，中国香港、德国、日本、美国在这五个年份均处于前十之列，这说明这几个国家和地区与中国的进出口关系相对稳定，而美国日益成为中国最为主要的视听媒介品贸易国，这与美国庞大的经济实力与兼容并包的文化态度是分不开的。同时，在2012年和2013年日本成为中国的第二大视听媒介品贸易伙伴，这是由于日本与中国相似的文化传统与生活习惯所导致的文化认同。

表 5-14 中国视听媒介品进出口前十大国家和地区

单位：%

排序	2013 年		2012 年		2011 年		2002 年		1992 年	
1	美国	48.91	美国	35.57	美国	46.40	美国	33.54	中国香港	90.13
2	日本	15.63	日本	16.31	德国	15.94	荷兰	27.79	奥地利	1.49
3	荷兰	7.89	德国	10.13	英国	8.58	中国香港	25.43	德国	1.25
4	英国	6.78	韩国	9.93	中国香港	5.22	日本	7.23	其他亚洲国家	1.21
5	德国	4.40	荷兰	6.12	荷兰	3.53	加拿大	1.40	日本	1.11
6	中国香港	4.29	中国香港	5.73	日本	3.37	阿联酋	0.88	美国	1.04
7	澳大利亚	2.21	英国	3.20	澳大利亚	2.57	韩国	0.44	西班牙	0.68
8	新加坡	1.05	阿联酋	1.85	乌拉圭	1.46	澳大利亚	0.44	巴拿马	0.54
9	阿联酋	0.83	澳大利亚	1.71	阿联酋	1.43	德国	0.38	法国	0.41
10	韩国	0.63	新加坡	1.29	加拿大	1.37	马来西亚	0.29	韩国	0.39

综上我们可以发现，中国的视听媒介品贸易的伙伴主要是周边的具有相似文化背景的亚洲国家和地区以及欧美的部分发达国家，而且与这些国家的贸易情况较为稳定，还有更为广阔的发展空间。

5.3 本章小结

本章主要梳理了中国文化产品贸易的整体结构，并分析了分类别的核心文化产品贸易的发展情况。印刷品发展迅速，占中国文化产品贸易的主导地位；视觉艺术品及视听媒介品出口明显优于进口，具有较强的竞争优势。

第 6 章 中国文化产品的贸易伙伴

在分析了中国文化产品贸易发展规模、总体地位、产品结构的基础上，本章将进一步探讨中国文化产品的主要贸易伙伴。首先，从总体上分析中国文化产品的市场结构；其次，以中国与美、日、韩间的双边文化产品贸易，中国与 OECD 国家、其他金砖国家之间的多边文化产品贸易为例，深入研究中国与主要贸易伙伴间文化产品贸易的发展情况。

6.1 中国文化产品贸易的市场结构

图 6-1、图 6-2、图 6-3 分别反映了 2012 年中国与世界其他国家(地区)核心文化产品关于三种不同贸易类别的国别(地区)分布图。图中依据世界其他国家(地区)与中国核心文化产品贸易的关联程度，展示了与中国核心文化产品进口贸易、出口贸易以及进出口贸易排在前十的其他国家(地区)的贸易额及占比情况。

2012 年中国核心文化产品贸易中，进口贸易额排在前十位的国家和地区分别是日本、美国、英国、韩国、德国、中国香港、新加坡、荷兰、法国、印度，中国从这十个国家和地区的核心文化产品进口贸易额占中国全部核心文化产品进口贸易额的比重为 69.26%，这说明中国核心文化产品进口贸易集中程度较高，主要从发达或者高收入国家(地区)进口核心文化产

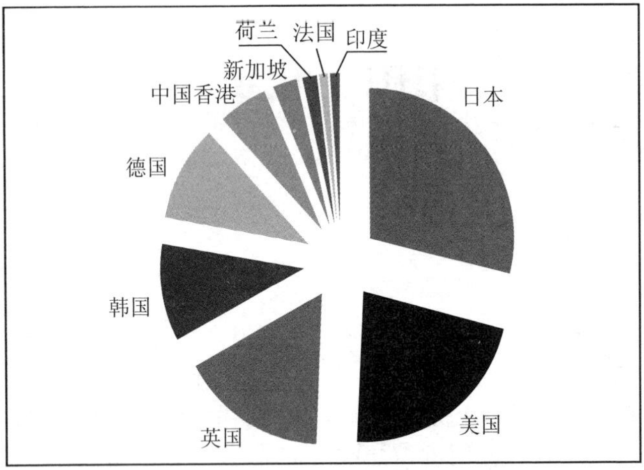

图 6-1 2012 年中国核心文化产品进口贸易国别(地区)图

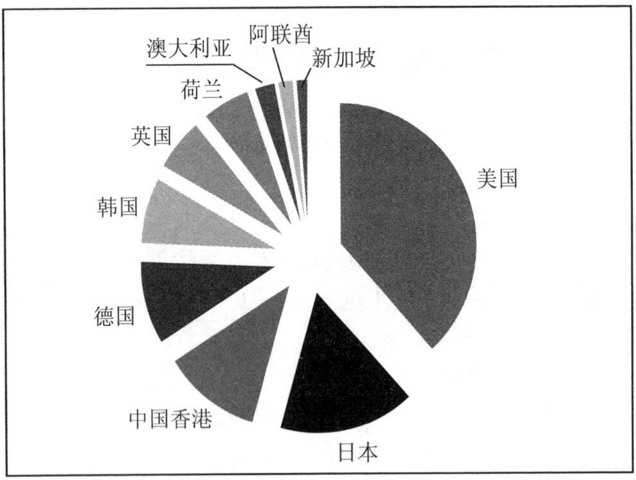

图 6-2 2012 年中国核心文化产品出口贸易国别(地区)图

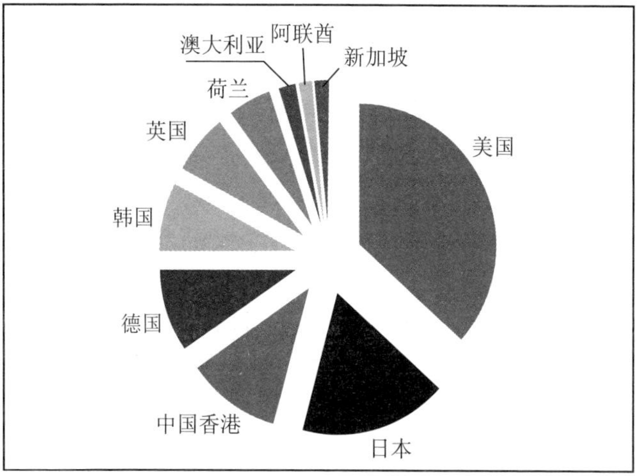

图 6-3　2012 年中国核心文化产品进出口贸易国别(地区)图

品。其中，中国从日本、美国及英国进口的贸易额分别是 2.78 亿美元、2.09 亿美元和 1.58 亿美元，占全部核心文化产品进口贸易额的比重分别是 20.02%、15.05%和 11.39%，可见日本已成为中国核心文化产品的第一大进口贸易伙伴。

2012 年中国核心文化产品出口贸易额排在前十位的国家和地区分别是美国、日本、中国香港、德国、韩国、英国、荷兰、澳大利亚、阿联酋、新加坡，这些国家和地区的核心文化产品出口贸易额占全部核心文化产品出口贸易额的比重为 89.89%，这说明中国核心文化产品出口贸易集中程度极高，中国主要是向这些发达或者高收入国家(地区)出口核心文化产品。其中，中国向美国、日本、中国香港出口的贸易额分别是 35.69 亿美元、15.01 亿美元和 10.95 亿美元，占全部核心文化产品出口贸易额的比重分别是 34.44%、14.48% 和 10.56%，所以美国是中国核心文化产品的第一大出口贸易国。

2012 年中国核心文化产品进出贸易总额排在前十位的国家和地区分别是美国、日本、中国香港、德国、韩国、英国、荷兰、澳大利亚、阿联酋、新加坡，中国与这十个国家和地区的核心文化产品进出口贸易额占中国全部核心文化产品进出口贸易额的比重为87.31%，这同样说明中国核心文化产品进出口贸易集中程度极高，中国主要是与这些发达或者高收入国家(地区)进行核心文化产品贸易。其中，中国与美国、日本及中国香港的进出口贸易额分别是37.78亿美元、17.79亿美元和11.49亿美元，占全部核心文化产品进出口贸易额的比重分别是32.15%、15.13%和9.77%。这三个国家(地区)已成为中国核心文化产品最重要的贸易伙伴，目前，中国仅与这三个国家(地区)的贸易额就超过中国全部核心文化产品贸易额的50%，可见这三个国家(地区)已成为中国极其重要的文化贸易对象。

最后，中国核心文化产品贸易中，进口贸易与出口贸易排在前十位的国家和地区中有八个是相同的；由于中国核心文化产品出口贸易额远远大于进口贸易额，进出口贸易额绝大部分由出口贸易额决定，因此，中国核心文化出口贸易与进出口贸易排在前十位的国家是完全一样的。由此可见，中国核心文化产品的贸易主要集中在美国、日本、中国香港等发达或者高收入的国家(地区)，出口贸易是中国与这些国家(地区)之间最主要的贸易方式。

表6-1反映了2012年中国与最重要的六个贸易国家(地区)之间核心文化产品按产品类别分类的贸易情况。这六个贸易国家(地区)是按照世界各国(地区)在中国核心文化产品贸易中的重要程度选取的，它们分别是美国、日本、中国香港、德国、韩国和英国，这些国家(地区)无论是与中国核心文化产品的进口贸易还是出口贸易，其贸易额均排在世界前六位。核心文化产品的产品分类指标按照联合国商品贸易数据库(UN COMTRADE)的分类标准，分为4大类12小类. 表中数据的统计指标则分为7类，分别反映了2012年中国核心文化产品与伙伴国(地区)之间的进口贸易额、进口贸易额占中国全部核

表 6-1　中国核心文化产品贸易国别(地区)结构特征

单位：百万美元

国家(地区)	指标	文化遗产		印刷品			视觉艺术				视听媒介			总计
		收藏品(8965)	超过百年的古董(8966)	书籍(8921)	报纸和期刊(8922)	其他印刷品(8924)	绘画作品(8961)	平板雕刻(8962)	雕像/雕塑(8963)	邮票/邮资(8964)	摄影硬片及软片(8826)	电影胶片(883)	视频游戏机(89431)	
美国	进口贸易额	0.67	0.70	67.59	117.43	6.82	1.68	0.10	0.80	0.62	8.01	3.83	0.81	209.05
	进口占比(%)	16.48	1.37	32.33	49.36	1.63	18.42	7.80	5.29	8.80	24.53	77.92	0.20	15.05
	出口贸易额	0.43	0.00	453.70	1.73	289.16	92.54	0.31	8.64	0.33	0.10	0.00	2 722.18	3 569.10
	出口占比(%)	74.83	0.01	25.18	7.85	38.53	36.55	16.15	3.16	26.78	4.99	0.57	37.53	34.44
	净出口贸易额	0.25	−0.70	386.11	−115.70	282.34	90.86	0.21	7.84	−0.29	−7.90	−3.83	2 721.37	3 360.05
	进出口贸易总额	1.10	0.70	521.28	119.16	295.97	94.21	0.41	9.44	0.95	8.11	3.84	2 722.98	3 778.15
	进出口占比(%)	23.58	1.27	25.92	45.85	25.30	35.92	12.81	3.27	11.50	23.37	73.54	35.59	32.15
日本	进口贸易额	0.00	0.24	5.80	9.42	192.91	0.44	0.01	0.25	0.00	6.67	0.21	62.03	277.99
	进口占比(%)	0.00	0.47	2.77	3.96	45.99	4.86	1.07	1.64	0.00	20.43	4.32	15.63	20.02
	出口贸易额	0.00	3.65	31.39	0.69	19.78	1.05	0.01	258.38	0.03	0.00	0.00	1 185.56	1 500.54
	出口占比(%)	0.00	99.42	1.74	3.15	2.64	0.41	0.62	94.40	2.31	0.00	0.00	16.35	14.48
	净出口贸易额	0.00	3.40	25.59	−8.72	−173.13	0.61	0.00	258.13	0.03	−6.67	−0.21	1 123.53	1 222.55
	进出口贸易总额	0.00	3.89	37.19	10.11	212.69	1.49	0.03	258.62	0.03	6.67	0.21	1 247.60	1 778.52
	进出口占比(%)	0.00	7.07	1.85	3.89	18.18	0.57	0.80	89.54	0.35	19.22	4.08	16.31	15.13

续表

国家（地区）	指标	文化遗产		印刷品			视觉艺术				视听媒介			总计
		收藏品（8965）	超过百年的古董（8966）	书籍（8921）	报纸和期刊（8922）	其他印刷品（8924）	绘画作品（8961）	平板雕刻（8962）	雕像/雕塑（8963）	邮票/邮资（8964）	摄影硬片及软片（8826）	电影胶片（883）	视频游戏机（89431）	
中国香港	进口贸易额	0.00	0.02	25.34	23.65	1.74	0.50	0.02	0.03	2.20	0.12	0.06	0.02	53.71
	进口占比（%）	0.00	0.05	12.12	9.94	0.41	5.48	1.84	0.22	31.34	0.36	1.20	0.01	3.87
	出口贸易额	0.00	0.00	577.41	16.09	46.86	12.25	0.16	1.50	0.49	1.58	0.01	438.46	1 094.81
	出口占比（%）	0.00	0.00	32.05	73.17	6.24	4.84	8.34	0.55	39.42	76.65	4.68	6.05	10.56
	净出口贸易额	0.00	−0.02	552.07	−7.56	45.12	11.75	0.14	1.46	−1.71	1.46	−0.05	438.44	1 041.10
	进出口贸易总额	0.00	0.02	602.75	39.74	48.59	12.75	0.18	1.53	2.69	1.70	0.07	438.48	1 148.52
	进出口占比（%）	0.00	0.04	29.98	15.29	4.15	4.86	5.74	0.53	32.55	4.89	1.40	5.73	9.77
德国	进口贸易额	0.12	0.24	8.18	23.22	68.01	0.17	0.00	0.15	0.01	0.01	0.07	0.00	100.16
	进口占比（%）	2.91	0.46	3.91	9.76	16.21	1.87	0.00	1.02	0.09	0.03	1.34	0.00	7.21
	出口贸易额	0.07	0.00	77.97	0.03	13.35	9.76	0.72	0.50	0.01	0.00	0.00	778.79	881.20
	出口占比（%）	12.09	0.01	4.33	0.14	1.78	3.86	37.20	0.18	0.62	0.00	0.00	10.74	8.50
	净出口贸易额	−0.05	−0.24	69.79	−23.18	−54.65	9.59	0.72	0.35	0.00	−0.01	−0.07	778.79	781.04
	进出口贸易总额	0.19	0.24	86.15	23.25	81.36	9.93	0.72	0.65	0.01	0.01	0.07	778.79	981.37
	进出口占比（%）	4.03	0.43	4.28	8.94	6.95	3.79	22.32	0.23	0.17	0.03	1.27	10.18	8.35

续表

国家（地区）	指标	文化遗产		印刷品			视觉艺术				视听媒介			总计
		收藏品（8965）	超过百年的古董（8966）	书籍（8921）	报纸和期刊（8922）	其他印刷品（8924）	绘画作品（8961）	平板雕刻（8962）	雕像/雕塑（8963）	邮票/邮资（8964）	摄影硬片及软片（8826）	电影胶片（883）	视频游戏机（89431）	
韩国	进口贸易额	0.00	0.00	1.39	1.43	11.40	0.17	0.00	0.11	0.00	9.11	0.02	79.77	103.41
	进口占比（%）	0.00	0.00	0.67	0.60	2.72	1.86	0.01	0.75	0.06	27.90	0.50	20.10	7.45
	出口贸易额	0.02	0.00	12.28	0.07	12.34	0.82	0.00	0.10	0.00	0.00	0.00	674.93	700.57
	出口占比（%）	4.05	0.00	0.68	0.33	1.64	0.32	0.16	0.04	0.34	0.00	0.00	9.31	6.76
	净出口贸易额	−0.02	0.00	10.88	−1.36	0.94	0.65	0.00	−0.01	−0.00	−9.11	−0.02	595.15	597.16
	进出口贸易总额	0.02	0.00	13.67	1.50	23.74	0.99	0.00	0.22	0.01	9.11	0.02	754.70	803.98
	进出口占比（%）	0.49	0.00	0.68	0.58	2.03	0.38	0.10	0.08	0.10	26.24	0.47	9.87	6.84
英国	进口贸易额	0.51	0.80	46.51	42.26	60.93	0.26	0.91	4.23	1.74	0.05	0.03	0.00	158.25
	进口占比（%）	12.50	1.57	22.24	17.76	14.53	2.89	71.08	27.96	24.79	0.16	0.66	0.00	11.39
	出口贸易额	0.00	0.00	163.96	0.14	126.01	17.56	0.05	0.51	0.04	0.00	0.00	245.83	554.10
	出口占比（%）	0.00	0.01	9.10	0.62	16.79	6.93	2.62	0.19	3.13	0.21	0.00	3.39	5.35
	净出口贸易额	0.51	−0.80	117.46	−42.12	65.08	17.30	−0.86	−3.72	−1.70	−0.05	−0.03	245.83	395.85
	进出口贸易总额	0.51	0.81	210.47	42.40	186.95	17.82	0.96	4.74	1.78	0.06	0.03	245.83	712.35
	进出口占比（%）	10.98	1.46	10.47	16.31	15.98	6.79	29.99	1.64	21.54	0.16	0.62	3.21	6.06

资料来源：根据联合国商品贸易数据库（UN COMTRADE）分类数据整理得到。

心文化产品进口贸易额的比重、出口贸易额、出口贸易额占中国全部核心文化产品出口贸易额的比重、净出口贸易额、进出口贸易总额和进出口贸易总额占中国全部核心文化产品进出口贸易额的比重。

首先，美国是中国核心文化产品贸易的第一大贸易伙伴。2012 年，中国与美国核心文化产品进出口贸易总额达 37.78 亿美元，占中国全部核心文化产品进出口贸易总额的 32.15%，排在第一位，是中国最重要的核心文化产品贸易伙伴。

2012 年中国从美国进口核心文化产品 2.09 亿美元，占中国全部核心文化产品进口额的 15.05%，仅次于日本，排在第二位，可见美国是中国核心文化产品进口贸易的重要伙伴；中国从美国进口的文化产品以印刷品为主，总计 1.92 亿美元，其中，进口报纸和期刊(8922)1.17 亿美元，占中国与美国核心文化产品进口贸易额的 55.98%，占中国进口全部报纸和期刊进口贸易额的 49.36%，可见，报纸期刊类产品是中国与美国之间最主要的进口文化产品，同时，美国也是中国报纸和期刊类产品进口贸易最主要的来源国。值得注意的是，中国从美国进口的电影胶片(883)总计 383 万美元，占中国电影胶片进口贸易总额的 77.92%，较世界其他国家(地区)而言，美国电影文化对中国电影产业的影响是最大的。

2012 年中国向美国出口核心文化产品 35.69 亿美元，占中国全部核心文化产品出口额的 34.44%，排在第一位，美国是中国核心文化产品出口贸易最重要的目的国；中国向美国出口的产品以视频游戏机(89431)为主，总计 27.22 亿美元，占中国与美国核心文化产品出口贸易额的 76.27%，占中国出口全部视频游戏机贸易额的 37.53%，可见，视频游戏机是中国与美国之间最主要的出口文化产品。同时，美国也是中国视频游戏机出口贸易最主要的目的国；此外，书籍(8921)也是中国向美国出口的主要文化产品，出口额为 4.54 亿美元，占中国书籍出口贸易总额的25.18%。值得注意的是，中国向美国出口的收藏品(8965)总计43万美元，占中国收藏品出口贸易总额的74.83%，可见，中国绝大部分的收藏品是在向美国输出。

2012年中国与美国核心文化产品贸易结构总体顺差，净出口额为33.6亿美元，但仍有超过百年的古董(8966)、报纸和期刊(8922)、邮票/邮资(8964)、摄影硬片及软片(8826)和电影胶片(883)，近半数类别的文化产品呈现贸易逆差。顺差最大的核心文化产品和逆差最大的核心文化产品分别是视频游戏机、报纸和期刊，净出口额分别为27.21亿美元和－1.16亿美元。

其次，日本是中国核心文化产品的第二大贸易伙伴。2012年，中国与日本核心文化产品进出口贸易总额17.79亿美元，占中国全部核心文化产品进出口贸易总额的15.13%，排在第二位，日本同样是中国重要的核心文化产品贸易伙伴。

2012年中国从日本进口核心文化产品2.78亿美元，占中国全部核心文化产品进口额的20.02%，排在第一位，日本是中国核心文化产品进口贸易最主要的来源国。中国从日本进口的文化产品以印刷品为主，总计2.08亿美元，其中，进口其他印刷品(8924)1.93亿美元，占中国与日本核心文化产品进口贸易额的69.42%，占中国进口全部其他印刷品进口贸易额的45.99%，可见，其他印刷品是中国与日本之间最主要的进口文化产品，同时，日本也是中国其他印刷品类产品进口贸易最主要的来源国。

2012年中国向日本出口核心文化产品15.01亿美元，占中国全部核心文化产品出口额的14.48%，排在第二位。中国向日本出口的产品以视频游戏机(89431)为主，总计11.86亿美元，占中国与日本核心文化产品出口贸易额的79.14%，可见，视频游戏机同样是中国与日本之间最主要的出口文化贸易产品；此外，雕像/雕塑(8963)也是中国向日本出口的主要产品，出口额为 2.58 亿美元，占中国雕像/雕塑出口贸易总额的 94.4%，可见，中国绝大部分的雕像/雕塑是在向日本输出。

2012 年中国与日本核心文化产品贸易结构总体顺差，净出口额为 12.23 亿美元，但仍有报纸和期刊(8922)、其他印刷品(8924)、平板雕刻(8962)、摄影硬片及软片(8826)和电影胶片(883)即近半数类别的文化产品呈现贸易逆差；顺差最大的核心文化产品和逆差最大的核心文化产品分别是视频游戏机和其他印刷品，净出口额分别为 11.24 亿美元和－1.73 亿美元。

此外，中国香港是中国核心文化产品贸易的第三大贸易伙伴。2012 年，中国与中国香港核心文化产品进出口贸易总额为 11.49 亿美元，占中国全部核心文化产品进出口贸易总额的 9.77%，排在第三位，中国香港是中国重要的核心文化产品贸易伙伴之一。

2012 年中国从中国香港进口核心文化产品 0.54 亿美元，占中国全部核心文化产品进口额的 3.87%，排在第六位。中国从中国香港进口的文化产品以印刷品为主，总计 0.51 亿美元，其中，进口书籍(8921)、报纸和期刊(8922)分别为 0.25 亿美元、0.24 亿美元，分别占中国与中国香港核心文化产品进口贸易额的 46.3%和 44.44%，可见，书籍和报纸期刊类产品是中国与中国香港之间最主要的进口文化贸易产品。值得注意的是，中国从中国香港进口的邮票/邮资(8964)总计 220 万美元，占中国邮票/邮资进口贸易总额的 31.34%，中国香港是中国的邮票/邮资进口最主要的地区。

2012 年中国向中国香港出口核心文化产品 10.95 亿美元，占中国全部核心文化产品出口额的 10.56%，排在第三位。中国向中国香港出口的文化产品以书籍(8921)为主，总计 5.77 亿美元，占中国与中国香港核心文化产品出口贸易额的 52.69%，占中国出口全部书籍贸易额的 32.05%，可见，书籍是中国与中国香港之间最主要的出口贸易产品，同时，中国香港也是中国书籍出口贸易最主要的目的地区；此外，视频游戏机(89431)也是中国向中国香港出口的主要文化产品，出口额为4.38亿美元，占中国与中国香港核心文化产品出口贸易额的40%；值得注意的是，中国向中国香港出口的报纸和期刊(8922)总计0.16亿美元，占中国报纸和期刊出口贸易总额的73.17%，可见，中国绝大部分的报纸和期刊是在向中国香港出口的。

2012年中国与中国香港核心文化产品贸易结构总体顺差，净出口额为10.41亿美元，但仍有超过百年的古董(8966)、报纸和期刊(8922)、邮票/邮资(8964)和电影胶片(883)四类产品呈现贸易逆差；顺差最大的核心文化产品和逆差最大的核心文化产品分别是书籍、报纸和期刊，净出口额分别为5.52亿美元和−0.08亿美元。

最后，德国、韩国和英国分别是中国第四、五、六大贸易伙伴。2012年，中国与德国、韩国和英国核心文化产品的进出口贸易总额分别是9.81亿美元、8.04亿美元和7.12亿美元，占中国全部核心文化产品进出口贸易总额的比重分别是8.35%、6.84%和6.06%，净出口额分别为7.81亿美元、5.97亿美元和3.96亿美元，均为贸易顺差。英国是中国第三大核心文化产品进口贸易来源国，进口贸易额为1.58亿美元，占中国全部核心文化产品进口贸易额的11.39%，中国有91万美元的平板雕刻(8962)从英国进口，占中国平板雕刻产品进口贸易总额的71.08%，英国是中国平板雕刻类产品最主要的进口来源国。韩国是中国第四大核心文化产品进口贸易来源国，进口贸易额为1.03亿美元，占中国全部核心文化产品进口贸易额的7.45%，韩国是中国摄影硬片及软片(8826)产品最主要的进口来源国，中国有911万美元的摄影硬片及软片从韩国进口，占中国摄影硬片及软片进口贸易总额的27.9%。德国是中国第四大核心文化产品出口目的国，出口贸易额为8.81亿美元，占中国全部核心文化产品出口贸易额的8.5%，中国向德国出口平板雕刻(8962)72万美元，占中国平板雕刻出口贸易总额的37.2%，可见德国是中国平板雕刻类产品最主要的出口目的国。

6.2 中国与美、日、韩的文化产品贸易

近些年，随着文化的地位在经济领域的不断转变，文化产品对智力资源的依赖逐步增强，同时，文化产品的边际收益呈现出递增的发展趋势，因此，各个国家都在努力扩大生产，并且促进了全球文化产品的对外贸易。而近年来数据分析显示，在全球文化产品的国际市场中占据重要位置的除中国之外均是发达国家(地区)，南北差异比较显著，此时，注重文化的发展以及文化产品的贸易具有重要的战略和现实意义。由于中国在文化产品贸易中一直存在着总量上顺差、结构上逆差的现实状况，为了进一步改善这样的贸易状况，更好地让中国的文化走出去，不仅要从整体上分析，还要注重不同类别文化产品进出口状况的结构性分析。以下将以中国重要的文化产品贸易伙伴国——美国、日本、韩国为例来分别进行深入分析。

6.2.1 中美文化产品双边贸易现状

美国是文化产品需求和供给规模日益扩大的发达国家，根据联合国商品贸易数据库(UN COMTRADE)的数据分析研究可得，2012年中国从美国进口的核心文化产品贸易额为2.09亿美元，占全部核心文化产品进口贸易额的比重是15.05%。同样，中国向美国出口核心文化产品的贸易额是35.69亿美元，占全部核心文化产品出口贸易额的比重是34.44%，所以美国是中国核心文化产品的第一大出口贸易国，也是中国文化产品的第一大贸易伙伴国。从1992年到2012年中美文化产品贸易额的变化情况如图6-4所示。

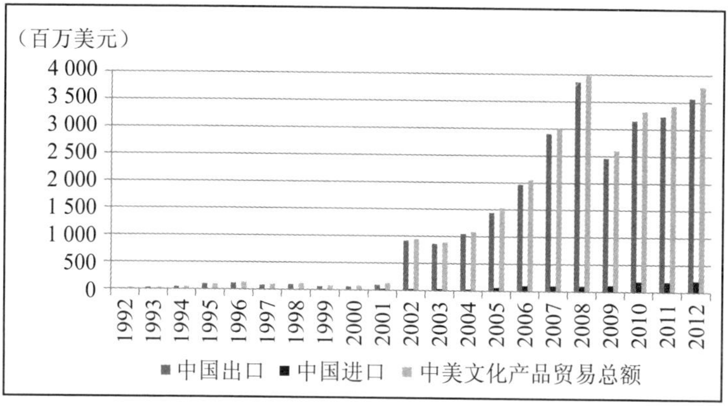

图 6-4　中美文化产品双边贸易总趋势图

1992 年到 2001 年，中美文化产品双边贸易额增幅较小，贸易比较稳定。但是自 2002 年以来呈现了显著的逐年增长趋势，到 2008 年达到贸易总额的最大值约 39.62 亿美元。特别是 2000 年以来，中国政府提出推动文化产业成为支柱性产业的政策，逐步提高了对于文化贸易的重视程度。再加上美国自身所具备的优良文化贸易条件，包括文化企业强大的创新能力、金融系统的支持力等，这些因素都促进了中美双方文化贸易的发展。不过，2008 年由于受全球金融危机的影响，双边贸易总额有所减少，之后又呈现出逐年递增的趋势。其中，如此巨大的贸易额主要是中国对美国文化产品的出口所致。中国对美国文化产品贸易在整体上出现了严重的贸易顺差。而美国对中国的出口虽然也在逐年递增，但是出口额较小，增幅不显著。

1. 中美印刷品类文化产品双边贸易现状

联合国商品贸易数据库（UN COMTRADE）的数据表明，首先，从 1992 年到 2012 年，中国对美国文化产品出口中印刷品类产品的总出口额呈现逐年增加的趋势。如图 6-5 所示，在 2012 年达到 7.4 亿美元。而且印刷品类产品的出口受 2008 年金融危机影响较小，波动幅度不明显。其次，在印刷品类产品中，对美国书籍类的出口占比最大，同样从1992年以来一直保持稳定的增长速度。可能因为书籍以及印刷品类与中国深厚的文化底蕴和文化资源相结合，同样也是中国的核心文化产品，这类产品的贸易在中国与其他各国的文化贸易中占比很大。其他印刷品类的出口从2002年开始才有比较明显的增幅，对整体出口的贡献率次于书籍类产品。而对美国印刷类产品中出口额最小的为报纸和期刊类产品，在2009年达到3百万美元的最大出口额。最后，中国对美国文化产品的出口在2000年以前主要以印刷类产品为主，在1999年占对美国出口的所有文化产品总额的77.84%。2000年之后，由于政府政策以及对文化产业和文化贸易的重视程度加大，各个产业分工增强等原因，文化类其他产品的出口逐渐增加，使得对美国印刷类产品的出口比重急剧下降到2002年的13.48%。之后几年一直保持在20%左右。

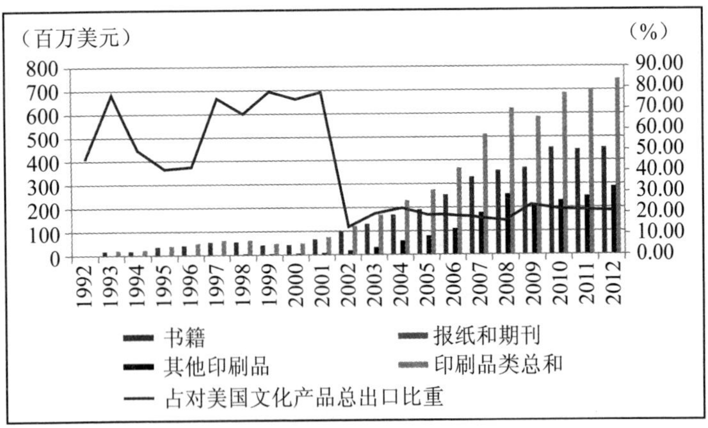

图 6-5 中国对美国印刷品类文化产品出口趋势图

而美国对中国印刷类产品的出口在1992年到2012年之间同样保持着稳定增长的趋势，如图6-6所示，在2012年达到

1.9 亿美元的最大值。其中以报纸和期刊类产品的出口为主，在印刷品类产品中占比最大，这与中国对美国印刷品类产品的进口呈现相反的状态。其次是书籍类产品，占比最小的是其他印刷品类产品。而中国从美国进口的文化产品中主要以印刷品类为主，从 1992 年到现在，中国对美国进口的印刷品类文化产品在中国对美国进口的所有产品中占比一直保持在 80% 左右，在 2002 年达到最大比重 97.17%。可见，印刷品类文化产品在中美文化贸易中占据重要地位。

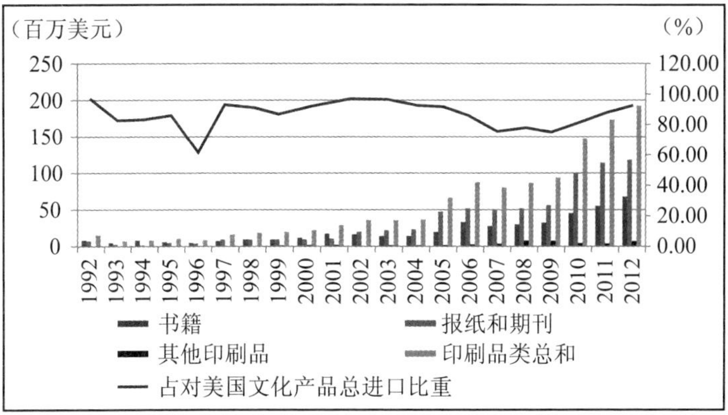

图 6-6　中国对美国印刷品类文化产品进口趋势图

2. 中美视觉艺术类文化产品双边贸易现状

根据联合国商品贸易数据库(UN COMTRADE)的数据分析，中国对美国视觉艺术类产品的出口状况如图 6-7 所示。首先，总体上从 1992 年到 2012 年中国视觉艺术类对美国的出口额呈现波动式的变化趋势。尤其是受到 2008 年全球金融危机的影响，出口额由 2007 年的 1 777 万美元缩减到了 2009 年的 1 037 万美元。其次，在对美国出口的视觉艺术类产品中，以绘画作品的出口为主。绘画作品的出口变动趋势同视觉艺术类整体的变动趋势一样，呈现波动式的增减趋势。而雕像/雕塑、平板雕刻、邮票/邮资的出口额占比很小。最后，中国对美国视觉艺术类文化产品的出口额在对美国所有文化产品出口额中所占比例较小。在1992年，所占比重为49.66%且达到了最大，之后急剧缩减到7.21%，并且维持这样的比例到2001年。从2002年以后则一直处于5%以下。

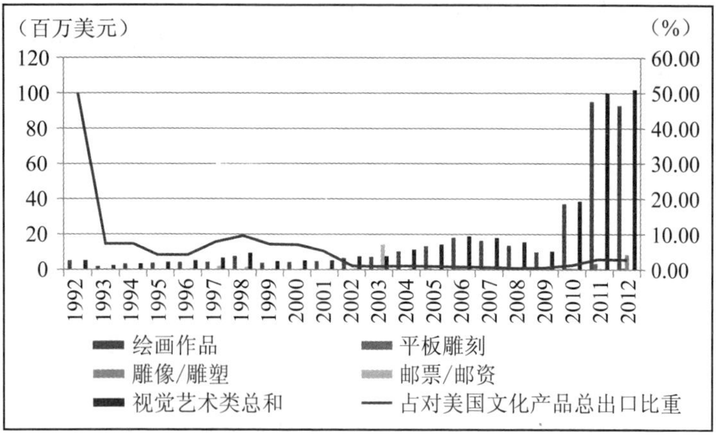

图 6-7 中国对美国视觉艺术类文化产品出口趋势图

而美国对于中国视觉艺术类文化产品的出口则呈现与进口不同的变化趋势。首先，总体视觉艺术类产品中国从美国的进口总额的变动从1992年到2012年之间出现了两个明显的峰值。如图6-8所示，在1996年进口额为145万美元，2010年达到最大进口额为330万美元。其次，在中国对美国进口的视觉艺术类产品中，仍然以绘画作品为主，且占比最高。绘画作品在1996年和2011年也出现了两个增幅最大的峰值。而中国从美国进口的雕像/雕塑文化产品在1997年之后才有比较明显的波动幅度，在2010年达到173万美元的最大进口额。最后，根据前文分析，中国从美国进口的印刷品类产品在2002年之前，在对美国进口总额中占比达80%，为最主要的进口文化产品，而视觉艺术类产品总体进口额在所有对美国文化产品进口额中相对占比较小，一直维持在2%左右。

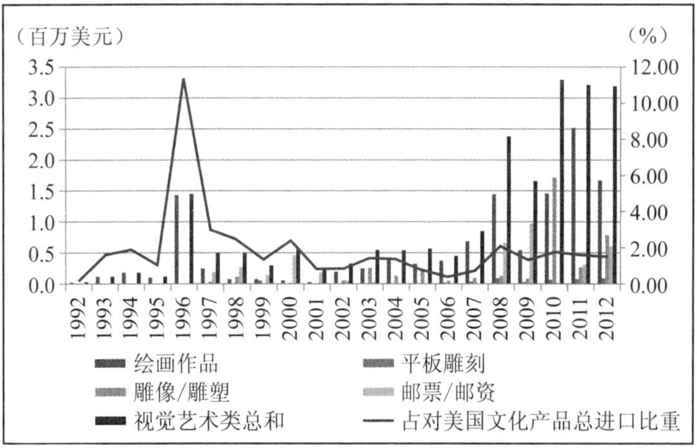

图 6-8　中国对美国视觉艺术类文化产品进口趋势图

3. 中美视听媒介类文化产品双边贸易现状

根据联合国商品贸易数据库(UN COMTRADE)的数据分析可以得到，中国对美国视听媒介类产品的出口在 2002 年之后有了显著增加，如图 6-9 所示。由于中国在视听媒介方面技术发展的限制，早在 2002 年之前的出口额很小，增加幅度也不明显。之后随着国家政府对文化产品贸易发展的重视和推进，加上技术方面的进步，在 2008 年对美国的视听媒介类产品达到了 32 亿美元的最大出口额。之后受全球金融危机的影响，在 2009 年有所减少。在对美国进口的视听媒介类产品中，视频游戏机占了将近 99%的比重。可见，视频游戏机类产品是中国对美国最主要的视听媒介类出口品。由于中国视频游戏机的贸易主要是加工贸易，属于低附加值、低文化内容的劳动密集型产品，在中国有一定的比较优势，中国的制造成本较低，因此，近年来出口额逐步增大。视听媒介类文化产品在对美国文化产品总出口中的占比，在 1995 年达到 54.54%的峰值之后，逐步缩减，而在 2002 年急剧增加到 85.71%，并且之后一直保持着这样的比重。

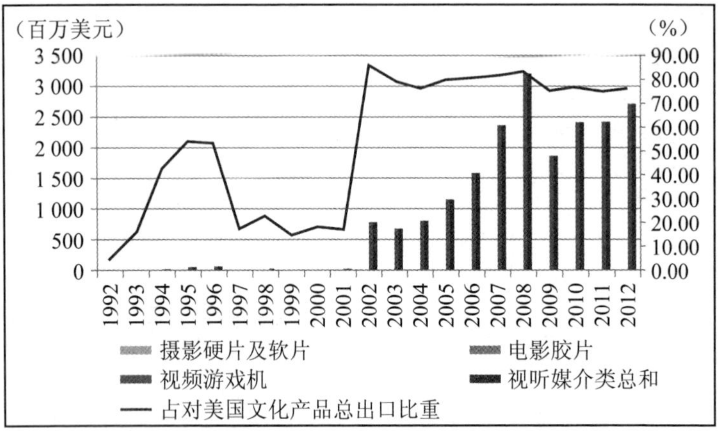

图 6-9　中国对美国视听媒介类文化产品出口趋势图

中国对美国视听媒介类产品的进口变化趋势同出口也有很大的不同，如图 6-10 所示。根据联合国商品贸易数据库(UN COMTRADE)的数据分析可以看出，首先，总体进口额在

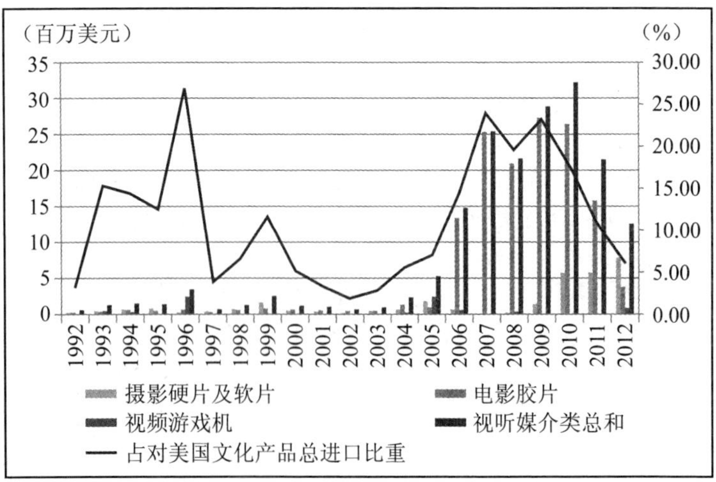

图 6-10　中国对美国视听媒介类文化产品进口趋势图

2006年之后才出现大幅度的增加，在2010年达到了3 236万美元的最大进口额。之后又逐年大幅减少，在2012年只有1 265万美元的进口额。其次，在中国对美国进口的视听媒介类产品中以电影胶片的进口为主。从2006年开始，电影胶片的进口额大幅增加，在2009年达到了2 742万美元的进口额，大约占所有视听媒介进口额的95%。由于电影胶片是包含了较高文化创意和艺术含量的文化产品，而中国在这类产品上的国际竞争力较弱，需要进一步加强。因此在政府政策的引导和鼓励之下，中国在这方面有较大的市场需求。而美国在这方面有一定的比较优势和市场条件，有值得中国借鉴和学习的地方。对于摄影硬片及软片的进口，在2009年之后也呈现较为明显的增幅。视频游戏机的进口额则非常小，可见中国并非美国主要的视频游戏机进口国，相反美国却是中国视频游戏机的最主要出口国。最后，中国对美国进口的视听媒介类产品占对美国进口的所有文化产品的比重变化趋势幅度也较大。从1992年开始就逐年增加，到1996年增加到一个峰值27.01%之后开始逐年减少。在2000年随着中国政府提出推动文化产业成为支柱性产业的政策后，视听媒介类产品的进口又逐年以较大的幅度增加。在2007年和2009年分别达到了两个峰值，占比为24%和23.29%，之后又处于不断下降的趋势。

综上所述，中国对美国在印刷品类、视觉艺术类以及视听媒介类文化产品的贸易上一直存在着巨大的贸易顺差。由于书籍是中国的核心文化产品之一，包含了中国较高的文化创意水平和艺术含量，加上政府政策的大力支持，中国对美国印刷品类的出口以书籍类为主。而美国对中国印刷品类的出口则是以报纸和期刊为主，吸收和借鉴美国先进文学和科学成果。而中国与美国在视觉艺术品的双边贸易中不管是进口还是出口都以绘画作品为主。对于视听媒介类产品，中国由于在2000年以来政府提出推动文化产业成为支柱性产业，并且提高了对于文化贸易的重视程度，同时中国市场在国际分工中处于有利地位，使得中国文化产品的贸易得到了迅猛发展，因此在2002年之后中国视频游戏机类产品的出口大幅增加。由于中国电影产业国际竞争力仍然有待提高，而且国内有着巨大的需求空间，因此对美国的电影胶片进口增幅较大，进口额也较高。但受最近几年中国电影产业的政策限制，中国大量减少了影视产品的进口，这也进而导致中国对美国电影胶片等视听媒介类文化产品的进口有缩减的趋势，使得逆差减小。

6.2.2 中日文化产品双边贸易现状

根据2012年联合国商品贸易数据库(UN COMTRADE)获得的对文化产品中中日核心文化产品的研究数据分析可以得到，仅在2012年中国对日本核心文化产品的进口额已经达到了2.78亿美元，占全部核心文化产品进口贸易额的比重是20.02%。由此推断，对于所有的文化产品而言，双边贸易额会更大，种类更多。显然，日本也已成为中国文化产品的重要贸易伙伴，对于中日文化产品贸易的分析研究具有重要的战略意义和现实意义。中日文化产品贸易额具体的变化情况如图6-11所示。

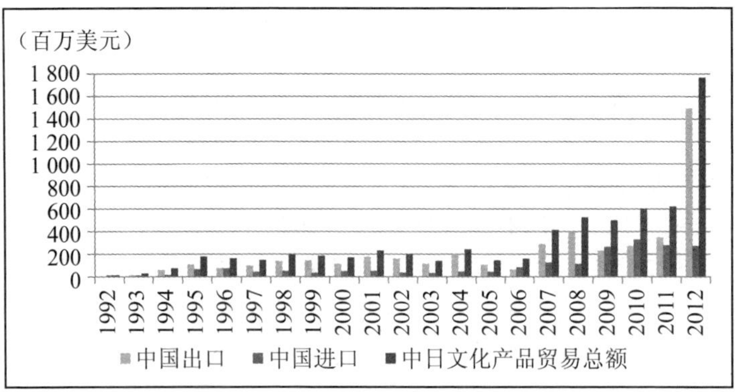

图6-11 中日文化产品双边贸易总趋势图

从总体上看，对于中国的另一个重要贸易伙伴日本而言，贸易总额也呈现逐年增加的趋势，在 2007 年之前增幅较小，而 2007 年之后增幅一直比较明显，在 2012 年达到最大值约为 1 775百万美元。同时，中国对日本核心文化产品贸易总体上出现了贸易顺差，可见，中日文化产品双边贸易仍然以中国对日本出口为主。在 2012 年，中日贸易顺差额达到最大约 1 219 百万美元。虽然日本与美国在居民消费能力方面有一定的相似性，文化产品消费结构都比较高，相关产业集群效应突出，为其文化产业的发展提供了良好的经济基础和市场环境，但是由于在文化产品比较优势方面，日本没有美国比较优势产品多，政府的扶持方面较美国落后一定时间，因此，中日双边文化贸易额低于中美的贸易额。

1. 中日印刷品类文化产品双边贸易现状

根据联合国商品贸易数据库(UN COMTRADE)的数据分析可以得到，中国对日本印刷品类文化产品的出口总额呈现出如图 6-12 所示的趋势。首先，以 2000 年为分界点，1992 年到 2000 年，对日本出口额表现为逐年递增。从 1992 年的 344 万

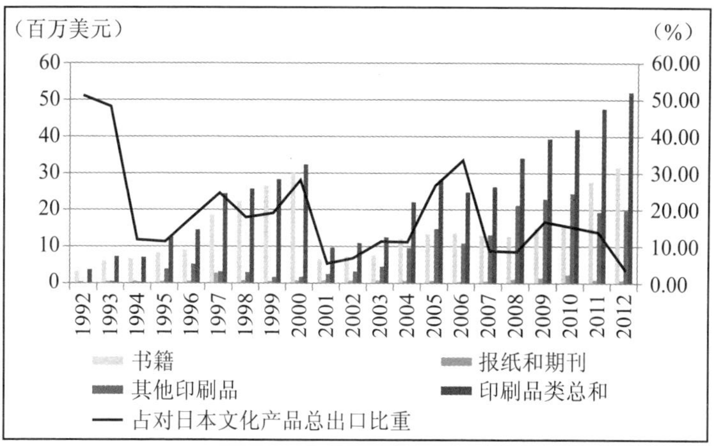

图 6-12 中国对日本印刷品类文化产品出口趋势图

美元增加到2000年的3 219万美元。在2001年骤然出现大幅下降，2001年到2012年又呈现出逐年递增的变化趋势。在2012年达到5 186万美元的对日本印刷品类最大贸易出口额。其次，印刷品类文化产品中，对日本出口的书籍类产品仍然占主要地位，这与中国对美国印刷品类产品出口的主要产品一样。对日本书籍的出口额变化趋势同印刷品类总出口额的变动趋势是一样的，以2000年为分界点，逐年增加。而其他印刷品类的出口主要在2000年之后表现出比较明显的增长趋势，在2010年达到约2 421万美元的对日本出口额。报纸和期刊类则在对日本出口的印刷品中占比很小，而且每年增加幅度不明显。可见近年来中国对日本出口的印刷品类产品主要是书籍以及其他印刷品类，需要加大对报纸和期刊的出口份额，促进中国文化产品出口贸易的结构均衡。最后，中国对日本印刷品类产品出口占对日本所有文化产品出口额的比重一直处于小幅波动中，占比不是很稳定。但是在2000年之后基本在10%左右波动。而且最近几年比重急速下降，在2012年对日本出口的印刷品类文化产品额只占对日本出口的所有文化产品总额的3.46%。

同样，中国对日本关于印刷品类文化产品总体进口额的变化趋势，如图6-13所示。随着中国对印刷品类文化产品需求的不断增加，从1992年到2010年进口额一直保持着不断增加的趋势。在2010年的总进口额达到3.2亿美元，最近几年又出现了下降的趋势。在对日本进口的印刷品类产品中，主要以书籍、报纸和期刊之外的其他印刷品类为主，在2010年其他印刷品类进口在对日本印刷品进口总额中占到95%左右。而对于从日本进口的书籍，进口额一直保持比较稳定的态势，随着总进口额的不断增加，对日本书籍进口额所占印刷品类总进口额的比重从2000年开始直线下滑，最终在2012年只有3%左右。与中美印刷品类产品双边贸易不同的是报纸和期刊的进口额比较小，而且一直保持比较稳定的态势，在500万美元左右。同时，中国对日本印刷品类文化产品的进口占对日本所有文化产品进口的比例从 1996 年达到最低值之后一直处于不断上升的趋势，而且所占比重越来越大。在 2009 年所占比例达到了 98.22%，但是最近几年，由于中国市场需求的逐步饱和以及对美国等国的印刷品类文化产品进口的逐步增加，导致整体占比有所下降。尽管如此，印刷品类文化产品仍然是中国对日本主要的文化进口产品。

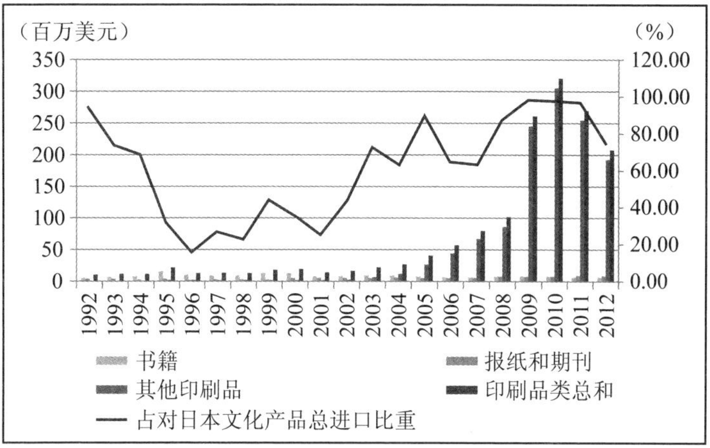

图 6-13　中国对日本印刷品类文化产品进口趋势图

2. 中日视觉艺术类文化产品双边贸易现状

从 1992 年到 2012 年，中国对日本在视觉艺术类文化产品的出口贸易中，出口总额在 2010 年之前一直较小，在 200 万美元左右波动。随着中国越来越重视文化贸易，政府不断鼓励发展文化贸易，让包含和体现中国文化底蕴和韵味的产品走出国门，在这样的政策影响和氛围之下，从 2010 年开始中国对日本视觉艺术类文化产品的出口额逐步有了比较明显的增幅。根据联合国商品贸易数据库(UN COMTRADE)的数据分析可以得到，如图 6-14 所示，对日本视觉艺术类文化产品在 2012 年达到了 2.6 亿美元的最大出口额。其中，雕像/雕塑所占比重最大，是中国对日本主要的视觉艺术类文化出口产品。而绘画作品、平板雕刻以及邮票/邮资的出口额占比很小，贸易额变动幅度也比较小。同时，对日本出口的视觉艺术类文化产品在所有对日本出口的文化产品中所占比重在2009年之前一直很小，并且从1992年开始逐年减少，同中国对美国的视觉艺术类产品出口占比趋势比较一致。但是在2010年之后，占比急速上升，在2011年占比增加到了36.83%。这样的变化趋势可能是由中国内部的短期刺激性政策的实施或者日本国内短期对视觉艺术类文化产品需求的增加所致。

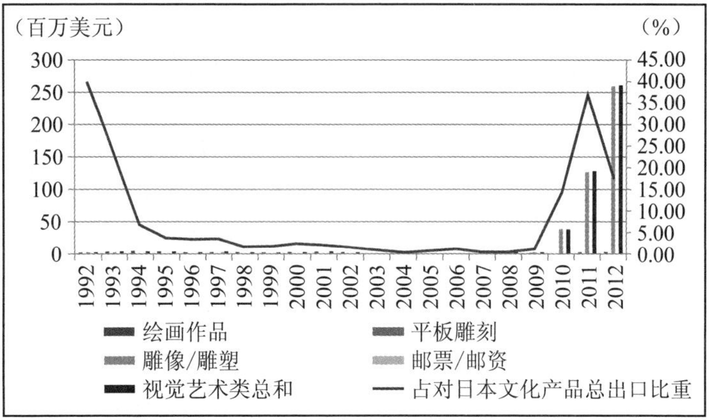

图 6-14 中国对日本视觉艺术类文化产品出口趋势图

中国对日本视觉艺术类文化产品的进口变化趋势如图6-15所示。进口总额在1992年到1996年呈现一种逐年增加的趋势，而经过1997年的急速下降之后，又开始缓慢地逐年增加。在2008年，对日本视觉艺术类文化产品进口总额达到104万美元的最高点。之后在全球金融危机的影响之下，进口额有所缩减。在中国对日本进口的视觉艺术类文化产品中，主要是绘画作品，这与中国对美国进口的视觉艺术类产品有一定的相似之处。可见中国有着广阔的绘画艺术品类的需求市场，同时也体现出中国社会文化的进步程度不断提高，精神文明层次也不断提升。绘画作品的进口额变化趋势与整体视觉艺术类进口额的变化趋势基本保持一致。其中对于雕像/雕塑的进口，在 2008 年达到最大进口额约 43 万美元。而平板雕刻类文化产品进口额总体上比较小，在 2006 年到 2008 年增幅相对较大。中国对日本进口的视觉艺术类产品在对日本所有进口的文化产品中所占的比例从 1992 年到 2012 年一直处于 2%之下，而且所占比例逐年下降。

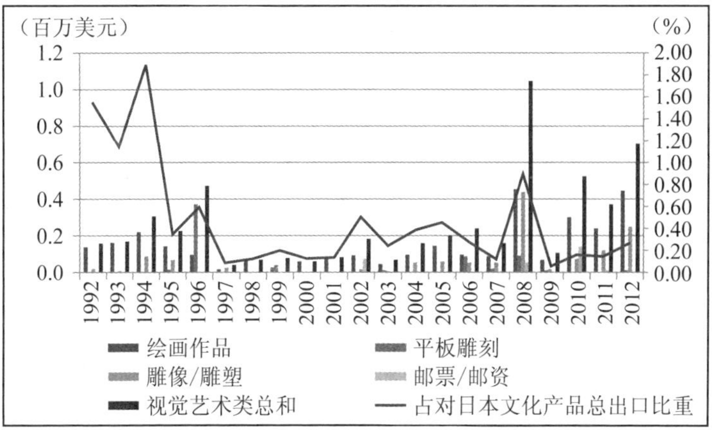

图 6-15　中国对日本视觉艺术类文化产品进口趋势图

3. 中日视听媒介类文化产品双边贸易现状

中国对日本的出口文化产品中，主要以视听媒介类文化产品为主，如图 6-16 所示。从 1994 年到 2012 年，中国对日本视听媒介类产品的出口占对日本所有文化产品出口的比重一直保持在 70%左右。其中，在 2001 年达到最高点 92.66%。伴随着较高的出口比重，对日本视听媒介类文化产品的出口也同样保持着较高的出口额。从 1994 年到 2011 年总出口额保持在 2 亿美元左右，在 2012 年骤然增加到 11.9 亿美元的最大出口额。在对日本出口的视听媒介类文化产品中，视频游戏机的出口占最大比例。由于中国在生产视频游戏机方面的技术有所进步，而且中国有着丰富的劳动力资源和广阔的劳动力市场，在生产制作方面具有一定的优势，成本相对较低，进一步促进了中国视频游戏机类文化产品的出口。由于中国视频游戏机的贸易主要以加工贸易为主，这也在很大程度上促进了视频游戏机的对外出口。这一趋势与中国对美国出口的视听媒介类产品有一定的相似性，都是以视频游戏机的出口为主。相比之下，由于中国电影文化的发展与其他发达国家相比比较缓慢，在摄影硬片及软片和电影胶片上的出口量较少，出口额占比也较小。在对日本视听媒介类产品的出口中，摄影硬片及软片和电影胶片的出口额正在逐年缩减。

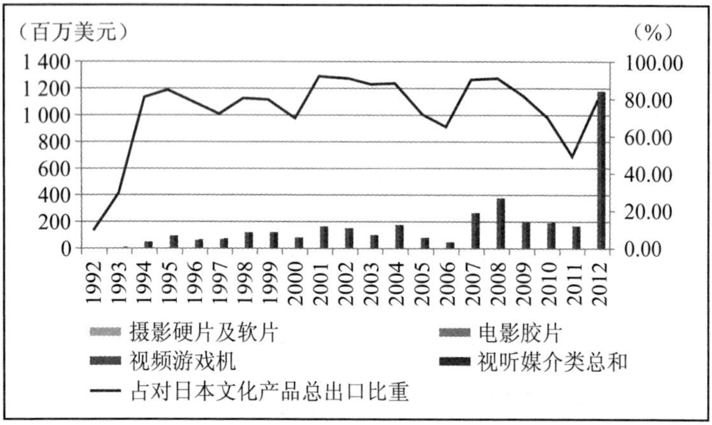

图 6-16 中国对日本视听媒介类文化产品出口趋势图

同样根据联合国商品贸易数据库(UN COMTRADE)的数据分析可以得到中国对日本在视听媒介类产品进口的变化趋势，如图 6-17 所示。从 1992 年到 2012 年，就对日本视听媒介的整体进口额来说，逐年增加到 1996 年达到第一个峰值 6 688 万美元，之后缓慢减少。在 2007 年又出现了第二个峰值 4 583 万美元，之后又开始逐年递减，直到 2012 年，对日本视听媒

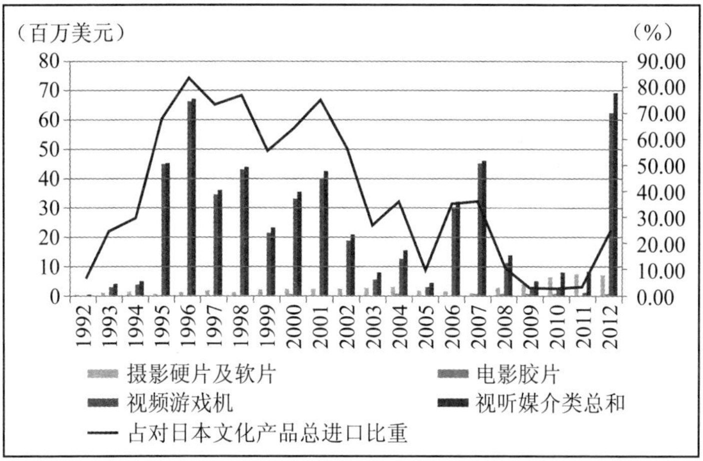

图 6-17 中国对日本视听媒介类文化产品进口趋势图

介类产品的进口额又急速增加到了6 892万美元，因此整体上呈现出了较大幅度的波动性。其中，在对日本进口的视听媒介类文化产品中，以对视频游戏机的进口为主，对摄影硬片及软片的进口则次之，对电影胶片的进口额最小。而视频游戏机的进口变化趋势同总的视听媒介类相似，在1992年到2012年，共呈现了三个高峰值。而摄影硬片及软片的进口一直都处于稳定的小幅增加趋势，从1992年的大约27万美元一直增加到2011年的703万美元。中国对日本视听媒介类文化产品的进口与美国有很大的区别，这不仅与美国和日本不同国家的比较优势有关，同时也与中国国内市场需求和文化类产品的发展状况有关。关于中国对日本视听媒介类文化产品类的出口额占中国对日本所有文化产品出口额的比例，从1996年的83.43%逐年递减，在2009年降到最小占比1.74%，而在2009年之后的几年中又呈现逐步回升的趋势。

综上所述，中国对日本在印刷品类、视觉艺术类以及视听媒介类文化产品双边贸易中，仍然存在着整体上的贸易顺差。其中对印刷品类产品的出口是以书籍和其他印刷品为主，而进口则以其他印刷品类产品为主。这同样是与书籍是中国的核心文化产品并且其中包含着中国的文化底蕴有关，政府也会大力支持图书类文化产品的出口。而对于中国对日本视觉艺术类产品的贸易，在2008年之后进出口贸易额都比较大，但是整体在文化产品的进出口中占比还是很小。出口所占比重在近两年有所提高，而进口则一直都很低，处于2%之下。同时，对于中日视听媒介类产品的双边贸易，视频游戏机都是最主要的进出口产品。而且对于日本，中国的文化产品出口从1992年以来一直都是以视听媒介类产品为主。而对于进口在2000年以前主要是以视听媒介类产品为主，之后随着中国文化产品市场需求多样性的增加，中国对日本的文化产品进口由以视听媒介类为主转为以印刷品类为主，趋势发生了变化。

6.2.3 中韩文化产品双边贸易现状

对于韩国，由于地理距离等原因，与中国文化有着一定的相似性，研究中韩两国文化产品贸易有着重要的现实意义和参考价值。同样，根据2012年联合国商品贸易数据库(UN COMTRADE)的数据对中韩核心文化产品分析可以得到，韩国是中国第四大核心文化产品进口贸易来源国，2012年核心文化产品进口贸易额为1.03亿美元，占中国全部核心文化产品进口贸易额的7.45%。这对接下来研究不同年份文化产品贸易有很大的指导性和方向性。韩国是中国摄影硬片及软片产品最主要的进口来源国，中国有911万美元的摄影硬片及软片从韩国进口，占中国摄影硬片及软片进口贸易总额的27.9%；可见，在摄影硬片及软片方面，中国有着巨大的需求市场，同样，韩国在这方面的文化和技术有着很好的参考价值。总体上来看，中韩两国双边文化产品贸易具有如下特点：

对于中韩双边文化产品贸易，如图6-18所示，贸易总额整体上呈现增长的趋势，增幅比较小，波动不太明显。在2012年由于双方政策鼓励，经济社会等方面的发展和沟通，双边贸易额出现了一个较大的增幅，贸易额达到历史最大约 804 百万美元。中国在中韩文化产品双边贸易中一直呈现着贸易顺差，以中国对韩国的出口拉动了双边贸易，而且顺差额逐年增大，可见，韩国也同样是中国重要的贸易伙伴之一。同时，近年来随着中韩相互交流程度的不断提高，这在很大程度上将会促进中韩两国居民间对于彼此价值观、行为准则等方面的了解，进而减小文化差异带来的文化距离，促进双方贸易的发展。信息化联系程度的提高也会减少双方贸易过程中的搜寻成本，在彼此的经济往来中，双方信息的查询更为便捷，增进双方互信，减少了一定的潜在违约成本。这些因素对中韩双边贸易的促进作用都会在贸易额上有所体现。

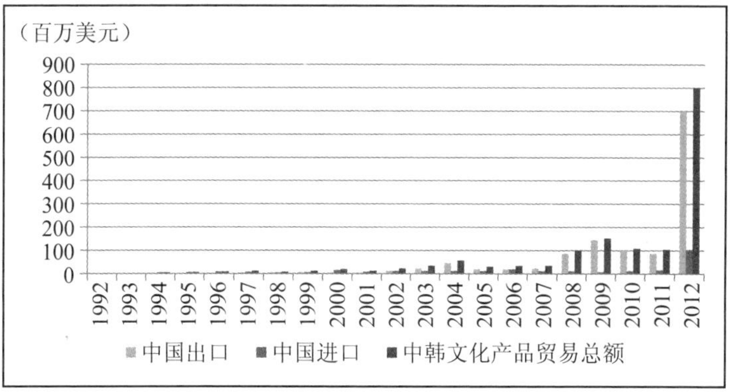

图 6-18　中韩文化产品双边贸易总趋势图

1. 中韩印刷品类文化产品双边贸易现状

从 1992 年到 2012 年，中国对韩国出口的印刷品类文化产品从整体上呈现一种逐年递增的趋势。根据联合国商品贸易数据库(UN COMTRADE)获得的数据分析可以得到，如图 6-19 所示，2012 年中国总的对韩国印刷品类文化产品出口额增加到了 2 469 万美元。尽管在全球金融危机的影响之下，对韩国印刷品类文化产品的出口额有了小幅的缩减，但是 2009 年之后

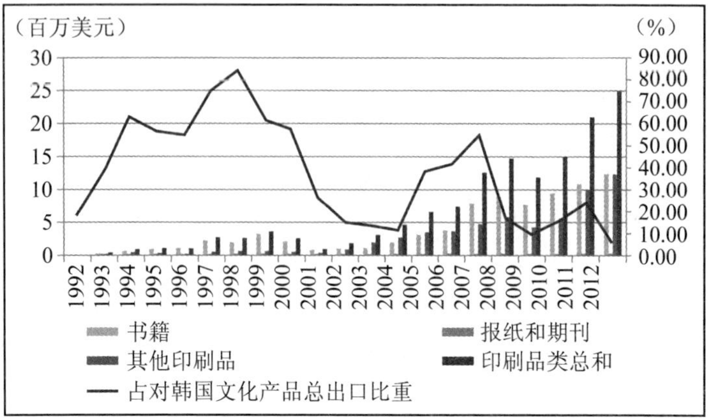

图 6-19 中国对韩国印刷品类文化产品出口趋势图

又开始逐年增加。对韩国出口的印刷品类产品在对韩国出口的所有文化产品中所占比例在 1992 年到 2012 年之间不稳定，出现过两次峰值。从 1992 年开始对韩国出口的印刷品类所占比例只有 17.64%，之后逐渐增加到 1998 年的最高点 83.81%。随着中国对韩国出口的文化产品多样化的增加，在之后几年出现了逐年下降的趋势。在 2007 年占比又增加到了 54.72%，在 2012 年急速缩减到 3.52%。在中国对韩国出口的印刷品类产品中，以书籍和其他印刷品类为主。书籍和其他印刷品类产品的出口额同整体印刷品类产品的出口额一样，都出现了逐年递增的趋势。在 2012 年，书籍和其他印刷品类产品对韩国出口总额分别增加到了 1 228 万美元和 1 234 万美元。而中国对韩国出口的报纸和期刊类文化产品占比同样非常小，出口额增加幅度也不明显，这与中国对美国和日本报纸和期刊类文化产品的出口情况一样。

同样，根据联合国商品贸易数据库(UN COMTRADE)的数据分析可以得到图 6-20，关于中国对韩国进口的印刷品类文化产品的变化趋势，总体上从 1992 年到 2000 年，进口总额不断增加，在 2000 年达到了历史进口额的最大值 1 458 万美元。

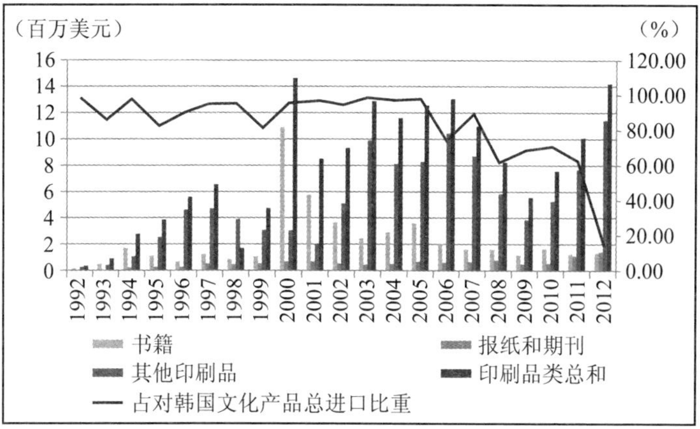

图 6-20　中国对韩国印刷品类文化产品进口趋势图

2000 年之后一直保持着较高的进口总额。直到 2008 年受到全球金融危机的影响，中国对韩国印刷品类文化产品的进口在 2009 年出现了大幅缩减。印刷品类产品在对韩国进口的文化产品中所占比例从 1992 年开始到 2007 年一直保持在 80%以上，在 2008 年之后开始有所下降。尽管如此，仍可以看出印刷品类产品是中国对韩国进口的主要文化产品。具体来看，中国对韩国进口的印刷品类产品一直都是以除书籍、报纸和期刊类产品之外的其他印刷品类产品为主。而且其他印刷品类产品的进口变化趋势完全与印刷品类产品进口总额的变化趋势相同。至于书籍类，进口总额在 1997 年增加到 1 243 万美元之后就开始逐年递减。在 2012 年，中国从韩国进口的书籍类产品减少到了 139 万美元。

2. 中韩视觉艺术类文化产品双边贸易现状

如图 6-21 所示，自 1992 年以来，中国对韩国视觉艺术类文化产品的出口分别以 1997 年和 2008 年为两个峰值，从 1992 年开始增加到 1997 年的 55 万美元之后开始逐年缩减，在 2003 年开始由于中国经济环境的变化以及政府政策推动等各个方面的措施，使得对韩国视觉艺术类文化产品的出口又开始增加，直到 2008 年达到 104 万美元的总出口额。由于受当时全球金融危机的影响，出口额在 2009 年有所缩减，不过近年来，又出现了良好的增长趋势。在 1992 年到 1996 年，视觉艺术类产品在中国对韩国出口的文化产品中所占比例比较高，在 30%左右。从 1997 年开始，占比逐年下滑，在 2012 年只占到了对韩国出口的全部文化产品总额的 3%。

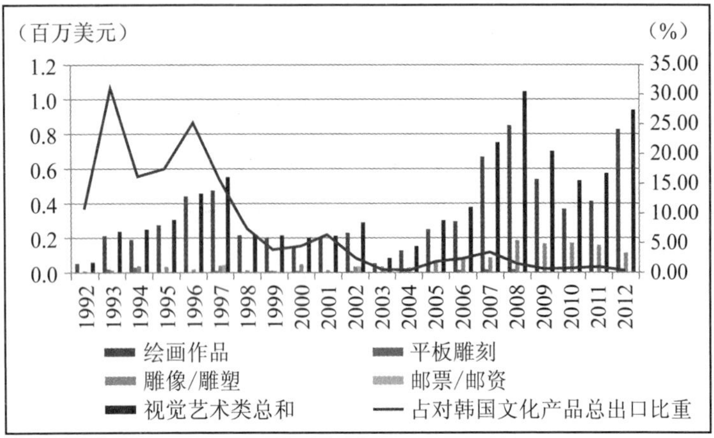

图 6-21　中国对韩国视觉艺术类文化产品出口趋势图

在对韩国出口的视觉艺术产品中，主要以绘画作品为主，且变动趋势与总出口额变化趋势一直保持一致。可见，绘画作品是中国对韩国的主要视觉艺术类出口产品，绘画类产品在中国对韩国出口的视觉艺术类产品中占比一直保持在 70%以上，其他视觉艺术类产品的占比则较小。这可能与文化产品消费所具有的成瘾性有一定的联系，即消费者对于某种文化产品产生的依赖性和消费持续性，比如消费者对于某类音乐的偏爱、某种风格电影的欣赏、某类艺术品的鉴赏等，不仅会持续增加这种所熟知的文化产品的消费，而且会排斥其他替代性的文化产品，这也是文化产品的重要特质之一。而雕像/雕塑类产品的出口从 2005 年之后才开始有较为明显的变化趋势，且随着对韩国视觉艺术类文化产品出口总额的增加呈现逐年增加的变动趋势。不过，邮票/邮资类和平板雕刻类产品在对韩国出口中所占比重一直很小。

从 1992 年到 2012 年，中国对韩国进口的视觉艺术类产品主要呈现出一种短期急速上升又急速下降的波动趋势。如图 6-22 所示，这与中国对美国、日本等其他国家的变动趋势不同。可能与中韩两国各种国内社会经济的发展形势以及中国国内的阶段性需求有关，在 2002 年和 2008 年总进口额分别高达 30 万美元和 47 万美元。尽管在波动过程中出现了几个突破性的峰值，但是整体在中国对韩国进口的所有文化产品中所占比重偏低。最高点 2008 年时占比为 3.49%。可见，视觉艺术类文化产品一直都不是中国对韩国进口的主要文化产品。在对韩国进口的视觉艺术类产品中，仍然以绘画作品为主。不管出口还是进口，中国对韩国的双边贸易都是以绘画作品为主。此外，近年来中国对雕像/雕塑类产品的进口额有所增加，不仅在韩国，在美国与日本等其他贸易伙伴的进口量也同样呈现出增加的趋势。可见，雕像/雕塑类文化产品的进口在中国有着一定的发展潜力，中国随着社会经济的发展，精神文明的程度不断提高，对艺术雕像类的需求量将逐渐增加。

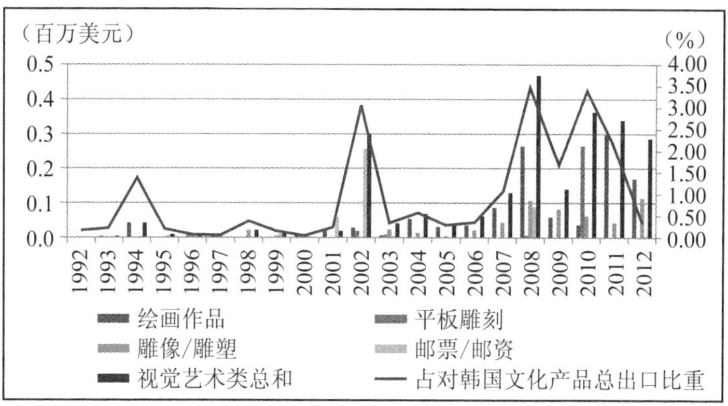

图 6-22 中国对韩国视觉艺术类文化产品进口趋势图

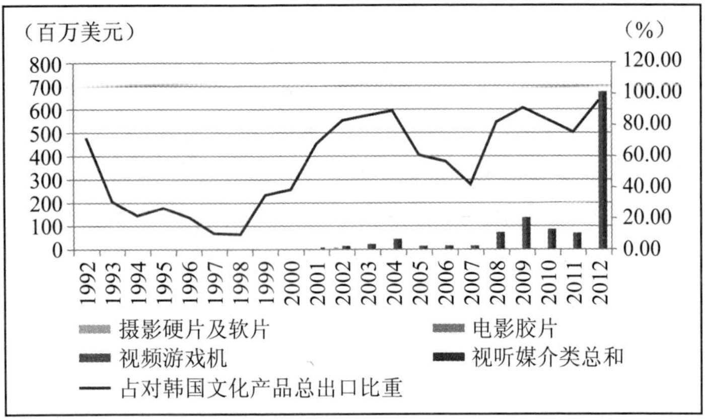

图 6-23 中国对韩国视听媒介类文化产品出口趋势图

3. 中韩视听媒介类文化产品双边贸易现状

根据联合国商品贸易数据库(UN COMTRADE)的数据分析可以看出，近年来，中国对韩国视听媒介类产品的出口在中国对韩国出口的所有文化产品中所占的比重越来越高，视听媒介类文化产品显然已经成为中国对韩国主要的文化出口产品。在 2012 年，其在中国对韩国出口的文化产品总额中占比已经增加到 96.34%。不过在 1992 年到 2012 年期间，前期比重较低，从 2000 年之后增长幅度较大，这与中国对韩国出口的印刷类产品的占比呈现出此消彼长的变动特点。如图 6-23 所示，中国对韩国视听媒介类产品的总出口额在 2012 年发生了急速增加，从 2011 年的 6 624 万美元骤然增到了 2012 年的 6.7 亿美元。在对韩国出口的视听媒介类文化产品中，以视频游戏机为主，这与对美、日的原因相同，由于中国视频游戏机的贸易主要是加工贸易，属于低附加值、低文化内容的劳动密集型产品，而中国有着广阔的劳动力市场，人力成本较低，从而促进了视频游戏机类产品的出口。在 2012 年 6.7 亿美元的出口额中，视频媒介类产品的占比达到了 99%以上。由于韩国在影视方面的快速发展，中国在摄影硬片及软片以及电影胶片方面的出口额非常小。这可能是由于电影胶片是包含了较高文化创意和艺术含量的文化产品，中国在这类产品上的国际竞争力较弱，需要进一步加强。

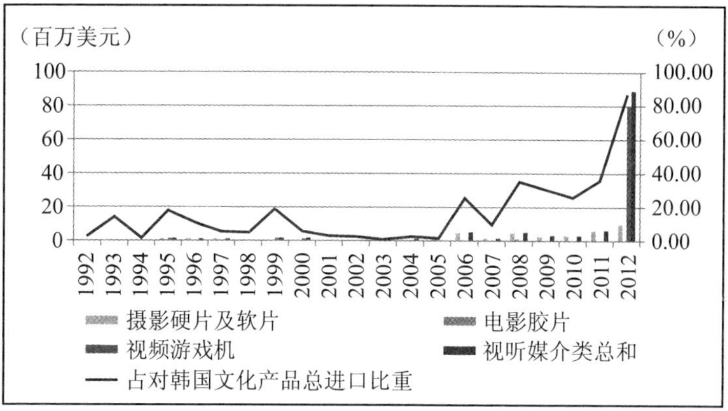

图 6-24　中国对韩国视听媒介类文化产品进口趋势图

从 1992 年到 2012 年，中国对韩国视听媒介类文化产品的进口整体上处于明显的逐步上升趋势。进口总额从 1992 年的 8 894 美元逐步增加到 8 890 万美元，而且有继续增加的趋势。对于进口的视听媒介类产品在中国对韩国文化产品总进口中所占的比重也一直在上升。从 1992 年的占比 2.32%上升到了 2012 年的 85.97%，可见视听媒介类产品即将成为中国对韩国最主要的进口文化产品。随着中国对韩国进口的印刷品类产品近年突然下降，视听媒介的地位逐步上升。在中国进口的视听媒介类产品中，2012 年之前，主要以摄影硬片的进口为主。在 2011 年中国从韩国进口的摄影硬片类文化产品占中国对韩国进口的所有视听媒介类产品的比重高达 99%。可见，韩国的摄影硬片在中国有着很大的需求市场。不过 2012 年由于视频游戏机出口的短期急速增加，超过了摄影硬片的进口额，成为最主要的视听媒介类文化进口产品。

综上所述，中国对韩国文化产品的进口，在 2012 年以前以印刷品类产品为主，其中又以其他印刷品类占比最大，并且有不断增加的趋势。而印刷品类的出口中以书籍和其他印刷品为主，也有不断增加的趋势。对视觉艺术类产品的出口主要以绘画作品为主，但是比重逐年下降且占比很小；视觉艺术类产品进口整体波动性较大，同样以绘画作品为主，但是雕像/雕塑类产品的进口额近年来有逐渐增加的明显变动趋势。中国对韩国出口的文化产品主要以视听媒介类为主，其中视频游戏机的出口占比最大。对于进口而言，由于近年来视听媒介类的进口额逐步增长，将逐步代替印刷品类成为中国对韩国最主要的进口文化产品，尤其是视频游戏机进口的急速增加以及中国对韩国在摄影硬片及软片上一直存在的稳定需求。

根据以上对中美、中日、中韩文化产品双边贸易的现状分析，可以看出由于各个国家经济发展状况不同，比较优势各异，以及中国国内市场需求的不断变动等各个方面的影响，中国同三个国家之间文化产品的贸易也有着各自不同的特点。但是整体上看，中国对美、日、韩的文化产品贸易都存在着整体的贸易顺差，而且贸易顺差有不断扩大的趋势。

中国在不断扩大文化产品贸易规模的同时，要注重实现文化产品贸易的国际均衡性以及发展的可持续性，同时不断调整贸易结构，促进文化产品贸易的多元化发展。

6.3 中国与OECD国家的文化产品贸易

发达国家不仅推动了全球经济的快速发展，也成为全球文化贸易增长的引擎。特别地，近些年随着中国经济的不断增长、文化贸易规模的持续扩大，中国与发达国家间文化贸易往来日益密切，以美国、英国、韩国、日本等为代表的发达国家已经成为中国重要的文化贸易伙伴。同发展中国家相比，发达国家的文化产业起步较早，无论从文化贸易规模还是结构上均领先于发展中国家，并且对全球文化贸易运行规则较为熟悉，特别是在文化人才培养、文化企业管理、文化产品营销方面均拥有丰富的经验。因此，深入探讨中国与发达国家间文化贸易发展对于搞清中国文化贸易现阶段发展特点以及在全球文化经济格局中所处地位具有重要的意义。本节将以 OECD 国家为研究对象，对中国与 OECD 国家从 1992 年至 2013 年核心文化产品贸易的发展现状进行深入分析。

6.3.1　中国与 OECD 国家间文化产品贸易的总体情况

1. 核心文化产品贸易发展的总趋势

从 1992 年至 2013 年，中国与 OECD 国家间核心文化产品贸易除了个别年份受外部冲击影响外，整体处于快速增长趋势。如图 6-25 所示，1992 年中国与 OECD 国家间核心文化产品贸易总额为 107.46 百万美元，截至 2013 年，中国与 OECD 国家间核心文化产品贸易总额已达 8 814.19 百万美元，较 1992 年增长了近 82 倍。其中，在 2009 年和 2013 年核心文化产品贸易呈现明显下滑，2009 年、2013 年中国与 OECD 国家间核心文化产品贸易额分别达 2 967.9 百万美元、8 814.19 百万美元，较 2008 年、2012 年分别下降 23.07%、4.19%。

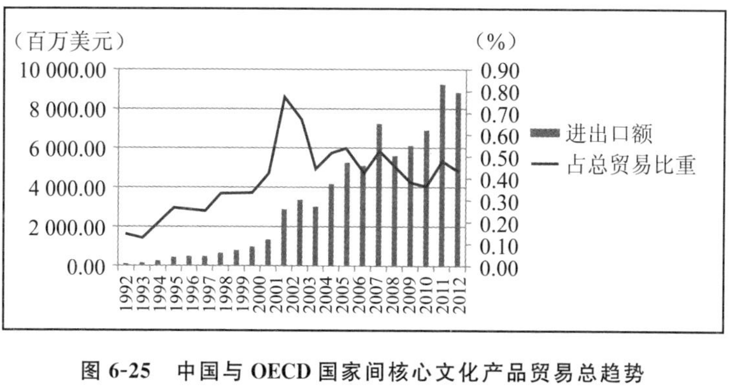

图 6-25　中国与 OECD 国家间核心文化产品贸易总趋势

数据来源：联合国商品贸易数据库(UN COMTRADE)。

2009 年中国与 OECD 国家间核心文化产品贸易之所以出现大幅度下降主要与全球金融危机有关。受全球金融危机的影响，中国与 OECD 国家间核心文化产品的外部需求受到冲击，出现一定程度的下滑，从而削弱了国家间核心文化产品贸易的总量。此外，2013 年中国与 OECD 国家间核心文化产品贸易也呈现出下滑趋势，下降了 4.19%。这可能来自以下两个原因：一方面，中国于 2013 年调低了本国经济增长预期，将国家政策重点转向经济发展方式转变与贸易结构调整，即加快粗放型增长方式向着集约型增长方式的转变，将更多的精力放到对产品技术、创新等方面的研发，并逐渐地摆脱仅依赖于传统劳动要素禀赋优势的发展模式。在文化产品贸易方面，中国大部分文化产品的出口主要还是源于廉价的劳动力，如视频游戏机、贺卡等，因此，经济增长预期的下调、贸易结构的调整从一定程度上抑制了中国与 OECD 国家间核心文化产品贸易的发展。另一方面，由于受到金融危机与欧债危机的双重影响，近年很多处于欧元区的 OECD 国家实际上并未真正地从危机中走出来，仍然存在着国内需求萎缩的问题，危机持续时间越长，上述问题就越严重。特别是在文化消费方面，不同于传统的制成品，文化产品属于一种闲暇与精神消费产品，文化产品的需求与收入水平是呈正相关的，然而，从目前全球经济形势来看，大部分 OECD 国家均面临着经济下滑的趋势，这也进一步降低了这些国家对文化产品的需求，阻碍了中国与 OECD 国家间核心文化产品贸易的发展。

值得注意的是，虽然近些年中国与 OECD 国家间核心文化产品贸易的规模呈现逐年上升态势，但从核心文化产品贸易占货物贸易比重来看，中国与 OECD 国家间核心文化产品贸易占货物贸易比重仍不到 1%，2002 年中国与 OECD 国家间核心文化产品贸易占货物贸易比重为 0.77%，是所有年份中比重最大的一年，这可能与中国刚刚加入 WTO、国内文化市场的进一步开放以及在相关文化领域中产品出口成本降低有一定的关系。中国与 OECD 国家间核心文化产品贸易占比较低的现象一方面反映出中国文化贸易发展仍处于初级阶段，对于经济的推动作用甚是微弱；另一方面也说明中国与 OECD 国家间文化交流程度仍有待提升，进而减少由于国家间文化隔阂对中国与 OECD 国家间文化产品贸易所产生的负效应。

2. 核心文化产品的进出口情况

从 1992 年至 2013 年，中国与 OECD 国家间核心文化产品进出口主要表现为“出口势头强劲，进口需求萎靡”的特征。如图 6-26、图 6-27 所示，从 1992 年至 2013 年，中国对 OECD 国家出口核心文化产品从 46.93 百万美元上升至 7 857.68 百万美元，增长了 167 倍。在进口方面，1992 年中国从 OECD 国家进口核心文化产品为 60.53 百万美元，2013 年核心文化产品进口为 965.85 百万美元，20 年增长了 15 倍。此外，在净出口方面，中国核心文化产品贸易除了个别年份为贸易逆差外，其余年份均为贸易顺差，且呈现出逐年扩大趋势。除了 1992 年、2000 年、2001 年中国对 OECD 国家核心文化产品贸易呈现贸易逆差外，其余年份均为贸易顺差。2013 年中国对 OECD 国家核心文化产品净出口额为近 20 年最大，达 6 900.84 百万美元。

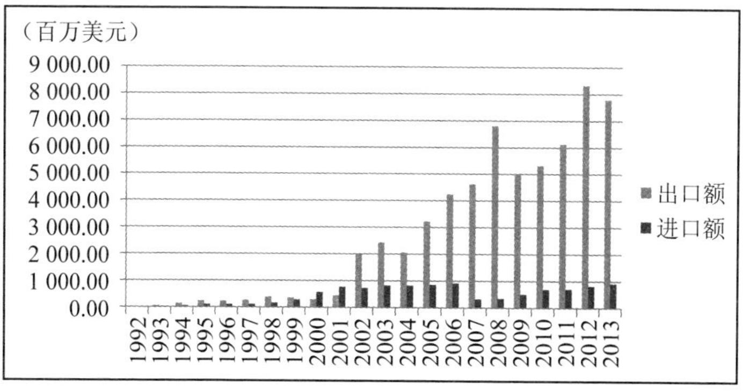

图 6-26　中国与 OECD 国家间核心文化产品进出口情况

数据来源：联合国商品贸易数据库(UN COMTRADE)。

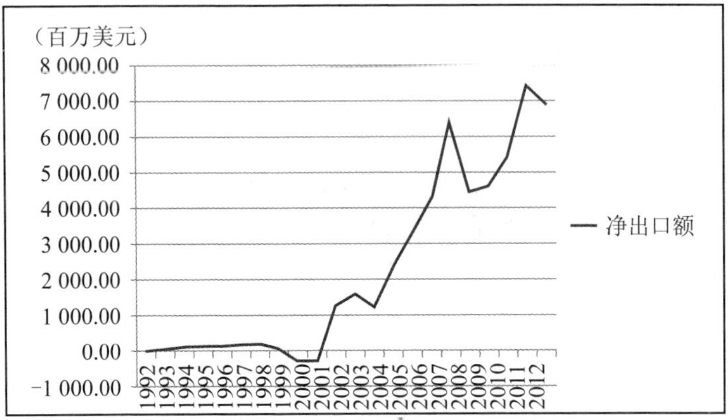

图 6-27 中国与 OECD 国家间核心文化产品净出口情况

数据来源：联合国商品贸易数据库(UN COMTRADE)。

中国对 OECD 国家核心文化产品出口整体保持贸易顺差，且逐年扩大，一方面是由于改革开放以来，随着外资不断引入，加工贸易在中国贸易中作用的逐渐加大，不仅为中国创造了巨大的工作机会，而且也为中国企业相关技术的提升创造了有利环境。文化产品的生产也不例外，除了电影、文化遗产等产品外，中国核心文化产品中大部分产品仍以视频游戏机、印刷品类等产品为主，这类产品的生产除了需要大量的劳动力外，对于生产设备及技术也有一定的要求。而中国目前在产品加工、组装等方面便利的环境恰恰为中国实现上述文化产品生产及技术的改进创造了有利的条件。另一方面，正如上文所述，在中国文化产品出口中，大部分核心文化产品出口仍依靠的是传统的劳动禀赋优势。而改革开放以来，中国珠三角及内陆地区丰富的劳动力资源为上述核心文化产品的生产创造了有利的条件，推动了中国对 OECD 国家核心文化产品的出口。此外，从进口方面来看，造成中国从 OECD 国家核心文化产品进口需求低位徘徊主要是由于中国从 OECD 国家进口的核心文化产品均为文化内容丰富、技术含量较高、附加值较高的核心文化产品，这类产品售价较国内文化产品相对较高。而与之形成对比的是中国较低的文化消费需求，由于中国国民收入水平较发达国家相比仍存在较大差距，加之进口文化产品价格相对昂贵，从而导致中国对 OECD 国家的进口需求一直处于低位。

3. 核心文化产品进出口增长率

如图 6-28 所示，中国与 OECD 国家间核心文化产品进口、出口与进出口增长率均呈现波动性，其中，核心文化产品出口增长率变化较为明显。受 2001 年中国加入 WTO 的影响，2002 年中国对 OECD 国家核心文化产品出口增长率、进出口增长率分别为 302.59%和 116.2%，为历年出口增长率和进出口增长率最高。此外，在进口增长率方面，自 2002 年以来，中国从 OECD 国家核心文化产品进口比率平均在 15%左右，与出口增长率形成鲜明对比，这也进一步验证了上文的相关结论，即“出口势头强劲，进口需求萎靡”。

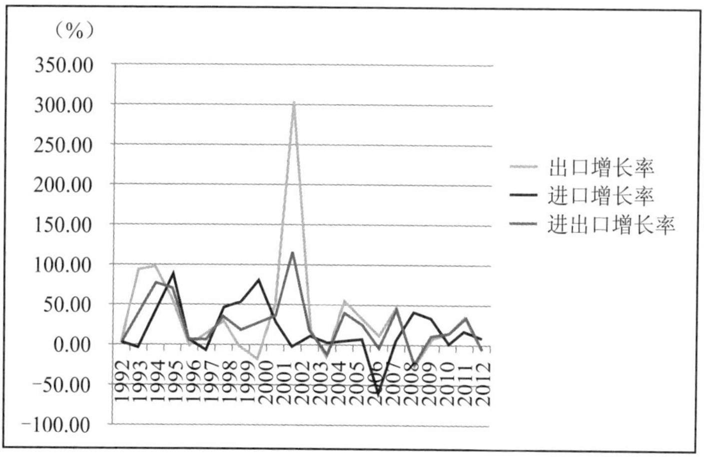

图 6-28　中国与 OECD 国家间核心文化产品进出口增长率

6.3.2 中国与OECD国家间核心文化产品贸易结构

本部分将根据联合国对核心文化产品的分类，对中国与OECD国家间核心文化产品贸易结构进行具体分析。由于本书涉及时间跨度较大，所以主要选取1992年、2002年、2009年和2013年中国与OECD国家间核心文化产品进口与出口数据为研究对象，来分析国家间核心文化产品贸易结构。之所以选择上述年份，主要是基于以下几个原因：1992年是本章数据的起始年份，当时中国并非WTO成员，可以有效地代表入世前中国与OECD国家核心文化产品的情况。选择2002年主要是因为该年份是中国加入WTO的第一年，可以与入世前进行有效的对比。选择2009年和2013年一方面是出于数据更新的考虑，2013年是目前联合国商品贸易数据库(UN COMTRADE)最新数据年份，可以如实地反映出当前中国与OECD国家间核心文化产品的贸易情况；另一方面，2009年受到金融危机的影响，全球经济外部需求严重萎缩，全球贸易出现大幅度下滑，为考察在这种情况下中国与OECD国家间核心文化产品贸易的表现与之前有什么不同，因此，本部分选择2009年数据进行具体考察。

如表6-2和表6-3所示，在中国与OECD国家间核心文化产品贸易中，印刷品与视觉艺术品成为贸易量最大的两类产品。在印刷品方面，除了报纸和期刊2013年出口较2009年有所降低外，2013年报纸和期刊出口额为371.05万美元，低于2009年的706.14万美元，其余三个年份中国与OECD国家间三类具体的印刷品(书籍、报纸与期刊、其他印刷品)进口与出口均呈现明显增长趋势。在出口方面，书籍类核心文化产品成为中国对OECD国家出口中第二大核心文化产品，2013年中国对OECD国家的书籍出口额为98 415.02万美元。在进口方面，报纸和期刊类核心文化产品成为中国从OECD国家进口中第一大核心文化产品，虽然2013年中国从OECD国家进口报纸和期刊的进口额低于绘画作品，但从其他三个年份来看，报

表 6-2 中国与 OECD 国家间核心文化产品贸易结构情况 I

单位：万美元

指标	年份	文化遗产		印刷品			记录媒介	
		收藏品	超过百年的古董	书籍	报纸和期刊	其他印刷品	磁带	唱片
进口额	1992	2.46	0.00	2 254.43	1 844.22	127.43	320.16	1 341.43
	2002	6.70	0.67	5 050.16	3 321.19	1 026.97	1 220.98	65 061.81
	2009	27.30	91.77	778.83	11 879.90	32 025.59	0.00	0.00
	2013	665.99	1 266.29	17 417.69	20 778.14	25 424.52	0.00	0.00
出口额	1992	2 076.34	2.29	886.84	91.33	41.81	69.24	158.98
	2002	61.68	155.96	19 515.97	129.28	4 112.29	464.35	15 402.90
	2009	216.83	37.93	73 383.61	706.14	36 653.58	0.00	0.00
	2013	154.50	557.11	98 415.02	371.05	60 664.87	0.00	0.00
净出口	1992	2 073.87	2.29	−1 367.59	−1 752.88	−85.62	−250.91	−1 182.46
	2002	54.98	155.28	14 465.82	−3 191.92	3 085.32	−756.63	−49 658.90
	2009	189.53	−53.84	72 604.79	−11 173.80	4 627.99	0.00	0.00
	2013	−511.49	−709.17	80 997.33	−20 407.10	35 240.35	0.00	0.00

数据来源：联合国商品贸易数据库(UN COMTRADE)。

表 6-3　中国与 OECD 国家间核心文化产品贸易结构情况 Ⅱ

单位：万美元

指标	年份	视觉艺术				视听媒介		
		绘画作品	平板雕刻	雕像/雕塑	邮票/邮资	摄影硬片及软片	电影胶片	视频游戏机
进口额	1992	17.95	0.053	1.94	0.00	80.78	60.33	1.46
	2002	45.87	1.90	47.13	68.03	269.90	88.09	1 854.89
	2009	119.86	7.09	88.93	126.88	757.19	3 192.52	95.32
	2013	22 781.78	203.22	2 133.88	75.30	1 687.25	250.90	2 999.50
出口额	1992	785.69	30.81	90.70	0.11	80.78	66.35	311.70
	2002	1 077.48	27.73	74.32	123.65	421.11	15.06	165 827.24
	2009	3 078.14	31.44	239.20	68.93	14.89	19.13	387 053.41
	2013	24 595.11	512.69	52 433.59	90.35	49.27	0.039	547 924.64
净出口	1992	767.73	30.75	88.75	0.11	−0.000 9	6.026	310.24
	2002	1 031.61	25.83	27.19	55.62	151.21	−73.030 90	163 972.30
	2009	2 958.28	24.34	150.26	−57.94	−742.30	−3 173.39	386 963.10
	2013	1 813.33	309.47	50 299.71	15.04	−1 637.98	−250.87	544 925.10

数据来源：联合国商品贸易数据库(UN COMTRADE)。

纸和期刊的进口额依然为所有核心文化产品进口额中最大的。在净出口方面，书籍和其他印刷品均为贸易顺差，而报纸和期刊的净出口以贸易逆差为主，2013 年其净出口额为－20 407.1 万美元。通过上述分析，我们不难发现，中国对 OECD 国家在书籍和其他印刷品方面具有较强的供给能力，而在报纸和期刊方面，持续的贸易逆差说明中国存在一定的国内需求，同时在该类产品的供给能力上仍存在着一定的可提升空间。

在视觉艺术品方面，绘画作品、平板雕刻、雕像/雕塑类核心文化产品贸易在进口与出口方面均呈现出明显的上升态势，而邮票/邮资在 2002 年和 2009 年表现出一定的波动性。在出口方面，绘画作品和雕像/雕塑成为中国对 OECD 国家出口量最大的两种产品，1992 年两种产品的出口额分别为 785.69 万美元和 90.7 万美元，截至 2013 年，两类产品的出口额已分别达到 24 595.11 万美元和 52 433.59 万美元，其中雕像/雕塑类核心文化产品出口额呈现跳跃式增长，而 2009 年雕像/雕塑类核心文化产品出口额仅为 239.2 万美元。之所以呈现出如此显著的差别，我们认为主要和产品自身有关，雕像/雕塑类产品属于文化内涵丰富、附加值较高的核心文化产品，且产品在设计与制作工艺上不仅需要人力与资本的投入，同时也对设计者的文化创意意识具有较高的要求。近些年，中国文化产业正处于繁荣与发展时期，许多文化创意园区的建立，吸引了大批从事文化创意设计的人才，特别是从事这类具有较高文化创意性的雕塑/雕像类产品设计，为中国从事该领域的创作者创造了良好的工作环境。同时，随着中国文化的对外传播，中国悠久而又神秘的历史与文化形象吸引了一大批对中国文化感兴趣的外国消费者，使得中国文化产品的外部需求得到了显著提升。在进口方面，绘画作品成为中国从 OECD 国家印刷类产品中进口最多的产品，2013 年绘画作品进口额为 22 781.78万美元，而邮票/邮资类核心文化产品进口额最小，2013 年仅为 75.3 万美元。在净出口方面，除了邮票/邮资在

1992 年和 2009 年出现贸易逆差外，其他三类产品均为贸易顺差，说明中国对 OECD 国家视觉艺术品出口方面拥有一定的国际竞争力。

在文化遗产方面，中国从 OECD 国家进口的文化遗产呈现不断增长趋势，1992 年超过百年的古董和收藏品进口额分别为 0 和 2.46 万美元，而 2013 年超过百年的古董和收藏品进口额分别达到 1 266.29 万美元和 665.99 万美元。在出口方面，中国对 OECD 国家文化遗产的出口呈现下滑趋势，其中收藏品的下滑幅度最为明显，1992 年中国对 OECD 国家收藏品出口额为 2 076.34 万美元，而 2013 年其出口额仅为 154.5 万美元。此外，在记录媒介方面，由于新的记录媒介的出现替代了传统媒介，使得记录媒介的统计口径发生较大变化。因此 2006 年以后该项指标统计值均为 0，但从之前的统计数据，我们不难看出，2006 年之前中国与 OECD 国家在视听媒介方面存在着大量的需求，2002 年记录媒介(磁带、唱片)的净出口额分别为 −756.63 万美元和 −49 658.9 万美元。最后，在视听媒介方面，中国在摄影与电影类核心文化产品上对 OECD 国家存在着严重的贸易逆差，2013 年中国与 OECD 国家在摄影与电影类核心文化产品净出口分别为 −1 637.98 万美元和 −250.87 万美元。值得注意的是，在视频游戏机方面，中国成为 OECD 国家该产品的主要出口国，该产品的净出口额呈持续上升态势。从 1992 年的 310.24 万美元上升至 2013 年的 544 925.1 万美元。中国在视频游戏机上净出口的持续增加也客观地反映了目前中国文化产品贸易发展的问题，即文化产品缺乏核心竞争力，缺少文化创意，出口仍未摆脱传统的劳动禀赋优势。众所周知，视频游戏机贸易仍以加工贸易为主，而中国正是由于凭借着其丰富而廉价的劳动力，以及在加工贸易上已有的优势，使之在中国与 OECD 国家的贸易中占据半壁江山。

6.3.3　中国与OECD国家间核心文化产品贸易的国别结构

1. 中国与OECD国家间核心文化产品贸易的国别比较

本部分将以1992年、2002年和2013年的贸易数据为基准，来比较中国与OECD国家间核心文化产品贸易的排名变化情况。

在出口方面，1992年、2002年和2013年一直排在前十位的OECD国家主要有美国、日本、德国、法国、澳大利亚、韩国、加拿大和英国。其中，美国和日本一直以来都是出口排名前三位的国家，特别是美国一直以来是中国第一大核心文化产品的出口国。以2013年为例，2013年中国核心文化产品对美国和日本出口额分别为401 854.08万美元和153 009.45万美元，成为当年中国核心文化产品出口第一和第三大国。在其他国家方面，我们发现1992年中国核心文化产品对荷兰出口额为12.77万美元，在出口国家中排名第十二位，而2002年、2013年中国核心文化产品对荷兰出口额分别为65 784.56万美元、55 826.2万美元，排名分别为第二位和第四位，成为出口额上升速度最快的国家之一。此外，从出口额方面分析，自加入WTO以来，中国对OECD国家的核心文化产品出口额呈现迅速上升态势。以美国为例，2002年中国核心文化产品对美国的出口为96 336.89万美元，而2013年中国核心文化产品对美国的出口已达401 854.08万美元，增长了4倍之多，说明中国加入WTO以来，各类贸易成本的下降对中国核心文化产品的出口起到了一定的推动作用，促进了中国核心文化产品对OECD国家的出口。

在进口方面，1992年、2002年和2013年一直排在前十位的OECD国家主要有美国、日本、英国、法国、德国、荷兰和韩国。其中，与出口相同，日本和美国一直以来都是进口排名前三位的国家。2013年中国从日本和美国进口核心文化产品额分别为19 153.85万美元和26 027.12万美元，其中，美国成为OECD国家中中国最大的核心文化产品进口国。在其他国家方面，2002年中国从德国进口核心文化产品32 372.91万美元，排名第一，而2013年中国从德国进口核心文化产品10 113.2万美元，排名第五。此外，从进口额方面分析，与出口相比，中国从OECD国家进口核心文化产品额并未发生较大的变动，甚至在一些国家还出现了下降的现象，2002年和2013年中国从美国进口核心文化产品额分别为23 812.08万美元和26 027.12万美元，增长不到1倍。而中国从德国进口核心文化产品额从2002年的32 372.91万美元下降至2013年的10 113.2万美元。

表6-4 核心文化产品的主要出口伙伴 单位：万美元

1992年	出口额	2002年	出口额	2013年	出口额
美国	2 551.05	美国	96 336.89	美国	401 854.08
日本	1 177.73	荷兰	65 784.56	日本	153 009.45
德国	446.41	日本	26 724.91	英国	72 717.02
奥地利	141.67	英国	8 848.63	荷兰	55 826.20
法国	87.88	加拿大	3 557.31	德国	37 867.36
澳大利亚	73.09	韩国	1 620.77	澳大利亚	22 638.24
韩国	50.18	澳大利亚	1 582.38	法国	8 423.77
加拿大	49.53	德国	1 435.00	加拿大	7 380.35
英国	27.14	法国	453.10	韩国	6 270.84
意大利	14.58	智利	212.18	瑞士	4 844.68
丹麦	13.46	芬兰	153.88	比利时	3 071.74
荷兰	12.77	意大利	139.80	意大利	2 443.41
瑞士	11.32	新西兰	103.75	土耳其	1 218.54
智利	6.63	爱尔兰	103.41	智利	1 184.48
瑞典	6.56	比利时	64.57	波兰	983.10

数据来源：联合国商品贸易数据库(UN COMTRADE)。

表 6-5 核心文化产品的主要进口伙伴 单位：万美元

1992 年	进口额	2002 年	进口额	2013 年	进口额
美国	2 564.85	德国	32 372.91	美国	26 027.12
日本	1 411.92	美国	23 812.08	英国	19 153.85
英国	614.71	日本	6 645.37	日本	15 004.50
法国	560.67	英国	2 585.13	法国	10 929.62
德国	462.66	爱尔兰	2 421.38	德国	10 113.20
加拿大	193.55	芬兰	2 127.03	荷兰	6 258.36
意大利	95.92	韩国	2 034.80	瑞士	4 555.06
荷兰	40.10	瑞典	1 109.70	韩国	1 710.05
韩国	39.69	法国	1 010.65	意大利	1 084.28
芬兰	25.62	荷兰	984.62	加拿大	362.40
澳大利亚	19.33	澳大利亚	766.07	澳大利亚	167.00
瑞士	10.75	意大利	558.71	奥地利	59.14
挪威	3.22	加拿大	452.58	希腊	55.50
爱尔兰	3.17	以色列	394.49	比利时	41.02
丹麦	2.12	奥地利	340.98	瑞典	33.79

数据来源：联合国商品贸易数据库(UN COMTRADE)。

2. 中国与主要 OECD 国家间核心文化产品贸易情况

本部分将重点分析中国与法国、德国、日本、美国和英国 2013 年具体核心文化产品的进口、出口及净出口情况，具体结果如表 6-6 所示。

在法国方面，中国在书籍、其他印刷品与视频游戏机方面表现出一定的出口竞争优势，2013 年中国在上述三种产品上对法国的出口额分别为 5 778.52 万美元、947.23 万美元和 643.28 万美元，且上述三种产品在 2013 年均表现出贸易顺差，净出口额分别为 5 502.52 万美元、424.7 万美元和 643.28 万美元。其中，书籍类产品成为中国对法国出口额最大的产品。从进口方面看，在中国从法国进口的核心文化产品中，绘画作

表 6-6 中国与主要 OECD 国家间核心文化产品贸易情况

单位：万美元

国家	指标	文化遗产		印刷品			视觉艺术				视听媒介		
		收藏品	超过百年的古董	书籍	报纸和期刊	其他印刷品	绘画作品	平板雕刻	雕像/雕塑	邮票/邮资	摄影硬片及软片	电影胶片	视频游戏机
法国	进口额	2.78	430.68	276.00	63.29	522.52	8 641.73	8.36	960.62	1.75	0.00	20.45	0.00
	出口额	0.00	256.91	5 778.52	0.06	947.23	724.23	2.33	71.15	0.00	0.00	0.00	643.28
	净出口	−2.78	−173.78	5 502.52	−63.22	424.70	−7 917.49	−6.03	−889.47	−1.75	0.00	−20.45	643.28
德国	进口额	8.65	24.71	959.30	1 416.44	7 249.70	34.58	1.23	57.39	0.76	0.60	1.96	357.88
	出口额	0.00	0.00	7 172.81	2.60	1 779.84	1 209.48	31.52	48.62	0.00	1.11	0.00	27 621.37
	净出口	−8.65	−24.71	6 213.52	−1 413.84	−5 469.86	1 174.90	30.29	−8.77	−0.76	0.50	−1.96	27 263.50
日本	进口额	4.45	1.13	487.38	749.97	10 794.01	9.35	0.77	21.89	0.13	309.74	2.42	2 623.26
	出口额	0.00	0.00	3 139.38	50.88	1 857.13	106.88	1.87	51 413.26	0.00	0.10	0.00	96 439.95
	净出口	−4.45	−1.13	2 652.00	−699.09	−8 936.88	97.53	1.10	51 391.37	−0.13	−309.64	−2.42	93 816.69
美国	进口额	381.50	0.00	7 704.02	12 259.03	554.51	3 326.29	185.53	325.07	12.97	564.85	159.74	16.00
	出口额	154.50	0.00	49 411.30	117.43	30 507.34	10 685.62	344.08	414.29	90.19	10.52	0.00	310 118.81
	净出口	−227.00	0.00	41 707.28	−12 141.60	29 952.83	7 359.32	158.54	89.22	77.22	−554.33	−159.74	310 102.82
英国	进口额	44.41	203.43	7 151.74	4 668.01	5 554.81	1 083.65	6.18	425.84	2.97	0.44	12.37	0.00
	出口额	0.00	299.83	15 026.84	17.32	12 583.28	1 488.66	74.93	154.72	0.16	1.41	0.00	43 069.87
	净出口	−44.41	96.39	7 875.10	−4 650.69	7 028.47	405.02	68.74	−271.12	−2.81	0.98	−12.37	43 069.87

数据：联合国商品数据库(UN COMTRADE)。

品和雕像/雕塑成为中国最大的两种进口核心文化产品，2013年两种产品的进口额分别为8 641.73万美元和960.62万美元，上述两种产品出现贸易逆差，净出口额分别为－7 917.49万美元和－889.47万美元。此外，中国从法国进口视频游戏机额度为0，这主要是由法国自身产业结构所决定的，由于法国以发展第三产业为主，而视频游戏机的生产主要是加工贸易，因此导致中国成为法国的视频游戏机净出口国。

在德国方面，中国在书籍、绘画作品、平板雕刻、摄影硬片及软片以及视频游戏机方面表现出一定的出口竞争优势，其中书籍、绘画作品和视频游戏机出口额相对较大，2013年中国在上述三种产品上对德国的出口额分别为7 172.81万美元、1 209.48万美元和27 621.37万美元，且均为贸易顺差，净出口额分别为6 213.52万美元、1 174.9万美元和27 263.5万美元，其中视频游戏机成为中国对德国出口的第一大核心文化产品。在进口方面，报纸和期刊与其他印刷品成为中国从德国进口额最大的两种核心产品，2013年上述两种产品的进口额分别为1 416.44万美元和7 249.7万美元，两种产品的净出口额分别为－1 413.84万美元和－5 469.86万美元，其中其他印刷品成为2013年中国与德国在核心文化产品贸易中逆差额最大的产品，这也说明中国除了书籍外，在报纸和期刊与其他印刷品方面对德国具有较大的文化消费需求。

在日本方面，中国在雕像/雕塑以及视频游戏机方面表现出一定的出口竞争力。2013年中国对日本出口雕像/雕塑和视频游戏机数额分别为51 413.26万美元和96 439.95万美元，上述两种产品的净出口额分别为51 391.37万美元和93 816.69万美元，其中，视频游戏机成为中国对日本出口的第一大核心文化产品。日本作为全球主要文化发达国家，动漫游戏在日本文化产业发展中起到重要作用，然而在动漫游戏类产品生产中，日本始终将重心放在游戏软件的开发上，而将其他配套的机器生产转移到中国等其他发展中国家，而中国又在视频游戏机生产上具有一定的比较优势。在进口方面，我们发现其他印刷品以及视频游戏机成为中国从日本进口的两大核心文化产品，2013 年其他印刷品和视频游戏机的进口额分别为 10 794.01 万美元和 2 623.26 万美元，值得注意的是，视频游戏机无论是出口还是进口，在中国与日本的核心文化产品贸易中均占有重要地位。与中国不同，日本在视频游戏机方面的生产更加注重对游戏本身内容的制作以及产品技术层面的开发，因此其出口的产品往往附加值较高，而中国的视频游戏机生产往往依靠的是廉价的劳动力，附加值相对较低。

在美国方面，书籍、其他印刷品和视频游戏机成为中国对美国出口的前三大类核心文化产品。2013 年上述三类核心文化产品净出口额分别为 41 707.28 万美元、29 952.83 万美元和 310 102.82 万美元，其中视频游戏机为中国对美国出口的第一大核心文化产品。在进口方面，报纸和期刊成为中国从美国进口的第一大核心文化产品，2013 年该产品的进口额达 12 259.03 万美元，其净出口额为－12 141.6 万美元。值得注意的是，与其他四个国家不同，中国从美国进口的电影胶片数额最大，2013 年电影胶片进口额达 159.74 万美元。电影进口逆差一方面反映出美国电影行业在全球的主导地位；另一方面也折射出中国国内市场对美国电影的巨大需求。

在英国方面，与美国类似，书籍、其他印刷品和视频游戏机成为中国对英国出口的三大核心文化产品。2013 年上述三种核心文化产品出口额分别为 15 026.84 万美元、12 583.28 万美元和 43 069.87 万美元，其中视频游戏机依旧成为中国对英国出口的第一大核心文化产品。在进口方面，报纸和期刊在中国从英国进口的核心文化产品中所占份额最大，2013 年中国从英国进口报纸和期刊金额达 4 668.01 万美元，其净出口额为－4 650.69 万美元。

根据以上分析，我们发现，在与主要文化贸易伙伴的贸易往来中，中国在视频游戏机、书籍、平板雕刻方面成为这些国家的主要出口国，同时也反映出中国在上述三种产品方面拥有一定的出口竞争力。此外，在文化遗产、电影胶片、摄影硬片及软片以及报纸和期刊上与上述国家存在一定的贸易逆差，特别是在报纸和期刊方面贸易逆差数额最大。这也同样说明未来在发展对外文化贸易的过程中，中国政府应该重视对报纸和期刊、电影等领域的投入力度，同时也要进一步加强中国在已有竞争优势的文化核心产品中的科技投入以及创新力度，为进一步推动中国与 OECD 国家间的文化产品贸易发展铺平道路。

6.4 中国与金砖国家的文化产品贸易

自 2008 年全球金融危机以来，欧美等发达国家经济发展持续低迷，金砖国家经济却取得了长足的发展，成为推动世界经济增长的引擎，所占世界贸易的份额逐年增加。近些年中国与金砖国家贸易来往迅速增长，贸易增长率已经远远超过中国平均贸易增速，双边贸易结构不断优化、经贸合作水平不断深化，中国已经逐渐成为金砖国家的重要贸易伙伴。但较之货物贸易，中国与金砖国家在服务贸易特别是文化贸易方面的合作刚刚处于起步阶段。在全球文化贸易蓬勃发展的背景下，很多国家已将发展文化产业作为本国经济的主要支柱，将发展文化贸易作为推动各国外贸增长的重要动力。可以预见，中国与金砖国家间文化领域的经贸合作也将成为决定其未来经济发展的决定因素之一。因此，本节将以金砖国家为研究对象，对中国与金砖国家从 1992 年至 2013 年的核心文化产品贸易的发展情况进行深入分析。

6.4.1 中国与金砖国家间文化产品贸易的总体情况

1. 核心文化产品贸易发展的总趋势

自 1992 年以来，中国与金砖国家间核心文化产品贸易额呈现快速增长态势。如图 6-29 所示，1992 年其核心文化产品贸易总额仅为 1.06 百万美元，而 2013 年上升至 190.5 百万美元，20 年间上升了 100 多倍。在这 20 多年间，除了个别年份如 1995 年、2000 年以及 2010 年核心文化产品贸易额出现一定波动外，其余年份均处于平稳上升状态。中国与金砖国家间核心文化产品贸易的快速上升反映出随着发展中国家经济的快速发展、居民收入水平的不断提高，发展中国家不仅在传统的货物贸易上取得了卓越的成绩，同时中国与金砖国家在各自文化产品与服务方面也产生了大量潜在需求，为未来国家间文化交流、文化贸易奠定了坚实的基础。

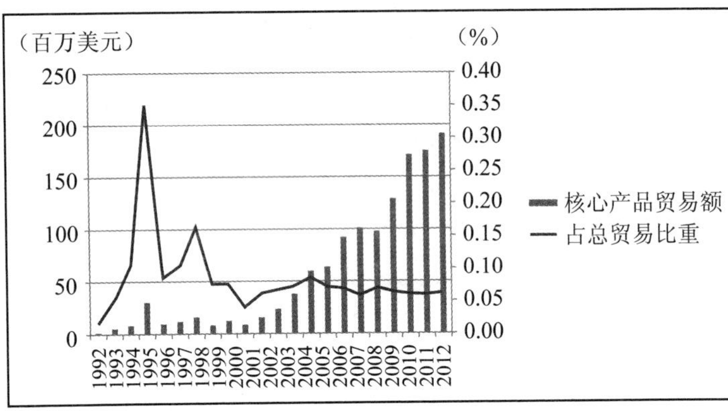

图 6-29 中国与金砖国家间核心文化产品贸易总趋势

在总贸易占比方面，目前中国与金砖国家间核心文化产品贸易占总贸易比重份额仍不到 1%，1994 年核心文化产品贸易占总贸易比重最大，达 0.35%，自此之后该比重又出现了大幅度下跌，即便进入 2001 年中国加入 WTO 以后，中国与金砖国家核心文化产品贸易占总贸易比重依旧未发生任何改善，核心文化产品贸易总占比额度几年内均未达到 0.1%。中国与金砖国家间核心文化产品贸易占总贸易比重较低可能是由以下原因所造成：第一，从金砖国家经济发展水平来看，除了中国处于工业化后期以外，其他四个金砖国家仍处于工业化中期。因此，在产业结构方面，制造业仍然是这些国家经济与贸易发展的中心，导致目前中国与金砖国家的贸易往来仍然以传统的制造品为主。第二，在文化产业方面，除了印度的电影业在全球文化产业中颇具影响力外，其他国家的文化产业并未出现像印度电影业这样的可以与欧美等文化经济发达国家抗衡的文化行业，金砖国家的文化产业发展仍然处于起步阶段。

2. 核心文化产品的进出口情况

从1992年至2013年，中国对金砖国家核心文化产品出口贸易额远远超过了中国从金砖国家的核心文化产品进口额。如图6-30所示，从1992年至2013年，中国对金砖国家核心文化产品出口从0.75百万美元上升至183.16百万美元，增长了180多倍。其中，2013年中国对金砖国家核心文化产品出口额为近20多年来最大值。在进口方面，中国从金砖国家核心文化产品进口额相对较小，1992年中国从金砖国家进口核心文化产品额仅为0.31百万美元，2013年中国从金砖国家的核心文化产品进口额仅达到7.35百万美元，增幅远远小于出口增幅，其中，2003年核心文化产品进口额最大为13.34百万美元。在净出口方面，除了个别年份中国对金砖国家核心文化产品的净出口额为负值外，大部分年份其净出口额均为正，且核心文化产品贸易顺差呈逐年扩张的态势。

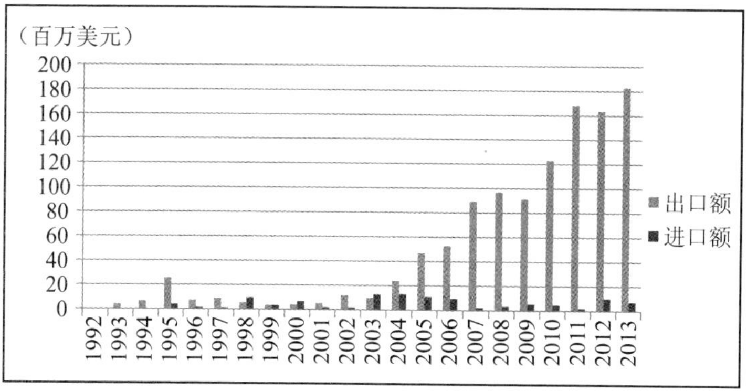

图6-30 中国与金砖国家间核心文化产品进出口情况

如图 6-30 和图 6-31 所示，我们发现，在核心文化产品贸易方面，中国成为金砖国家的核心文化产品的净出口国，且核心文化产品贸易顺差出现持续增加的态势。同时，在进口方面，中国国内文化市场对于金砖国家的核心文化产品的需求一直处于较低水平。上述现象一方面反映了随着中国经济的快速发展，中国经济在全球影响力的逐年增加，中国大国形象在全球的树立，许多国家的民众十分关注中国经济社会发展的方向，愿意对中国进行更多的了解。文化产品特别是核心文化产品，作为文化传播的载体，不仅体现了一个国家和民族的道德、价值观、信仰、风俗等，而且展现了一个国家和民族的思想意识形态。文化产品贸易不仅推动了中国文化贸易的发展，同时也满足了外国民众对于中国文化产品的客观需求。中国核心文化产品进口需求较低也说明了目前中国的核心文化产品需求仍主要来自文化经济发达的国家，如美国、日本、韩国。此外，由于中国与金砖国家间在官方语言、价值观、习俗、信仰等方面存在较大差异，使得中国与金砖国家间存在着较大的文化距离，从而也抑制了中国对其他金砖国家的核心文化产品的进口需求。

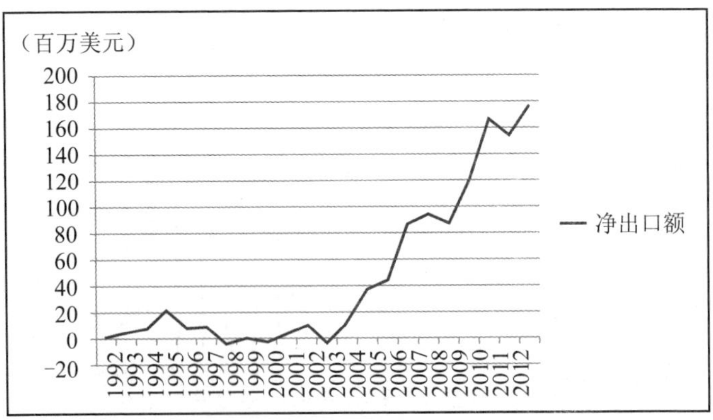

图 6-31　中国与金砖国家间核心文化产品净出口情况

3. 核心文化产品进出口增长率

如图 6-32 所示，从 1992 年至 2013 年，中国与金砖国家核心文化产品进出口增长率呈现较大的波动性。在进口方面，核心文化产品进口增长率呈现大幅度波动，其中 1997 年进口增长率波动幅度最大，从 1996 年的负增长迅速跃升至 700％以上，成为 20 多年间增长最快的一年。在出口方面，核心文化产品出口增长率较进口增长率表现得较为平稳，除了 1993 年至 1995 年期间出现了一定波动外，1996 年以后出口增长率变化逐渐平稳，2013 年中国对金砖国家核心文化产品的出口增长率仅为 0.8％。在进出口方面，核心文化产品的进出口增长率同样较为平缓，除了 1995 年前出现一定程度的波动外，之后进出口增长率逐渐趋于平稳，整体变化与出口增长率基本相同。

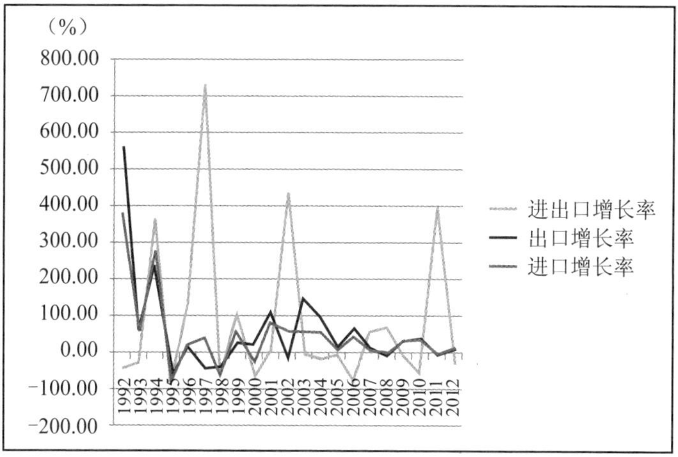

图 6-32　中国与金砖国家间核心文化产品进出口增长率

6.4.2　中国与金砖国家间核心文化产品贸易结构

本部分将根据联合国关于核心文化产品贸易的分类，具体考察中国与金砖国家从 2008 年至 2013 年各类核心文化产品的进口、出口及净出口的具体情况。值得注意的是，自 2006 年起记录媒介的统计口径发生较大变化，导致2006年以后原有记录媒介的编码下产品的贸易数额为零，因此在表6-7和表6-8中并未加入记录媒介。

如表6-7和表6-8所示，从2008年至2013年，在中国与金砖国家核心文化产品贸易中，书籍、其他印刷品以及视频游戏机三种核心文化产品成为中国对金砖国家前三大出口核心文化产品。在书籍类产品中，从2008年至2013年中国对金砖国家书籍出口额从3 611.74万美元上升至8 505.12万美元，上涨135%。在进口方面，中国从金砖国家进口书籍的金额出现了逐年下滑的趋势，2008年中国进口书籍达119.62万美元，而2013年书籍进口金额下降至54.22万美元。“书籍出口的不断增加，进口的持续降低”也反映出当前金砖国家对中国书籍的需求量的持续增加以及中国在书籍出口方面的有效供给能力。此外，中国在其他印刷产品出口方面也表现出一定的竞争实力。从2008年至2013年，中国的其他印刷产品出口从703.18万美元上升到2 144.77万美元。与书籍不同的是，中国其他印刷品的进口呈现逐年增长趋势，但增长幅度较出口缓慢，2008年中国其他印刷产品进口额为3.81万美元，2012年其进口额增长至6.56万美元。值得注意的是，2013年中国其他印刷品进口额仅为0.64万美元，这也间接地反映出中国对金砖国家在此类产品上需求的不稳定。

在视频游戏机方面，视频游戏机成为继书籍外中国对金砖国家第二大出口产品。2013年中国对金砖国家出口视频游戏机金额达6 488.63万美元，较2008年增长了28%。在进口方面，除了个别年份中国从金砖国家进口视频游戏机外，其余年份视频游戏机的进口均为零。这说明同为发展中国家，但由于稳定的投资环境、配套的设备与技术的支持，中国在视频游戏机的生产上较其他金砖国家更具一定的竞争优势。在其他核心文化产品方面，中国在绘画作品上对其他金砖国家也一直保持着贸易顺差，2008年中国绘画作品对金砖国家净出口332.64

表 6-7 中国与金砖国家间核心文化产品贸易结构情况 I

单位：万美元

指标	年份	文化遗产		印刷品			视觉艺术
		收藏品	超过百年的古董	书籍	报纸和期刊	其他印刷品	绘画作品
进口额	2008	17.26	5.15	119.62	91.72	3.81	0.87
	2009	55.98	5.39	343.48	96.36	4.19	2.15
	2010	14.34	5.66	337.06	98.10	5.66	3.00
	2011	29.55	1.82	44.91	110.89	4.55	3.74
	2012	46.00	0.00	25.59	114.50	6.56	315.82
	2013	69.50	0.60	54.22	111.48	0.64	493.13
出口额	2008	7.11	4.31	3 611.74	13.67	703.18	333.54
	2009	0.00	0.68	2 561.14	1.23	724.35	197.62
	2010	2.27	2.65	5 518.58	2.65	997.98	159.34
	2011	7.57	1.56	7 628.77	4.01	1 159.72	212.38
	2012	3.71	0.00	7 921.48	3.14	1 523.71	681.07
	2013	0.00	0.00	8 505.12	26.90	2 144.77	869.28
净出口额	2008	−10.15	−0.84	3 492.12	−78.05	699.37	332.64
	2009	−55.98	−4.71	2 217.66	−95.13	720.16	196.75
	2010	−12.07	−3.01	5 181.52	−95.45	992.33	157.19
	2011	−21.98	−0.26	7 583.86	−106.88	1 155.17	209.38
	2012	−42.29	0.00	7 895.89	−111.36	1 517.15	677.33
	2013	−69.50	−0.60	8 450.90	−84.58	2 144.13	553.46

数据来源：联合国商品贸易数据库(UN COMTRADE)。

表 6-8 中国与金砖国家间核心文化产品贸易结构情况Ⅱ

单位：万美元

类别	年份	视觉艺术			视听媒介		
		雕像/雕塑	邮票/邮资	平板雕刻	摄影硬片及软片	电影胶片	视频游戏机
进口额	2008	9.93	15.71	0.05	0.00	58.37	0.00
	2009	1.69	0.75	0.00	0.00	33.97	0.00
	2010	3.01	0.15	0.00	0.00	9.18	0.00
	2011	7.23	0.85	0.00	0.11	8.50	0.00
	2012	536.31	0.00	0.16	0.00	2.21	7.21
	2013	2.94	1.10	0.07	0.50	0.67	0.00
出口额	2008	4.69	0.00	3.39	6.99	0.00	5 046.06
	2009	4.49	0.00	1.00	1.88	0.00	5 701.47
	2010	1 605.93	0.00	1.81	3.30	0.00	4 046.34
	2011	2 515.43	0.41	45.58	11.03	0.00	5 257.47
	2012	35.96	0.00	2.24	0.54	0.00	6 211.34
	2013	263.48	3.95	17.10	1.32	0.00	6 488.63
净出口额	2008	−5.24	−15.71	3.34	6.99	−58.37	5 046.06
	2009	2.79	−0.75	1.00	1.88	−33.97	5 701.47
	2010	1 602.92	−0.15	1.81	3.30	−9.18	4 046.34
	2011	2 508.20	−0.44	45.58	10.92	−8.50	5 257.47
	2012	−500.35	0.00	2.09	0.54	−2.21	6 204.13
	2013	260.54	2.86	17.03	0.82	−0.67	6 488.63

数据来源：联合国商品贸易数据库(UN COMTRADE)。

万美元，2013 年中国绘画作品的净出口已上升至 553.46 万美元。特别地，在进口方面，中国从金砖国家的进口出现大幅度上升，2008 年绘画作品进口额仅为 0.87 万美元，而 2013 年进口额已达 493.13 万美元。

此外，中国在文化遗产与电影方面对金砖国家间存在着贸易逆差，其中，收藏品贸易逆差呈现逐年扩大趋势，从 2008 年至 2013 年中国对金砖国家的收藏品净出口额从－10.15 万美元上升至－69.5 万美元，其中中国从金砖国家进口收藏品的金额逐年扩大，从 2008 年的 17.26 万美元上升至 2013 年的 69.5 百万美元。在出口方面，中国在 2009 年和 2013 年收藏品出口额均为 0。收藏品持续多年贸易逆差的现象说明中国在收藏品类核心文化产品出口方面缺乏有效的供给能力，同时也反映出中国的收藏品艺术行业仍有待进一步发展。在电影方面，从 2008 年至 2013 年中国与金砖国家间的电影贸易始终处于逆差状态，虽然 2013 年中国对金砖国家的净出口为－0.67 万美元，较 2008 年有所降低，但这主要是因为中国从金砖国家的电影进口有所降低所导致。在出口方面，中国对金砖国家的电影出口一直为 0，贸易常年逆差反映出中国电影行业缺乏国际竞争力，电影行业仍然需要进一步发展与改革。

最后，如表 6-9 所示，从 1998 年至 2006 年，中国与金砖国家在视听媒介方面一直处于贸易逆差状态，且贸易逆差状态持续扩张，1998 年视听媒介净出口为－10.09 万美元，而到 2006 年其净出口已增加至－856.1 万美元，造成视听媒介贸易逆差的持续扩大主要是由于近些年中国国内市场对于金砖国家的视听媒介产品需求的逐年增长，中国视听媒介的进口额从 1998 年的 12.8 万美元上升至 2006 年的 856.1 万美元，同时也说明中国在视听媒介类核心文化产品上缺乏有效的供给能力，难以满足国内市场与日俱增的需求。

表 6-9 中国与金砖国家间视听媒介贸易情况 单位：万美元

年份	进口额	出口额	净出口
1998	12.80	2.71	—10.09
1999	127.52	3.44	—124.07
2000	462.85	8.52	—454.34
2001	131.62	12.68	—118.95
2002	85.20	25.33	—59.86
2003	914.55	100.23	—814.33
2004	1 108.25	229.19	—879.06
2005	958.38	84.07	—874.31
2006	856.10	0.00	—856.10

数据来源：联合国商品贸易数据库(UN COMTRADE)。

6.4.3 中国与金砖国家间核心文化产品贸易的国别结构

1. 中国与金砖国家间核心文化产品贸易的国别比较

在核心文化产品进口方面，在 1992 年、2002 年和 2013 年，俄罗斯一直是中国在金砖国家中最大的核心文化产品进口国，且进口额呈现递增态势。1992 年中国从俄罗斯进口核心文化产品 15.97 万美元，而 2013 年其进口额已达到 634.79 万美元，是 1992 年的 40 倍。此外，我们发现 1992 年只有俄罗斯和印度对中国出口核心文化产品，2002 年印度和南非也成为中国核心文化产品进口的主要国家。2013 年中国从南非和印度进口核心文化产品分别为 66.14 万美元和 29.43 万美元。

在核心文化产品出口方面，在 1992 年、2002 年和 2013 年，印度一直是中国核心文化产品出口总额最多的国家，1992 年中国对印度核心文化产品出口 35.71 万美元，而 2013 年中国对印度的出口已达到 4 872.11 万美元。此外，南非成为中国核心文化产品出口最小的金砖国家，2013 年中国对南非核心文化产品出口额达1 703.74万美元，同年，巴西成为中国最大的核心文化产品出口国，其出口额达7 149.62万美元。

表6-10 核心文化产品贸易的国别比较 单位：万美元

1992年	进口额	2002年	进口额	2013年	进口额
俄罗斯	15.97	俄罗斯	232.40	俄罗斯	634.79
印度	14.95	印度	12.98	南非	66.14
		南非	1.93	印度	29.43
		巴西	1.45	巴西	3.96
印度	35.71	俄罗斯	696.94	巴西	7 149.62
俄罗斯	32.58	印度	340.03	印度	4 872.11
巴西	6.74	巴西	96.63	俄罗斯	4 590.62
		南非	78.86	南非	1 703.74

数据来源：联合国商品贸易数据库(UN COMTRADE)。

2. 中国与金砖国家间核心文化产品贸易情况

本部分将以2013年中国与金砖国家核心文化产品贸易数据为例，对中国与金砖国家间核心文化产品进口、出口及净出口进行具体分析，如表6-11所示。

在巴西方面，视频游戏机成为中国对巴西最大的核心文化产品出口产品。2013年中国对巴西出口视频游戏机达3 835.92万美元，而从巴西进口的视频游戏机为0，说明中国在视频游戏机生产上具有一定的比较优势，成为巴西视频游戏机的主要出口国家。除了视频游戏机外，中国在印刷品和视觉艺术品上同样成为巴西主要的核心文化产品出口国。其中，书籍、其他印刷品和绘画作品成为主要的出口产品。2013年中国对巴西出口书籍、其他印刷品和绘画作品分别为2 583.16万美元、504.65万美元和177.11万美元，且均为贸易顺差。其中书籍成为继视频游戏机外第二大出口产品。同上述三种产品相比，虽然中国在报纸和期刊、平板雕刻、雕塑/雕像、摄影类核心文化产品上为贸易顺差，但出口金额相对较少。以平板雕刻为

表 6-11　中国与金砖国家间核心文化产品贸易情况

单位：万美元

国家	指标	文化遗产		印刷品			视觉艺术				视听媒介		
		收藏品	超过百年的古董	书籍	报纸和期刊	其他印刷品	绘画作品	平板雕刻	雕像/雕塑	邮票/邮资	摄影硬片及软片	电影胶片	视频游戏机
巴西	出口额	0.00	0.00	2 583.16	8.35	504.65	177.11	0.43	40.01	0.00	0.51	0.00	3 835.92
	进口额	1.21	0.00	1.81	0.22	0.41	0.00	0.00	0.07	0.00	0.00	0.25	0.00
	净出口	−1.21	0.00	2 581.34	8.14	504.24	177.11	0.43	39.94	0.00	0.51	−0.25	3 835.92
俄罗斯	出口额	0.00	0.00	3 641.96	6.48	275.06	62.88	8.12	0.71	0.00	0.81	0.00	594.60
	进口额	3.47	0.55	39.17	100.43	0.03	489.55	0.07	0.44	1.10	0.50	0.00	0.00
	净出口	−3.47	−0.55	3 602.78	−93.95	275.03	−426.67	8.05	0.28	−1.10	0.31	0.00	594.60
印度	出口额	0.00	0.00	1 463.56	9.42	1 178.21	239.63	0.51	0.51	0.00	0.00	0.00	1 758.02
	进口额	3.11	0.05	13.16	10.83	0.20	0.58	0.00	1.08	0.00	0.00	0.42	0.00
	净出口	−3.11	−0.05	1 450.40	−1.42	1 178.00	239.06	0.51	−0.57	0.00	0.00	−0.42	1 758.02
南非	出口额	0.00	0.00	816.45	2.65	186.86	389.66	8.04	0.00	0.00	0.00	0.00	300.08
	进口额	61.71	0.00	0.07	0.00	0.00	3.00	0.00	1.36	0.00	0.00	0.00	0.00
	净出口	−61.71	0.00	816.38	2.65	186.86	386.66	8.04	−1.36	0.00	0.00	0.00	300.08

数据来源：联合国商品贸易数据库(UN COMTRADE)。

例，2013 年中国对巴西平板雕刻出口仅为 4 286 美元，远远低于绘画作品等主要核心文化产品。在其他核心文化产品方面，中国在收藏品和电影方面成为巴西的净进口国，2013 年中国从巴西进口收藏品和电影胶片分别为 1.21 万美元和 0.25 万美元，而出口却为 0。

在俄罗斯方面，书籍成为中国对俄罗斯出口的第一大核心文化产品。2013 年中国对俄罗斯出口书籍达 3 641.96 万美元，远远高于从俄罗斯的书籍进口，贸易顺差达 3 602.78 万美元，说明在书籍出口方面，中国较俄罗斯具有一定的优势。除了书籍以外，与巴西类似，中国还在视频游戏机、其他印刷品方面成为俄罗斯主要的核心文化产品出口国。2013 年中国对俄罗斯出口视频游戏机和其他印刷品分别为 594.6 万美元和 275.06 万美元，成为继书籍外，第二和第三大出口核心文化产品。此外，中国还在雕像/雕塑、平板雕刻和摄影类核心文化产品上对俄罗斯保持着贸易顺差，但其出口金额相对于书籍等上述三种核心文化产品金额较少。在进口方面，中国在绘画作品、报纸和期刊以及文化遗产方面处于贸易逆差，其中绘画作品的贸易逆差最大。2013 年中国对俄罗斯的绘画作品净出口额达 −426.67万美元。值得注意的是，在电影产品贸易中，中国与俄罗斯的进口、出口额均为 0，这可能是由于两国间文化差异与两国电影产业发展较为缓慢所导致。

在印度方面，与巴西类似，视频游戏机成为中国对印度出口的第一大核心文化产品。2013 年中国对印度出口视频游戏机达 1 758.02 万美元，而其进口额却为 0。除了视频游戏机外，书籍和其他印刷品成为中国对印度出口的第二和第三大核心文化产品。2013 年中国对印度出口书籍和其他印刷品分别为 1 463.56万美元和 1 178.21 万美元，且为贸易顺差。此外，中国在平板雕刻、摄影硬片及软片和绘画作品方面依然保持着贸易顺差，但相比书籍类核心文化产品，上述三种产品的出口额相对较少，以摄影类核心文化产品为例，2013 年其出口额仅为

39美元，成为当年出口产品中贸易额最少的产品(出口额为0的产品除外)。在进口方面，与俄罗斯和巴西类似，中国在文化遗产、电影胶片和雕像/雕塑类核心文化产品上处于贸易逆差。值得注意的是，虽然印度的电影行业较发达，但中国对印度并未像对美国、韩国等文化发达国家那样出现大量进口需求，造成中国对印度电影进口需求低迷的原因可能是两国间过大的“文化折扣”导致印度本土电影难以被中国观众所理解。

在南非方面，书籍成为中国对南非出口的最大核心文化产品。2013年中国对南非出口书籍达816.45万美元，其进口额仅为714美元。除了书籍外，绘画作品和视频游戏机成为中国对南非出口的第二和第三大核心文化产品，2013年中国对南非出口上述两种产品分别为389.66万美元和300.08万美元，且均为贸易顺差。除了上述三种产品外，中国在其他印刷品、报纸和期刊、平板雕刻方面对南非同样处于贸易顺差，但除了其他印刷品外，其余两种产品的出口额相对较少，2013年中国对南非出口报纸和期刊仅为2.65万美元，远远低于书籍与视频游戏机的出口。此外，2013年中国在雕像/雕塑和收藏品方面为贸易逆差，而在电影、摄影、古董和邮票方面均未发生贸易往来。

根据上文分析，我们发现在与金砖国家的核心文化产品贸易往来中，中国在书籍、其他印刷品和视频游戏机方面成为这些国家的净出口国，且拥有一定的出口优势，而在文化遗产、电影等核心文化产品方面处于贸易逆差。同时，值得注意的是，由于金砖国家的文化产业仍处于起步阶段，导致中国与其他金砖国家间核心文化产品贸易的规模较小、产品结构不太合理，远远落后于中国与发达国家间核心文化产品贸易发展水平。

6.5　本章小结

本章对中国文化产品贸易的市场分布及与主要贸易伙伴间的文化产品贸易发展进行了探讨。美国、日本、中国香港、德国、韩国和英国是中国的前六大贸易伙伴，美国是中国文化产品最大的出口国，以视频游戏机为主，日本是最主要的来源地，以印刷品为主。分国别来看，中国与美、日、韩，中国与OECD 国家及其他金砖国家间的文化产品贸易规模持续增加，但占货物贸易比重仍偏低。

第7章 中国文化产品贸易的影响因素

前文描述了中国文化产品贸易的现状，并对文化产品贸易竞争力的水平进行了跨国比较，但结论只告诉我们“是怎样”，却没有说明“为什么”。因此，本章将利用计量模型实证分析中国文化产品贸易的主要影响因素。

7.1 文化产品贸易的一般影响因素

7.1.1 回归方程构建

在经典引力模型的基础上，综合考虑以上文化贸易影响因素，构建方程：

$$\ln EX=\alpha_1 \ln GDP_i+\alpha_2 \ln GDP_j+\alpha_3 \ln POP_j+\alpha_4 \ln D_{ij}+\alpha_5 \ln TERM+\alpha_6 \ln COM_j+CFTA+CLAN+\beta+\mu_{it} \tag{7-1}$$

其中，EX 代表中国在 t 时间向 j 国(地区)的文化商品出口额；

GDP 代表各国(地区)在 t 时间的 GDP；

POP 代表中国在 t 时间的人口数；

D 代表中国与 j 国(地区)经济中心之间的最短地理距离；

$TERM$ 代表 j 国(地区)在 t 时间的贸易条件；

COM 代表 j 国(地区)在 t 时间的电脑拥有率；

$CFTA$ 是虚拟变量，$CFTA=1$ 表示 j 国（地区）是亚太经济合作组织成员，$CFTA=0$ 表示 j 国（地区）不是亚太经济合作组织成员；

$CLAN$ 也是虚拟变量，$CLAN=1$，j 国（地区）可以用中文交流，$CLAN=0$，j 国为非汉语国家；

α 是常数项，β 代表影响系数，μ 为误差项。

7.1.2 变量的解释说明

在这一部分，回归中所使用的变量会被一一列出，同时会对这些变量预期的作用进行介绍。本节选取以下这些变量来验证它们对两国（地区）间文化贸易流量的作用方向和影响程度。具体的变量解释如下。

1. 因变量

出口额（EX）：指中国一定时期内向另一国（地区）出口的文化商品的总额。之所以选择出口额作为因变量，而不是进口额，是因为出口的价格是离岸价格（FOB 价），而进口价格（CIF 价）则包括保险费和运费。由于贸易伙伴间的距离在回归模型中也是一个重要的变量，而保险费和运费都与距离有关，即进口额会受到包括保险费和运费在内的进口成本的影响，因此，如果用进口额来做因变量，距离变量会变得不显著。该变量的数据全部来自联合国商品贸易数据库（UN COMTRADE），得到 UNESCO 分类下的 7 类核心文化商品在 16 年间的贸易数据，并由此整理成 144 组国别（地区）总体数据。

2. 自变量

国内生产总值（GDP）：用来衡量一个国家（地区）在一定时期内生产的所有最终产品和服务的总的价值，也可以体现这个国家（地区）的经济实力。一国的福利水平和购买力都会通过 GDP 表现出来。购买力越高的国家，贸易量也就越大，因此预期贸易对象的 GDP 会对中国文化商品的出口起正面的作用。各研究对象国（地区）的 GDP 主要来自联合国统计署的普通统计数据库，但GDP的数据截至2006年，因此2007年的GDP数据来自世界银行2008年初公布的报告，由于联合国统计署和世界银行的统计标准不同，故两者之间可能存在微小差异。

人口规模(POP)：是指一个国家(地区)在一定时期内的人口总额。文化商品是一种特殊的商品，具有其独特的文化属性。对于一个国家(地区)来说，众多的人口意味着多样的民族和偏好，能创造出灿烂丰富的文化和琳琅繁荣的文化产品，国内饱和的文化市场对外来文化具有一定的排斥性。因此，此处更强调文化商品的特殊性，预期贸易对象国(地区)的人口规模与中国文化商品出口之间存在负相关关系。研究对象国(地区)的人口数据主要来自联合国统计司2007年9月发布的人口统计年鉴数据库(官方国家估算版)，其中缺失的数据则来自2007年9月人口统计年鉴数据库(人口普查数据版)和2006年的世界人口展望(国际估算版)。

距离(D)：用来衡量两个国家(地区)之间的距离，不仅指地理上的距离，还受交易成本的影响。交易成本指签订并执行合同的成本，也包括那些由于文化的较大差异而可能很困难的交易过程的成本，这其中文化的差异来自遥远地理距离造成的偏好、制度等的不相似性。因此，与贸易对象国(地区)的较大距离会对中国文化产品的出口产生消极影响。出于数据的可收集性方面的考虑，本节中该变量仅取用贸易伙伴间的地理距离数据，从世界城市经纬度查询系统(http://www.hjqing.com/find/jingwei/)中获得，以两贸易伙伴国(地区)经济中心之间的最短距离为准。

贸易条件(TERM)：是一国(地区)出口商品价格指数与进口商品价格指数的比值。当一国(地区)的出口商品价格下降时，其贸易条件的值变小，贸易条件改善，有利于出口。因此，本节预期对象国(地区)的贸易条件与中国文化商品的出口存在着负相关。各国(地区)的贸易条件数据是根据中国国家统计局国别(地区)数据中的“进出口单位商品价格表”的数据整理得到的，数据截至2006年，有部分缺失。

科技应用水平(COM)：本节采用电脑拥有率(每100人所拥有的电脑数量)作为衡量一国(地区)科技应用水平的指标。随着新的国际信息传播手段的兴起，文化商品的消费对科技应用能力的要求逐渐提高，因此较高科技应用水平的国家会对文化商品有较大的需求。我们预期贸易对象国(地区)的电脑拥有率与中国的文化出口正相关，即电脑拥有率越高，通过国际互联网进行文化交流、了解国外不同文化的机会就越大，对外国图书、电影等文化商品越可能产生兴趣和需求，文化进口将会增加。电脑拥有率数据主要来自联合国统计署的普通统计数据库，数据截至2006年。

3. 虚拟变量

共同的语言(CLAN)：解释贸易伙伴间共同的语言是否会对文化贸易规模产生影响。共同的语言使收集信息、建立业务关系和签订合同等贸易过程简单化，从而降低了交易成本，会对两国的文化商品贸易额有正向的影响。此外，如果两国的语言相同或相似，文化背景越可能有相通之处，就意味着一国出口的文化商品越容易为另一国民众所接受和喜爱，文化商品的贸易规模也就越大。如果两个贸易伙伴使用同一种语言，这个变量为1，反之，则为0；本节中将中国香港赋值为1，其他国家和地区赋值为0。

同属某一个自由贸易区(CFTA)：贸易优惠政策可以在一定程度上降低或消除文化商品的进出口关税。Tinbergen(1962)曾经证实两国间存在贸易优惠政策对扩大贸易规模有积极的影响。此外，由于文化贸易涉及民族文化主权的独立性，贸易对象国(地区)采取的保护性贸易政策将严重阻碍中国文化商品的出口。本节采用贸易两国(地区)是否属于同一自由贸易区作为衡量贸易优惠政策的指标，并预期属于同一贸易区的两国(地区)间的文化贸易规模有可能更大。由于所研究的9个国家和地区都未与中国加入同一个自由贸易区，因此根据其是否加入亚太经济合作组织为标准进行赋值。

7.1.3 回归结果分析

本节选取中国及其2003年出口文化商品前九位的贸易伙伴为研究对象，依次为美国、中国香港、荷兰、日本、英国、加拿大、德国、澳大利亚和意大利，它们代表了中国2003年文化商品出口额的88.1%，且自2003年以来一直在中国文化商品出口前十位国家之列，用来进行分析具有一定的说服力。

将中国对9个国家和地区在1992—2007年间的文化贸易面板数据带入模型，在STATA软件中首先进行B－P检验确定变量是否存在异方差，可以看到，Prob＞F＝0.000 0，在1%的置信水平上显著，则拒绝原假设，变量存在着异方差。使用稳健的标准差(Robust Standard Errors)对OLS回归结果进行调整，得到R^2是0.810 7，即回归中包含的自变量解释了因变量变化的81.07%，该模型的拟合度较为理想，模型中所设定的因素对文化贸易具有较大程度的影响。p值为0.000 0，说明在1%的置信水平上自变量是联合显著的，拒绝了各自变量系数同为0的原假设，说明这些变量对中国文化商品的出口规模具有联合显著影响。模型回归结果如表7-1所示。

表7-1 回归结果

变量	系数	标准误	t值	p值
$\ln GDP_{ct}$	−0.386	0.963	−0.4	0.690
$\ln GDP_{jt}$	2.596	0.685	3.78	0.000
$\ln POP_{ct}$	2.407	15.414	0.16	0.876
$\ln POP_{jt}$	−1.503	0.741	−2.03	0.045
$\ln D_{cj}$	−0.300	0.143	−2.10	0.038
$\ln TERM_{jt}$	−1.606	0.776	−2.07	0.041
$\ln COM_{jt}$	0.358	0.122	2.93	0.004

续表

变量	系数	标准误	t 值	p 值
$CFTA_{cj}$	0.206	0.224	0.92	0.360
$CLAN_{cj}$	5.095	0.248	20.53	0.000
$Cons$	−60.266	298.218 2	−0.20	0.840

以下就检验结果进行分析和解释。

第一，中国GDP的回归系数为−0.386，但是该变量不显著，说明在中国对外文化贸易中，经济的增长与文化出口之间没有明显的相关性。而对象国(地区)对应的回归系数为2.596，且在1%的置信水平上是显著的，说明贸易对象国(地区)的GDP每增加1%，中国对其的文化商品出口就增加2.596%。这也验证了最初的假设，即贸易对象国(地区)的GDP越高，潜在的文化进口需求越大，越有利于中国文化产品的出口。

第二，中国人口变量的回归结果不显著，与预期不符，这在某种程度上说明了中国的人口对文化商品的出口没有显著影响。对象国(地区)对应的回归系数为−1.503，在10%的置信水平上是显著的，说明如果贸易对象国(地区)是一个人口大国(地区)，会有自身丰富的文化，接受外来文化的可能性较小，对外国(地区)文化产品的需求也较少。当然，不排除较多的人口意味着较大需求的可能性，这取决于文化商品独有的文化特性以及相应的文化主权和文化保护的程度。

第三，地理距离对应的回归系数为−0.300，且在10%置信的水平上显著，这与预期相符，说明贸易伙伴国(地区)的地理距离越近，文化商品的贸易规模就越大。

第四，贸易条件对应的回归系数为−1.606，且在5%的置信水平上是显著的，说明贸易对象国(地区)出口商品单位价格与进口商品单位价格的比值越大，贸易条件改善，则对外国(地区)文化商品的进口额就会越少，即中国文化商品的出口规模就会减少，符合原来的预期。

第五，电脑拥有率对应的回归系数是0.358，且在1%的显著性水平下接受原假设，说明对象国(地区)电脑拥有率每增长1%，其与中国的文化贸易量就增加0.358%。一般来说，一国(地区)的电脑拥有率越高，说明该国(地区)的科学技术发达，相应的科技应用水平越高，也就说明居民的科学文化素质较高，对于文化商品有较强的需求偏好和消费能力，文化进口需求越大。

第六，贸易优惠成员国待遇的回归系数不显著，这可能与虚拟变量的赋值有关。由于目前中国加入的自由贸易区为亚太贸易协定、中国—东盟自由贸易区、中国—巴基斯坦自由贸易区、中国—智利自由贸易区，而研究对象的9个国家和地区均不属于以上4个自由贸易区，因此在计量模型中将该虚拟变量以是否加入亚太经济合作组织为标准进行赋值。由于亚太经济合作组织只是一个松散的经济合作论坛，不具有自由贸易区所具有的成员国贸易优惠强制政策措施，因此赋值的不准确性可能导致了回归结果的不显著。

第七，使用同一语言对应的回归系数是5.095，且在1%的显著性水平下接受原假设，这说明中国与熟悉中文的国家和地区进行文化贸易，更有利于文化贸易规模的扩大，这也与预期相符。对于使用语言相同或相似的国家和地区而言，其在历史渊源、文化认同、人文环境上具有一定的共通点，对文化商品会有相同的偏好，容易进行交流和沟通，也更有利于文化商品的贸易。

7.2 基于企业异质性的中国文化产品贸易影响因素

党的十六大以来，党中央、国务院高度重视发展对外文化贸易，相继出台了一系列重要决策部署，中国对外文化贸易发展水平得到了显著提高。积极推动对外文化贸易，不仅有利于中国经济发展方式的转变，促进产业结构的转型升级，而且对于中国优秀文化在世界的传播与弘扬、大国形象的树立具有重要的意义。作为文化贸易的重要组成部分，近些年中国文化产品贸易得到迅速发展，成为推动中国对外文化贸易发展的重要动力。特别地，深入研究中国文化产品出口增长的内在动力，探究各类贸易成本对中国文化产品出口的影响，对于未来中国进一步开放国内文化市场、促进对外文化贸易自由化发展具有重要意义。

最近兴起的企业异质性贸易理论从微观企业的层面为我们研究一国文化产品出口提供了坚实的基础。该理论认为：一国产品出口的增长将沿着集约边际与扩展边际来实现，这意味着一国产品的出口可能是已有企业和产品的单方向扩张(集约边际)，也可能是新企业和产品种类的增加所致(扩展边际)。[①] 然而，针对文化产品贸易研究的大部分文献均建立在传统的贸易理论框架下，忽略了在企业异质性条件下，扩展边际对于文化产品出口的作用。特别地，随着中国文化市场的进一步放开，大批民营文化企业进入政策允许的文化领域中。与国有文化企业相比，民营文化企业不仅拥有较为灵活的企业运行机制，而且富有文化创造力与活力，成为推动中国文化产品出口的重要力量。文化企业间生产率水平差异已然成为影响中国文化产品出口的重要因素。那么，中国文化产品出口增长的动力来源于何处？是集约边际，还是扩展边际？在企业异质性条件下，不同贸易成本对于中国文化产品出口的影响又如何？为此，本节将基于企业异质性贸易理论，以中国与主要文化贸易伙伴为研究对象，就二元边际对中国文化产品出口的作用进行实证分析，并重点考察不同贸易成本对中国文化产品出口的影响。

---

① 目前，国内在有关扩展边际与集约边际方面并未给出准确的定义，此处借鉴了钱学锋、熊平(2010)的文章《中国出口增长的二元边际及其因素决定》关于二元边际的定义。

7.2.1 中国文化产品出口二元边际的特征分析

1. 二元边际的概念与测度

学者们对于集约边际的认识基本是一致的，即集约边际是指出口企业和现有出口产品在单一方向上量的扩张。而扩展边际由于研究视角与数据可获性的问题，现有文献并未给出一个统一的定义。Hummels and Klenow(2005)认为，扩展边际是新产品出口的贸易量增加。Kancs(2007)认为，扩展边际是现有企业退出市场所导致的出口贸易量的变化或新企业的进入。

考虑到我们所掌握的数据是2000—2011年中国核心文化产品的HS-6位数贸易数据，为此我们将从产品的层面对二元边际进行界定。根据Amurgo-Pacheco and Pierola(2008)，钱学锋、熊平(2010)的界定方法，我们将集约边际定义为：过去已经出口的产品继续出口到之前出口国的市场；将扩展边际定义为：过去未出口的产品出口到新市场(新产品新市场)以及过去出口的产品出口到未出口的国家(老产品新市场)。

在测度上，我们参考Amiti and Freund(2007)的做法，在研究中使用一年期的判定方法，并在Amurgo-Pacheco and Pierola(2008)，钱学锋、熊平(2010)基础上，对二元边际进行如下测度：如果$E^k_{ij_t}$代表t年文化产品k从i国出口到j国，且存在$E^k_{ij_t+h}$，即$t+h$年该文化产品依然继续从i国出口到j国，那么集约边际$=\sum E^k_{ij_t+h}$ $(h=1, 2, 3, \cdots, n)$。

如果$E^k_{ij_t}$代表t年文化产品k从i国出口到j国，且存在$E^k_{is_t+h}(s\neq j)$，即$t+h$年该文化产品又从i国出口到s国；同时，存在$E^l_{io_t+h}(l\neq k)$代表$t+h$年文化产品l从i国出口到o国，但不存在$E^l_{io_t}$，即t年该文化产品并未从i国出口到o国。则扩展边际$=\sum E^k_{is_t+h}+\sum E^l_{io_t+h}(h=1, 2, 3, \cdots, n)$。

2. 中国文化产品出口二元边际的特征事实

(1)数据的选取

根据《1994—2003年文化产品和文化服务的国际流动》，采用联合国商品贸易数据库(UN COMTRADE)2000—2011年核心文化产品①双边贸易数据。为了全面和细致地描述文化产品种类的变化，采用6位数下的HS编码作为产品分类，共38类核心文化产品。选取的样本国家(地区)主要包括美国、英国、德国、加拿大、意大利、韩国、日本等41个文化贸易伙伴国(地区)，在2014年，中国对上述国家(地区)文化产品出口额占中国文化产品出口总额的80%以上，是中国文化产品出口往来的主要目的国(地区)。

(2)中国文化产品出口二元边际的特征分析

如表7-2所示，在出口增长方面，除了2009年受金融危机影响中国文化产品出口较2008年减少206 550.99万美元外，2001—2011年整体上中国文化产品出口一直保持正向增长趋势，其中，2008年中国文化产品出口增长达最大值266 414.22万美元。在二元边际方面，中国文化产品出口集约边际与出口的增长趋势基本保持一致，除了2009年中国文化产品出口集约边际减少209 399.58万美元，其余年份均处于正向增长态势。但是，与出口增长相比，中国文化产品出口的扩展边际增长却截然不同，出现了较大波动。从2004年到2007年中国文化产品出口的扩展边际一直处于负向增长态势，其中2004年中国文化产品出口的扩展边际减少最多，达4 137.47万美元。值得注意的是，与集约边际和出口不同的是，2009年中国文化产品出口的扩展边际增长为正，当年增长达2 848.59万美元。中国文化产品出口的扩展边际不但没有受到金融危机的影响，

---

① 本部分研究所关心的文化产品主要是指核心文化产品，因为核心文化产品是凝结了创造性和艺术性特质的产品，体现了一个国家文化资本存量、文化创造性和文化竞争力水平。而相关文化产品的生产只不过是国际化生产背景下专业分工的结果。

反而表现出较强的增长势头。这充分体现了文化产品同制造品的区别，即文化产品消费具有逆向增长特征。在二元边际占比方面，我们发现，集约边际在中国文化产品出口中所占比重较大，始终维持在97%以上，而扩展边际占比均不到3%，说明同普通商品相同，中国文化产品出口仍以集约边际为主。

表 7-2　2001—2011 年中国文化产品出口二元边际的增长与贡献率

单位：万美元

年份	扩展边际增长	集约边际增长	出口增长	扩展边际占比	集约边际占比
2001	3 429.48	1 405.75	4 835.23	2.60%	97.40%
2002	852.92	173 604.49	174 457.41	1.65%	98.35%
2003	3 195.43	48 796.73	51 992.16	2.18%	97.82%
2004	−4 137.47	6 585.01	2 447.53	1.24%	98.76%
2005	−1 862.73	144 466.51	142 603.78	0.62%	99.38%
2006	−118.05	134 481.47	134 363.41	0.49%	99.51%
2007	−322.21	53 459.62	53 137.42	0.41%	99.59%
2008	2 490.38	263 923.84	266 414.22	0.55%	99.45%
2009	2 848.59	−209 399.58	−206 550.99	1.02%	98.98%
2010	−3 893.56	151 650.68	147 757.11	0.47%	99.53%
2011	1 715.72	252 992.12	254 707.84	0.51%	99.49%

数据来源：联合国商品贸易数据库(UN COMTRADE)。

7.2.2　模型设定与数据选取

1. 模型设定

基于前期文献成熟的做法(Anderson and Wincoop，2003；Kancs，2007)，从出口国 i 到进口国 j 的总出口量可分解为集约边际与扩展边际的乘积，具体如下：

$$X_{ij}=e_{ij}\times N_{ij} \tag{7-2}$$

其中，e_{ij}为单位企业平均出口量，代表集约边际；N_{ij}为出口企业的数量，代表扩展边际。Chaney(2008)在模型中进一步将扩展边际与集约边际进行如下分解：

$$EM_{ij}=\left(\frac{\sigma}{\sigma-1}\right)^{\sigma-1}\times\frac{Y_iY_j}{Y}\times f_{ij}^{\frac{\gamma}{\sigma-1}}\times\left(\frac{w_i\tau_{ij}}{\theta_j}\right)^{-\gamma} \quad (7\text{-}3)$$

$$IM_{ij}=\lambda_1\times\left(\frac{Y_j}{Y}\right)^{(\sigma-1)/\gamma}\times\left(\frac{\theta_j}{\tau_{ij}}\right)^{\sigma-1}\times\left(\frac{\varphi}{w_i}\right)^{\sigma-1} \quad (7\text{-}4)$$

根据方程(7-3)和方程(7-4)，我们发现，集约边际(IM_{ij})主要由进口国相对经济规模$\frac{Y_j}{Y}$、多边阻力θ_j、可变贸易成本τ_{ij}、以工资衡量的出口国生产率水平$\frac{\varphi}{w_i}$决定。其中，σ、φ和λ_1分别表示产品间替代弹性、文化企业生产率和常数。扩展边际(EM_{ij})主要由两国相对经济规模$\frac{Y_iY_j}{Y}$、固定贸易成本f_{ij}、多边阻力θ_j、可变贸易成本τ_{ij}、出口国工资水平w_i决定。值得注意的是，集约边际和扩展边际影响因素存在一定差异，主要体现在固定贸易成本上。固定贸易成本主要影响扩展边际，这意味着固定贸易成本的下降将有利于丰富本国出口产品种类，促进出口的扩展边际。

结合前文的研究内容，建立不同贸易成本对中国文化产品出口影响的方程：

$$\ln EM_{ij}=\beta_0+\beta_1\ln\tau_{ij}+\beta_2\ln gdp_i+\beta_3\ln gdp_j+\beta_4\ln f_{ij}+\beta_5\ln mul_j+\beta_6\ln pro_i+f_c+\varepsilon \quad (7\text{-}5)$$

$$\ln IM_{ij}=\beta_0+\beta_1\ln\tau_{ij}+\beta_2\ln gdp_i+\beta_3\ln gdp_j+\beta_4\ln mul_j+\beta_5\ln pro_i+f_c+\varepsilon \quad (7\text{-}6)$$

其中，τ_{ij}为可变贸易成本，包括本节所关注的核心解释变量，即文化差异引起的可变贸易成本以及传统的运输成本；gdp_i和gdp_j为中国与贸易伙伴的经济规模；f_{ij}为固定贸易成本；mul_j为多边阻力；pro_i为国内文化企业生产率水平；f_c为国家(地区)个体效应，作为模型中的控制变量；β_0和ε分别为常数项和误差项。

2. 数据的选取

采用中国对 41 个主要文化贸易伙伴国(地区)2000 年到 2011 年的面板数据进行实证分析，变量及数据的选取如下所述。

(1)集约边际和扩展边际(IM_{ij}、EX_{ij})

基于上文做法，以 2000 年为基年，从双边层面就中国对 41 个文化贸易伙伴国(地区)2000 年到 2011 年的二元边际进行测度。① 同时，考虑到可能存在的零贸易问题，将扩展边际和集约边际，分别以 $\ln(EM_{ij}+1)$和 $\ln(IM_{ij}+1)$的形式进入计量方程。

(2)经济规模(gdp)

一般而言，经济规模越大的国家，其潜在的供给能力和市场需求也就越大，经济规模与国家间文化产品贸易额成正比。为此，分别选取中国和主要文化贸易伙伴国(地区)间的国内生产总值来衡量国家经济规模，数据来源于联合国统计署数据库。

(3)可变贸易成本(τ_{ij})

本节所研究的可变贸易成本不仅包括了传统的运输成本，还包括了我们所关心的国家间文化差异导致的可变贸易成本。在文化差异所引起的可变贸易成本方面，主要借鉴 Hofstede (2001)的研究，从六个指标维度构造国家文化得分，并采用欧式距离计算公式对中国与 41 个文化贸易伙伴国(地区)间文化距离(cd_{ij})进行测算，具体公式如下：

$$cd_{ij}=\sqrt{\sum_{k=1}^{6}(I_{ik}-I_{jk})^2}$$

其中，I_{ik}和 I_{jk} 分别表示 i 国和 j 国在第 k 个文化维度上的

① 在双边层面，扩展边际仅包含“新产品新市场”，而不存在“老产品新市场”。

得分。此外，在传统的运输成本方面，采用中国与贸易国首都之间的地理距离(dis_{ij})来衡量，数据来源于 CEPII BACI 国际贸易数据库。

(4)固定贸易成本(f_{ij})

在固定贸易成本方面，Baldwin(1986)认为企业进入出口国市场，必须支付两个成本，即进入市场的成本和留在出口市场的成本。实际上，大多数贸易文献并未对固定贸易成本给予明确的概念，也未对沉没成本、出口固定成本、进入成本给予明确的细分(张凤、孔庆峰，2014)。但一般来说，固定贸易成本主要受非关税贸易壁垒、商务谈判及人员往来、国内行政干预、适应外国相关标准、信息成本、多边贸易体制等因素影响(钱学锋、熊平，2010)。与可变贸易成本不同，我们无法对上述每一个变量进行直接测量，固定贸易成本的获取存在一定难度。部分学者采用世界银行《全球商业环境报告》中“跨境贸易”中进出口一舱标准化货物所需的成本和程序来表示固定贸易成本(钱学锋，2008)，但由于该报告是从 2005 年开始提供，无法满足本节的数据要求。为此，我们采用 The Heritage Foundation 出版物 *Index of Economic Freedom* 所提供的 160 多个国家和地区的 9 个指标来衡量各国的固定贸易成本(钱学锋、熊平，2010；范爱军、刘馨遥，2012)，该指标涵盖了贸易、财政、投资、金融、知识产权等九个方面。一般而言，一国该指标得分越高，该国经济的自由度越高，固定贸易成本越低，国家间贸易往来就越密切。

(5)多边阻力(mul_j)

一般而言，一个国家与其他国家之间贸易的多边阻力越大，越有利于推动该国与特定国家之间的贸易往来。本节对于多边阻力的测度主要参考 Novy(2008)的测度方法。Novy(2008)在 Anderson and Wincoop(2003)的基础上，提供了多边阻力的方法，具体如下：

$$mul_j=\left(\frac{x_{jj}/y_j}{y_j/y^w}\right)^{1/(\sigma-1)}\times t_{jj}$$

其中，x_{jj}为产品的国内销售量，等于各自国内的总产出减去各自的总出口；y_j、y^w为各国的总产出和样本国家的总产出之和；t_{jj}为国内贸易的经济成本；σ为产品间替代弹性。各国（地区）总产出和总出口数据来自联合国统计署数据库和联合国商品贸易数据库（UN COMTRADE），国内贸易的经济成本数据来自 The Heritage Foundation 出版的 *Index of Economic Freedom* 中各国国内贸易自由度的得分。此外，在σ的取值方面，我们借鉴 Anderson and Wincoop（2003）以及 Novy（2008）的做法，将其取值为 8 来计算。

（6）生产率水平（pro_j）

一般而言，生产率水平越高的国家，越倾向于出口。Chaney（2008）以工人工资衡量的生产率水平来代替企业的生产率水平。为此，将选用 2000—2011 年中国文化、体育和娱乐行业城镇集体单位年平均工资①来表示中国文化产业生产率，数据来源于国家统计局国际数据库。

7.2.3 实证分析

首先采用双向面板固定效应（LSDV）对方程（4）和方程（5）进行回归，并在此基础上采用广义最小二乘法对方程进行估计，以消除可能存在的组内自相关问题对估计结果的影响。此外，考虑到引力贸易型中可能存在的零贸易或 Jansen 不等式问题（Santos and Teyreyro，2006），采用泊松回归②对上述方程做进一步估计。最后，为了保证估计结论的稳健性，在 Hofstede（2001）研究基础上，采用双向面板固定效应（LSDV）从不同维度对文化差异进行分解，深层次考察文化差异对中国文化产品出口二元边际的影响。

---

① 文化、体育和娱乐行业城镇单位就业人员平均工资在 2000—2002 年空缺，为此，本章采用 2000—2002 年中国城镇单位就业人员平均工资来替代。

② 为了让不同方法的估计系数具有可比性，本章在回归 3 中报告了泊松回归的边际效应。

1. 扩展边际的影响因素

从表7-3回归结果来看，在我们所关心的文化差异方面，文化距离的影响显著为负，说明中国与文化贸易伙伴国(地区)间的文化差异不利于中国文化企业去了解和捕捉进口国(地区)消费者的文化消费需求，因而难以设计和生产出符合进口国(地区)文化需要的产品，使得中国文化企业难以在产品种类上实现创新，从而阻碍中国文化产品沿着扩展边际的方向增长。在运输成本方面，地理距离的影响显著为负，说明随着地理距离的增加，运输成本的增加会阻碍中国文化产品出口沿着扩展边际的方向增长。

在固定贸易成本方面，综合回归1～3来看，固定贸易成本的影响显著为负，表明固定贸易成本的降低，反而阻碍中国文化产品出口沿着扩展边际的方向增长。该结果与异质性贸易模型的预期相左，也与传统的部分文献研究不符(钱学锋、熊平，2010；范爱军、刘馨遥，2012)。可能的原因在于，目前大部分研究主要是以制造品作为主要研究对象进行分析。与普通商品所属行业相比，中国文化产业发展尚处于初级阶段，文化产品的设计缺少对中国特色文化的挖掘，缺乏文化创新，难以对外国消费者产生较大吸引力，与欧美、日本、韩国等文化发达国家相比仍存在较大差距。固定贸易成本的降低，可能会吸引更多文化发达国家对外出口，与中国文化企业形成激烈竞争，这对中国文化产品出口形成挤出效应，不利于中国文化产品出口沿着扩展边际的方向增长。

在其他变量方面，我们发现，进口国(地区)经济规模的影响显著为正，说明进口国(地区)经济规模增大，将促进中国文化产品出口沿着扩展边际方向增长。总体上看，国内经济规模影响为负且只在回归3中显著，说明国内经济规模的增大不是影响中国文化产品出口的主要因素。在多边阻力方面，多边阻力的影响为负，但统计上不显著，说明多边阻力对中国文化产品出口扩展边际无显著影响，这可能是由于文化产品的意识形

表 7-3 扩展边际的估计结果

解释变量	回归 1	回归 2	回归 3	检验 1	检验 2	检验 3
$\ln gdp_i$	-0.495 (0.373)	-0.401 (0.328)	-0.867^{**} (0.362)	-0.508 (0.370)	-0.291 (0.377)	-0.621^{***} (0.411)
$\ln gdp_j$	3.434^{***} (0.405)	2.927^{***} (0.447)	3.441^{***} (0.391)	3.722^{***} (0.378)	2.819^{***} (0.377)	1.199^{***} (0.293)
$\ln cd_{ij}$	-2.107^{***} (0.664)	-5.854^{***} (1.861)	-13.474^{***} (1.654)	-1.101^{**} (0.603)	-1.049^{***} (0.377)	0.239^{**} (0.129)
$\ln dis_{ij}$	-1.656^{***} (0.434)	-0.393^{***} (0.747)	-4.462^{***} (2.227)	-6.885^{***} (1.611)	-5.413^{***} (0.900)	-1.839^{***} (0.405)
$\ln mul_j$	-0.452 (0.577)	-0.371 (0.252)	-0.357 (0.372)	-0.323 (0.281)	-0.436 (0.477)	0.082 (0.175)
$\ln f_{ij}$	-0.951^{*} (0.586)	-1.800^{*} (1.072)	-0.191^{**} (0.097)	-0.508^{**} (0.279)	1.162^{**} (0.611)	0.154^{*} (0.840)
$\ln prod_i$	-0.121 (0.479)	0.219 (0.423)	0.275 (0.459)	-0.285 (0.498)	0.006 (0.483)	1.514^{***} (0.538)
国家效应	是	是	是	是	是	是
R^2	0.636	0.745	—	0.993	0.992	0.656
样本数	492	492	492	492	492	492

注：估计系数下面的圆括号中为稳健标准误差，星号表示显著性水平，即 * 表示 $p<0.10$，** 表示 $p<0.05$，*** 表示 $p<0.01$。

态属性所决定。同普通商品相比，文化产品出口更取决于进口国(地区)居民对本国(地区)文化的认同。因而，即便文化产品再丰富、多边阻力再高，也无法真正吸引进口国(地区)消费者。最后，在文化企业生产率方面，我们发现，在考虑了组内自相关以及可能存在的零贸易问题或 Jansen 不等式问题后，回归 2 和回归 3 中文化企业生产率的影响为正，但在统计上不显著，这也反映出当前中国文化企业发展现状，即缺乏文化创新、缺少核心技术支持。

为了保证估计结果的稳健性，本节在 Hofstede(2001)的文化维度基础上，采用 Inglehart and Welzel(2005)的测算公式，将文化差异分别从两个不同文化维度层面进行分解并构造文化距离①，即 $cd_{ij}=\sqrt{(I_{ik}-I_{jk})^2+(I_{ih}-I_{jh})^2}$，其中 k 和 h 为不同的文化维度类别，进一步验证不同文化维度差异对中国文化产品出口扩展边际的影响。在检验 1 和检验 2 中，以个人主义和权力距离、男性主义和不确定性规避为维度的文化距离的影响显著为负，支持了上文回归的结论。而在检验 3 中以长期取向和自我放纵为维度的文化距离的影响显著为正，但该文化距离前系数明显小于检验 1 和检验 2 中文化距离前系数，说明以长期取向和自我放纵为维度的文化距离对文化产品出口扩展边际的促进作用要小于以个人主义和权力距离、男性主义和不确定性规避为维度的文化距离对扩展边际的抑制作用。因此，从整体上看，文化差异对中国文化产品出口扩展边际具有负向影响。

2. 集约边际的影响

如表 7-4 结果所示，在文化差异方面，文化距离对中国文化产品出口集约边际无影响，可能的原因在于集约边际是指过

① 本章将不同文化维度下文化距离测算进行如下分组：第一，权力距离和个人主义(检验 1)；第二，男性主义和不确定性规避(检验 2)；第三，长期取向和自我放纵(检验 3)。

表 7-4 集约边际的估计结果

解释变量	回归 1	回归 2	回归 3	检验 1	检验 2	检验 3
$\ln gdp_i$	0.226***	0.336***	2.410***	0.200***	0.414***	0.364***
	(0.023)	(0.083)	(0.865)	(0.022)	(0.026)	(0.026)
$\ln gdp_j$	−0.229***	−0.254***	−0.456	−0.203***	−0.403***	−0.360***
	(0.028)	(0.050)	(0.687)	(0.026)	(0.035)	(0.034)
$\ln cd_{ij}$	−2.491	0.766	0.503	−0.437*	0.096	0.910
	(2.199)	(0.814)	(1.370)	(0.301)	(0.122)	(1.133)
$\ln dis_{ij}$	−4.525***	−0.098***	−0.149***	−2.544***	−2.246***	−1.495***
	(0.195)	(0.088)	(0.025)	(0.074)	(0.115)	(0.164)
$\ln mul_j$	0.039***	0.083***	0.371***	0.042***	0.018	0.004**
	(0.014)	(0.021)	(0.113)	(0.012)	(0.023)	(0.002)
$\ln prod_i$	−0.030	−0.404***	−2.790***	−0.019***	−0.130***	−0.101***
	(0.028)	(0.093)	(0.989)	(0.062)	(0.036)	(0.034)
国家效应	是	是	是	是	是	是
R^2	0.879	0.801	—	0.903	0.854	0.739
样本数	492	492	492	492	492	492

注：估计系数下面的圆括号中为稳健标准误差，星号表示显著性水平，即 * 表示 $p<0.10$，** 表示 $p<0.05$，*** 表示 $p<0.01$。

去已经出口的产品继续出口到已出口国家(地区)。对于那些过去持续出口到某国(地区)的文化产品而言，进口国(地区)消费者已经形成对这类文化产品的文化依赖，因而不会受到国家(地区)间文化差异的影响。在运输成本方面，地理距离的影响显著为负，与扩展边际结果整体保持一致。

在其他影响因素上，国内经济规模的影响显著为正，说明国内经济规模的增大将促进中国文化产品出口沿着集约边际的方向增长。在国外经济规模方面，回归 1 和回归 2 中国外经济规模的影响显著为负，而在考虑了可能存在零贸易或 Jansen 不等式问题后，回归 3 中国外经济规模的影响不再显著，说明国外经济规模的增大不利于中国文化产品出口沿着集约边际的方向增长。这可能是由于随着进口国(地区)经济规模的扩张，进口国(地区)居民对文化产品层次要求也随之提高，从而抑制了集约边际的出口，刺激了扩展边际的出口。此外，在文化企业生产率方面，在考虑了组内自相关和可能存在零贸易或 Jansen 不等式问题后，回归 2 和回归 3 中文化企业生产率的影响显著为负，说明中国文化企业生产率并未对中国文化产品出口的集约边际产生促进作用。最后，在多边阻力方面，多边阻力的影响显著为正，说明中国与文化贸易伙伴国(地区)间多边阻力的增大，促进了中国已有文化产品的出口。

为了保证估计结果的稳健性，本节继续将文化差异进行多个文化维度的分解，来考察不同文化维度下文化差异对中国文化产品出口集约边际的影响。在检验 2 和检验 3 中，以男性主义和不确定性规避、长期取向和自我放纵为维度的文化距离对中国文化产品出口集约边际没有影响，支持了上文回归的结论。而在检验 1 中，以权力距离和个人主义为维度的文化距离的影响显著为负，这反映出不同文化维度下文化差异对中国文化产品出口集约边际的不同影响。

7.2.4 结论与建议

本节采用中国对41个主要的文化贸易伙伴国(地区)2000年到2011年的文化产品贸易数据，对中国文化产品出口增长的二元边际结构进行描述，并从文化差异的视角探讨了不同贸易成本对中国文化产品出口二元边际的影响。结果表明，中国文化产品出口主要沿着集约边际的方向增长。在文化差异方面，整体上讲，文化距离对中国文化产品出口扩展边际的影响显著为负，而对中国文化产品出口集约边际不存在影响。为了保证结论的稳健性，在Hofstede(2001)文化维度的基础上，对文化差异进行分解，验证了不同文化维度下文化差异对中国文化产品出口二元边际的影响。结果发现，以男性主义和不确定性规避、长期取向和自我放纵为维度的文化距离对中国文化产品出口集约边际没有影响。而以权力距离和个人主义为维度的文化距离对中国文化产品出口集约边际的影响显著为负。同时，以个人主义和权力距离、男性主义和不确定性规避为维度的文化距离对中国文化产品出口扩展边际的影响显著为负，而以长期取向和自我放纵为维度的文化距离对中国文化产品出口扩展边际的影响显著为正。在其他贸易成本方面，运输成本对二元边际影响显著为负，而固定贸易成本的下降将吸引更多文化发达国家对外出口，增强市场竞争，不利于中国文化产品出口沿着扩展边际的方向增长。因此提出以下建议。

第一，注重中国文化亲和力的塑造，提高外国人对中国文化的认同。一种亲和性的文化往往更容易吸引和打动外国文化消费者，拉近外国文化消费者与本国文化的距离，减少文化隔阂，提升外国人对本国文化的认同。因此，未来中国应该注重文化亲和性的塑造，以谦虚的态度、博大的胸怀融入全球文化中，反对文化霸权，倡导多元文化。在与不同文化交流的过程中，采取差异化的文化传播策略，凸显本国文化的感召力，从而化解文化差异，提高全球对中国文化的认同。第二，加强文化企业的文化创新能力。文化产品创新的核心是文化内容的创新。未来中国文化企业应努力打造符合外国人文化需求的文化作品，注重对文化思想与知识的创新。同时，应加强对展现中国现代文化内容作品的打造，特别是那些可以充分体现中国气派、中国风格、增进中华民族文化感召力和凝聚力的文化内容，提升文化企业的文化创新能力。

7.3　基于本地市场效应的中国文化产品贸易影响因素

2014年3月，国务院印发了《关于加快发展对外文化贸易的意见》，文件中提到"加快发展对外文化贸易，对于开拓中国文化发展空间、提高对外贸易发展质量，对于继续扩大改革开放、转变经济发展方式、提升国家软实力、全面建设小康社会具有重要意义"。近些年，随着中国不断放开国内文化市场准入范围，党中央对文化贸易发展扶持力度的加强，中国文化产品贸易规模逐年扩大，文化产品结构持续优化，中国文化产品贸易发展取得了显著成绩。根据联合国商品贸易数据库统计，中国核心文化产品贸易总额从1992年的2.7亿美元，增长到2012年的117.53亿美元，20年间增长了约43倍。除了2009年受到金融危机导致的波动外，其他年份均表现出稳步的上升趋势。那么，究竟是什么原因促进了中国文化产品贸易的持续增长呢？是传统的要素禀赋优势，还是新贸易理论所提出的本地市场效应呢？

根据新贸易理论，在一个存在贸易成本和规模报酬递增的国家或地区，生产者往往集中在对其产品具有较高需求的地方，造成该地区或国家成为此类产品的净出口地区或国家，上述效应称为本地市场效应(Krugman，1980)。这意味着出口国国内需求将成为该国产品出口的主要原因。近些年，随着中国社会环境的改变，国内居民的文化消费习惯也在悄然地发生着改变，人们开始习惯为文化产品与服务买单，“80 后”“90 后”的年轻人已成为中国文化消费的重要力量。同时，中国经济的快速发展，居民收入水平的提高，也进一步释放了国内居民的文化消费需求，国内文化市场孕育着巨大的文化消费潜力。特别地，在中国劳动力成本逐年提高，传统要素禀赋优势日趋耗竭的背景下，中国文化产品贸易的蓬勃发展是否与本地市场效应有关呢？本地市场效应与传统的要素禀赋优势在决定中国文化产品贸易发展中孰轻孰重？本地市场效应能否替代传统的要素禀赋优势成为中国文化产品贸易发展的新源泉呢？本节将以中国与其主要的文化贸易伙伴为研究对象，从本地市场效应和要素禀赋优势两个角度对中国文化产品贸易进行研究，并对上述问题进行回答。

7.3.1 模型的设定与说明

1. 理论模型框架

在本地市场效应研究中，部分学者通过研究不同地区间产业供给与需求关联角度来对本地市场效应进行检测(Davis and Weinstein，1996；Head and Rises，2001)。部分学者以引力模型为基本框架对本地市场效应进行检测(Schumacher，2003；Schumacher and Siliverstovs，2006)。考虑到文化产品的特殊性以及数据的可获性，本节主要以 Schumacher and Siliverstovs(2006)模型为理论研究框架，在考虑规模经济与垄断竞争的基础上，将传统的引力模型进了如下修改：

$$\ln X_{ij}=\beta_0+\beta_1\ln Y_i+\beta_2\ln Y_j+\beta_3\ln k_i+\beta_4\ln y_j+\beta_5\ln geo_{ij}+\beta_6 Z \tag{7-7}$$

其中，X_{ij} 代表 i 国对 j 国的产品出口；Y_i 分别代表 i 国的产品总产出，衡量 i 国的产品供给能力；k_i 代表 i 国的资本/劳动禀赋，衡量 i 国的要素禀赋；Y_j 和 y_j 分别代表 j 国的国民收入和 j 国的人均收入，衡量 j 国的需求水平；geo_{ij} 为 i 国和 j 国之间的距离，以此来衡量两国之间的运输成本。除了运输成本外，国家之间的文化差异程度同样也影响着国家间的贸易流量。刘杨、曲如晓等(2013)指出区别于普通商品，地理距离等传统变量不再是影响文化产品贸易的关键因素，而国家间的文化距离却起到了举足轻重的作用。鉴于上述原因，我们将反映两国间距离的变量进一步改写成下述形式：$D_{ij}=geo_{ij}+cul_{ij}$，其中，cul_{ij}为两国间的文化距离。Z为虚拟变量，衡量双边贸易之间的其他影响因素，比如是否拥有共同边界，是否同属于一个自由贸易区等。

根据 Schumacher and Siliverstovs(2006)，方程(7-7)中被解释变量X_{ij}同样也可以表示为i国从j国的进口，具体形式如下：

$$\ln M_{ij}=\beta_0+\beta_1\ln Y_j+\beta_2\ln k_j+\beta_3\ln Y_i+\beta_4\ln y_i+\beta_5 D_{ij}+\beta_6 Z \tag{7-8}$$

其中，M_{ij}代表i国对j国的进口。

将方程(7-7)与方程(7-8)相减，得到方程：

$$\ln dif=(\beta_1-\beta_3)\ln dY+\beta_2\ln dk-\beta_4\ln dy \tag{7-9}$$

其中，$dif=X_{ij}/M_{ij}$，$dY=Y_i/Y_j$，$dk=k_i/k_j$，$dy=y_i/y_j$。

根据方程(7-9)，容易看出，之前影响两国贸易的距离变量与虚拟变量在差分后全部消除。一国贸易相对规模X_{ij}/M_{ij}主要取决于两国的相对需求规模Y_i/Y_j、要素禀赋比率k_i/k_j和人均收入相对水平y_i/y_j。进一步考虑方程(7-9)，我们不难发现，当两国拥有相同的资本/劳动比率和相同的人均收入水平时，若$\beta_1-\beta_3>0$，说明本地市场效应是决定一国贸易相对规模的主要因素。其中，β_1、β_3分别代表出口国的收入弹性和进口国的收入弹性。根据 Bergstrand(1985)，$\beta_1=(\sigma-1)/(\gamma+\sigma)$，$\beta_2=(\gamma+1)/(\gamma+\sigma)$，其中，$\gamma$为生产转换弹性$(0<\gamma<1)$，$\sigma$为消费替代弹性$(0<\sigma<1)$。由$\beta_1-\beta_3>0$可知，只有当生产替代弹性小于消费者替代弹性时，即$\gamma<\sigma-2$，本地市场效应才会出现。从产品的角度看，只有在贸易成本足够小，产品之

间差异化程度越大的条件下，生产弹性才会越小，本地市场效应才会存在。然而，对于同质产品来说，由于本国产品与外国产品可以完全替代，生产弹性趋于无穷大，导致本地市场效应一般不会出现在同质类产品中。当两国拥有相同的市场需求和相同的人均收入水平时，若 $\beta_2>0$ 说明产品在生产中资本要素含量较多，一国贸易相对规模由资本要素优势决定。同理，$\beta_2<0$ 说明产品在生产中劳动要素含量较多，一国贸易相对规模由劳动禀赋优势决定。

2. 计量模型设定

由于文化产品具有商品和文化的双重属性，除了传统的影响货物贸易的主要因素外，我们应该更加关注与文化相关的因素对文化产品贸易模式的影响。因此，结合文化产品的特殊性，将方程(7-9)进一步修改为下式：

$$\ln dif_{it}=(\beta_1-\beta_3)\ln dser_{it}+\beta_2\ln dk_{it}-\beta_4\ln dy_{it}+\beta_5 Z_{it}+\mu_{it} \tag{7-10}$$

其中，Z 为控制变量，μ 反映了不随时间变化个体的异质性。在实证研究中，本节将以固定效应模型的形式加以控制。i、t 表示个体和时间标识。

在方程(7-10)中，被解释变量 dif_{it} 表示为 i 国在 t 时刻文化产品出口与进口的比率，反映了一国文化产品贸易相对规模，本节利用中国对不同国家(地区)的核心文化产品出口额与进口额之比来对其进行表示。dy_{it} 代表了本地市场效应，以往国内学者采用中国与外国以 2005 年为基期折算后的 GDP 之比来表示本地市场效应(阚大学，2013；许统生等，2010)。然而，考虑到文化产品属于第三产业，而 GDP 反映的是一国在农业、工业与服务业三大产业上的生产规模与能力，用两国 GDP 之比来衡量本地市场效应略显粗糙，因此此处采用各国第三产业增加值之比来表示本地市场效应。dk_{it} 表示为 i 国与各国的要素禀赋之比，采用以美元计价的各国每年社会资本存量来衡量各国的资本禀赋($Capital$)，同时采用各国每年实际参加工作的人数来表示各国的劳动禀赋（*Labor*），用两者之比 *Capital*/*Labor* 衡量每个国家的要素禀赋优势（Davis and Weinstein，2003）。此外，采用两国间人均收入水平之比来衡量 dy_{it}；Z 为控制变量。

3. 控制变量的选择

信息化联系程度的提高无疑会促进不同国家间对于彼此价值观、文化习俗、信仰等方面的了解，进而减少不同国家的消费者由于文化差异所带来的文化距离。同时，信息化水平的提高也可以有效地减少在贸易往来中的信息搜寻成本，使得双方间信息查询更加迅速、快捷，增进双方的信任程度，减少或避免潜在的交易违约风险，对于促进文化产品贸易的发展起到正向的推动作用。Disider，Head，and Mayer(2009)研究了视听信息服务对两国间文化与媒体服务贸易的影响。刘杨、曲如晓等(2013)引入信息化水平变量(两国每百人移动接入量的均值)来控制信息化水平对双边文化产品贸易的影响。因此，本节将在方程(7-10)的基础上，引入两国间信息化水平比率 $dtel=tel_1/tel_2$ 作为控制变量，其中，*tel* 反映了互联网使用率，即每100位居民中使用互联网的人数。

地区的文化特色以及丰富的文化资源将赋予不同地区的文化产品或服务独特的文化特征及价值，使得不同地区间在文化产品生产或服务方面具有差异化优势。随着本地文化市场规模的日益扩大以及企业文化品牌的树立，这种文化价值与差异化优势将形成本地区文化产品生产的独特优势。因此，国家间文化资源禀赋的差异也同样决定了一国文化产品贸易相对规模。一般而言，一个地区的文化资源禀赋可以由该地区历史文物、遗址及人文景观、当地美食以及富有地区文化特征的服饰等文化资源组成。所以，为了进一步完善模型，在方程(7-10)中加入体现文化资源禀赋差异的变量 $dcul=cul_1/cul_2$ 对模型加以控制，其中，*cul* 代表每个国家的文化遗迹数量。

其他控制变量的选择还包括人口规模，一般认为一个地区人口规模越大，其对外贸易水平越活跃，更有助于与外界进行文化交流，从而促进本国文化产品贸易的发展。本节将使用本国与外国的人口数量比率 $dpop=pop_1/pop_2$ 作为模型的工具变量，其中，pop 代表国家的人口总数。

4. 数据来源

本节选取中国及其主要的文化贸易伙伴，包括美国、英国、德国、日本、韩国、加拿大、澳大利亚和意大利的数据，时间范围为 2000 年至 2010 年。我们所关注的被解释变量是文化产品的贸易额。根据联合国教科文组织出版的《1994—2003 年文化产品和文化服务的国际流动》，本节所指的文化产品是能体现一国文化内涵，反映生产差异化的核心文化产品。

中国对上述各国核心文化产品的进口、出口额均来自联合国商品贸易数据库；各国第三产业附加值、实际参加工作人数和社会资本存量均来自世界银行发布的世界发展报告；各国每年的人口数量、人均 GDP 均来自联合国统计署的普通数据库；各国互联网使用率数据来源于 ITU(International Telecommunication Union)统计数据库；各国每年世界文化遗产数量来自联合国教科文组织公布的《遗产名录》。

7.3.2 实证结果分析

1. 基本回归结果

表 7-5 报告了方程(7-10)的基本回归结果。除了本地市场效应(ln *dser*)、要素禀赋优势(ln *dca*)和人均收入(ln *dpgdp*)外，本节还在模型回归中逐步加入一系列控制变量，以更准确地检验本地市场效应是否存在。在回归方法上，首先采用混合 OLS 对方程(7-10)进行检验。第(1)列并未加入任何控制变量，本地市场效应变量(ln *dser*)的系数为－0.222 并在 5%的水平条件下显著，表明中国文化产品贸易中并不存在本地市场效应。要素禀赋优势(ln *dca*)的系数为 0.608 并在 1%的水平条件下显著，表明资本禀赋优势决定了中国文化产品贸易相对规模。第

表 7-5 基本回归结果

解释变量	混合 *OLS*(1)	混合 *OLS*(2)	固定效应(3)	固定效应(4)	固定效应(5)
ln *dser*	−0.222** (0.123)	−0.115 (0.110)	8.428*** (1.414)	7.460** (1.652)	7.311** (2.921)
ln *dca*	0.608*** (0.165)	1.584*** (0.686)	−2.742*** (0.763)	−2.696** (1.103)	−2.377** (0.829)
ln *dpgdp*	−0.569 (0.481)	−4.016*** (0.716)	−1.706 (1.108)	−1.737 (0.787)	−2.417* (1.137)
ln *dtel*		1.996*** (0.269)		0.395 (0.399)	0.314 (0.333)
ln *dpop*		−1.102 (0.772)			2.056 (1.536)
ln *dcul*		0.679** (0.324)			5.101** (1.919)
Hausman			48.04 [0.000]	41.78 [0.000]	28.58 [0.001]
R^2	0.069	0.541	0.504	0.537	0.425

注：估计系数下面的圆括号中为标准误差，方括号中为 p 值，星号表示显著性水平，即 * 表示 $p<0.10$，** 表示 $p<0.05$，*** 表示 $p<0.01$。

(2)列加入了影响文化产品贸易的其他控制变量，本地市场效应变量(ln *dser*)的系数为－0.115但不再显著；资源禀赋优势(ln *dca*)的系数为1.584并在1%的水平条件下显著，支持了第(1)列的基本结论，即资本禀赋优势是决定中国文化产品贸易相对规模的主要因素。

由于本节所选择的数据为面板数据，不同国家之间的无法观测的异质性可能与因变量之间产生相关性，从而造成模型估计的不一致。因此，又采用了固定效应来对方程(7-10)进行了估计，那么在采用固定效应后第(1)、(2)列的回归是否还稳健呢？从第(3)～(5)列的Hausman检验结果来看，统计量的p值均决绝了原假设，说明与随机效应相比，固定效应更适合模型估计。在因变量回归系数方面，第(3)列未加入任何控制变量，本地市场效应变量(ln *dser*)的系数为8.428并在1%的水平条件下显著。同时，要素禀赋优势(ln *dca*)的系数为－2.742并在1%的水平条件下显著，说明本地市场效应和传统的劳动禀赋优势共同决定了中国文化产品贸易相对规模。在变量系数方面，本地市场效应(ln *dser*)系数要明显高于资源禀赋优势(ln *dca*)系数，说明基于规模经济形成的本地市场优势正逐渐取代传统比较优势，成为决定中国文化产品贸易相对规模的新源泉。表中第(4)、(5)列逐一地加入其他控制变量，从回归结果看，要素禀赋优势(ln *dca*)和本地市场效应变量(ln *dser*)的系数分别为负向显著与正向显著关系，但显著性水平较第(3)列有所降低，均为在5%水平下显著，整体上仍支持了第(3)列的结果。此外，在控制变量方面，发现在加入一系列控制变量后，人均收入水平(ln *dpgdp*)前系数在第(2)、(5)列分别在5%和10%的水平下为负向显著关系。同时，文化资源禀赋(ln *dcul*)前系数为5.101并在5%的水平下显著，说明文化资源禀赋和人均收入水平均在一定程度上决定了一国的文化产品贸易相对规模。

在考虑了国家间的个体效应后，本节得出了与混合OLS

回归截然相反的结果，说明反映不同国家间的个体差异性的因素，如文化政策、消费者偏好等影响着一国的文化产品贸易相对规模。然而，值得注意的是，作为资本与知识密集型行业，中国文化产品贸易出口以劳动密集型产品为主，这也直接反映出当前中国文化产品生产模式存在的问题。目前，中国文化产品生产仍停留在模仿阶段，缺乏创新性，文化产品的创作与生产未能充分挖掘中国悠久的历史与文化底蕴。以工艺品为例，目前中国现代工艺品整体上缺乏推陈出新，工艺品主要仍以传统特种工艺品和古仿制品为主，工艺品的设计对中国特色民族文化的挖掘较少，缺乏文化创意，使得当前中国工艺品出现大量粗糙的复制，大大地降低了中国工艺品的文化价值。同时，在中国文化产品出口中仍有很多产品是初级文化产品，生产方式仍以加工贸易为主，如明信片、贺卡和视频游戏机等，产品的出口优势主要来自中国廉价的劳动力。此外，从企业层面看，中国文化产业是以中小型文化企业为主，这些文化企业属于轻资产的企业。由于缺乏固定资产的抵押担保，使得中国大部分中小型文化企业无法从银行获得贷款，造成中国文化企业资金匮乏，大大降低了中国文化产品的资本含量。

2. 考虑内生性问题的估计结果

在本地市场效应变量($\ln dser$)选择方面，选取了中国与主要文化贸易伙伴第三产业增加值之比，这很有可能造成文化产品贸易相对规模($\ln dif$)与其产生双向的因果关系，造成估计模型的内生性问题。因此，采用工具变量法(IV-估计)对模型的内生性问题进行处理。

本节采用解释变量中信息化水平比率($\ln dtel$)当前值和滞后一期值作为本地市场效应变量($\ln dser$)的工具变量。由于信息产业是第三产业的重要组成，因此，信息化水平在一定程度上反映了第三产业的发展水平，同时根据上文回归结果，它本身与文化产品贸易无直接相关性。表 7-6 中第(1)列给出了工具变量估计结果，本地市场效应变量($\ln dser$)和要素禀赋优势

表 7-6　内生性与稳健性检验

解释变量	Ⅳ-估计 (1)	稳健性估计 (2)	稳健性估计 (3)	稳健性估计 (4)
ln *dser*	9.790*** (2.678)	7.311*** (1.219)	4.540*** (1.520)	3.246** (0.008)
ln *dca*	−3.647** (1.836)	−2.376** (0.871)	−2.728*** (0.978)	−1.941*** (0.872)
ln *dpgdp*	−2.282** (0.889)	−2.417*** (0.537)	−0.608 (0.779)	−1.017 (0.673)
ln *dtel*		0.313 (0.175)	0.326 (0.397)	0.597* (0.317)
ln *dpop*	2.215 (7.288)	2.056 (4.822)	−6.821 (6.366)	−11.514 (7.092)
ln *dcul*	5.094*** (1.951)	5.101*** (1.371)	−1.059 (1.872)	3.567** (1.146)
ln dif_{t-1}			0.603*** (0.0913)	
Anderson LM 统计量	21.453 [0.000]			
Stock & Yogo	14.006			
Sargan 统计量	0.004 [0.968]		37.400 [0.497]	
R^2		0.585		0.593

注：估计系数下面的圆括号中为标准误差，方括号中为 p 值，星号表示显著性水平，即 * 表示 p<0.10，** 表示 p<0.05，*** 表示 p<0.01。

变量(ln *dca*)前系数分别为9.790、−3.647，并分别在1%和5%的水平下显著，与前文得到的结果无较大差异。考虑到工具变量的有效性会直接影响模型估计的一致性，因此，本节又对工具变量进行了下述评判：第一，为了检验工具变量与内生变量的相关性，对模型进行了识别不足的Anderson检验，并在1%的水平下拒绝了原假设，证明工具变量与内生变量是高度相关的。第二，考虑到可能存在的弱工具变量问题，本章给出了Stock & Yogo最小特征根统计量，其F值大于经验值10，拒绝了"弱工具变量"存在的原假设。第三，过度识别Sargan统计量为0.004，其p值为0.968，不能拒绝过度识别是有效的原假设。通过上述三个检验，本章选定的工具变量是外生且有效的。

3. 稳健性检验

为了保证估计结果的可靠性，从以下三方面进行稳健性检验。

第一，使用包含Driscoll and Kraay(1998)标准误模型估计。包含Driscoll and Kraay(1998)标准误的回归方法是一种在异方差、序列自相关及截面相关未知时，处理面板数据的综合性处理方法，可以有效地避免由于上述三种情况而造成估计结果出现偏差。与以往回归不同，包含Driscoll and Kraay(1998)标准误的回归中标准误采用的是Driscoll and Kraay(1998)通过混合最小二乘法/加权最小二乘法或固定效应估计所得。如表7-6第(2)列所示，本节所关注的本地市场效应和要素禀赋优势变量显著性均未发生改变，控制变量显著性水平也没发生太大变化。

第二，剔除异常样本点。由于样本观测值有限，本章将反映文化产品贸易相对规模变量ln *dif* 中低于2%和高于98%分位点的数值予以剔除，重新进行估计。如表7-6第(4)列所示，本节所关注的核心变量的显著性水平均未发生变化，除了信息化水平变量显著性发生变化，其余控制变量显著性水平均未改变。

第三，差分 GMM 估计。本章将被解释变量的滞后一期 $\ln dif_{t-1}$ 作为解释变量加入方程(7-10)中，对模型进行差分 GMM 估计。如表 7-6 第(3)列所示，可以看到回归结果不会因计量方法的改变而出现较大变动。Sargan 检验的 p 值为 0.497，说明工具变量是有效的。

4. 具体文化产品回归

以下将采用包含 Driscoll and Kraay(1998)标准误回归方法对主要核心文化产品进行分类回归。如表 7-7 所示，在中国文化核心产品中，书籍类(SITC：8921)、报纸和期刊(SITC：8922)、明信片和问候卡等(SITC：8924)、音乐无论打印还是手稿(SITC：89825)、图画和设计图等(SITC：89287)、绘画品(SITC：8961)、原始雕塑、雕像(SITC：8963)本地市场效应($\ln dser$)前系数均显著为正，且明显高于要素资源禀赋(β_2)前系数，说明在出版业与工艺品行业，本地市场效应正逐渐取代传统的要素禀赋成为决定该行业文化产品贸易发展的动力。然而，在所有视听类产品和文化遗产方面，均未出现本地市场效应。这一方面与产品本身有关，对于古董、收藏品而言，它们均属于不可复制的产品，本身并不具有规模经济，难以形成本地市场效应。另一方面与该类产品国内市场需求有一定关系。以视频游戏机为例，考虑到游戏机对青少年的身心发展带来的不利影响，2000 年政府禁止了对游戏机的进口，造成国内游戏机市场需求的低迷，抑制了本地市场效应的形成。

7.3.3 结论与启示

本节在 Schumacher and Siliverstovs(2006)提出的模型基础上，以 2000—2010 年中国与 8 个主要文化贸易伙伴的面板数据为基础，从本地市场效应与要素禀赋优势的角度，对中国文化产品贸易进行了实证分析。结果表明，从整体上看，除了传统的要素禀赋优势外，本地市场效应同样决定了中国文化产品贸易相对规模，并逐渐地取代要素禀赋优势成为中国文化产

表 7-7 具体核心文化产品回归结果

类别	产品名称与代码	$\beta_1-\beta_3$	β_2	类别	产品名称与代码	$\beta_1-\beta_3$	β_2
印刷品	书籍类（SITC：8921）	3.175*** （0.768）	−0.953** （0.478）	视听媒介	视频游戏机（SITC：89431）	−2.439 （7.891）	1.564 （5.119）
印刷品	报纸和期刊（SITC：8922）	6.881*** （1.574）	−4.346** （0.979）	视听媒介	已曝光、显影的胶卷（SITC：8826）	0.895 （1.774）	−2.798 （1.649）
印刷品	明信片和问候卡等（SITC：8924）	7.027** （2.208）	−4.827** （1.466）	文化遗产	超过百年的古董（SITC：8966）	9.025 （4.643）	−9.068** （2.897）
印刷品	各种日历、年历等（SITC：89284）	3.945 （2.927）	−0.829 （2.389）	文化遗产	收藏品（SITC：8965）	−9.595 （4.819）	6.954 （3.498）
印刷品	音乐，无论打印还是手稿（SITC：89825）	9.222** （4.323）	−4.863 （2.717）	视觉艺术	小型雕像和其他陶瓷类装饰品（SITC：6662）	−1.478 （1.125）	0.094 （0.774）
印刷品	图画、设计图等（SITC：89287）	8.378*** （1.434）	−4.951*** （1.003）	视觉艺术	绘画品（SITC：8961）	4.79** （1.701）	−1.221 （−0.661）
印刷品	邮票、印花税票等（SITC：8964）	2.382 （3.620）	−2.721 （1.966）	视觉艺术	原始雕刻、平板画等（SITC：8962）	−0.503 （5.008）	0.567 （3.420）
视听媒介	电影胶卷（SITC：883）	−10.579*** （2.467）	12.207*** （2.162）	视觉艺术	原始雕塑、雕像等（SITC：8963）	4.705** （1.904）	−3.890** （1.693）

注：估计系数下面的圆括号中为 Driscoll 和 Kraay(1998)标准误，星号表示显著性水平，即 * 表示 $p<0.10$，** 表示 $p<0.05$，*** 表示 $p<0.01$。

品贸易发展的新源泉。在要素禀赋方面，作为知识和资本密集型产业，中国出口文化产品以劳动密集型产品为主，文化产品贸易相对规模仍由劳动禀赋优势所决定。此外，在具体文化产品方面，中国出版业和工艺品行业中已有部分产品表现出本地市场效应，并逐渐取代传统的要素禀赋优势成为该行业文化产品贸易发展的动力。但由于产品自身特征及产品市场需求低迷，中国的视听媒介类与文化遗产类产品中均未发现本地市场效应。

结合中国文化产业实际，上述结论对中国文化产品贸易发展具有重大启示：第一，重视对国内文化市场需求的开发与培育，开发和培育居民对国内文化市场的消费需求，使本地市场效应成为推动中国文化产品贸易发展的新优势。通过提高居民收入水平、提高文化服务水平并加大与文化相关的服务设施建设，以此来提升中国居民的文化消费水平，扩大本地文化市场需求。第二，鼓励文化创新，加大文化生产中的资本投入。文化内容是文化产品的核心，未来中国文化企业应该注重对产品中文化内容的培育，充分挖掘具有中国特色的历史与文化，增加中国文化产品的文化内涵。同时，中国政府应加大对文化企业的资金扶持力度，特别是对中小文化企业的支持，加大文化产品生产中的资本投入力度，进一步提升中国文化产品的资本含量。

7.4　本章小结

本章首先利用贸易引力模型实证分析了影响文化产品贸易的一般因素，如经济发展水平、技术水平、地理距离、是否共同语言、文化距离、成瘾性等。其次，从异质性企业和本地市场效应角度探讨了中国文化产品贸易发展的主要影响因素。研究发现考虑异质性企业之后，可变贸易成本与本地市场效应是影响中国文化产品贸易的关键因素，从而解释了当前中国文化产品贸易发展的主要原因，同时为下文对策建议的提出提供了有效的理论和实证基础。

第 8 章　贸易开放度与中国文化产品贸易

体现为货物贸易和对外投资的贸易开放影响着一个国家和社会经济运行的各个方面。贸易开放与经济发展间的关系一直是经济学研究的热点，大量的文献也将关注点集中于此，比如开放与经济增长(Durham，1999；Wacziarg，2001；Schneider and Wagner，2001)、开放与政府规模(Cameron，1978；Rodrik，1998；梅东州、龚六堂，2012)、开放与研发投入(Varsakelis，2001)，以及近年来在异质性框架下开放与企业生产率的研究等不胜枚举，贸易开放促进经济发展已是共识。然而，贸易开放与文化产品贸易的作用关系却鲜有研究，正如本书所关心的一样，贸易开放对于一国文化的变迁也有着不可忽视的影响，开放的过程也是不同国家、不同社会群体之间相互交流、相互改变的过程，伴随着经济要素的流动，不同的价值观、行为准则也在彼此间传递和分享，那么，贸易开放也必然会影响到文化产品贸易。本章利用 40 个国家(地区)的 5 期(1984 年、1989 年、1994 年、1999 年、2004 年)面板数据实证检验了贸易开放度对一国文化的影响。

8.1 贸易开放与文化产品贸易综述

由于文化的具体所指难以界定①，导致了经济学研究中相关文献的缺乏，正如Guiso(2006)所说："文化过于宽泛，并且在经济生活中无处不在、模糊不清，因此很难去构造可行性的原假设。"但随着近年来涉及价值观和行为准则的跨国评分数据不断完善和丰富，如WVS、EVS数据库和Hofstede调查数据的广泛使用，使得相关的实证研究变得可行，人们也逐渐开始关注文化变量与经济变量间的相互作用关系，Tabellini(2008)研究了文化变量与经济产出间的关系，Jong et al.(2005)考察了国家间文化的差异是否会影响到贸易开放政策的制定，等等。随着成熟文献的不断出现，与经济研究相联系的一国文化定义也越来越清晰化、具体化，Guiso(2006)给出了一个经济学中普遍接受的文化概念，即不同种族、宗教、社会群体之间所共享的价值观、行为准则与风俗信仰。具体来讲，文化可以分解为以下四个维度的特质：信任、自我控制、尊重他人和服从，这四个维度的文化特质都与经济交易行为和经济个体本身紧密联系，也是企业家精神的具体表现(Coyne and Williamson，2012)，它们也反映了经济活动中个体和组织的信念、态度和价值观，是一种"经济文化"(Porter，2000)，这种界定下的文化和它的基本特质都与经济活动相关联，大量的文献研究表明，诸如消费者选择、企业组织行为以及创新性都与该国的文化特征有关(Inglehart，1997；Williamson，2000；Hofstede，2001)，因此，本章中的一国文化就是指表现为信任、自我控制、尊重他人和服从这四个维度特质的"经济文化"。

① Kroeber and Kluckhohn(1952)统计发现，在当时不同的学科研究文献中，对文化的定义有160多种。

已有的相关文献研究主要涉及以下三个方面：一是探讨文化、企业家精神与经济发展间的关系（Lavoie and Wright，2000；Harper，2003）；二是从实验心理学角度研究价值观、信仰和行为准则对企业创新所带来的影响（Lane，1991；Harper，2003）；三是考察社会资本、信任等影响文化的因素对于市场规模的作用（Kanck and Keefer，1997；Woolcock，1998；Chan，2007）。与已有的研究不同，本章试图考察一国贸易开放对其文化变迁的影响，探讨对于不同的国家，开放与文化进步之间到底存在着促进效应还是抑制效应。与我们的研究相近的文献主要有 Jong et al.（2005）和 Coyne and Williamson(2012)，但 Jong et al.(2005)将关注的重点放在了一国文化对于贸易开放政策的影响；Coyne and Williamson(2012)将企业家精神与文化相联系来考察开放带来的影响效应，基于文化变量与开放变量间的线性回归表明贸易开放对一国文化的繁荣有着显著的、稳定的促进效应。然而值得我们怀疑的是，开放对于文化影响的边际效应真的是线性的吗？是否会存在非线性的门槛现象？现实告诉我们，对于不同的国家而言，贸易开放所带来的影响也并不相同，一些国家在开放过程中有效地融合了其他文化，促进自身文化的繁荣；另一些国家却面临着被外来文化侵蚀的现实，逐渐丧失已有的价值观和信仰。①

8.2　理论框架与典型事实

8.2.1　贸易开放对文化产品贸易的影响——硬币的两面

Bernstein(2008)在对两河流域经济史的研究中发现，自古

---

①　因此有的国家以“文化例外”为由，在文化贸易领域实行有限制的开放。

以来贸易带来的不仅仅是物质财富，还有各族文化的融合与大发展。在双边贸易往来中，发生交换的不仅是商品和服务，还包括贸易国双方差异化的价值观、社会信仰以及处事态度和思想，这也是双边文化的一个交流和影响过程。这个过程存在着直接和间接两种形式(Coyne and Williamson，2012)。直接形式是指发生的双边文化产品进出口和文化企业直接投资行为，比如影视作品、音乐作品的传播和跨国文化企业的FDI等，都直接影响着对象国的当地文化，这也是“文化输出”的一种直接表现；间接形式是指并非以文化传播为主要目的，而是在经济往来中无意识地对他国文化产生了不可预期的影响，比如国外企业和组织所带来的管理文化、消费文化等，都间接地影响着当地文化，并形成一种持久的扩散效应。值得我们注意的是，贸易开放所带来的外来文化确实会丰富当地文化，促进其多元化发展，但同时也会淘汰甚至湮没一些已有的传统文化特征。这就像硬币存在着相反的两面，贸易开放对文化的影响也存在着正的外部性和负的外部性之分。

“文化贸易繁荣说”——贸易开放带来的正外部性：持有这种观点的学者认为开放最终会为一国文化带来净的正外部性，促进了文化的繁荣。Cowen(2002)认为开放在破坏某些传统文化的同时，也会产生出更多的有益文化，相对于那些逐渐消失的社会观念，贸易开放能够提高个体的自主意识，带来更多的交易机会，进而培养人们对于彼此之间的信任和尊重。Jones(2006)指出贸易开放促进了文化的融合，可以减少不同社会群体间的交易成本，有利于信任感的培养和社会价值体系的重建。Coyne and Williamson(2002)的实证研究也发现，开放确实对一国文化的发展有着正向的促进效应。

“文化贸易衰败说”——贸易开放带来的负外部性：持有这种观点的学者认为贸易开放最终会破坏一国社会价值体系，导致内部凝聚力和自我认同感的丧失。开放会淹没已有的价值观和行为准则，鼓励个人主义作风，导致大量的利用社会关系追逐自身利益群体的存在，特别是会降低社会中个体的自我认同感(Barber，1995；Huntington，1996)。Schiff(1998)针对撒哈拉非洲国家种族问题的研究发现，经济贸易方式的变革导致了种族间不平等关系的加剧，使得阶层间的关系更加紧张，这种变革对政治稳定和社会融合造成显著的负向影响。因此，贸易开放在带来经济利益的同时也瓦解了社会群体的行为准则、公民意识，导致一国文化的衰败和“被湮没”。

8.2.2　收入分配不平等带来的影响

类似于贸易开放带来的经济利益分配，在一个收入分配不平等、阶层分化严重的社会中，既得利益者总是可以攫取大部分的物质财富。在已有的文化传统和价值观下，既得利益集团近乎“合法化地”利用它们来构建社会体系和组织生产，尽管这种生产形态可能是低效率的，一旦来自外界的有益文化和价值观念威胁到他们所主导的文化基础时，既得利益者总是会以“民粹主义”为借口，并通过正式或非正式的手段来阻碍外界有益文化的传播，而无论这种外界文化是否会提高整个社会的生产效率(Chan，2007)。同时，具有相同利益诉求的群体或组织内部可以更好地达成一致意见，而不同阶层的群体之间则缺乏信任和尊重(Olson，1982)。因此，收入分配不平等、阶层分化严重的社会形态必然会阻碍外界有益文化的传播与接受，影响贸易开放对一国文化所产生的边际效应。

已有的相关研究也证实了收入分配不平等对信任、尊重、价值观等文化特质所造成的负面影响。Zak and Knack(2001)利用低收入群体和高收入群体对于交易监管所耗费的时间来描述社会信任，发现工资分布形式的均等化程度越低，低收入群体耗费的交易监管时间越多；更有力的证据来自实验经济学的研究，早期的研究发现被试人员的行为总是会较大的偏离传统博弈理论的结果，于是研究者将非自利性(non-self-interested)因素引入代理人决策模型，包括公平感和不平等厌恶，研究发现当被试者将实验环境下的报酬支付不平等视为一种不公正待遇时，已经建立的彼此间的信任和尊重便会被破坏。

为了更直观地描述开放与文化之间的关系，我们给出了贸易开放水平与一国文化测度值之间的散点图(数据描述见后文)。图 8-1 中的两条直线分别为 Gini 系数小于 0.4(灰色)的样本和 Gini 系数大于 0.4(黑色)的样本的回归拟合线。从总体上看，贸易开放与文化间存在着正相关关系，但对与 Gini 系数大于 0.4 的样本组而言，这种正相关性并不显著。

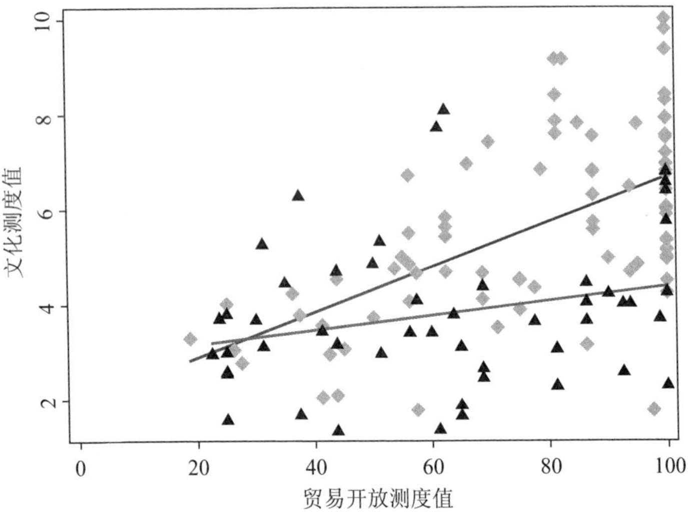

图 8-1　贸易开放与一国文化的散点图

图 8-2 给出了样本国文化测度的均值和贸易开放均值的散点图，图中虚线反映了均值水平的文化测度。可以发现，贸易开放程度越高的国家其文化水平也越高，呈现出右上倾斜的趋势，同时，Gini 系数高于国际警戒线 0.4 的国家其文化测度值普遍位于平均水平之下，直观地反映了收入分配不平等对文化的负向影响效应。

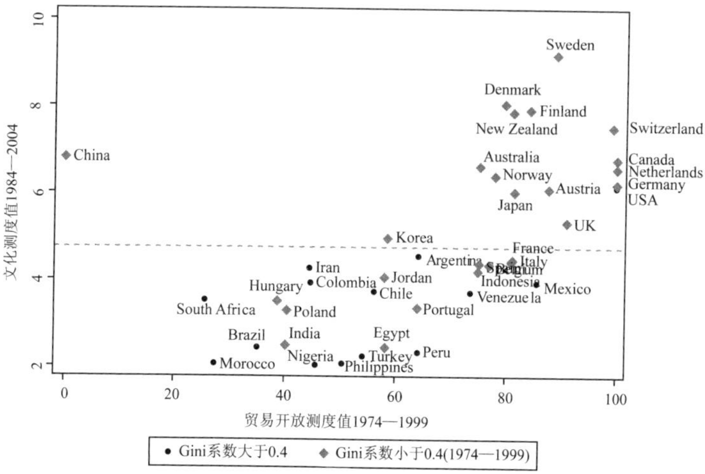

图 8-2 贸易开放与一国文化的散点图(国家均值水平)

8.3 计量模型设定与变量说明

8.3.1 研究假说与实证模型设定

为了定量化地分析所关心的问题，在归纳前文讨论结果的基础上，我们假定一国文化满足以下函数形式：

$$C=c(K,\ \alpha) \tag{8-1}$$

其中，C 是一国文化水平，K 为一国信任、尊重、自我控制、服从等文化特质所体现的“文化资本”，α 为其他的国家控制变量。文化资本可以有效地促进一国文化水平的提升，因此 $c_1=\partial C/\partial K>0$。对于信任、尊重等文化资本而言，主要受到了该国贸易开放和社会不平等的影响，$K=k(O,\ I)$，其中 O 为贸易开放程度，I 反映了收入分配不平等，由前文的分析可知：$k_1=\partial K/\partial O>0$；$k_2=\partial K/\partial I<0$；$k_{12}=\dfrac{\partial^2 K}{\partial O\,\partial I}<0$。

归并以上函数我们有：

$$C=c(k(O,\ I),\ \alpha)=F(O,\ I,\ \alpha) \tag{8-2}$$

$$F_1=c_1k_1>0;\ F_2=c_1k_2<0;\ F_{12}=c_1k_{12}<0$$

另一方面，大量文献表明贸易开放对收入分配有着显著的影响，国际贸易可以改变一国要素收入的分配格局，改善或者恶化收入分配不平等状况，即：

$$I=i(O) \quad dI/dO=i'>or<0$$

此时，贸易开放对文化的边际效应为：$dC/dO=F_1+F_2\cdot i'$。结合前文的文献分析，我们提出用以本章研究的两个假说。

假说1：直观来看，贸易开放对一国文化存在着正向的促进效应。

假说2：在考虑收入分配不平等的情况下，贸易开放对文化的影响存在着差异性，呈现出非线性的区间关系。

根据前面的理论分析，本章用以实证研究的计量模型设定如下，考虑到收入不平等可能使贸易开放对一国文化的边际效应成非线性化，我们引入了贸易开放变量与收入不平等变量的交互项来反映这一影响。

$$\begin{aligned} cultural=&\beta_0+\beta_1(openness)+\beta_2(inequality)+\\ &\beta_3(openness)\times(inequality)+\\ &\beta_4(control\ variable)+errorterm \end{aligned}$$

8.3.2 变量的衡量指标及说明

1. 被解释变量：一国文化 *cultural*

正如上文所述，我们将一国文化界定为与经济社会的交易、分工相联系的“经济文化”，具体包括了信任、尊重、自我控制和服从四个维度，这些文化特质对经济往来中的人类行为起到了约束作用，并使得文化可以被具体的测度，这一界定方式由Tabellini(2008)首先提出，并由Williamson and Kerekes(2010)进行扩充与完善。文化的四个维度特征都对经济社会的发展产生了直接的影响，Lane(1991)、Harper(2003)、

Tabellini(2008)的研究发现，信任、尊重、自我控制促进了企业家精神的培养，并带来更高效率的生产组织形态；而服从阻碍了富有冒险意识的企业家行为的产生，对经济社会的发展有着负面影响。

信任、尊重、自我控制和服从四个维度的测度数据来源于世界价值观调查(WVS)和欧洲价值观调查(EVS)，价值观调查尽可能地捕获了一国文化信息，反映了个体的价值观、行为准则和风俗信仰(The EVS Foundation and the WVS Association, 2006)。为了最大化样本规模，我们利用了所有5轮调查数据1981—1984年、1989—1994年、1994—1999年、1999—2004年、2004—2007年，涵盖了40个国家(地区)的有效数据。① 每一维度的文化特质得分都有相应的调查问题和评分准则，四个维度的得分相加便得到一国文化的测度值(其中"服从"的打分值为负)，我们将该指标数据标准化处理，区间范围为 $0<Cultural<10$，分值越大则表明文化水平越高。

2. 解释变量：贸易开放 *openness* 和收入分配不平等 *inequality*

贸易开放 *openness*：贸易开放变量反映了商品和资本在国际市场上交易时所受到的约束程度。为了能够更好地捕获一国贸易开放的信息，我们使用了已有文献中普遍存在的经常项目开放程度指标 *open-cur*(Quinn, 1997)以及资本和金融项目开放程度指标 *open-cap*(Quinn and Toyoda, 2007)，这些指标来源于国际货币基金组织的 *Exchange Arrangements and Exchange Restrictions*，涵盖了1950—1999年94个国家(地区)的数据，其分值从0到100，100表明一国完全程度上的开放。我们分别使用这两个指标作为解释变量进行回归分析，因为数据来源的多样性使得估计结果避免了样本单一而引起的各

① 这5轮价值观调查数据分别与一国文化1984年、1989年、1994年、1999年、2004年的5期测度值相对应。

种偏差。本章并没有使用传统的贸易依存度作为贸易开放的度量，原因在于我们希望能够利用更多的政策信息来反映一国政府对于贸易开放所持有的态度，同时，贸易依存度是衡量开放的一个较差的、噪音很大的代理变量(Frankel and Romer，1999)。

收入分配不平等 *inequality*：衡量指标为各国 Gini 系数，数据来源于 World Income Inequality Datebase(WDII)，选取的 Gini 系数为涵盖农村和城市、所有人口的测算结果。

为了避免“对一个错误问题给出正确答案”的第Ⅲ类错误发生，有必要考虑到文化的发展和演变是一个缓慢的过程，经济变量对文化的影响存在着时滞效应，当期的贸易开放政策和收入分配不平等会在一段持续的时间内影响到文化的变迁，因此本章考察的是滞后期的贸易开放和收入分配不平等对当期文化的影响。那么这个滞后期如何选择才是合理的？在 North(1995)和 Huntington(1996)之后，Williamson(2000)基于新制度经济学的研究给出了社会分析中四个层次(包括制度、文化、司法、经济等因素)间相互作用的时间关系。基于 Williamson 的研究，我们采用贸易开放和收入不平等的 10 年期滞后值作为解释变量，即 1994 年数据对应 2004 年期的文化测度值，1989 年数据对应 1999 年期的文化测度值，依此类推。

3. 控制变量

有必要对可能影响一国文化变动的国家特征因素加以控制。①国家规模：与之前的文献一样，我们利用国土面积(area)指标来加以控制，同时，使用一国总人口数(*popul*)来反映市场规模(Alesina and Wacziarg，1998)，一般来讲，国家规模和市场规模越大，对外贸易的活动水平也越高，更容易与外界文化产生接触和交流。②经济增长水平：用 GDP 增长率(*gdpgrowth*)来加以控制，同时 GDP 增长率也包含了一国居民收入水平变动的信息，经济增长对于文化的影响具有两面性：当经济增长促进了企业家精神的培养时，将有利于文化水平的提升，而当经济增长加速了资源配置的扭曲时，则会使阶层分化更加严重进而阻碍一国文化的进步。③教育水平：利用高中阶段毛入学率（edu）来反映一国教育水平的高低，较高的教育水平可以提升整个国民的文化素养，更容易去理解和接受外来有益文化。以上控制变量的数据均来源于世界银行世界发展指数数据库（WDI，2012）。

从世界范围来看，随着时间的推移，文化整体上呈现出多元化、融合化发展的大趋势，为了控制这些无法观测的时变因素，我们引入了时间虚拟变量。同时，为了考察洲际内部存在的不可观测影响，本章还对地区虚拟变量加以控制。① 引入地区虚拟变量而不是为每一个国家设置虚拟变量的原因还在于我们研究所用的面板数据是“宽而短”的结构类型，设置国家虚拟变量会损耗大量的自由度，降低统计检验的功效。主要变量的说明和描述性统计见表 8-1，为了后文计算主要解释变量的边际效应，同时报告了 1/4 分位值和 3/4 分位值。

表 8-1　主要变量说明和描述性统计

变量	变量说明	最小值	1/4 分位值	均值	3/4 分位值	最大值
cultural	文化测度值	1.330	3.510	4.972	6.570	10.000
open-cur	经常项目开放度	0.000	43.750	67.266	95.000	100.00
open-cap	资本和金融项目开放度	0.000	37.500	60.109	85.000	100.00
inequality	Gini 系数	0.204	0.302	0.374	0.450	0.633
gdpgrowth	GDP 增长率	−0.130	0.020	0.035	0.050	0.180
ln *popul*	总人口数自然对数	5.542	6.949	8.183	8.918	11.914

① 分别是亚洲（除东亚）、非洲、欧洲、拉丁美洲、北美洲、东亚和大洋洲。

续表

变量	变量说明	最小值	1/4 分位值	均值	3/4 分位值	最大值
ln *area*	国土面积自然对数	2.466	4.535	5.331	6.207	8.256
edu	高中阶段毛入学率	0.000	0.673	0.842	1.012	1.566

注：高中阶段毛入学率是指某学年度高中教育在校生数占相应学龄人口总数比例，因此存在大于100%的可能。

8.4 实证结论

首先，我们利用控制地区变量和时间变量的最小二乘虚拟变量估计法(LSDV)来对所关心的问题进行实证分析，紧接着考察贸易开放和文化之间存在的内生性问题，使用工具变量方法(IV-GMM)进行进一步的验证，为了更准确地判定收入不平等形成的门槛效应，本章同时利用门槛模型(Threshold Model)进行回归分析，在给出可能存在的门槛值后对研究假说1、假说2进行评价。

8.4.1 基本的回归结果分析

我们首先用LSDV方法进行分析，回归结果报告于表8-2，为了克服可能存在的条件异方差，所有回归均对估计参数的标准误进行了White异方差修正。第(1)、(2)列报告了只考虑贸易开放变量的回归结果，尽管粗糙但直观地告诉我们贸易开放对于一国文化有着显著的正向促进效应。第(3)、(4)列是在加入收入分配不平等变量，并进一步控制其他变量后的回归结果，可以看到模型的 R^2 增大了一倍左右，模型的解释能力有了显著提高；贸易开放变量的影响显著为正，收入分配不平等对于文化有着负向的抑制效应，并且是统计显著的，与前期的

表 8-2　基本回归结果

解释变量	(1)	(2)	(3)	(4)	(5)	(6)
open-cur	0.041*** (0.005)		0.025*** (0.005)		0.056*** (0.015)	
open-cap		0.037*** (0.006)		0.026*** (0.005)		0.051*** (0.018)
inequality			−5.372*** (1.396)	−6.788*** (1.574)	−1.622 (2.444)	−0.969 (2.266)
cur×*ine*					−0.095** (0.042)	
cap×*ine*						−0.077 (0.053)
ln *popul*			−0.399*** (0.112)	−0.342*** (0.116)	−0.524*** (0.139)	−0.643*** (0.149)
ln *area*			0.165* (0.093)	0.285*** (0.097)	0.340* (0.183)	0.613*** (0.175)

续表

解释变量	(1)	(2)	(3)	(4)	(5)	(6)
gdpgrowth			−2.392 (4.631)	1.406 (4.565)	−1.965 (3.800)	−0.606 (3.666)
ln *edu*			0.942*** (0.344)	0.671** (0.266)	0.727* (0.355)	0.618* (0.327)
地区虚拟变量	No	No	No	No	Yes	Yes
时间虚拟变量	No	No	No	No	Yes	Yes
adj-R^2	0.28	0.22	0.53	0.46	0.67	0.65
Obs	132	136	123	127	123	127

注：***、**和*分别表示1%、5%和10%的显著性水平，括号内报告了稳健标准误。

文献研究相符。

本章关注的问题是考虑不同的收入分配不平等状况下，贸易开放对于文化的影响。因此我们进一步引入了贸易开放变量和收入分配不平等变量的交互项，同时也对地区虚拟变量和时间虚拟变量加以控制。此时，模型中同时纳入了贸易开放、收入分配不平等以及它们之间的交互项，不可避免地会存在多重共线性，影响回归结果的显著性，对于此类问题，汉密尔顿提出了“去中心化”(centering)的方法，用来降低多项式或交互项的存在所带来的不利影响，我们依此方法，在创建交互项之前将贸易开放变量减去其平均数，这样新的贸易开放变量将以零为中心分布，并且该新变量与交叉项的相关性将大大减弱，因此“去中心化”法往往在存在多项式和交互项的模型研究中得到更小的标准误，当然，这种技术上的处理并不会影响估计的一致性。

相关的回归结果报告于第(5)、(6)列中，直观地来看，贸易开放、收入分配不平等以及它们交互项的符号与前文预期一致，交互项系数为负表明在收入分配不平等程度越高的国家，贸易开放对文化的影响呈现出衰弱的趋势。① 各个控制变量中，国土面积和教育水平变量估计系数的符号为正并且统计显著，表明它们对于一国文化的提升有着促进效应；总人口变量的系数显著为负，这与 Coyne and Williamson(2012)的实证结论一致，可能的解释是一国人口数较大时，不同利益诉求的阶层关系更为复杂，导致有益文化的交流和传播受到的阻力也越多；GDP 增长率的估计值在统计上并不显著，说明该变量对于一国文化的解释能力有限。

在第(3)、(4)列的基础上我们进一步加入各国所在地区的虚拟变量和时间虚拟变量，发现 R^2 提高为 0.67，无法观测的地区效应和时间效应进一步解释了 14%(0.67－0.53)的文化变

---

① 由于交互项的存在，贸易开放的边际效应将不再是一个固定值，它与 *inequality* 有意义的取值有关。

动，针对地区虚拟变量和时间虚拟变量的联合显著性检验 F 值分别为 8.11 和 2.30，其伴随 p 值为 0.00 和 0.06，可见我们对于这两类变量的控制是得当的。

相对于以上的分析，我们更关注的是在考虑收入分配不平等的情况下，贸易开放对文化边际效应的变动，由于交互项的引入，相关变量的边际效应如下两式：

$$\frac{\partial\, cultural}{\partial\, open}=\beta_1+\beta_3\cdot inequality$$
$$\frac{\partial\, cultural}{\partial\, inequality}=\beta_2+\beta_3\cdot open \tag{8-3}$$

此时，原变量的系数和统计检验不具备直观的经济学解释，我们需要在某些有意义的 *inequality* 数值处计算贸易开放的边际效应，并进行统计检验，具体结果见表 8-3。同时，我们针对第(5)、(6)列中贸易开放变量的显著性进行联合检验(原模型的 t 值并无实际含义)，其 F 值分别为 10.89、9.85，可以看到，贸易开放对文化的正向影响是显著的。表 8-3 也告诉我们随着 Gini 系数取值的增加，贸易开放对文化的正向影响有着明显的衰减，达到了 50%之多。

表 8-3　不同收入分配数值下的贸易开放的边际效应

	inequality 的分位数值				*inequality* 的分位数值		
	1/4 处	均值处	3/4 处		1/4 处	均值处	3/4 处
open-cur	0.027	0.020	0.013	*open-cap*	0.027	0.022	0.016
标准差	0.006 [0.000]	0.007 [0.003]	0.010 [0.105]	标准差	0.006 [0.000]	0.007 [0.003]	0.010 [0.105]

注：方括号内数值为伴随 p 值。

8.4.2　贸易开放的内生性及 IV-GMM 回归结果

我们所关注的解释变量贸易开放与一国文化变动之间可能存在着双向因果关系，这也得到了相关文献研究的支持，Jong

and Smeets(2005)利用 1959—1997 年 53 个国家(地区)的数据，考察了文化变动对于贸易开放的影响，发现对于那些政策制定受约束较小的国家而言，文化对于贸易开放有着显著的持续影响，同时，这也与世界各国贸易开放的历程相符。此外，遗漏的一些随时间变化而又同时影响了两个变量的无法观测因素也可能导致内生性问题。严重的内生性将使得我们的估计结果是有偏或非一致的，因此，我们通过构造合理的工具变量并利用 IV-GMM 估计来加以解决，当然，工具变量的使用也会消除掉自变量测量误差所带来的影响。

第一个工具变量来自 Frankel and Romer(1999)基于地理特征所构造的经典工具变量，Frankel and Romer 考虑到各国地理特征对于贸易流量的影响，利用引力方程构造了各国“理论”上的开放度。对于本章来讲，地理特征会影响到一国贸易开放程度进而影响文化的变动，但是文化的变动却无法改变一国的地理特征，保证了工具变量的外生，因此基于地理特征构造的工具变量是有效的。由于 Frankel and Romer 的工具变量是不随时间变化的，为了使其具有动态特征，我们利用样本期内世界市场上原油的美元价格与该工具变量相乘，得到本章所使用的工具变量，原油价格的波动会影响到运输成本进而影响国际贸易，并且该价格对每个国家来说可以视为外生给定。

在大样本条件下增加工具变量通常会得到更加有效的估计结果(Wooldrige，2002)，因此我们选取贸易开放变量的滞后一期作为另一个工具变量，即滞后 15 年的经常项目、资本和金融项目开放程度指数。在有效工具变量难以寻找的情况下，使用自变量的滞后值来代替弱工具变量不失为一个选择，并得到了大量文献的经验支持(Boone，1996；Yanikkaya，2003)，后文的相关检验也表明我们选取的工具变量是有效的。由于有交互项的存在，需要将上述两个工具变量分别与 *inequality* 相乘，便得到交互项的工具变量。

表 8-4 中第(1)、(2)列报告了使用工具变量法进行的

表 8-4 IV-GMM 回归及稳健性检验结果

	IV-GMM		稳健性检定		
	(1)	(2)	(3)	(4)	(5)
open-cur	0.077*** (0.020)			0.071*** (0.021)	0.087*** (0.020)
open-cap		0.050** (0.025)			
open-sw			3.457*** (1.340)		
inequality	−2.008 (2.408)	−0.988 (2.308)	2.715 (3.165)	−1.297 (2.351)	−4.527* (2.391)
cur×*ine*	−0.103* (0.058)			−0.077 (0.066)	−0.142** (0.056)
cap×*ine*		−0.015 (0.084)			
sw×*ine*			−6.975** (3.215)		
ln *popul*	−0.490*** (0.133)	−0.774*** (0.144)	−0.521*** (0.134)	−0.483*** (0.132)	−0.300** (0.143)

续表

	IV-GMM		稳健性检定		
	(1)	(2)	(3)	(4)	(5)
ln *area*	0.354** (0.172)	0.743*** (0.172)	0.486*** (0.166)	0.378** (0.174)	0.056 (0.167)
gdpgrowth	0.171 (3.897)	1.893 (4.407)	−0.892 (3.399)	0.285 (3.570)	−1.363 (3.503)
ln *edu*	0.757* (0.407)	0.658* (0.340)	0.693** (0.336)	0.798* (0.422)	0.578 (0.378)
oecd 虚拟变量				−0.671 (0.491)	
地区虚拟变量	Yes	Yes	Yes	Yes	Yes
时间虚拟变量	Yes	Yes	Yes	Yes	Yes
开放变量显著性的 χ^2 检定	52.02*** [0.000]	27.06*** [0.000]	6.68*** [0.035]	50.50*** [0.000]	47.80*** [0.00C]
R^2	0.64	0.62	0.60	0.63	0.65
obs	122	126	129	122	111

注：***、**和*分别表示1%、5%和10%的显著性水平，括号内报告了稳健标准误，方括号内报告了伴随p值，限于篇幅，工具变量的相关检定及说明见正文。

GMM估计结果。可以看到，与基准回归相比较模型中变量的估计系数和显著性水平并不存在实质上的差异，针对贸易开放变量的联合显著性检验表明，开放变量对于文化的影响在1%的水平上统计显著；开放与不平等的交互项估计系数依旧为负，说明在合理考虑内生性因素的情况下收入分配不平等越严重的国家，贸易开放对于文化的影响效应越小，结合前文基准回归的分析，初步验证了我们的研究假说1、假说2是合理的。为了更直观地说明贸易开放边际效应的变动情况，我们以*open-cur*为例，在*inequality*的1/4分位值、均值、3/4分位值处，*open-cur*的边际效应分别为0.046、0.039、0.031，且均在1%的水平下统计显著，贸易开放对于文化有着显著的正向影响，这个影响随着收入分配的恶化而明显减小。再来看控制变量，总人口、国土面积、教育水平的估计结果与基准回归一致，GDP增长率由负号变为正号，但在统计意义上仍是不显著的。

工具变量的有效性会影响到估计和统计推断的一致性，因此有必要对工具变量的合理性进行相关检验。①弱工具变量的检验：因为存在着多个工具变量，我们计算了Stock and Yogo（2005）提出的最小特征值统计量（minimum eigenvalue statistic），回归(1)、(2)中最小特征值统计量分别为20.138和11.364，均大于5%的临界值11.04，拒绝了“存在弱工具变量”的原假设，说明工具变量与内生变量之间有着较强的相关性。②过度约束检验：由于加入的工具变量个数多于内生变量个数，需要检验这些工具变量是否与干扰项相关，回归(1)、(2)的Hansen J统计量值分别为1.821和1.597，其伴随p值为0.402和0.450，均接受了“所有工具变量与干扰项不相关”的原假设，说明加入的工具变量本身就是外生的。③解释变量内生性的检验：考虑到可能存在的异方差问题，我们利用Durbin-Wu-Hausman检验来判定贸易开放变量是否是内生变量，回归(1)、(2)中DWH检验的χ^2值分别为20.220和

9.413，其伴随 p 值为 0.000 和 0.009，均在 1%的水平上拒绝了“解释变量是外生变量”的原假设。以上分析表明，本章选取的工具变量是合理的。

8.4.3　稳健性分析

为了保证估计结果的可靠性，我们利用 IV-GMM 方法从以下三个方面进行稳健性分析。

1. 使用其他的贸易开放变量

为了避免变量的选取对估计结果带来的影响，我们利用另一个文献中普遍存在贸易开放指标 *open-sw* 作为新的解释变量。Sachs and Warner(1995)构造了用于反映一国贸易开放情况的虚拟变量指标，该指标的构建基于关税率、非关税壁垒、黑市汇率、主要出口领域的垄断、社会主义经济制度 5 个尺度标准。当 *open-sw* 取值为 1 时表示开放，而 0 则表示不开放。结果报告在表 8-4 的第(3)列，可以看到贸易开放的系数为正，其联合检验的 χ^2 值为 6.68，伴随 p 值 0.035，表明贸易开放对于文化的影响依旧是显著的，交互项的系数也显著为负，其他变量的估计结果和显著性水平与 IV-GMM 相比都比较一致，可见回归结果不会因核心变量测度方法的改变而发生变化。

2. 考虑是否存在“富国效应”

相比较而言，发达国家总是有着更为繁荣的文化水平，为了避免“富国效应”对于模型估计的影响，我们加入 OECD 国家虚拟变量来加以控制。① 相应的估计结果报告于表 8-4 中第(4)列，贸易开放显著性检验 χ^2 值为 50.50，在 1%的水平上统计显著，与不加入 OECD 变量的回归(1)相比，变量的估计系数和显著性水平并无较大差异，并且 OECD 变量的系数估计不具备统计显著性，表明可能的“富国效应”在贸易开放对文化的影响中并不存在。

---

① 本章中的发达国家均为 OECD 成员。

3. 剔除异常样本的影响

一些“特殊性”样本的存在常常会影响到模型的估计结果，从前文的图形直观描述可以看到，中国、美国、瑞典和摩洛哥可能是潜在的离群特征样本点，我们剔除掉这四个国家的数据，重新进行 IV-GMM 估计，发现除了国土面积的影响变的不再显著之外①，其余变量的估计结果并无较大差异，因此，异常样本点并没有给我们的模型估计带来实质性的影响，说明回归结果是稳健的。

8.4.4 门槛模型的估计和检验

根据前文的分析可以知道，贸易开放对于一国文化的影响可能因为收入分配不平等的存在而呈现出非线性关系，表现出区间效应。为了避免人为划分区间的主观偏误，本节利用 Hansen(1999)发展的门槛模型方法，从数据本身的特点出来划分区间，进而给出一个更为精确的分析结论。单一门槛模型的基本设定如下：

$$cultural_{it}=\mu_i+open'_{it}\beta_1\cdot I(q_{it}\leqslant\gamma)+open'_{it}\beta_2\cdot I(q_{it}>\gamma)+\delta' x_{it}+\varepsilon_{it} \tag{8-4}$$

其中 i、t 为标识符，x_{it} 为其他对文化有着显著影响的控制变量，q_{it} 为门槛变量，即收入分配不平等，γ 为特定的门槛值，$I(\cdot)$为示性函数，相应的条件成立时取值为 1，否则取值为 0。对于给定的 γ 值，我们可以采用 OLS 得到参数 β 的一致估计量，即：

$$\hat{\beta}(\gamma)=[X(\gamma)'X(\gamma)]^{-1}X(\gamma)'Y$$

相应的残差平方和为 $S_1(\gamma)=\hat{e}(\gamma)'\hat{e}(\gamma)$，当回归中的 γ 接近门槛水平时，该残差平方和就会越小(Chan，1993)，我们可

① 一个可能的解释是，中国、美国都有着辽阔的国土面积，形成了较大的国家规模和市场规模，可以有效地促进文化交流的发生。

以通过最小化 $S_1(\gamma)$ 来估计 γ，进而得到其他的估计参数。对于得到的门槛效应需要进一步进行检验：

①检验门槛模型(5)中的 β_1 和 β_2 是否存在显著差异，如果没有拒绝原假设 $\beta_1=\beta_2$，说明模型没有表现出明显的门槛特征，相应的似然比统计量如下：

$$F=\frac{S_0-S_1(\hat{\gamma})}{\sigma^2}=\frac{S_0-S_1(\hat{\gamma})}{S_1(\hat{\gamma})/n(T-1)}$$

其中 S_0 为原假设下的残差平方和。因为 F 的渐进分布是非标准的，无法查表得到其临界值，所以 Hansen(1996)采用 Bootstrap 来获得其一阶渐进分布，基于此构造的 p 值也将是渐进有效的。

②检验门槛估计值 $\hat{\gamma}$ 是否等于真实值 γ_0。已经确认门槛效应存在的条件下，Chan(1993)和 Hansen(1997)研究表明 $\hat{\gamma}$ 是 γ_0 的一致估计量，其渐进分布是高度非标准的。Hansen(1997)利用似然比统计量构造出“非拒绝域”作为 γ 的置信区间，在原假设 $\gamma=\gamma_0$ 下，似然比统计量为 $LR(\gamma)=\frac{S_1(\gamma)-S_1(\hat{\gamma})}{\hat{\sigma}^2}$，如果该值足够大，那我们就拒绝原假设。对于多重门槛的相关设定与假设检验与单一门槛相似，限于篇幅将不再详述。[①]

具体的实证过程如下：首先，我们需要确定门槛的个数进而确定模型的具体形式。我们分别在不存在门槛、一个门槛和两个门槛的设定下对模型(5)进行估计，相应的 F 统计量和基于 Hansen(1996)的 Bootstrap 方法得到的 p 值见表 8-5，可以发现单一门槛特征非常显著，相应的自抽样 p 值为 0.000，而

---

① 具体可参见 Hansen(1999)：Threshold Effects in Non-Dynamic Panels：Estimation，Testing and Inference。

双重门槛和三重门槛并不显著。这一结论与前文分析相一致，当一国收入分配不平等恶化到一定程度后，贸易开放对于文化的促进效应将受到显著影响。

表 8-5　门槛效果检验

	F 值	p 值	自抽样次数	临界值		
				1%	5%	10%
单一门槛	21.096***	0.000	500	13.497	8.568	5.595
双重门槛	0.005	0.936	500	8.349	5.327	3.582
三重门槛	3.496	0.117	300	8.329	5.217	3.787

注：p 值和临界值均由自抽样方法得到。

接着，我们对门槛值进行估计，单重门槛和双重门槛的估计值和 95%的置信区间列示于表 8-6 中。尽管双重门槛并不存在，但我们依旧将其列示于表中，从而可以看到单一门槛估计值 0.414 包含在双重门槛估计的置信区间中，间接地说明双重门槛特征并不显著。

表 8-6　门槛估计值结果和置信区间

	估计值	95%的置信区间
单一门槛值	0.414***	[0.326，0.424]
双重门槛值	0.597	[0.230，0.597]

为了更直观地观察到门槛个数的选择、门槛估计值和置信区间的构造，我们同时绘制了似然比函数图，见图 8-3、图 8-4。门槛参数的估计值是 LR 统计量为零时 γ 的取值，在我们的模型中为 0.414(如图 8-3 所示)，表明一国 Gini 系数以 0.414 为界限划分，两个区间内贸易开放对于文化的影响存在着显著的差异。图 8-4 中，LR 统计值的曲线均位于 5%显著性水平的临界值 7.35 以下，直观地反映出并不存在双重门槛特征。

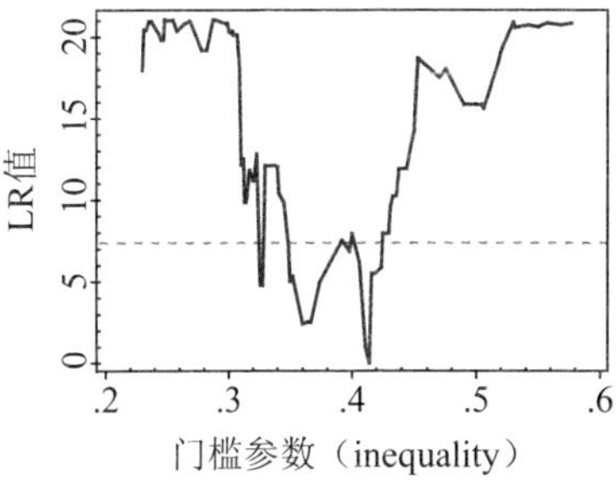

图 8-3　第一个门槛的估计值和置信区间

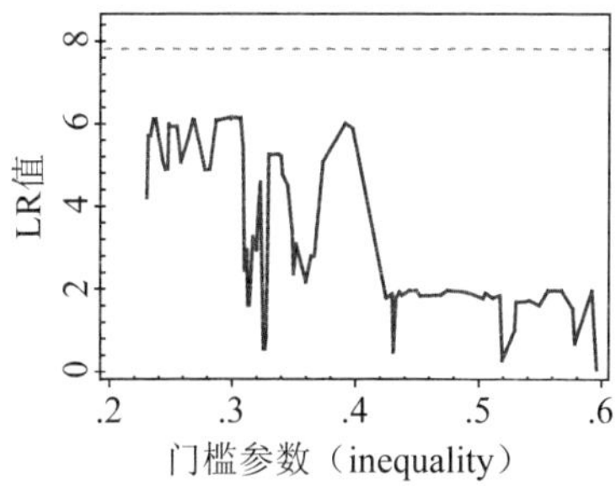

图 8-4　第二个门槛的估计值和置信区间

我们分析的重点是贸易开放与一国文化间的关系，在得到门槛变量的估计值后，便可以回到模型(5)进行参数估计，主要变量的结果报告于表 8-7 中。在 Gini 系数低于门槛值 0.414 时，贸易开放对于文化的边际效应值为 0.033，并在 1%的水平下显著；而当 Gini 系数高于门槛值 0.414 时，边际效应将下降到 0.008(=0.033−0.025)，相比于收入分配较公平的国家，下降幅度达到了 64%。可见，收入分配不平等对于一国文化变动存在着负向单一门槛特征。整体而言，贸易开放促进了一国文化的进步，但当收入分配不平等程度跨过门槛后，这一影响将极大地衰减。利用门槛回归模型，更进一步地验证了研究假说 1 和假说 2 的合理性。

表 8-7　模型的门槛回归估计结果

变量	系数估计值	标准差	稳健标准差
open-cur	0.033***	0.007	0.006
open-cur · *I*(1)	−0.025**	0.011	0.010
ln *popul*	−0.515***	0.134	0.137
ln *area*	0.345**	0.157	0.169
gdpgrowth	0.389	3.615	4.335
ln *edu*	0.605*	0.345	0.302

注：*** 、** 和 * 分别表示 1%、5%和 10%的显著性水平。

8.5 本章小结

贸易开放对文化产品贸易的影响是一个有争议的问题，开放对文化的影响是两种力量相互作用的结果：一种是开放使国外有益文化传递到国内，伴随着国际经济往来，一国居民的信任感、尊重和自我控制等文化特质得以提升；另一种力量是开放最终会破坏一国价值体系，开放带来的福利再分配效应会瓦解社会凝聚力，降低自我认同感，“湮没”已有的文化观念。本章利用40个国家的5期(1984年、1989年、1994年、1999年、2004年)面板数据对该问题进行了探讨，研究结论表明贸易开放对文化存在着正向效应，总体而言，开放会促进一国文化的进步，但值得注意的是，这个影响效应不是线性不变的，贸易开放与文化进步之间会因为收入分配不平等程度的差异而呈现出具有单个门槛效应的非线性区间关系，当收入分配恶化到一定程度后，开放对文化的正向促进效应将衰减64%以上，对于一些极端恶化的国家而言，开放带来的促进效应在经济意义上可能并不显著。

中国作为世界上最大的发展中国家，2004年以来贸易进出口总额占GDP的比例一直超过60%，开放带给中国的经济福利是显而易见的，但我们也不能忽视开放对于非经济因素的影响，随着中国对外开放程度的逐步提升，一方面是文化的多元化发展趋势；另一方面却是外界文化和传统文化间的碰撞和冲突。从本章的研究可以知道，应该正视开放对于文化的促进效应，避免以“文化例外”为由的保护主义，政府应该将更多注意力放在对传统文化的扶持和促进其市场化发展上来；同时，政府也要重视收入分配所带来的门槛效应，优化并完善分配机制改革，缓解阶层分化严重的现状，最大化贸易开放带给文化的有益影响。

第9章　文化多样性与中国文化产品贸易

21世纪以来，随着经济全球化的不断推进、世界文化市场的快速发展，以及互联网信息技术的普及，各国之间的经济、政治、科技、生活方式等在全球范围内相互交流，客观上促进了不同国家、不同民族、不同地区间的跨文化交流，形成文化的多样性发展态势。

中国具有悠久的历史，深厚的文化底蕴。但从文化产业的产值、利润、出口额、占世界市场比重、占国内生产总值比重等来看，中国还远远算不上是文化大国，与欧盟等文化强国的差距更大。据《中国对外文化贸易年度报告(2012)》的统计，2010年中国核心文化产品①进出口总额仅为143.9亿美元，不足当年货物贸易总额29 740亿美元的1%，且输出引进比例高达1∶3，存在严重的逆差。与此同时，欧美、日本等发达国家凭借其强大的经济实力及高度发展的文化产业占据了世界文化市场的主导地位，并通过影视、图书等承载一国价值观、思维方式、行为习惯及其他文化特性的核心文化产品对中国消费者

① 2005年，UNESCO对文化产品的种类进行了划分，并以文化内容为标准区分了核心文化产品和相关文化产品。其中，核心文化产品是由“文化”产业生产的，是传播各国思想、信仰和生活方式等的重要载体和媒介，具体包括印刷品及文化作品、音乐、表演艺术、视觉艺术、电影和摄影、广播电视、社会文化活动等；而相关文化产品是由“创造性”产业生产的，主要是与文化产品有关的硬件设备和支持材料。

的生活产生显著影响。

在此背景下，一些现实的问题摆在了我们面前：中国核心文化产品贸易的持续逆差是否以及在多大程度上影响中国文化多样性？反过来，文化多样性的变动是否以及在多大程度上影响核心文化产品贸易？为此，本章将在系统梳理文化多样性的界定、基本内涵及测度方法的基础上，重点回答“文化多样性变动是否以及在多大程度上影响中国文化产品贸易”这一问题，从而试图厘清文化多样性与文化产品贸易之间的动态关系。

9.1 文化多样性的界定及综述

9.1.1 文化多样性界定

文化多样性存在的事实早已毋庸置疑，但至今没有统一的界定。文化多样性最早被定义为“多元文化”，即指“依据文化主体的种族、地域等差异而客观存在的不同源头和类型的文化”(宇文利，2008)。2005 年，联合国教科文组织(UNESCO)从人类社会发展角度对文化多样性的概念进行了界定。① 为满足定量分析文化多样性的需要，经济学家借鉴生物多样性理论，从经济学分析视角将文化多样性定义为“文化产品承载的各群体和社会特有价值观、思维方式、风俗习惯等文化内涵的丰富程度”，并提出“文化多样性应包含种类数、均衡度、差异性三个维度”(Andrew Stirling，1999)。其中，种类数表示文化产品可被划分的类别数量，即存在“多少种不同类型的文化产品”。对于相同种类划分标准的文化产品，其能被划分的类别越多，相应的

---

① 2005 年，UNESCO 在《保护保护和促进文化表现形式多样性公约》将文化多样性定义为“各群体和社会借以表现其文化的多种不同形式。这些表现形式在不同群体内部及其间传承，既体现在人类文化遗产通过丰富多彩的文化表现形式来表达、弘扬和传承，也体现在借助各种方式和技艺推行的艺术创造、生产、传播、销售和消费”。

文化多样性程度越高。均衡度是指按照确定标准被划分成的各类别文化产品所占比重，即“每一类型的文化产品占比多少”。均衡度类似于工业经济中市场份额的概念，也可用一组总和为1的正分数值来衡量。对于同一组文化产品，各类别占比越平均，文化多样性程度越高。差异性是指不同类别文化产品之间的差异模式和差异程度，即“每一类型文化产品之间存在多大程度的不同”。不同类别划分标准下测度出的差异程度也不同；当其他条件确定时，不同类型文化产品之间的差异越大，其多样性程度越高。

Andrew Stirling(1999)从经济学分析视角提出的文化多样性多维度理论，不仅突破了传统文献中文化多样性不可定量测度的局限，同时弥补了早期少数研究中将“种类数等同于多样性”的不足，为文化多样性综合指标体系的构建及定量测度提供了理论基础。

这里需要特别指出的是，本章研究所探讨的文化多样性是指“由文化产品承载的某一群体或国家特有价值观、信仰、思维方式、风俗习惯等文化内涵的丰富程度”。因而，只能纵向分析特定群体或国家的文化多样性变动，不能进行国家间的横向比较。

9.1.2　文化多样性测度的方法

针对文化多样性测度，部分学者对测量方法尤其是综合指标体系的构建进行了探讨；同时也有不少学者以图书出版、音乐唱片、电视广播等核心文化产业为例，定量测算并描述分析了相应行业的文化多样性程度。

1. 文化多样性测度方法的总结和评价

有关文化多样性定量测度的方法，国外现有研究中主要有三类(见表9-1)。

表 9-1 文化多样性测度方法

测算维度	指数	计算方法
种类数、均衡度	类别总数(MacArthur，1965)	n
	辛普森指数(Simpson，1949)	$\sum_i p_i^2$
	夏依—维纳熵指数(Shannon-Wiener entropy，1962)	$-\sum_{i=1} p_i \ln p_i$
	夏依均衡指数(Shannon evenness，1969)	$-\sum_{i=1} p_i \ln p_i / \ln n$
差异性	维特指数(Weitzman，1992)	$\max_{i\in S}\{D_W(S/i)+d_W(i,S/i)\}$
	索罗指数(Solow and Polasky，1994)	$\sum_{j,k\in[1,n]^2} d_{jk}/(h/n)$
综合指标	斯特林指数(Stirling，2007)	$\sum_{i,j} d_{ij} p_i p_j$
	本哈默指数(Benhamou and Peltier，2009)	$\sum_{i,j} d_{ij} d_{ik} d_{jk} p_i p_j$

注：n 表示类别数；p_i 表示类别 i 所占比重；$D_W(S/i)$表示研究对象 S 的总差异性；$d_W(i, S/i)$表示类别 i 与不存在 i 时的 s 之间最短空间距离；h 表示研究总样本数；d_{ij} 表示类别 i 与 j 之间的空间距离。

(1)针对种类数和(或)均衡度的测算

单独定量测度种类数或均衡度较为简单：种类数即为简单的正整数；均衡度为一个类似于方差的正分数。MacArthur(1965)最早提出用某一文化产业中所有产品可被划分的类型 n 来表示种类数，这一指数由于简单且易理解而被引用至今。Simpson(1949)通过数理推导得出衡量均衡度的指数 $\sum_i p_i^2$，此指数类似于经济学领域中测算产业集中度的 HHI 指数，用来衡量各类文化产品所占比重的离散程度。该数值越大，均衡度越高，则不变条件下文化多样性程度越高。辛普森指数的缺陷在于，其计算的是各类别所占比重的平方和，因而受占比过大或过小的数值影响显著，很难客观测算出实际的均衡度。

此后，Shannon and Weiner(1962)提出了夏依—维纳熵指数 $-\sum_{i=1} p_i \ln p_i$，这一指数最初被广泛用于测量生态多样性。自 Shannon(1948)提出熵指数以来，越来越多的研究验证了该指数的最优性，因此是目前单独测算均衡度时使用最多且最可信的指标。为了能够同时考察种类数的大小，Shannon(1969)在分析美国音乐行业的文化多样性研究中，进一步完善了该指数，并得到夏依均衡指数 $-\sum_{i=1} p_i \ln p_i / \ln n$。

(2)针对差异性的测算

相比而言，差异性最难理解也最不易度量。Weitzman(1992)最先关注了差异性的测度，并提出了递归指数 $\max_{i\in S}\{D_W(S/i)+d_W(i, S/i)\}$。理论上，这一指数可用于测算任意两类文化产品的空间距离，即差异程度；但实际操作中，由于 S 无法确定且递归方法比较复杂，因而仅限于理论分析。此外，Solow and Polasky(1994)也提出了只针对差异性的测度指标 $\sum_{j,k\in[1,n]^2} d_{jk}/(h/n)$。虽然这两个指数关注了多样性中差异程度的测量，但关键问题在于如何确定分类标准以合理的定量测算不同类别文化产品之间的差异程度。因此，衡量差异性的指标长期处于定性说明的阶段。

(3)针对种类数、均衡度和差异性的综合测算

Stirling(1999)认为，差异性本质上是一个定性的、主观的且与类别划分标准有关的一个属性，可利用基于某一划分标准计算得到的欧氏空间距离①而形成的一组分类指数来表示。在

---

① 欧式空间距离是指多维空间中任意两点的“普通”距离。在两维空间中，某一点 X 的坐标可以表示为(x_1, x_2)，另一点 Y 的坐标可以表示为(y_1, y_2)；在 n 维空间中，某一点 X 的坐标可以表示为$(x_1, x_2, \cdots, x_n)$，另一点 Y 的坐标可以表示为$(y_1, y_2, \cdots, y_n)$，则计算 X、Y 两点之间欧氏距离的公式为 $\sqrt{\sum_{i=1}^{n}(x_i-y_i)^2}$，其中，公式中的先平方再开方是为了使欧氏距离具有可加性，避免正负值抵消的情况出现。

此基础上，Stirling(2007)最先构建了测度文化多样性的综合指标斯特林指数 $\sum_{i,j} d_{ij} p_i p_j$，其中 p_i 表示类别 i 所占比重，d_{ij} 表示任意类别 i 与 j 之间的最短空间距离，即不同类别文化产品之间的差异程度，通常用语言距离、文化距离等来衡量。该指数既考虑了种类数和均衡度，更定量测算了差异程度的大小。只要根据研究目的与研究背景选定合理的分类标准，即可从种类数、均衡度、差异性三个层面综合测算出文化多样性程度。

尽管斯特林指数是最早用于综合测度文化多样性的指标，但该指数只衡量了类别 i 与 j 之间的差异性，并没有考虑其他种类与基准类别之间的差异。如利用该指数测算中国图书行业的文化多样性程度，则只考虑了除中文之外各语言之间的不同，却没有测算出其他语言跟中文的差别，因而并没有客观全面地刻画出中国图书行业的文化多样性程度。为此，Benhamou and Peltier(2009)在此基础上，进一步引入了固定的参照基准类别 k，并构造出本哈默指数 $\sum_{i,j} d_{ij} d_{ik} d_{jk} p_i p_j$，其中 d_{ik} 与 d_{jk} 分别表示类别 i、j 与基准 k 之间的最短空间距离。新指数不仅测度了不同类型文化产品之间的差异，同时考虑了各类别文化产品承载的文化价值与基准文化之间的区别。

斯特林指数和本哈默指数为综合测算文化多样性程度提供了思路和方法，但均存在不足：差异性的度量取决于适当的分类标准。例如，将所有图书分为小说、散文、哲学、艺术等类型，则难以定量测度不同类别之间的差异性。

2. 文化多样性测度的相关研究综述

20 世纪以来，国外学者尤其是来自文化产业发达的欧美国家的学者主要从产业层面就图书出版、音乐唱片、电视广播等核心文化产业的文化多样性程度进行了不同维度的测算，并进一步探析了市场集中度、政策干扰、技术进步等与文化多样性之间的关系。

(1)有关图书出版业文化多样性测度的研究

Tirole(1993)利用流行书籍和小众书籍的数量作为衡量图书出版的文化多样性指标，分析了固定零售价(Retail Price Maintenance，RPM)等公共政策对图书市场文化多样性的影响。Van der Ploeg(2004)则利用书籍的种类来表示图书行业的文化多样性，研究了津贴等政府干预措施的福利效应。分析结果表明作为阅读的机会成本，津贴理论上抬高了书籍价格而降低了销售，但是图书的种类将会增加，尤其是价格弹性小和需要长时间阅读的书籍，因而图书行业的文化多样性提高；图书市场具有不完全竞争的特点，更好的服务、分配以及零售网络并不能带来明显的潜在优势。Canoy and Ploeg(2006)采用类似方法进一步分析了图书作为文化表达载体和追求利润最大化之间的矛盾，认为政府管制图书价格、补贴作者和出版商、降低增值税、提供公共图书馆等措施除了能够促进阅读之外，并不能提高图书行业的文化多样性，因而政府没有必要进行干预。Benhamou and Peltier(2007)将 Stirling(1999)提出的文化多样性“三属性”理论运用到法国图书出版业，并在区分供给多样性和需求多样性的基础上，从种类数、均衡度、差异性，图书名称、类别、源语言，供给、需求三个层面构建了2×3×3 分析框架，测算了 1990—2003 年法国图书出版业的文化多样性程度。此外，Caves(2000)，Gabszewicz and Sonnac(2002，2004)，Kranenbourg(2004)等学者也对图书出版业的文化多样性问题进行了研究。

(2)有关音乐唱片业文化多样性测度的研究

Peterson and Berger(1975)最先利用美国 1949—1972 年排行榜(Billboard)每周排名前十的单曲种类以及每年排行第一的单曲衡量了音乐承载的文化多样性，分析了美国 19 世纪五六十年代流行音乐的文化多样性程度如何受唱片行业及市场结构的影响。研究结果表明音乐的创新和文化多样性很大程度上取决于市场集中度。Lopes(1992)则利用 1969—1990 年间的相关数据研究了19世纪八九十年代美国唱片业的组织结构，及其对美国流行音乐创新和文化多样性的影响。他认为60年代后，唱片公司及消费者更喜欢以唱片形式出现的流行音乐，个人单曲也往往是某个专辑的主打歌曲，因此他采用了排行榜上每周排名前十的单曲和专辑种类，以及每年排名第一的单曲衡量了音乐行业的文化多样性。其分析结果验证了"高市场集中度将导致流行音乐的同质化和标准化"。Alexander(1994、1996)先后探讨了1955—1987年间新进厂商对音乐唱片市场均衡度及音乐多样性的影响，其中利用HHI指数衡量音乐唱片的集中度，利用排名前十歌曲的节奏、长短、形式、口音、旋律等衡量音乐唱片的文化多样性；同时他还提出了文化多样性熵指数的概念。Dowd(2004)则利用时间序列数据从音乐表演及唱片公司两个方面分析了1940—1990年美国主流唱片市场集中度及其对文化多样性的影响。得出当40年代分散式生产很少时，较高的市场集中度降低了新音乐创造者和唱片公司的数量；当到80年代分散式生产越来越多时，较高市场集中度的消极影响逐渐减小并最终消失。针对音乐行业文化多样性相关问题的研究还有Dimmick(1982)，Burnett(1992)，Timothy (2001)，Seo(2004)，Waelbroeck and Patrick (2006)，Waldfogel(2010)等学者，采用的均是人气排行榜的音乐周转率、不同种类畅销唱片数量等单个指标来衡量文化多样性。

(3)有关电视广播业文化多样性测度的研究

Steiner(1952)通过假设听众喜欢不同类型的节目，最先研究了广播公司数量如何影响提供的节目类型，进而改变广播节目的多样性。Greenberg and Barnett(1971)利用电视频道数表示多样性，并认为虽然不同频道可能播放相同类型的节目，但如果播放时段不同，对观众而言也是不一样的选择，因此用特定时间段内可观看到的电视节目类型衡量多样性是合理的。Levin(1971)则以播放时间作为权重，以广播市场上节目类型的加权排名作为多样性衡量指标。

McQuail and Cuilenburg(1983)在探讨如何利用政策措施保持广播电视节目的多样性时，首次提出了开放获取多样性和反应获取多样性(open or reflection access)的概念。Van Cuilenburg(1999，2001)在此基础上，进一步提出了开放多样性和反应多样性。他认为开放多样性对应供给多样性，反应多样性对应需求多样性，传统研究的潜在假设"供给多样性即是需求多样性"是不对的，应分别测度二者的大小。Van der Wurff(2004)在分析市场竞争及行业集中度如何影响电视节目多样性时，不仅考虑了供给多样性和需求多样性，更进一步区分了电视节目的发送多样性(diversity-as-sent)、选择多样性(diversity-as-choice)及接收多样性(diversity-as-received)。其中发送多样性表示电视市场能够提供的不同节目类型，接收多样性表示观众能够实际看到的不同节目，选择多样性表示观众实际能够选择的不同类型节目的数量。Van der Wurff (2005)在此研究基础上，利用20世纪八九十年代末芬兰、法国、德国、希腊、意大利、荷兰、西班牙和英国的相关数据，分析了公共广播公司如何影响欧洲电视市场的节目供给多样性。研究结果表明，多数国家电视市场的竞争处于中等水平，且市场竞争和集中度提高了电视节目的供给多样性。此外，Blank(1966)，Baxter(1974)，Waterman (1990)，Li and Chiang(2001)，Bossert(2003)，Ranaivoson(2005，2012)等学者也研究了电视广播行业多样性的相关问题。

9.1.3　文化多样性测度的实证研究

Cowen(2002)认为，文化多样性实际上包含多层意义：既指由不同群体或国家之间不同文化构成的人类文明的丰富程度，又指一国内部消费者可获得的文化选择多样性，也指某一文化产品中"凝结"的特定价值观、信仰、思维方式、风俗习惯等文化内涵的多元性。为便于进行定量分析和实证研究，本章主要研究"由文化产品承载的某一群体或国家特有价值观、信仰、思维方式、风俗习惯等文化内涵的丰富程度”这一层面的文化多样性。

针对经济学分析视角下文化多样性的内涵及测度方法，国外学者已有不少较为成熟的研究。Stirling(1999)通过借鉴生物学(Weitzman，1992)、投资学(Markowitz，1952)等学科对多样性的相关研究，提出文化多样性“三维度”理论，认为文化多样性应包含种类数、均衡度、差异性三个层面及基本属性。其中，种类数表示文化产品可被划分的类别数量，即存在“多少种不同类型的文化产品”。对于相同种类划分标准的文化产品，其能被划分的类别越多，相应的文化多样性程度越高。均衡度是指按照相同标准被划分成的各类别文化产品所占比重，即“每一类别的文化产品占比多少”。均衡度类似于工业经济中市场份额的概念，也可用一组总和为 1 的正分数值来衡量。对于同一组文化产品，各类别占比越平均，文化多样性程度越高。差异性是指不同类别文化产品之间的差异模式和差异程度，即“每一类别文化产品之间存在多大程度的不同”。文化差异是决定文化多样性的关键因素，也是相对最难理解的一个维度。不同类别划分标准下测度出的差异程度也不同；当其他条件确定时，不同类型文化产品之间的差异越大，其多样性程度越高(见图 9-1)。

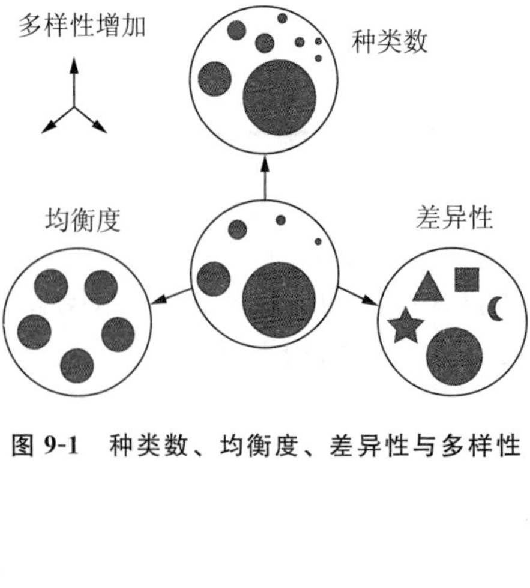

图 9-1　种类数、均衡度、差异性与多样性

以中国国内市场上的图书为例，只由国内出版的图书的文化多样性低于由国内外同时出版图书的文化多样性，这是从种类数这一维度理解的文化多样性；进一步，国内外出版图书所“凝结”的各自特有的价值观、思维方式、风俗习惯等文化内涵之间的差异程度才是构成文化多样性的核心内容。

经济学家Stirling(1999)从经济学分析视角提出文化多样性“三维度”理论之后，进一步探讨了综合衡量文化多样性程度的方法。他认为测算文化多样性最为关键的问题在于差异性的度量，这也是构成文化多样性的核心内容。本章将借鉴Benhamou and Peltier(2009)提出的测度文化多样性程度的综合指标方法进行文化多样性的测度。

Stirling(1999)认为，理论上，对于任意两组不同类别的文化产品(i, j)，二者之间总存在一个距离函数$d(i, j)$，进而可算得其最短空间距离。据此，Stirling(2007)在广泛用于测量生态多样性的夏依—维纳熵指数(1962)$-\sum_{i=1} p_i \ln p_i$的基础上，引入用于衡量差异性的最短空间距离d_{ij}，构建了定量测度文化多样性的斯特林指数：

$$H_{St} = \sum_{i,j} d_{ij} p_i p_j \tag{9-1}$$

其中，d_{ij}衡量了不同类别之间的差异程度；p_i、p_j分别衡量了不同类别的占比，也可看成是对差异程度赋予的比重。值得一提的是，d_{ij}衡量出的差异程度与类别划分的标准有关，因而在具体的研究中需要事先设定好适当的类别划分标准。

但是，斯特林指数$H_{St} = \sum_{i,j} d_{ij} p_i p_j$只衡量了种类$i$、$j$之间的差异程度，即$d_{ij}$，却没有考虑其他种类与基准类别之间的差异，因而不能全面地反映文化多样性程度。例如，如果利用中国文化产品贸易的数据测算相应的文化多样性程度，该指数只考虑了除中国之外的各国间文化差异，却没有衡量其他国家与中国之间的文化差异。

因此，Benhamou and Peltier(2009)对斯特林指数进行了完善。在 $H_{St}=\sum_{i,j}d_{ij}p_ip_j$ 指数的基础上通过引入固定参照基准类别 k 构建了本哈默指数：

$$H_{BFP}=\sum_{i,j}d_{ij}d_{ik}d_{jk}p_ip_j \tag{9-2}$$

该指数中的 d_{ik} 与 d_{jk} 分别衡量了种类 i、j 与参照类别 k 之间的差异。在测算中国的文化多样性时，本哈默指数既考虑了不同国家之间的文化差异 d_{ij}，又考虑了不同国家与中国之间的文化差异 d_{ik}、d_{jk}，因而能够更科学全面地反映出文化产品承载的文化多样性程度。

9.2 文化多样性的测度

本章将借鉴本哈默指数 $H_{BFP}=\sum_{i,j}d_{ij}d_{ik}d_{jk}p_ip_j$，并利用2002—2010年间中国引进图书版权的相关数据定量测算出文化多样性程度。具体而言，本章将选取美国、英国、德国、法国、俄罗斯、加拿大、新加坡、日本、韩国9个中国图书版权贸易的主要引进国为研究样本，利用分国别的图书版权引进数据算得从样本国家引进图书版权的占比 p_i、p_j；并利用基于Hofstede(2010)“文化维度理论”构造的文化距离指标衡量样本国家之间及其与中国的文化差异程度 d_{ij}、d_{ik}、d_{jk}，即以 p_i、p_j 为各国文化差异的权重，算得文化多样性综合指数。其中，i、j 分别表示不同样本国家，k 表示中国。

本章之所以选择利用中国图书版权贸易的相关数据，而不是核心文化产品贸易数据或图书产品贸易数据测算文化多样性程度，主要基于以下三方面的原因：

第一，利用核心文化产品贸易的相关数据算得文化多样性指数，再用此指数实证检验文化多样性变动对核心文化产品贸易的影响，将会产生严重的内生性问题，导致伪回归现象，从而无法正确解答本章所研究的问题。

第二，图书作为主要的核心文化产品，承载了各群体或国家特有价值观、思维方式、行为习惯、社会制度等丰富的文化内涵。但考虑到图书是可大量复制和再生产的，其贸易量并不能客观反映一国文化输出程度，基于各国文化差异及其权重算得的文化多样性将存在较大误差。

第三，图书版权贸易不仅由于图书承载了丰富的文化内涵成为一国文化输出的重要媒介与途径；同时由于其贸易交易对象是来自不同文化背景下的著者创造的文学作品的知识产权，相应的统计数据不只包含贸易额，还有图书版权贸易的种数，用此数据算得的文化多样性指数将更准确科学。因此，综合考虑，本章选择利用中国图书版权贸易的相关数据进行研究。

9.2.1 p_i、p_j 的测算

本章选取了美国、英国、德国、法国、俄罗斯、加拿大、新加坡、日本、韩国9个中国图书版权贸易的主要引进国为研究样本，利用分国别的图书版权引进种数算得从样本国家引进图书版权的占比 p_i、p_j（见表9-2）。可以看出，中国从样本国引进图书版权的种数总占比多数在80%左右，可保证本章研究的科学性和代表性。需要说明的是：虽然中国香港、澳门、台湾地区也是中国内地图书版权的主要引进地，也因曾是殖民地而受外来文化影响严重，但这些地区仍属于中华民族，与内地文化没有本质区别；同时由于2008年之后才有分别统计从中国香港、澳门、台湾地区引进图书版权的数据，因此本章的研究没有考虑这三个地区。

9.2.2 d_{ij}、d_{ik}、d_{jk} 的测算

文化差异是指不同国家在价值观、信仰、思维方式、习俗习惯等文化内涵方面的不同，是构成文化多样性的关键内容，通常用不同国家之间的文化距离来衡量。本章利用基于

表 9-2　2002—2010 年中国从各样本国引进图书版权的种数占比情况

年份	美国	英国	德国	法国	俄罗斯	加拿大	新加坡	日本	韩国	样本国总占比
2002	0.444	0.178	0.039	0.019	0.001	0.001	—	0.089	0.027	0.798
2003	0.440	0.200	0.052	0.027	0.004	0.003	0.011	0.067	0.021	0.825
2004	0.405	0.202	0.050	0.031	0.002	0.008	0.016	0.069	0.025	0.808
2005	0.419	0.176	0.039	0.034	0.005	0.004	0.015	0.075	0.059	0.826
2006	0.270	0.118	0.028	0.023	0.003	0.004	0.014	0.044	0.029	0.533
2007	0.378	0.159	0.057	0.038	0.009	0.003	0.022	0.080	0.041	0.787
2008	0.254	0.111	0.038	0.027	0.003	0.004	0.019	0.048	0.072	0.576
2009	0.351	0.143	0.054	0.032	0.004	0.006	0.026	0.098	0.062	0.776
2010	0.331	0.129	0.053	0.043	0.004	0.008	0.023	0.118	0.067	0.776

数据来源：根据《中国版权年鉴》(2009 年、2010 年、2011 年)整理得到；—表示未做统计。

Hofstede(1991)“文化维度理论”构造的文化距离指数测算出样本国家间及其与中国之间的文化差异程度。“文化维度理论”从权力距离(PDI)、个人/集体主义(IDV)、男性/女性气质(MAS)、不确定规避(UAI)、长期取向(LTO)、放纵与克制(IVR)①六个维度衡量了一国居民所共享的传统习惯、信仰、风俗、行为准则等文化内涵特性，并对各国的六个文化维度进行评分，以定量测度国家间的文化差异。

其中：①权力距离(power distance，PDI)是指组织或机构中权利较小的成员接受并期望权利和地位分布不平等的程度。②个人主义与集体主义(individualism versus collectivism，IDV)体现了社会中个人与群体之间的关系。重视个人主义的文化倾向更强调个人权利与自由，结成松散的社会结构，并极其关注自尊，如西方文化；集体主义强调并推崇成员之间的和谐，从而结成一种紧密的社会结构，如儒家文化。③男性与女性气质(masculinity versus femininity，MAS)表示不同社会对男女角色与分工的差异。一般而言，男性气质倾向的社会强调两性的社会性别角色差别明显，男性应表现得更自信、坚强及注重物质成就，女性应该更谦逊、温柔和关注生活质量；女性气质倾向的社会则强调两性的社会性别角色相互重叠，男性与女性都表现得谦虚、恭顺以及关注生活质量。一般可以从对性别角色定位的传统与保守程度、对获取财富的推崇程度以及对人际关系和家庭生活质量的重视程度来考虑。④不确定规避(uncertainty avoidance，UAI)衡量了社会对不确定、意义不明确事物的宽容程度，表示一定文化背景下的人们在社会尚无秩序的状态下是否舒适，舒适程度又如何。对于规避不确定性的国家，人们更容易被影响，主观能动性也更强；相反，在接受不确定性的文化中，人们对不同于传统的观点更宽容，并努力

① Hofstede(2010)在 Cultures and Organizations: Software of the Mind,(Third Edition)引入了第六个维度。

减少规矩。⑤长期取向(long-term orientation，LTO)表示对不同社会对长期与短期利益的取舍。长期取向的文化中人们更关注未来，重视节俭、长期投资、实效，且对社会关系和等级关系敏感；在短期取向的文化里，人们的价值观更倾向于过去和现在，尊重传统、关注社会责任的履行。⑥放纵与克制(indulgence versus restraint，IVR)体现不同社会对享乐的追求与满足程度。倾向放纵表示一个国家允许人们追求自由和享受生活乐趣；倾向克制表示国家通过严格的社会规范压抑和管制人们追求和享受生活乐趣。① 表 9-3 给出了中国及各样本国的文化维度得分(Hofstede，2010)。

表 9-3　中国及各样本国的文化维度得分

国家	PDI	IDV	MAS	UAI	LTO	IVR
0 中国	80	20	66	30	87	24
1 美国	40	91	62	46	26	68
2 英国	35	89	66	35	51	69
3 德国	35	67	66	65	83	40
4 法国	68	71	43	86	63	48
5 俄罗斯	93	39	36	95	81	20
6 加拿大	39	80	52	48	36	68
7 新加坡	74	20	48	8	72	46
8 日本	54	46	95	92	88	42
9 韩国	60	18	39	85	100	29

数据来源：http://www.geerthofstede.eu/research-vsm，2013 年 12 月登录。

根据 Hofstede(1991)“文化维度理论”，通过计算各文化维度的综合差异，可得到任意两国间的文化差异。由于这六个维

① Hofstede，http://www.geerthofstede.eu/，2013 年 11 月登录。

度并非完全相互独立，因此，两国间的文化差异不能简单地采用对应维度差值的加总来衡量。现有文献中常用的方法是计算六维度空间的欧氏距离，然而，这样算得的数值均在10以上，如最小的欧氏文化距离是美国与加拿大之间的18.06，最大的是美国与韩国之间的121.62。这样的数值没有实际的经济含义，也不能客观地反映出各国间的文化差异。为此，本章将利用Kogut and Singh(1998)基于各文化维度离差构造而成的文化距离综合指数，并将这一指数扩展到六个维度：

$$d_{ij} = \left[\sum_{k=1}^{6}(I_{ik} - I_{jk})^2 / V_k\right]/6 \qquad (9\text{-}3)$$

I_{ik}表示i国在第k个文化维度上的得分，I_{jk}表示j国在第k文化维度上的得分，V_k表示所有样本国家第k个维度的方差。本章利用此公式算得各国间的文化距离，从而得到各样本国家之间及其与中国间的文化差异程度d_{ij}、d_{ik}、d_{jk}(见表9-4)。

需要说明的是，由于Hofstede没有连续的年度调查数据，因此这种方法测度出来的文化距离数值是非时变的。此外，群体本身无法感受自身的文化价值，各国间的文化差异存在于比较之中(Hofstede，2001)。因此，表9-4中的单个绝对数值并没有实际的含义，但通过对比任意两国之间的文化距离，便可看出国与国之间的文化差异大小。如美国与中国的文化距离是3.7，与英国的文化距离是0.22，可知英美两国的文化差异远远小于中美两国的文化差异。类比其他任意两国之间的文化距离，可以看出本章算得的结果与现实社会中各国的文化表现基本相符，再次保证了本章研究的客观性与科学性。

9.2.3 文化多样性的综合指数

根据上文的计算，已得到本哈默指数$H_{BFP} = \sum_{i,j} d_{ij} d_{ik} d_{jk} p_i p_j$中的各个指标，在此基础上进而算得2002—2010年中国文化多样性的综合指数(见表9-5)。

表 9-4　各国之间的文化距离指数

	0 中国	1 美国	2 英国	3 德国	4 法国	5 俄罗斯	6 加拿大	7 新加坡	8 日本	9 韩国
0 中国	0.00									
1 美国	3.70	0.00								
2 英国	3.12	0.22	0.00							
3 德国	1.59	1.51	0.97	0.00						
4 法国	1.87	1.48	1.53	0.94	0.00					
5 俄罗斯	1.42	4.45	4.42	2.33	0.96	0.00				
6 加拿大	3.24	0.11	0.22	1.22	1.07	3.75	0.00			
7 新加坡	0.58	2.66	2.23	1.86	1.68	2.05	2.10	0.00		
8 日本	1.72	2.88	2.31	0.83	1.85	2.74	2.78	2.86	0.00	
9 韩国	1.17	4.09	3.57	1.33	1.14	0.68	3.20	1.58	2.00	0.00

表 9-5 2002—2010 年中国文化多样性的综合指数

年份	2002	2003	2004	2005	2006	2007	2008	2009	2010
文化多样性	1.75	1.73	1.70	2.26	1.81	1.92	1.71	2.02	2.15

由表 9-5 可知，2002—2010 年间中国文化多样性指数整体呈现上升的趋势，表明随着中国文化产品贸易的发展，中国文化多样性提高。正如前文所强调的，本章所研究的文化多样性指数在绝对值上并没有实际的含义，但可用于纵向分析特定群体或国家的文化多样性变动。

9.3 文化多样性影响文化产品贸易的理论机制

近 30 年来，包括广播、电视、新闻、出版、艺术表演、电影等在内的文化产业创造出巨大的社会财富，同时推动了全球文化产品贸易的快速发展。由于文化产品尤其是图书、影视、广播等核心文化产品承载了一国特定的思维方式、价值观、信仰、民族认同等文化内涵，其贸易被认为是一国输出本国文化的有效途径，因而也成为影响文化产品进口国文化多样性的重要因素。与此同时，文化多样性影响着一国消费者对外来文化产品的接受程度，以及文化产品进出口商之间的交易成本，进而改变文化产品贸易。具体而言，文化多样性主要从以下途径影响文化产品贸易：

第一，文化多样性程度越高，一国文化产品承载的外来文化内涵越丰富，进口国消费者对外来文化产品的接受程度越高，从而降低文化折扣度，增加文化产品消费，甚至形成特定的文化产品消费偏好，促进文化产品贸易的发展。

第二，文化多样性程度越高，进出口商在贸易过程中对双方文化越了解，从而减少双方由于文化差异造成的误解，提高进出口商之间的信任度，降低寻找、选择、熟悉贸易商以及谈判等过程中的交易成本，促进文化产品进出口商之间贸易的密切往来。

第三，文化多样性的提高将促进一国文化资本积累(Thorsby，2011)。文化资本是指由于文化产品交易而形成的文化资源，在一定条件下可以转化为经济资本。一方面，随着一国文化资本积累的增加，对文化产品的需求也会相应增加；另一方面，文化资本越丰富，能够生产的文化产品越好也越多，从而促进文化产品贸易。

以美国为例，由于美国文化包容着各种外来的文化内涵，文化多样性相对较高，因此美国电影、图书等文化产品体现出各种文化的交织与融合，能够被世界各国消费者接受和认可，促使美国成为全球最大的文化产业国和文化产品贸易国。

9.4 基于图书贸易的实证研究

9.4.1 模型构建与变量说明

1. 模型设定

考虑到图书版权贸易与图书贸易之间既有差异，又有紧密联系，本章首先利用2002—2010年间分国别的中国图书进口贸易数据，及其他相关变量组成的面板数据实证检验文化多样性变动是否以及在多大程度上影响中国图书产品贸易。参照刘杨等(2013)的研究，本章构建如下贸易引力模型：

$$\begin{aligned}\ln(BOOK_{ikt}) = {} & \alpha_0 + \alpha_1 CDIV_{kt} + \alpha_2 \ln(THR_{kt}) + \\ & \alpha_3 \ln(THR_{it}) + \alpha_4 \ln(CON_{kt}) + \\ & \alpha_5 \ln(CON_{it}) + \alpha_6 \ln(DIS_{ik}) + \\ & \alpha_7 INT_{kt} + \alpha_8 INT_{it} + \alpha_9 CFTA_{ik} + \\ & \alpha_{10} CBOR_{ik} + \mu_{ikt} \end{aligned} \tag{9-4}$$

其中，$BOOK_{ikt}$表示各年中国图书贸易；$CDIV_{kt}$表示中国图书版权贸易的文化多样性程度；THR_{kt}、THR_{it}分别表示中国、样本国的第三产业增加值；CON_{kt}、CON_{it}分别表示中国、样本国的居民最终消费总额；DIS_{ik}表示中国与样本国间的地理因素；INT_{kt}、INT_{it}分别表示中国、样本国的互联网使用量；$CFTA_{ik}$表示是否与中国建立自贸区；$CBOR_{ik}$表示是否与中国相邻；α_0 表示误差项；μ_{ikt}表示残差项。

2. 变量选取

(1)因变量

本章将利用分国别的图书进口贸易额作为因变量 $\ln(BOOK_{ikt})$，并通过取对数减小数据的异方差性。

(2)自变量

可以将模型中包含的自变量主要分为五类。

文化多样性指数 $CDIV_{kt}$：本部分重点研究的是图书版权贸易的文化多样性程度对中国图书贸易的影响，因此，文化多样性指数是本章最为关心的解释变量。

中国与样本国的第三产业增加值与居民最终消费 THR_{kt}、THR_{it}、CON_{kt}、CON_{it}：这类解释变量用于衡量一国的经济规模及经济发展水平，也表示潜在的供给能力和购买能力，现有文献常用 GDP 与人均 GDP 来表示。考虑到本章涉及的无论是图书版权贸易还是图书贸易都属于第三产业，而 GDP 反映的是一国在农业、工业以及服务业三大产业的生产规模及生产能力，简单地使用 GDP 略显粗糙，因此本章用第三产业增加值来替代 GDP 变量。此外，由于人均 GDP 反映的是一国经济发展水平，但人均 GDP 高的国家不代表其居民消费就高或消费能力就高，尤其是对于偏好储蓄的中国来说。因此，本章用居民最终消费额来代替人均 GDP。

中国与样本国的距离成本因素 DIS_{ik}：这一解释变量主要用于考察两国间贸易的距离成本，一般利用两国首都间不变的最短航运距离来表示。考虑到贸易的距离成本应当随着航运成本等影响而改变，且不变的航运距离在使用面板数据的固定效应模型时无法被识别，因此本章采用蒋冠宏等(2013)的方法，用两国首都间的最短航运距离和国际油价的乘积来考察距离成本。

中国与样本国的互联网使用 INT_{kt}、INT_{it}：这一解释变量主要用于衡量两国间的联系与交流程度。网络使用率越高，两国间的联系越多，对彼此思维方式、价值观、信仰等文化的了解就越深，减少文化“折扣”现象，进而促进图书、影视等文化产品的消费。① 本章采用每百人互联网用户来考察两国间的信息联系程度。

虚拟变量 $CFTA_{ik}$、$CBOR_{ik}$：建立自贸区意味着针对两国间贸易存在优惠政策，因而可在一定程度上降低甚至消除进出口成本，促进贸易的发展。具有共同边界一方面体现了两国间地理距离相近，可降低贸易的距离成本；另一方面说明两国间文化交流频繁且文化相似性的可能性越大。

3. 数据说明

本节选取的样本国家是中国图书贸易的 9 个主要伙伴国，时间范围为 2002—2010 年。其中，图书贸易进口数据来源于联合国商品贸易数据库(UN COMTRADE)。按照联合国教科文组织(UNESCO)对文化商品的分类，图书贸易在国际贸易标准分类(第三版)中的编码为 8921。第三产业增加值、居民最终消费额、每百人互联网使用率等数据来源于世界银行世界发展报告。两国间的航运距离数据来源于世界城市经纬(WORLD ATLAS)数据库，并以两国首都间的最短航运距离为准；国际油价数据来源于国际货币基金组织(IMF)，并以月度数据的算术平均值为准。虚拟变量建立自贸区以与中国已建成或有正在谈判的自贸区为准，因此新加坡、日本、韩国的赋值为 1，其他各国的赋值为 0；对于是否具有共同边界以与中国相邻或隔海为准，因此俄罗斯、日本、韩国的赋值为 1，其他各国的赋

① Falkinger(2007)利用动态均衡模型探讨了信息交流对一国文化多样性的影响。

值为0。样本量的描述性统计见表9-6。

表9-6 各变量的描述性统计

变量	平均值	标准差	最小值	最大值	样本数
$\ln(BOOK_{ikt})$	15.15	1.41	10.04	17.62	81
$CDIV_{kt}$	1.89	0.20	1.70	2.26	81
$\ln(THR_{kt})$	27.79	0.50	27.00	28.58	81
$\ln(THR_{it})$	27.44	2.63	7.56	29.99	81
$\ln(CON_{kt})$	27.73	0.40	27.19	28.36	81
$\ln(CON_{it})$	27.56	1.37	24.46	29.95	81
$\ln(DIS_{ik})$	12.55	0.90	10.08	13.90	81
INT_{kt}	15.44	10.23	4.60	34.30	81
INT_{it}	62.13	19.01	4.13	85.00	81

9.4.2 面板固定效应模型的实证结论

本章首先进行面板数据的混合回归，并使用稳健的标准差。除了本章重点关注的被解释变量 $CDIV_{kt}$ 外，本章还在回归中逐步加入了特定类别的控制变量。表9-7报告了混合回归的基本结果。

模型(1)中没有考虑其他控制变量，文化多样性 $CDIV_{kt}$ 变量的系数为−0.050，表明文化多样性每变动1个单位，中国图书贸易进口将下降0.05%，但统计上却不显著；模型(2)加入了经济发展层面的因素 $\ln(THR_{kt})$、INT_{kt}、INT_{it}、$CFTA_{ik}$，以检验一国生产能力及其消费者购买能力对图书贸易进口的影响；模型(3)加入了衡量两国间联系程度的变量 $\ln(DIS_{ik})$、INT_{kt}、INT_{it}、$CFTA_{ik}$、$CBOR_{ik}$，以检验地理距离、信息联系以及经贸关系对图书贸易进口的影响；模型(4)进一步控制了所有变量，并在此基础上引入时间效应，得到模型(5)的回归结果。

由模型(4)的回归结果可知，$CDIV_{kt}$的系数为－0.456，这一数值虽与模型(1)的系数值不同，但均为负值，且统计上都不显著，说明文化多样性变动与图书贸易进口之间呈不显著的负相关关系；ln（THR_{kt}）的系数为－7.813，INT_{kt}的系数为0.580，表明中国第三产业增加值越高，中国进口图书贸易会越少，而国外第三产业发展越好，中国图书贸易进口将增加；INT_{it}的系数为14.845，$CFTA_{ik}$的系数为－1.118，且都统计显著，表明中国消费者购买力越强，中国进口图书将越多，而国外消费者购买力增加，中国图书贸易进口将减少；ln（DIS_{ik}）的系数值为0.763，表明两国间距离成本每增加1%，中国图书贸易进口反而增加0.763%，这一结果与经验预期不相符；INT_{kt}的系数为0.200，INT_{it}的系数为0.007，且均统计显著，表明无论是中国还是国外居民的互联网使用程度越高，中国图书贸易进口将越多；$CFTA_{ik}$的系数为2.762，$CBOR_{ik}$的系数为－1.202，表明与中国建立自由贸易区的国家，出口到中国的图书越多，而相邻国家出口到中国的图书反倒比不相邻国家出口的要少。此外，对比模型(4)、(5)的回归结果，可知各变量的回归系数及稳健标准差相差不大，R^2也基本一致，表明时间效应在混合回归模型中的影响不大。

表 9-7　混合回归的基本结果

自变量	因变量 ln（$BOOK_{ikt}$）				
	(1)	(2)	(3)	(4)	(5)
$CDIV_{ki}$	－0.050 (0.930)	－0.247 (1.037)	－0.708 (0.905)	－0.456 (0.798)	－0.682 (0.971)
ln（THR_{kt}）		－23.784*** (8.019)		－7.813** (3.660)	－8.318** (3.776)
INT_{kt}		2.001*** (0.651)		0.580** (0.691)	0.620** (0.703)

续表

自变量	因变量 ln（$BOOK_{ikt}$）				
	(1)	(2)	(3)	(4)	(5)
INT_{it}		30.152*** (10.002)		14.845* (12.389)	18.656* (14.014)
$CFTA_{ik}$		−1.545** (0.618)		−1.118* (0.675)	−1.162* (0.688)
ln（DIS_{ik}）			0.261 (0.296)	0.763 (0.525)	0.757 (0.531)
INT_{kt}			−0.005 (0.022)	0.200** (0.093)	0.233** (0.107)
INT_{it}			0.026** (0.009)	0.007** (0.013)	0.006** (0.014)
$CFTA_{ik}$			0.913*** (0.332)	2.762*** (0.546)	2.797*** (0.556)
$CBOR_{ik}$			−0.624 (0.396)	−1.202* (0.765)	−1.247* (0.773)
时间效应	无	无	无	无	有
R^2	0.157	0.245	0.258	0.521	0.535

注：***、**和*分别表示在1%、5%和10%的显著性水平下统计显著；括号中报告的是稳健标准差。

针对面板数据，除了使用混合模型估计之外，还有固定效应和随机效应回归。通过Hausman检验(见表9-8)，结果拒绝了原假设，即模型应采用固定效应。因此，本章使用的是基于稳健标准差的固定效应回归。

表9-8中，模型(1)是基于全样本的检验。可知看出，固定效应模型下$CDIV_{kt}$的系数仍为负值，且在统计上仍不显著，验证了混合模型估计文化多样性变动与中国图书贸易呈不显著的负相关关系这一结论；变量ln（THR_{kt}）、ln（THR_{it}）、ln（CON_{it}）、INT_{kt}、INT_{it}回归系数的正负均与混合回归中的

系数正负一致，且相应的估计结果与已有文献及经验预期相符；略有不同的是变量 ln（DIS_{ik}）的系数，在固定效应回归中为－0.013，说明与中国的距离越远，出口到中国的图书越少，这一结果虽与经验预期相符，但统计上不显著。说明图书贸易不同于一般货物贸易，距离因素对二者的影响存在明显差异。

表 9-8 固定效应回归的基本结果

自变量	因变量 ln（$BOOK_{ikt}$）		
	（1）	（2）	（3）
$CDIV_{kt}$	－0.481 （0.639）	0.556 （0.277）	－0.975 （0.958）
ln（THR_{kt}）	－4.830** （1.950）	－12.213** （5.533）	－2.638* （2.128）
ln（THR_{it}）	0.433** （0.391）	1.032** （0.456）	－6.563*** （2.086）
ln（CON_{kt}）	4.652* （6.964）	15.835** （7.512）	6.643* （11.681）
ln（CON_{it}）	－0.184* （0.594）	－0.837* （0.439）	7.493*** （1.984）
ln（DIS_{ik}）	－0.013 （0.391）	0.472 （0.376）	－2.053** （1.435）
INT_{kt}	0.055* （0.079）	－0.017 （0.081）	－0.072 （0.017）
INT_{it}	0.024* （0.014）	－0.031 （0.035）	0.041** （0.017）
$CFTA_{ik}$			
$CBOR_{ik}$			
Hausman	0.128	0.197	0.140
Overall R^2	0.375	0.759	0.717

注：***、**和*分别表示在1%、5%和10%的显著性水平下统计显著；括号中报告的是稳健标准差；表中报告的是 Hausman 检验的伴随 p 值。

模型(2)、(3)针对部分样本的估计。由于不同国家所处地区不同，形成的文化特点以及受到的文化影响不同。为此，本章将样本国分为亚洲地区国家和非亚洲地区国家，并对不同类型的样本国进行回归检验。其中，模型(2)是针对属于亚洲地区国家的估计，模型(3)是针对非亚洲地区国家的估计。由表9-8报告的基本回归结果可知，文化多样性对来自不同地区国家的图书贸易影响不一致：文化多样性与属于亚洲地区国家的图书贸易呈正相关关系，而与不属于亚洲地区国家的图书贸易呈负相关关系。此外，国外第三产业增加值 ln（THR_{it}）、居民最终消费 ln（CON_{it}）、地理距离 ln（DIS_{ik}）等变量在模型(2)与模型(3)中的回归系数也存在明显区别，说明是否属于亚洲地区这一因素，改变了相应因变量对中国图书进口的影响方向及影响程度。这一结果的出现也再次表明了文化贸易与一般货物贸易的不同。

上文的实证结果表明，文化多样性变动与中国图书贸易呈不显著的负相关关系。在一定程度上说明文化多样性指数越高，中国进口图书的数额反而减少。这一结果与我们的经验预期基本相符：由于本章采用了图书版权贸易数据算得的权重来计算文化多样性指数，图书版权贸易的增加将在一定程度上增大文化多样性指数，而图书版权贸易的增加往往伴随着图书产品贸易的减少。

对于其他控制变量，中国第三产业增加值 ln（THR_{kt}）以及国外消费者的购买能力 ln（CON_{it}）的系数均为负值，表明二者与中国图书进口贸易负相关，同时也说明中国国内生产能力越高，国外消费者购买力越强时，中国需要进口以及能够进口的图书越少；另一方面，国内消费者购买力 ln（CON_{kt}）及国外生产能力 ln（THR_{it}）的系数值均为正，表明国内需求的增加以及国外供给的增加都将促进中国图书进口。而对于距离因素 ln（DIS_{ik}），其估计系数的正负在不同回归模型下并不一致，且统计上不显著，说明地理位置对图书贸易的影响并不明显，这一结果与虚拟变量 $CBOR_{ik}$ 的系数一致为负正好对应。这也意味着地理因素对图书贸易的影响不同于其对一般商品贸易的影响。由于图书贸易是典型的文化产品贸易，一国的文化影响力才是决定图书进出口的关键因素；但两国间的地理位置关系与文化影响力并无实质联系，同时反而会因为地理位置上相近导致的文化相似性而降低对该国图书的需求。例如，对比美国与日本，虽然日本与中国的地理距离远远小于中美的地理距离，但由于中日同属于亚洲国家，且在文化内涵方面存在许多相同点，加之美国属于强势的西方文化，因此长期以来中国从美国进口的图书远远多于从日本进口的图书。两国居民互联网使用率 INT_{kt}、INT_{it} 的系数均为正，说明互联网使用的频率越高，两国间的沟通与交流越多，可以促进贸易伙伴国居民对彼此价值观、思维方式、风俗、信仰等文化内涵的了解，提高对对方国家图书的需求。

对比分样本国家的回归结果，发现样本国是否属于亚洲地区对估计结果影响较大。是否属于亚洲地区衡量了国家间文化的相似性，一般而言，亚洲地区的国家受儒家文化的影响较大，与中华文化具有一定的相同点；而美欧国家与中国的文化差异明显，且美欧的西方文化比中华文化更具影响力和传播优势。针对亚洲地区国家样本的估计，图书版权贸易的文化多样性程度虽然与中国图书贸易正相关，但统计上不显著。此外，中国国内第三产业增加值对图书进口的负面影响相对更大，这意味着当中国自身第三产业规模及发展水平提高时，对来自具有相似文化国家的图书需求将大大降低。此外，变量 $\ln(DIS_{ik})$、INT_{kt}、INT_{it} 的系数符号均发生变化，但均不显著，表明对于属于亚洲地区的国家而言，地理距离以及两国间的联系程度对中国图书进口的影响都不明显。针对非亚洲地区国家样本的估计，文化多样性对中国图书进口仍是负向作用，这一结果与全样本估计的结果一致。略有不同的是国外第三产业增加值及居民最终消费的影响。由表 9-8 模型(3)的结果可知，国外第三产业增加值 ln（THR_{it}）的系数变为负，而居民最终消费 ln（CON_{it}）的系数变为正，这一结果与经验预期不一致。

9.5 基于核心文化产品数据的实证研究

9.5.1 模型构建与变量说明

1. 模型构建

上文已利用混合回归模型与固定效应的面板数据模型对文化多样性与图书产品贸易之间的关系进行了实证检验，发现二者之间存在不显著的负相关关系，这一结果与实际预期相符。但需要注意的是，由于本章采用了由图书版权贸易相关数据得到的权重，进而算得文化多样性指数；而图书版权贸易与图书产品贸易具有密切的关联，使得上文的回归结果具有一定的偏误，也不具有代表性。因而，本章将进一步实证研究文化多样性变动对核心文化产品贸易的影响。

考虑到文化多样性变动与核心文化产品贸易之间既存在一定的联动性，也存在一定的动态关系，因此本章将使用面板 VAR 模型。此外，面板 VAR 模型可以避免本章样本时间太短的问题；同时，既能控制不可观测的个体异质性，又能分解不同冲击对各变量的影响。因而，面板 VAR 模型能够很好地用于本章深入探讨文化多样性变动与核心文化产品贸易之间的动态关系。根据面板 VAR 公式，构建如下实证模型：

$$Y_{it} = aY_{it-1} + bX_{it} + \varphi_t + \gamma_i + \mu_{it} \tag{9-5}$$

其中，a、b 表示待估计的系数，Y_{it-1} 表示内生变量 Y_{it} 的滞后一期，X_{it} 表示外生变量，μ_{it} 表示随机误差项，φ_t 表示时间效应，γ_i 表示个体效应。

2. 变量说明与数据来源

由于本章主要考察的是文化多样性变动与核心文化产品贸

易之间的关系，因此实证模型中涉及的变量主要是文化多样性指数、核心文化产品贸易数据。其中，文化多样性指数与上文一致；核心文化产品是按照当前国际上通行的UNESCO文化统计框架(Framework for Cultural Statistics，FCS)下的分类得到，主要包含文化遗产，书籍、报纸和期刊等印刷品及文学作品，影视、音乐唱片、绘画等视听艺术。其贸易数据来自联合国商品贸易数据库(UN COMTRADE)，且根据联合国国际贸易标准分类(第三版)整理得到。

9.5.2 基于面板VAR的实证结论

面板VAR主要涉及四部分内容：首先是最优滞后阶数的确定；在此基础上，进行面板VAR模型的估计，确定考察变量之间的回归关系；冲击响应及方差分解，说明因变量在不同时期对冲击的反应，以及误差项的影响大小；格兰杰因果关系检验，从而验证文化多样性变动与核心文化产品贸易之间的互动关系。本章使用STATA软件对面板VAR模型进行实证分析，具体步骤及结果如下。

1. 选择滞后阶数

在利用面板VAR模型进行实证分析之前，首先需要对滞后阶数进行判定，以确定最优的滞后阶数。表9-9报告了AIC准则、BIC准则与HQIC准则的结果，可以看出，AIC准则与HQIC准则同时选择了3阶滞后，说明文化多样性变动与核心文化产品贸易间的面板VAR模型滞后阶数取3最为合适。这

表9-9 面板VAR模型滞后阶数的选择

滞后阶数	AIC	BIC	HQIC
1	2.339	3.088*	2.634
2	2.366	3.323	2.736
3	2.179*	3.383	2.628*

注：*指在相应准则下建议的阶数。

与结果与理论预期基本一致：所用实证样本为年度数据，且文化多样性变动对核心文化产品贸易的影响必然存在时滞效应。因此，3 阶滞后在理论上也是合理的。

2. 基于面板 VAR 模型的 GMM 估计

根据上文确定的最优滞后阶数，采用 GMM 估计得到文化多样性变动与核心文化产品进口之间的参数结果(见表 9-10)。从左栏结果可以看到，滞后 1 阶、2 阶、3 阶的文化多样性 *CDIV* 对核心文化产品进口的影响均为正，且在滞后 1 阶与滞后 3 阶的估计中显著，表明文化多样性变动对核心文化产品进口有着持续、显著的正向作用。

表 9-10 基于面板 VAR 模型的 GMM 估计结果

ln *trade*		*CDIV*	
CDIV 滞后 1 阶	0.192** (0.096)	ln *trade* 滞后 1 阶	0.148** (0.063)
CDIV 滞后 2 阶	0.033 (0.333)	ln *trade* 滞后 2 阶	−0.005 (0.067)
CDIV 滞后 3 阶	1.121*** (0.333)	ln *trade* 滞后 3 阶	−0.035 (0.026)
ln *trade* 滞后 1 阶	0.515*** (0.186)	*CDIV* 滞后 1 阶	0.070** (0.034)
ln *trade* 滞后 2 阶	0.010 (0.090)	*CDIV* 滞后 2 阶	0.008 (0.135)
ln *trade* 滞后 3 阶	−0.017 (0.102)	*CDIV* 滞后 3 阶	−0.368*** (0.139)

注：***、**和*分别表示在 1%、5%和 10%的显著性水平下统计显著；括号中报告的是标准差。

3. 脉冲响应与方差分解

为进一步考察文化多样性变动与核心文化产品进口之间的

动态关系，利用面板 VAR 模型的脉冲响应与方差分解，对未来进行预测分析。其中，脉冲响应是指在其他变量的当期及以往各期数值保持不变的条件下，面板 VAR 模型中某一方程中随机扰动项的标准差在当期变化一单位对未来各期内生变量的冲击反应情况。脉冲响应能够有效分析变量之间未来的关系变动。图 9-2 报告了持续 5 期的 $CDIV_{kt}$ 与 ln_*trade* 变量间的冲击响应图。其中，中间的实线是冲击响应函数图，表示冲击的大小；上下两条表示 95%置信区间的控制线。

从右上方的 $CDIV_{kt}$ 对 ln_*trade* 的冲击响应图可以看出，$CDIV_{kt}$ 对 ln_*trade* 有一个正向的冲击，且在前 3 期是显著的。这一结果表明文化多样性变动在未来时期仍对核心文化产品进口产生正向的影响，进一步验证了上文基于面板 VAR 模型的估计结果。

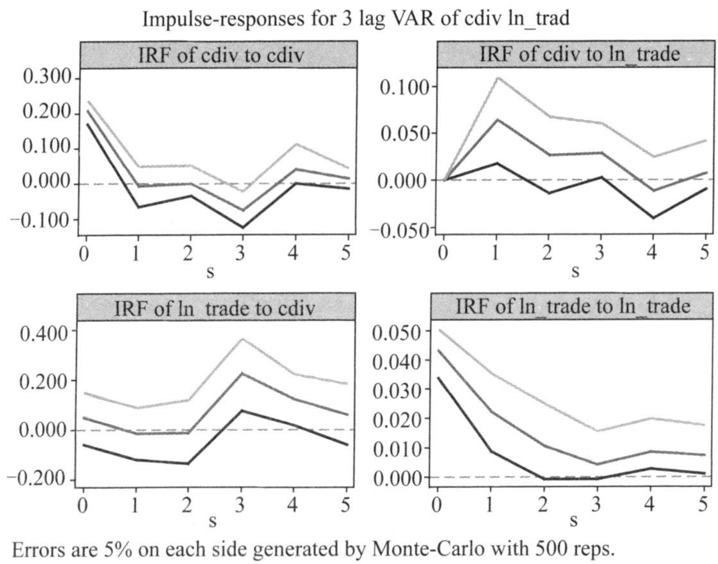

图 9-2　基于面板 VAR 模型的 $CDIV_{kt}$ 与 ln_*trade* 变量间的脉冲响应图

此外，表 9-11 报告了未来 9 期 $CDIV_{kt}$ 与 ln_*trade* 变量扰动项的方差分解。可以看出，ln_*trade* 在第 1 期的单位标准差变动中，由 ln_*trade* 自身贡献的是 100%，说明对于 ln_*trade*，未来 1 期内只有来自自身的冲击会对其产生影响。未来 2 期内，ln_*trade* 标准差每变动一单位，由 ln_*trade* 自身贡献的是 93%，由 $CDIV_{kt}$ 贡献的是 7%；未来 3 期内，由 $CDIV_{kt}$ 贡献的比例上升到 9%；到第 9 期，这一比例上升到 20.5%。这一结论再次验证了文化多样性变动与核心文化产品进口之间存在一定的动态关系，且对核心文化产品进口产生持续的正向作用。

表 9-11　$CDIV_{kt}$ 与 ln_*trade* 变量预测误差的方差分解

变量	期限	ln_*trade*	$CDIV_{kt}$
ln_*trade*	1	1.000	0.000
$CDIV_{kt}$	1	0.013	0.987
ln_*trade*	2	0.930	0.070
$CDIV_{kt}$	2	0.096	0.904
ln_*trade*	3	0.910	0.090
$CDIV_{kt}$	3	0.109	0.891
ln_*trade*	4	0.834	0.166
$CDIV_{kt}$	4	0.103	0.897
ln_*trade*	5	0.807	0.193
$CDIV_{kt}$	5	0.100	0.900
ln_*trade*	6	0.804	0.196
$CDIV_{kt}$	6	0.101	0.899
ln_*trade*	7	0.795	0.205
$CDIV_{kt}$	7	0.099	0.901
ln_*trade*	8	0.796	0.204
$CDIV_{kt}$	8	0.101	0.899
ln_*trade*	9	0.795	0.205
$CDIV_{kt}$	9	0.101	0.899

4. 格兰杰因果检验

为了进一步探讨文化多样性变动与核心文化产品进口之间的联动关系，本章选用上文确定的最优滞后阶数，进一步对面板 VAR 模型进行格兰杰因果检验。检验结果如表 9-12 所示。可以看出，$CDIV_{kt}$ 不是 ln_*trade* 原因的假设在 1%的显著性水平下被拒绝，说明在一定程度上文化多样性变动是核心文化产品贸易改变的原因。值得一提的是，ln_*trade* 不是 $CDIV_{kt}$ 原因的假设在 1%的显著性水平下也被拒绝，同理可知在一定程度上核心文化产品贸易也是文化多样性变动的原因。这一结果验证了文化多样性与文化产品贸易之间的联动关系，也满足上文的理论假定与实证分析。

表 9-12　$CDIV_{kt}$ 与 ln_*trade* 变量间的格兰杰检验结果

假设	卡方值	自由度	p 值
$CDIV_{kt}$ 不是 ln_*trade* 的原因	13.837	3	0.003
ln_*trade* 不是 $CDIV_{kt}$ 的原因	11.502	3	0.009

5. 回归结果分析

通过对文化多样性与中国核心文化产品进口的基于面板 VAR 模型的 GMM 估计，得到滞后 1 阶、2 阶、3 阶的文化多样性变动对核心文化产品进口产生正向作用，且在滞后 1 阶与滞后 3 阶的估计中均显著，表明文化多样性变动对核心文化产品进口产生持续的、显著的积极影响。通过脉冲响应与方差分解，得到文化多样性变动这一冲击在未来时期仍对核心文化产品进口存在正向影响。具体来看：未来 2 期内，ln_*trade* 标准差每变动一单位，由 ln_*trade* 自身贡献的是 93%，由 $CDIV_{kt}$ 贡献的是 7%；未来 3 期内，由 $CDIV_{kt}$ 贡献的比例上升到 9%；到第 9 期，这一比例上升到 20.5%，从而验证了文化多样性与核心文化产品贸易之间的动态关系。通过格兰杰因果检验，得到 $CDIV_{kt}$ 不是 ln_*trade* 原因的假设或 ln_*trade* 不是 $CDIV_{kt}$ 原因的假设均在1%的显著性水平下被拒绝，说明文化多样性变动与核心文化产品进口之间存在一定的联动性。这一结果既符合本章实证的理论假设，同时验证了文化多样性与文化产品贸易之间存在动态的、相互影响、相互作用的关联。

9.6 本章小结

本章在经济学分析视角下界定文化多样性内涵的基础上，借鉴文化多样性综合测度指标 $H_{BFP}=\sum_{i,j}d_{ij}d_{ik}d_{jk}p_ip_j$，从种类数、均衡度、差异性三个层面测算得出2002—2010年中国文化多样性综合指数；在此基础上，通过对文化多样性与图书产品贸易，以及对文化多样性与核心文化产品贸易的计量分析，实证检验了文化多样性变动对文化产品贸易的影响。

研究结论表明，2002—2010年中国的文化多样性指数整体呈现上升的趋势，从而验证了"由于文化产品承载了特定价值观、思维方式、风俗习惯等文化内涵，其贸易将影响一国文化多样性的变动"。同时，文化多样性变动对核心文化产品进口产生持续的、显著的正向作用，说明文化多样性与文化产品贸易之间存在一定的动态关系；同时，核心文化产品进口也在一定程度上影响中国的文化多样性变动，进一步验证了文化多样性与文化产品贸易是一个相互影响、相互作用的过程。本章的研究具有重要启示，即文化产品贸易并没有破坏中国的文化多样性，反而在一定程度上丰富了中国的文化内涵，进而促进了中国核心文化产品贸易。

第10章 文化认同与中国文化产品贸易

自20世纪下半叶以来，文化“软实力”在全球综合国力竞争中的地位和作用得到了广泛关注。党的十八大报告将增强国家文化“软实力”作为中国文化治理的总要求，赋予了文化“软实力”更明确、更具体、更高的战略地位。作为文化传播的重要载体，大力发展对外文化贸易对中国文化的对外传播和国家文化“软实力”的提升具有重要意义。

近些年中国文化产品贸易发展取得了显著的成就。根据联合国商品贸易数据库统计，中国核心文化产品贸易总额从1992年的2.7亿美元，增长到2013年的149.08亿美元，20年间增长了约43倍。那么，是什么因素促进了中国文化产品贸易的蓬勃发展呢？传统的文献主要关注了供给层面和文化差异对于文化产品贸易的影响。事实上，作为商品属性和意识形态属性的统一体，一国文化产品的输出不仅取决于供给层面和国家间文化差异，更取决于进口国居民能否对出口国文化形成认同。近些年，随着中国文化对外传播步伐的加快，越来越多的外国人通过媒体、孔子学院、版权输出等多样化渠道了解和认识中国，并对中国的文化习俗、审美价值与宗教信仰等核心文化价值观产生认同，即文化认同。在此背景下，外国对中国文化认同的不断提高是否促进了中国文化产品贸易的发展呢？本章以文化认同为视角，对中国文化产品贸易进行实证分析，并回答上述问题。

10.1 文化认同与文化产品贸易的影响机制

10.1.1 文化产品是文化认同的载体

文化产品是指传播思想、符号和生活方式的消费品，它能够提供信息和娱乐，进而形成群体认同并影响文化行为(李小牧、李嘉珊，2007)。文化产品不仅表现出普通商品的经济特征，同时也反映了一个国家或民族的审美价值、艺术价值、宗教信仰、生活习俗等文化价值观，是社会意识形态的产物。文化产品通过生动、形象的文化内容向消费者展现着一个国家或民族的核心文化价值观，满足着消费者某种精神文化需求。与普通产品不同，只有当文化产品所传达的文化价值观获得所在地区或国家主导价值体系的认同，满足当地居民的某种精神文化需求时，方可以文化产品的形式存在。因此，从本质上讲，文化产品是文化认同的载体(张帆，2007)。

10.1.2 文化认同促进文化产品贸易，文化产品贸易提升文化认同

文化产品在不同国家间的输入与输出就形成了文化产品贸易。作为经济属性和意识形态的统一体，文化产品贸易的发展既受到市场机制的制约，又受到国家间文化认同的影响。一方面，与普通产品相同，文化产品通过劳动力、资本、生产技术等要素禀赋来实现其经济价值。因而，文化产品贸易的发展要受到文化产品价格、出口国文化产品供给与进口国文化消费需求等市场机制的制约。另一方面，作为文化认同的载体，文化产品主要满足消费者的精神文化需求。消费者选择什么样的文化产品取决于他们能否对文化产品所传达的文化价值观形成认同。因此，文化产品贸易的发展还要受到国家间文化认同的影响，即取决于进口国文化消费者能否接受与认同出口国文化产

品中所蕴含的文化价值观。例如，美国电影、日本动漫、韩国电视剧在中国之所以能获得规模如此之大的受众群体，其背后反映出中国消费者对于文化产品中所传达文化价值观的认同。

同样，国家间文化产品的往来对于传播一国文化、提升外国消费者对本国文化的认知与认同起到了积极的作用。外国消费者通过消费文化产品来不断建构文化产品的传播形式，使得文化产品所传达的文化价值观留在了外国消费者的认知结构中，进而不断加深外国消费者对本国文化价值观的理解、促进其对本国文化的认同、推动本国文化的对外传播。特别地，对于文化弱势的国家而言，文化产品的大量输入有可能改变本国居民对主体文化价值观的认同，并对外来文化认同感逐渐增强。例如，自 20 世纪以来，拉美地区成为美国文化产品输出的“重灾区”，美国“文化帝国主义”在拉美地区随处可见。电影院播放的是好莱坞的电影，美国的香烟、啤酒和可口可乐成为年轻人生活的经常消费品(王晓德，2008)。在美国文化得到越来越多本地居民认同之时，当地居民已有的生活方式、文化观念也在悄然地发生改变。

10.2 实证分析

10.2.1 计量模型设定

最早将引力模型应用于贸易领域的是 Tinbergen(1962)，他认为国家间双边贸易流量是两国经济规模与地理距离的函数。但实际上，除了上述两个因素外，还有许多其他变量会影响贸易流量，比如本章所研究的文化认同因素。因此，本章将基于 Tinbergen(1962)的引力模型，结合本章所研究的实际问题，构建如下模型：

$$\ln X_{ij}=\alpha_0+\alpha_1\ln acp_{ij}+\alpha_2\ln gdp_i+\alpha_3\ln gdp_j+\alpha_4\ln dis_{ij}+Z_{ij}+fe+\varepsilon_{it} \tag{10-1}$$

其中，X_{ij} 为 i 国对 j 国文化产品的出口量，acp_{ij} 为 j 国对 i 国文化的认同程度，gdp_i 和 gdp_j 分别为 i 国和 j 国的 GDP，dis_{ij} 表示 i 国和 j 国之间的地理距离，Z_{ij} 表示可能影响中国文化产品出口的因素，fe 表示国家效应，用于反映国家个体间差异对于文化产品出口的影响，ε_{it} 为误差项。

10.2.2 数据选取

1. 文化认同(acp_{ij})

目前，大部分研究主要采用调查问卷的形式来获取外国人对中国文化的认同度。但是，由于人文价值概念的抽象性，使得文化认同难以得到精确的量化。尽管如此，我们仍然可以选择某些代表性指标来反映文化认同。

来华留学生教育是中国对外文化交流的重要组成部分，是提高全球对中国文化认同、扩大中国文化影响力的重要途径。越多的外国人来华留学，那么他们越能更广泛地学习和了解中国文化，进而加深对中国文化的理解与认同。一方面，语言的学习必须基于对目的语所依附国家或民族文化的理解与认同(William，1994)。根据 Schumann(1978)的研究，来华留学生母语与目的语文化差异越小，对目的语文化认同度越高，就越容易学好目的语。另一方面，根据 Berry(2005)、郑雪等(2010)的研究，随着居住时间的增加，外来个体将逐渐接受与认同当地文化并融入其中。在留学过程中，来华留学生通过社会交往、旅游观光、生活起居更深入地体验和感受当地文化，并随着居住时间的增加，逐渐地接受和认同中国文化。因而，来华留学生与文化认同之间存在着必然联系。

为此，本章基于李春光(2009)、张国良等(2013)已有文献研究，采用来华留学生数量作为衡量文化认同的指标，以 1996—2012 年美国、日本、韩国、印度尼西亚、越南、法国、德国、俄罗斯和泰国的来华留学生数量作为研究对象[①]，数据来源于《中国教育年鉴》。

2. 文化产品的出口(X_{ij})

本章所研究的文化产品是指可以体现一国文化内涵、反映一国文化价值观的核心文化产品。因此，本章将根据联合国教科文组织发布的《1994—2003年文化产品和文化服务的国际流动》中所界定的核心文化产品SITC3编码，采用1996—2012年中国对法国、日本、韩国、印度尼西亚、越南、德国、俄罗斯、美国和泰国的核心文化产品出口额进行研究。[②]

3. 地理距离(dis_{ij})

地理距离主要用于考察国家间的贸易成本，传统的文献主要采用国家之间不变的最短航运距离来表示。考虑到国家间的航运距离成本应受到航运成本的影响，且不变的航运距离在使用面板数据模型时往往会出现过度识别问题（蒋冠宏等，2013）。基于此，本章采用国家间不变的距离与每年国际油价平均值的乘积来代表距离成本。其中，国家间距离来自CEPII BACI的国际贸易数据库，国际石油价格来自国际货币基金组织(IMF)数据库。

4. 经济规模(gdp)

往往很多文献采用本国GDP来衡量本国经济规模。一般而言，经济规模越大的国家，其潜在的供给能力或市场需求也就越大，经济规模与国家间文化产品出口成正比。考虑到GDP主要衡量一国总的生产供给能力，而文化产品的生产属于第三产业，故单纯采用一国GDP来代表文化产品的生产能力过于粗糙，因此本章选择中国第三产业增加值(ser)来代表文化产品

---

① 《中国教育年鉴》只公布了每年来华留学生排名前十位的国家，造成不同年间可能会有不同国家出现，因此，本章只选出1996—2012年一直排在前十位的9个国家作为本章研究的对象。

② 具体的商品分类可以参见曲如晓、韩丽丽(2010)《中国文化商品贸易影响因素的实证研究》中关于核心文化商品的界定。

的生产能力，并采用进口国GDP来代表进口国的文化需求水平。数据分别来源于联合国统计署数据库和世界银行发展报告。

5. 控制变量(Z_{ij})

为了避免遗漏变量对模型估计的影响，本章通过加入控制变量对模型加以控制。第一，居民收入水平变量。一般而言，两国居民收入水平越接近，两国的需求结构越相似，越容易发生贸易往来。为此，本章引入进出口国人均GDP水平差值来表示，即 $\ln dpgdp=\ln|pgdp_i-pgdp_j|$，其中，人均GDP的数据来源于联合国统计署数据库。第二，国家规模变量。通常，具有更大国家规模和市场规模的国家，该国的对外贸易水平较为活跃，更容易与他国进行文化、经贸方面的交流，进而促进国家间文化产品贸易的发展。因此，本章选择国家领土面积($\ln area$)对国家规模进行控制。

6. 国家个体效应(fe)

考虑到不同国家个体之间的相关性可能对模型回归结果的稳健性造成影响，为此本章将加入国家个体效应来对模型加以控制。

10.2.3　回归结果分析

1. 基本回归结果

表10-1报告了方程(10-1)基本的回归结果，除了考虑了文化认同、经济规模等变量对中国文化产品出口的影响外，本章还进一步对国家规模、个体效应进行控制来对研究的问题进行检验。首先采用了混合OLS方法对方程(10-1)进行检验，在不加入任何控制变量的模型1中，我们发现，文化认同前系数为1.409，且在1%水平下显著，说明文化认同的提高对中国文化产品出口起到了促进作用。模型2对国家规模进行了控制并加入相关控制变量，此时，文化认同前系数降为0.489，且在5%的水平下显著。模型2的拟合优度为0.853，较模型1增加

表 10-1　基本回归结果

解释变量	模型 1	模型 2	模型 3	模型 4	模型 5	模型 6
$\ln acp_{ij}$	1.409*** (0.105)	0.489** (0.128)	1.046*** (0.049)	0.336*** (0.095)	0.027*** (0.006)	0.459*** (0.115)
$\ln ser$		0.553*** (0.267)		0.611*** (0.161)	0.036*** (0.013)	0.602** (0.228)
$\ln gdp_j$		0.676*** (0.271)		2.301 (2.430)	0.033** (0.014)	0.555** (0.236)
$\ln dpgdp$		0.898*** (0.070)		0.356*** (0.097)	0.055*** (0.004)	0.919*** (0.067)
$\ln area$		0.097*** (0.029)		0.821*** (0.204)	0.007*** (0.002)	0.122*** (0.031)
$\ln dis_{ij}$		0.301 (0.205)		0.243*** (0.094)	0.001 (0.011)	0.002 (0.118)
国家效应	No	No	Yes	Yes	No	No
wald			989.51 [0.000]	2 528.85 [0.000]		
R^2	0.545	0.853				
N	153	153	153	153	153	153

注：估计系数下面的圆括号中为标准误差，方括号中为 p 值，星号表示显著性水平，即 * 表示 $p<0.10$，** 表示 $p<0.05$，*** 表示 $p<0.01$。

了0.308，说明加入上述控制变量，使得模型2解释程度提高了30.8%。

由于本章所采用的数据属于长面板数据，即时间维度大、个体信息小，因此，可能会出现组内自相关和组间同期相关问题，造成回归结果偏误。鉴于此，对方程(10-1)进行同时处理组内自相关和组间同期相关的广义最小二乘法估计(FGLS)。同时，考虑到国家个体间不可观测的异质性与解释变量之间产生相关性，从而造成估计结果的不一致，在模型3和模型4中加入反映国家个体效应的虚拟变量，对方程(10-1)做进一步回归。从回归结果来看，模型3中文化认同前系数为1.046且在1%水平下显著。此外，在加入一系列控制变量后，模型4中文化认同前系数0.336，且在1%水平下显著。值得注意的是，模型3和模型4文化认同前系数均较之前回归有所降低，这说明在考虑了组内自相关和组间同期相关的情况下，文化认同的提高对中国文化产品出口的促进作用有所降低，但整体上依然支持了上文的结论。此外，从模型3到模型4，沃尔德(wald)统计量的p值均为0.000，说明模型具有较好的拟合效果。最后，考虑到引力贸易型中可能存在的零贸易或Jansen不等式问题，本章采用泊松回归作为稳健性检验的一部分来模型进行估计，其中，模型6在模型5泊松回归结果的基础上报告了其边际效应。从回归结果看，模型5和模型6与模型4回归结果基本相似，无论是估计系数还是显著性水平均不存在较大差异。

2. 内生性检验

(1)双向因果关系

国家间文化产品的往来对于传播一国文化、提升异国消费者对本国文化认知与接受起到了积极的作用。在文化产品的消费过程中，文化产品所蕴含的文化价值将留在消费者的认知结构中，不断地改变着消费者的文化传播内容与行为，进而使得消费者对出口国文化形成认同。同时，进口国居民对出口国文化的认同，又会进一步吸引越来越多的进口国居民来主要文化产品出口国进行学习、工作和生活，因而出现内生性问题。

因此，本章采用工具变量(IV)方法对模型的内生性问题进行处理。在工具变量的选取中，选取1996—2012年中国教育经费投入额(万元)当期值与滞后一期以及来华留学生数量的滞后两期值作为来华留学生的工具变量，其中，教育经费投入额来自国家统计局网站。这是因为在选取工具变量时，内生性变量的滞后期往往被用作工具变量。同时，根据以往文献研究，目的国教育水平往往是影响留学生规模的重要因素，政府教育经费投入的增多，教育资源环境、科研水平等的改善，将会吸引更多留学生来华学习(曲如晓、江铨，2012；魏浩、王宸等，2013)，而政府教育经费投入与文化产品出口没有必然联系，故本章选取上述两个变量作为工具变量。

表10-2中检验1给出了工具变量估计结果，来华留学生规模前的系数为0.329且在10%水平下显著。考虑到工具变量的有效性会直接影响模型估计的一致性，因此，本章又对工具变量进行了下述评判：①为了检验工具变量与内生变量的相关性，对模型进行了识别不足Anderson检验，并在1%的水平下拒绝了原假设，证明工具变量与内生变量是高度相关的。②考虑到可能存在的弱工具变量问题，本章给出了斯托克和雨果(Stock and Yogo)最小特征根统计量，其F值大于经验值10，拒绝了“弱工具变量”存在的原假设。③过度识别Hansen统计量为4.219，其p值为0.238，不能拒绝过度识别是有效的原假设。通过上述三个检验，本章选定的工具变量是外生且有效的。

(2)用滞后一期替代当期值

考虑到本章所关注的核心解释变量($\ln acp_{ij}$)和模型中其他变量可能与残差项具有相关性，从而产生模型内生性问题，由于解释变量的滞后一期与当期值具有高度相关性，本章选用解释变量的滞后一期替代当期值对模型进行回归，从而克服模型中潜在的内生性问题。如表10-2的检验2所示，在考虑了内生

表 10-2 内生性与稳健性检验

解释变量	检验 1	检验 2	检验 3	检验 4	检验 5	检验 6	检验 7
$\ln acp_{ij}$	0.329* (0.466)	0.274*** (0.085)	0.331** (0.163)	0.684*** (0.168)	−0.492 (0.314)	0.095** (0.048)	0.466** (0.227)
$\ln ser$	0.831*** (0.005)	0.993*** (0.169)	0.717** (0.275)	2.495*** (0.238)	0.361 (0.262)	1.087*** (0.459)	0.686*** (0.164)
$\ln gdp_j$	−5.543 (0.104)	2.692 (2.107)	−0.870*** (0.290)	0.610** (0.282)	0.976*** (0.270)	−0.121 (1.994)	0.761*** (0.184)
$\ln dpgdp$	0.530*** (0.001)	0.348*** (0.095)	0.508*** (0.136)	0.744*** (0.091)	0.185 (0.175)	0.813 (1.774)	0.081 (0.067)
$\ln area$		0.587*** (0.100)	0.828*** (0.258)	0.069 (0.048)	−0.136 (0.235)	−0.042 (2.324)	−0.143 (0.095)
$\ln dis_{ij}$	0.326 (0.352)	−0.056 (0.080)	0.245 (0.318)	−0.042 (0.268)	0.649*** (0.198)	0.320 (0.327)	0.110 (0.220)
Anderson	34.127 [0.000]						

续表

解释变量	检验 1	检验 2	检验 3	检验 4	检验 5	检验 6	检验 7
Stock & Yogo	83.978						
Hansen	4.219 (0.238)						
wald		4 151.38 [0.000]		379 370 [0.000]	459.53 [0.000]	252 435 [0.000]	278.08 [0.000]
Hausman					0.849		0.496
国家效应	No	Yes	Yes	No	No	Yes	No
时间效应	No	No	No	Yes	No	No	No
R^2	0.944		0.998		0.532	0.899	0.658
N	135	144	149	153	120	119	340

注：估计系数下面的圆括号中为标准误差，方括号中为 p 值，星号表示显著性水平，即 * 表示 $p<0.10$，** 表示 $p<0.05$，*** 表示 $p<0.01$。

性问题后，文化认同前系数在1%水平下依然显著为正，且系数大小与之前回归相差不大，基本上支持了上文回归的结果。

在控制变量上，我们发现，在考虑了内生性问题后，中国第三产业增加值和国家规模均对中国文化产品出口起到了促进作用，符合预期。同时，地理距离并未对中国文化产品出口产生影响，说明同传统货物贸易相比，地理距离在文化产品贸易中的作用显得不再那么重要(曲如晓、刘杨等，2013)。国家间人均GDP差异前系数为正，且统计上显著，说明人均GDP衡量了一个国家的经济发展水平。随着全球经济一体化程度的加深，经济较为发达的国家愿意通过购买发展中国家的文化产品来了解发展中国家的文化，进而更好地与它们进行经贸合作。

3. 稳健性检验

为了保证模型回归结果的稳健性，本章从以下三方面对模型进行稳健性检验。

(1)剔除异常样本点

将反映文化产品出口变量中低于5%和高于95%分位点的数值予以剔除，对模型进行重新估计。如表10-2检验3所示，模型的估计并未出现较大变化，本章所关注的核心变量前系数为0.331且在1%水平下显著，基本上支持了上文的回归结果。

(2)加入控制变量

为了避免遗漏变量对模型估计的影响，本章加入时间效应对模型进行估计。之所以加入时间效应，是因为作为文化认同的重要载体，留学生对当地文化认同度的提高会随着留学时间的增加而提高，如郑雪等(2010)以居澳的中国留学生为研究对象，发现居澳时间越长，对澳大利亚本土文化的认同程度就越高。检验4中文化认同前系数统计上显著，且系数值为0.684，明显高于未考虑时间效应时的系数值。同时，时间效应检验的p值为0.000，说明时间效果显著，也进一步验证了上述结论。

(3)替换文化认同指标

为了使论证过程更具有说服力，本章采用来华旅游人数、图书版权出口额以及外国人对中国的正面评价比例作为文化认同的指标，来进一步考察文化认同对中国文化产品出口的影响。那么，在替换了指标后，本章的结论还能否继续成立呢？

①外国人对中国的正面评价比例。一般而言，外国人对一国的正面评价越高，说明该国形象在全球的亲和力越高、该国文化更容易让外国人认同(花建，2014)。基于花建(2014)等已有文献研究，本章选取外国人对中国的正面评价比例作为文化认同的指标。该指标来源于国际调查公司和马里兰大学国际政治状态课题组共同完成的“国家对世界影响”的全球性投票活动[①](皮尔研究中心：皮尔全球态度调查)。本章采用了面板随机效应模型对模型进行估计，如检验 5 所示，文化认同前系数为−0.492，且在统计上不显著，说明以外国人对中国正面评价比例来代表的文化认同指标对于中国文化产品出口并未产生作用。这可能与下述原因有关：尽管中国国际地位有所提高、经济快速增长，但是，许多发达国家的民众对中国的政治和文化并未真正地认可，甚至还有所下降。以美国为例，2006 年美国民众对中国正面评价比例为 52%，而到 2014 年该比例已经降到了 35%，类似的国家还有法国、德国、日本等。值得注意的是，这些国家均属于中国重要的文化贸易伙伴，因而这些国家居民对中国政治和文化的态度对于中国文化产品贸易的发展具有重要影响。

②图书版权出口数量。版权的输出实际上是一种文化的输出，是文化传播的重要内容。版权输出数量越多，意味着进口国居民对出口国文化越感兴趣，更愿意接受与认同出口国的文化。因此，版权输出数量从一定程度上体现了进口国居民对输出国文化的认同程度。为此，本章选用中国图书版权出口数量

① 关于外国人对中国正面评价比例，本章选用了 2005—2014 年美国、法国、德国、西班牙等 14 个国家的数据。

作为文化认同的指标，数据来源于《中国版权统计年鉴》。① 采用FGLS对模型进行回归，如检验6所示，文化认同前系数为0.095，且在5%的水平下显著，支持了上文的结论。值得注意的是，与来华留学生数量相比，中国图书版权输出为代表的文化认同指标对中国文化产品出口促进作用较弱，这也充分表现出中国在版权输出中的文化弱势，即文化作品内容过于陈旧、专深，缺乏对内容的创新和吸引力。

③来华旅游人数。中国历史悠久、地域辽阔，拥有丰富的自然和人文旅游资源，吸引着一大批外国游客来华旅游。在参观历史遗迹、游览山水风光的过程中，外国游客不仅可以满足自身的休闲度假需求，同时，通过与当地人交谈、体验当地习俗，可以增进其对中国文化的了解与认同。根据《麦肯锡全球员工调研》报告，风景名胜、古代建筑和民族人文风光成为最受海外人士欢迎的主题。为此，基于刘敏(2009)、张文(2001)、周国富等(2010)已有文献研究，本章采用来华旅游人数作为文化认同的指标，数据来源于国家统计局网站。② 本章采用了面板随机效应模型对模型进行回归，如检验7所示，文化认同前系数为0.466，且在5%的水平下显著，基本上支持了上文的结论。

10.3　本章小结

本章选用来华留学生数量作为文化认同的指标，以1996—2012年中国与来华留学生数量最多的9个国家的面板数据为基础，从文化认同的角度，对中国文化产品出口进行了实证分析。结果表明，文化认同的提高对于中国文化产品出口具有正

① 关于图书版权出口数量，本章选用了1998—2012年美国、英国、德国、法国、俄罗斯等9个国家的数据。

② 关于来华旅游人数，本章选用了1997—2013年印度、印度尼西亚、日本、马来西亚、菲律宾等19个国家的数据。

向的促进作用。同时，为了保证文章更具有说服力与实证结果的稳健性，本章同时采用外国人对中国的正面评价比例、来华旅游人数和图书版权出口数作为文化认同的指标，结果发现，以来华旅游人数和图书版权出口数为代表的文化认同指标对中国文化产品出口起到了促进作用，而外国人对中国的正面评价比例并未对中国文化产品出口产生影响。

本章的研究对于未来推进中国文化产品出口具有重要意义。

第一，注重文化亲和力的塑造与提升。在文化传播过程中，一种亲和性的文化往往更容易吸引和打动受众者的心灵，使受众者对一国文化产生亲近感，实现对一国文化的认同。在文化传播过程中，亲和性的文化不仅可以在政治、经济的作用下更好地展示一国文化形象，而且可以拉近该国与其他国家间的国际关系，获得更多国家民众的认同。为此，如何塑造和提升中国文化的亲和性成为未来中国文化传播的关键。本章认为，未来中国应该以谦虚的态度、博大的胸怀主动融入全球文化进程中来，反对文化霸权主义，将中国和全球的利益相结合，推动全球文化多样化发展。同时，面对着多极化的世界，中国应针对不同国家采取差别化文化传播策略，形成有效的文化感染力和说服力。

第二，推进孔子学院的海外建设，提高中国文化海外认同的深度。近些年，中国政府采用多样化的形式进行文化的对外交流，提升了中国文化在海外的传播力度，使得中国文化被更多的海外友人了解与认同。但从对中国文化的认同程度来看，很多西方人对于中国文化的认同仅仅停留在表面。作为中国文化传播的重要形式，孔子学院在推动中国文化与世界各国文化的交流中起到了重要作用，为外国学习者提供了一个展现中国文化魅力的平台。外国学习者在学习汉语的同时，可以真正地学习中国文化的精髓，形成对中国全方位的认识。中国政府应进一步推进孔子学院的海外建设，坚持传播以“和”为核心的中华传统文化，深化中华文化的海外影响力，提高全球对中国文化的认同。

第三，注重在文化产品创作过程中文化内容的创新。文化产品创新的核心是文化内容的创新。中国文化企业应努力打造符合外国人文化需求的文化作品，注重对文化思想与知识的创新。同时，应加强对展现中国现代文化内容作品的打造，特别是那些可以充分体现中国气派、中国风格、增进中华民族文化感召力和凝聚力的文化内容。

第 11 章　WTO 与中国文化产品贸易

在经济全球化的背景下，文化产业作为高附加值的产业，成为推动中国经济增长的新的经济增长点。推进中国文化“走出去”，大力发展国际文化贸易，不仅顺应于国际经济的发展趋势，而且有利于中国对外贸易结构的调整，符合中国经济增长方式的需求。然而，随着中国文化贸易竞争力的提升，中国势必会与文化经济强国产生文化贸易摩擦。WTO 是目前全球多边贸易体制发展的最高表现形式，拥有最多的成员，涉及最广范围的贸易。自 WTO 成立以来，世界范围内的文化贸易数量出现快速增长，文化商品与文化服务业逐渐从传统文化贸易领域扩展到创意性文化产品贸易，国际文化贸易取得了迅猛的发展，这不得不归因于自由贸易体制的有效实施。在自由贸易体制下，不同形式的文化贸易已经或正在逐步纳入 WTO 的框架中来。全球一体化的贸易规则不仅约束和规范了国际文化贸易成员的行为，而且也为全球经济与贸易发展开辟了新的空间，进一步促进了世界贸易成员之间的文化交流。然而，文化商品与文化服务贸易的自由化也引起了许多新的问题：全球贸易的自由化使得发达经济体如美国、英国、德国、法国等的国际文化贸易占了全球文化贸易份额的一半，促使发达经济体的优势文化企业经过国际化、全球化重组后在世界文化市场上形成了垄断局面。此外，由于文化背景与法律传统的差异，成员在贸易谈判过程中经常各持己见，在对 WTO 规则的应用上持有不同意见。发达经济体往往利用其文化经济优势将其文化价值观、法律传统等习惯强加于WTO的弱势成员，无法实现真正的公平贸易。单纯依靠市场无法实现国际文化贸易的公平发展。特别地，随着中国文化贸易总量的增加，国际文化贸易竞争力的提高，势必会触碰到发达经济体的文化经济利益，未来中国文化贸易摩擦的发生是难以避免的。“文化例外”作为WTO框架下一条非正式的法律条文，成为成员保护本国文化多样性，维护本国文化安全的重要手段。对于中国而言，未来如何有效地援引“文化例外”来规避或减少文化贸易摩擦成为中国文化贸易发展的关键。

11.1 WTO与文化产品贸易相关的规则

在当前国际文化贸易格局中，以美国为代表的发达经济体凭借其科技与经济上的优势地位在世界文化市场上占据着主导地位，掌握着文化贸易规则制定的主导权。从文化贸易的价值属性来看，文化商品与文化服务的自由化必定会导致文化经济实力较弱国家的传统文化以及文化认同受到一定程度的侵害。因此，任何一个国家都会对本国文化贸易制定一定的指导政策，在推动本国文化免受外界侵害的同时，推动本国文化产品的出口。从一定意义上讲，各国文化政策又阻碍了国际文化贸易的自由流动，违反了WTO规则中贸易自由化原则。然而，除了具备有形物质的用途外，文化商品与服务在信息的传播、娱乐服务的提供以及文化认同、文化实践的建立上发挥着重要的作用。鉴于上述原因，“文化例外”作为WTO规则中非法律性规则，在实现文化贸易的公平发展，确保一国文化多样性方面起到了重要作用。

此外，除了WTO规则外，与文化贸易相关的国际协定与公约也在促进国际文化贸易有序发展、保护文化多样性方面产生着重要影响。

11.1.1 与文化产品贸易相关的国际协定、公约与 WTO 规则

1. 与文化产品贸易相关的国际协定与公约

(1)与版权贸易有关的国际协定与公约

与文化贸易相关的国际法规，最早始于 1886 年 9 月 9 日在瑞士伯尔尼缔结的《伯尔尼保护文学艺术作品公约》(*Berne Convention for the Protection of Literary and Artistic Works*)，简称《伯尔尼公约》。这是世界上第一个在保护文学、科学和艺术作品版权方面的国际公约，不仅使国际版权贸易有了法律基础，也促进了国际版权贸易的兴起与发展。该公约以国民待遇原则、自动保护原则和独立保护原则为基本原则，以其所做规定为最低保护标准。公约的宗旨是：尽可能有效地和尽可能一致地保护作者对其文学作品所享有的权利。第二次世界大战后，随着美国的科技水平和经济实力的增强，其在文学艺术和科技方面的作品数与日俱增，图书市场的需求十分旺盛。此外，英国、法国、德国等欧洲国家也急切盼望进入美国版权贸易市场。经过数年协商，1952 年在日内瓦通过了《世界版权公约》(*Universal Copyright Convention*)，该公约将美国与欧洲的版权市场紧密联系在一起，进一步推动了全球版权贸易的发展。

20 世纪下半叶，邻接权成为国际版权贸易中的焦点问题。邻接权是指与著作权相邻的权利，其确切含义是指作品传播者所享有的权利。19 世纪诞生的留声机、照相术等音像、影视传播技术的广泛应用都与邻接权有着密切的联系，从而产生了邻接权的概念与邻接权保护制度。1961 年 10 月 26 日在罗马签署的《保护表演者、音像制品制作者和广播组织罗马公约》(*Rome Convention for the Protection of Performers, Producers of Phonograms and Broadcasting Organizations*)，简称《罗马公约》。它是由国际劳工组织、世界知识产权组织与联合国教科

文组织共同发起的，旨在建立起邻接权保护制度，保护作品传播者的权利，极大地促进了唱片和电影制造业的发展。此外，与邻接权有关的国际公约还有《保护唱片制作者防止被擅自复制公约》，简称《唱片公约》以及《关于播放由人造卫星传播载有节目信号的公约》，简称《卫星公约》。

(2)与文化产品贸易进口有关的国际协定

为了促进相互理解以及国际文化对话，联合国教科文组织倡议通过了《佛罗伦萨协议》。该协议是一个关于教育、科学和文化物资进口的法律文件，在文化产品贸易自由流动的原则下，旨在促进不同国家之间的理解与文化的交流。根据这一协定的条件，该协议废除了如下进口商品关税：图书、艺术品、教育、科研、与文化相关的视听产品、科研设备、盲人用品以及原材料。该协定还主张为公共图书馆购买图书发放可兑换货币与进口许可证。

与文化产品贸易进口有关的协定还包括《内罗毕草案》，该草案是在《佛罗伦萨协议》基础上于1976年修订并实施的。《内罗毕草案》把自由流通的原则扩大到了其他类别的文化产品，特别是当时采用的新技术开发出来的产品，如视听材料等。值得注意的是，虽然《佛罗伦萨协议》和《内罗毕草案》均主张文化产品贸易的自由流通，但在上述两个文件中都留有了一定的保留空间，即允许各国不进口那些可能对本国文化产业发展构成威胁和损害的文化商品。

(3)与保护文化多样性有关的国际公约

根据经济学家斯蒂芬·玛格林“文化多样性可能是人类这一物种继续存在下去的关键”，在维护与促进世界多元化发展方面，文化多样性是一种正面的积极表达方式，它阻止了单一标准化世界的形成，支持和推动世界民族文化的共同发展。此外，文化多样性的产生对原有的国际贸易协定提出了要求，主张在已有国际贸易协定中建立与维护文化多样性相关的区别待遇条款，以及一套有效地国际文化贸易的规则体系，来重新界定维护文化多样性促进文化产业发展的文化政策。

2001 年 11 月 2 日，联合国教科文组织(UNESCO)第三十一届大会通过了《世界文化多样性宣言》和《行动计划》，表明了国际社会就文化多样性的促进与维护的共同意向。2005 年 10 月 20 日，148 个国家和地区在 UNESCO 的巴黎总部通过了《保护和促进文化表现形式多样性公约》，简称《文化多样性公约》，最终以具有法律约束力的国际文件形式确立了文化多样性的原则。从适用范围来看，《文化多样性公约》不以相关的文化贸易措施损害文化多样性为限制，但凡相关的措施损害了文化多样性就可以援引《文化多样性公约》。如第 8 条规定了缔约国的紧急保障权利，即在一国领土内文化表达方式(包括电影、音乐、杂志和其他产业)面临严重威胁、灭绝危险或其他情况下，缔约国可以采取“所有适当的措施”来保护和保留文化表达方式。

可见，《文化多样性公约》为由自由文化贸易给文化多样性带来的负面影响提供了有力的武器。从作用上看，《文化多样性公约》在预防或缓解由于文化贸易自由化所带来的世界文化形式的单一化趋势方面起到了重要作用，主要是通过《多样化公约》的相关规定对 WTO 成员的文化政策的影响来缓解或避免文化单一化趋势的发生。

2. 与文化产品贸易相关的国际协定、公约与 WTO 规则间的关系

依据《争端解决程序谅解》，非 WTO 协定同 WTO 规则中各项协定的程序主要体现在下述两点：第一，法律的适用。《争端解决程序谅解》的第 1 条和第 11 条规定，争端解决机构(包括专家组和上诉机构)必须依据争议所涉及的 WTO“适用协定”来处理贸易争端。非 WTO 协定、一般国际法原则不能独立构成确定争端方权利义务的适用法规，但它们能够为解释 WTO 规则提供指导。第二，法律规则的解释。根据《争端解决程序谅解》第 31 条第 2 款的规定，专家组和上诉机构在适用 WTO 规则时，应按照《维也纳条约公约》所确立的“解释国际条约应当考虑相关国际法规则是否适用于各当事方之间"的习惯规则来阐明协定的内容。

由上述分析我们不难看出，在文化贸易中，由于大多数国际协定、公约属于非 WTO 协定，它们仅具有解释 WTO 规则的作用，特别是在争端解决程序上，它们只是作为对争端案件的解释证据和材料，在处理国际文化贸易争端案件中，非 WTO 的国际协定在处理文化贸易自由化与维护国际文化贸易公平发展、维护文化多样性方面就会受到一定的约束。以《多样性公约》为例，该公约第 20 条就其与其他条约的关系进行了规定，例如，当该公约与 WTO 规则发生冲突时，WTO 规则将在任何情况下给予优先考虑。因此，《多样性公约》可以看作是解释 WTO 规则时可供参考的解释材料，不能取代 WTO 框架下的权利与义务。

11.1.2 "文化例外"与 WTO 规则

1. "文化例外"概念的提出

"文化例外"是指一国为了保护本国文化不受外来文化攻击而对本国文化市场进行保护的一种文化政策。1993 年乌拉圭回合谈判中，美国试图凭借其在文化领域的强大实力，将电影、广播、电视等视听产品和服务纳入一般商业产品框架中并接受 GATT 的管制。法国和加拿大等国家表示，文化产品和服务具有一定的特殊性，GATT 对于商品、服务以及受版权保护的产品所实施的规则，特别是最惠国待遇和国民待遇原则，仅仅侧重于文化产品的商业属性，如果不加区分地与其他商品一起流通的话，会损害这些国家文化的独特性，不利于这些国家文化多样性的生存与发展。各谈判方认为需要建立一种机制来维护本国的文化产业发展，避免将文化产品和服务与普通商品同质化。最终，美国放弃将电影与视听服务纳入 GATT 框架中。"文化例外"的概念在 1993 年乌拉圭回合谈判后逐渐被人熟知。"文化例外"主要针对的是诸如电影，电视以及书刊等媒介产品，因为这些产品可能对人们的思想意识和行为方式影响最大，尤其是影视作品能够通过人物的表演和背景的展现给观众一种直观或身临其境的感觉，往往造成观众有一种潜意识模仿所看到生活方式的欲望。反映在国际文化贸易领域，“文化例外”主张对于文化贸易采取不同于其他商品的无限制的贸易措施以确保本国文化多样性的生存与发展。目前，国内外学者对“文化例外”在国际文化贸易中的作用整体上持肯定态度。Chartrand(1992)认为文化商品和服务本质是价值观的载体，而非像咖啡壶、汽车或银行卡那样仅具有某种实用功能。Tania Voon(2007)认为保护广泛定义的文化，原本就会动摇贸易自由化的理念。马冉(2006)指出到目前为止，市场自身似乎不能实现确保公平贸易应遵循的选择多样性、对任何人的准入及公平竞争。要实现文化商品与服务的自由流通，不应仅遵照国际市场规则。吴承忠、牟阳(2013)指出“文化例外”反映在贸易领域，就是要重视文化产品的双重属性，不能和其他产品一样使用完全无限制的贸易政策。

2. 文化政策与WTO规则

根据联合国教科文组织对文化产业的定义，我们一般把“建筑、视觉和表演艺术、体育、乐器制作、广告和文化旅游”纳入文化产业范围之内。根据“文化例外”相关规则，WTO成员为保护本国文化产业免受国外相关产业的冲击，纷纷制定国内文化政策措施来扶持本国文化产业发展，推动本国文化贸易发展。文化与贸易的冲突由此产生，即WTO成员总是试图在自由贸易框架下，以“文化例外”规则为借口采取相应的文化政策措施，逃避其本应承担的相关责任。目前，与文化政策相关的文化产品主要集中在电影、录像、广播、电视、录音，图书、期刊以及有关服务。其中，作为文化产业中最为敏感的行业之一，WTO成员的影视服务行业的相关文化政策措施很可能与WTO规则产生冲突，主要表现如下：①WTO成员经常对本国电影、电视和广播行业规定最低的本国内容配额。例如，根据2000年WTO贸易政策审查机构对加拿大贸易政策的一项审查报告，加拿大广播—电视和远程通信委员会(CRTC)要求加拿大的普通无线广播公司其本国电视广播节目应占总体节目时间的60%，电台播放的通俗音乐曲目应有35%是加拿大本土的通俗音乐。②WTO成员对本国音像行业提供各种形式的财政支持，如补贴、贴息贷款、减免税收等。例如，2001年欧共体对音像行业的资助约达11.2亿欧元，其中法国对本国音像行业资助占整体的40%。③对进口电影和电视台征收票房税和收视率税，以此来资助本国电影和电视节目制作者。

3.“文化例外”在WTO规则中的体现

在贸易与文化的矛盾问题方面，一些国际组织已经制定了相关文件来协调两者之间的问题。例如，在文化产品与服务的争议性问题上，经济合作与发展组织(OECD)出台了《无形物条例》，其中规定“在不严重扭曲出口国市场竞争力的条件下，认可音像产品的文化独特性，同意成员使用放映配额并对该行业进行相关补贴”。然而，WTO规则并未对“文化例外”进行实质性规定。换句话说，“文化例外”规则在WTO框架下不具备任何法律意义，仅仅是作为一种“潜规则”被WTO相关成员互相援引，间接地反映在WTO规则之中，主要体现为以下几项。

(1)放映配额

GATT1994第4条反映了与电影有关的特别条款，是WTO货物规则体系中仅有的直接针对文化产品的电影产品待遇的条款，其中允许成员对本国电影制定最低的放映配额，要求本国创作的电影放映时长不低于一年内所有放映电影时长的最低比例。该项条款从一定意义上有利于成员保护本国电影产业。但是，根据GATS第17条中第一段规定“……每个成员在所有影响到服务提供的措施方面，对任何其他供给者给予的待遇，不得低于其给予本国同类服务和服务提供者的待遇”。从一定程度上说，当成员在GATT第4条下获得了相关配额，这就有可能违反了GATS中的国民待遇规定。此外，该条款的

(d)项明确提出了“放映配额可以通过谈判决定其限度，放宽或取消”，从另一方面也相对削弱了该条款对本国电影行业的保护作用。

此外，在该条款的适用范围上看，随着现代科技的发展，卫星信号的新技术的广泛应用，电视节目的传送方式也发生了变化，从原先的录像带等实物的传送到当今通过卫星以信号信息传送。电影也是如此。这就产生了电影贸易到底应归入货物贸易还是服务贸易的争议。基于上述原因，GATT 第 4 条在维护 WTO 成员文化方面的作用日渐削弱，也有学者将电影配额比喻成“睡美人”。

(2)政府提供服务

根据 GATS 第 1 条对服务的定义，该条款将政府行使职权时所提供的服务排除在服务范围内，从一定意义上来看，这项条款为成员针对某一特定文化行业制定歧视性文化政策措施提供了一定的依据。例如，政府可以凭借其公共服务提供者的身份在某些领域进行文化歧视，包括在自己创办的影院中可以仅播放本国创作的电影等。

(3)一般性例外

GATT 第 20 条(f)项表明为保护具有考古、历史或艺术价值的国家珍宝，所采用的措施可以不受 GATT 和 GATS 中相关规则的约束。同时，GATT 第 20 条(a)项和 GATS 第 14 条(a)项都明确规定，“为维护公共道德”，也可以偏离 GATT 和 GATS 规定的义务。当然以上两条款的实行必须建立在该措施不得构成限制国际贸易公平发展或形成在情况相同国家之间的无理歧视的前提下。特别是从“维护公共道德”这一点看，它是 WTO 成员违反多边文化贸易纪律时可援引的 WTO 规范，体现了在追求贸易自由化的同时，WTO 对成员国内社会文化、制度与理念等核心价值的维护。一项文化政策的动机可能出于文化层面也可能出于公共道德层面，因此，很难去界定一项文化政策的真正动机到底是什么，这就为文化政策的实施提供了一个例外。但由于“维护公共道德”的概念与范围，以及援引“维护公共道德”的主体概念均存在着一定程度的模糊，加之该条款的实行条件较为严苛，这在一定程度上也加大了成功援引该条款的难度。因此，如何理解并有效地援引“维护公共道德”对于文化贸易进口大国的中国具有非常重要的实践意义。

(4)GATS承诺表

根据GATS第2条(最惠国待遇)和第16条(市场准入)的规定，在服务贸易中，成员可以根据其在“具体承诺表同意和列明的条款、限制和条件”和最惠国原则的例外来减缓本国服务贸易自由化的过程。其中，GATS第16条下的市场准入义务包括了承诺不保留或制定某种政策，这种政策包括了对服务提供者的数量、服务交易的数量、外资参与程度以及某服务部门雇佣的自然数量的限制。根据上述条例，虽然市场准入相对具有一定的灵活性，市场准入的相关承诺仅适用于写入承诺表中的相关部门，成员可以根据其承诺表中所同意和列出的相关条款来逐步地推进本国服务贸易自由化过程，但根据GATS第21条(承诺表修改)第2款a项“有关成员应努力维持互利承诺的总体水平，使其不低于在谈判之前承诺表中规定的对贸易的整体水平”的规定，我们不难发现，该承诺表是义务性的，不可修改的，WTO成员对承诺表中所承担的义务是具有不可逆性的。这也就意味着在文化贸易争端案件中，GATS承诺表在保护WTO成员文化贸易上的作用在逐渐削弱。正是由于承诺表中规定的义务是不可逆性的，使得承诺表只能作为一国防守之盾，即当其他成员违反了承诺表中本应履行的义务时可以对其进行制裁，但对因其自身违反WTO协定下的国内文化政策而遭到其他成员方的上诉就显得束手无策了。

11.2 WTO规则与中国文化产品贸易摩擦

11.2.1 案件背景

2007年4月，美国向WTO争端解决机构提出申诉，认为中国有关音像出版物、录音产品分销以及贸易权的贸易措施违反了中国的入世承诺协定以及WTO的相关规定。美国就“中美服务贸易视听案”请求与中国进行磋商。磋商内容主要包括以下两个部分：第一，中国对进口供电影院放映的电影、家庭娱乐音像制品(如录音带和光盘等)、录音制品及出版物(书籍、杂志、报纸和电子出版物)所实施的贸易权措施。第二，针对出版物的分销服务与家庭娱乐音像制品的供应商的市场准入的措施。具体细节如下。

1. 贸易权问题

美国要求进行磋商的限制贸易权的措施主要涉及以下几类产品：影院播放的电影、录音制品、出版物以及家庭娱乐音像制品。美国认为，中国除了政府指定的相关企业外，其他中国企业、所有国外企业以及个人没有进口上述几类产品的贸易权。国外企业和个人，其中包括了没有在中国投资和注册的外国企业和个人，在上述产品的贸易权方面没有享受同中国企业同等的待遇。美国认为，中国的上述争议措施违反了中国加入WTO时的《入世协定书》中关于贸易开放权的第5.1段和第5.2段，也同时违反了《加入工作组报告书》第83、84段项下有关逐步开放贸易权的范围和可获性的相关规定。该项措施对进口到中国的产品禁止进口或附加非关税限制与GATT第6.1义务不相符。涉及的法律规定包括《电影管理条例》《出版管理条例》和《音像制品管理条例》等共十部。另外，该项措施还违反了中国在GATT第11条第1款中有关“普遍取消数量限制”方面的义务。

2. 分销服务问题

(1)出版物、家庭娱乐视听产品和录音产品的分销服务

在分销服务方面，美国认为，中国对出版物与家庭娱乐音像制品等的外国供应商在市场准入方面实行了限制，上述措施违反了中国在服务贸易具体承诺中有关视听服务业的市场准入和国民待遇中所做出的承诺。具体如下：在出版物分销方面，《中国服务贸易具体承诺表》中第4A～4E段，中国承诺以商业存在的形式允许外国供应商提供报纸、杂志和图书类的分销活动。但是，根据中国现有法律，在中国境内禁止一切外国供应商从事上述产品的总发行业务，特别是在电子类出版物的发行方面对外商进行了全面禁止。另外，进口图书、杂志和报纸的发行机会受到限制，也同样违反了GATT第3条第4款和《入世协定书》第一部分5.1段和第1.2段的义务。在家庭娱乐视听产品的分销方面，在承诺表的第2D段中，中国承诺允许外国供应商以商业存在的形式提供家庭娱乐视听产品的分销服务。然而，在中国境内禁止了外商从事有关家庭娱乐视听产品的总发行业务，违反了GATS第16、17条的相关规定。在录音产品的分销服务方面，在承诺表的第2D段，中国允许外商以商业存在和跨境支付的形式从事录音产品的分销服务。但是，根据中国《互联网文化管理暂行规定》等国内相关法规，在中国境内不允许外商从事录音产品在内的"互联网文化活动"等发行业务，构成了对GATS第7条的违背。

(2)影院放映的电影的分销服务

美国认为，在中国境内，国外电影和国内电影的发行与放映存在歧视性待遇。国外电影的发行与放映必须通过两家中国的全国性影片发行公司来经营，而国内电影的发行与放映除了上述两家发行公司外，还可以通过包括地方性发行公司在内的其他从事相关事业的经营单位进行。上述歧视性措施违反了GATT第3条第4款和《入世协定书》第一部分5.1段和1.2段所规定的义务。

(3)录音产品的分销服务

美国认为，中国对以物理介质形式进口的音像制品发行前进行内容的审查措施同中国国产音像制品相比构成了歧视性措施，违反了GATT中第3条第4款和《入世协定书》第一部分第5.1段和第1.2段所规定的义务。该项措施所涉及的相关国内法律包括《互联网文化管理暂行规定》《文化部关于网络音乐发展和管理的若干意见》等五部文化法规。

11.2.2 中国上诉理由

对于该案，中国认为，虽然该案表面上看是违反了WTO的相关规定，中国在专家组审理阶段的第二次书面报告中提出《加入协定书》第5.1段的“无歧视”应当在承担所承诺的义务与相关措施不违反WTO相关的特定贸易管理条例的情况下，在平衡争端双方权利平衡的情况下进行分析。中方引用GATT第20条(a)项进行辩护，强调对某些出版物进行审查是符合“维护公共道德”例外的要求的。因此，中国有权利实施相关的贸易措施来维护本国的公共道德。换言之，《加入协定书》第5.1段并不能阻止中国以符合GATT第20条规定而实施的贸易措施。

在贸易权方面，中国认为《入世协定书》中所规定的贸易权都属于“货物”贸易范畴，而相关条例和规定中所涉及的争端商品为电影等视听类产品以及相关的进口服务内容，故《入世协定书》对其不具有约束力。因此，中国认为其对进口供电影院放映的电影、家庭娱乐音像制品(如录音带和光盘等)、录音制品及出版物(书籍、杂志、报纸和电子出版物)所实施的贸易权措施并不违反WTO的相关协定。

11.2.3 上诉机构裁决

2009年上诉机构做出了裁决。上诉机构肯定了中国审查文化贸易产品的权利，但是，在贸易权问题上，上述机构并未完全支持美国的观点，认为在书籍、报纸、杂志方面只有中国企业才享有贸易权而禁止所有外国企业和个人享有相关产品的发行业务权利的措施违反了中国在《入世协定书》和《中国加入工作组报告书》中所做出的贸易权承诺，而在音乐唱片、录像品等视听类产品方面的措施却不违反上述贸易权的承诺。在分销服务方面，只有中国掌控的中外合作经营的企业才能从事家庭娱乐产品的分销服务规定同样违反了《服务贸易总协定》中的市场准入原则。值得注意的是，在案件过程中，中国提出对物理介质的音像出版物在发行前的内容审查是符合“维护公共道德”例外的，不违反 WTO 规定的抗辩，而专家组认为中国并无足够的证据来证明该项贸易措施的必要性，不能满足“维护公共道德”的两个先决条件，而且也无法举证美国针对“维护公共道德”的目的所提出的替代方法的缺点和不合理之处。因此，认为中国违反了《入世协定书》和《中国加入工作组报告书》中所做出的相关承诺。

11.2.4 “中美服务贸易视听案”分析

“中美服务贸易视听案”是中国加入 WTO 以来在服务贸易领域中唯一针对中国文化产品的贸易争端案件。一方面，它反映了在文化产品与服务日益自由化、全球化的今天，有关文化贸易的国际规则与秩序需要进一步突破已有的货物贸易框架的要求，以实现全球文化产品和服务真正的自由流通与公平交易，适应现实各国经济利益内容和关系的变化，来更好地协调国家之间文化经济的利益关系；另一方面，它反映了发达国家和发展中国家在全球文化市场中文化与经济的双重竞争。随着全球经济的快速发展，文化利益已成为双方进行国际分工与合作的重要动机。

随着全球文化贸易的快速发展，如今的贸易争端问题已经远远超越了传统货物贸易争端的范畴，开始转向文化产品与服务贸易，其覆盖面也从以往的出版物、视听类产品扩展到新媒体、文化创意性产品的范畴。同时，如何保护文化多样性、维护一个国家的文化安全或文化主权等关系到一国文化软实力与核心价值观的问题，也成为当今国际贸易发展中必须重视的问题。在传统货物贸易领域，中美贸易争端一直未曾间断，究其原因，有着人民币汇率、贸易结构失衡等因素。与传统货物贸易相同，中美文化贸易摩擦的产生也是由众多因素作用而产生的。作为全球第一大经济体，美国凭借其政治经济的优势成为世界文化市场中头号文化经济大国。特别是在与中国的文化贸易往来中，美国一直在文化贸易中占据巨大的顺差，大量美国本土的文化产品与服务输入中国，严重制约了中国文化产业的发展，阻碍着中国文化"走出去"的步伐。即便如此，美国仍然以各种理由对中国文化贸易展开攻击，不给中国任何空间予以抗辩。美国作为文化经济大国，代表着大多数发达国家文化与经济的利益。因此，深入挖掘"中美服务贸易视听案"产生的原因对于未来中国应对文化贸易摩擦、提升中国文化贸易的竞争实力具有重要的意义。以下将就中美文化贸易摩擦不断加剧的原因进行深入分析。

1. 市场准入与知识产权保护的冲突

在"中美服务贸易视听案"中，美国认为中国在出版物、家庭娱乐和音像产品方面实施的文化政策措施构成了市场准入限制和歧视性待遇，违反了《中国服务贸易具体承诺表》第Ⅳ(a)和(d)条规定，与GATT和GATS规则不符合。以家庭娱乐产品分销服务为例，根据中国在文化领域下GATS的具体承诺，中国承诺在不损害本国审查音像品内容的权利情况下，允许外国投资者采用合资的形式设立合作企业，从事从电影以外的分销服务。而中国的相关法律明确禁止了外国发行商从事发行业务。事实上，对出版物、家庭娱乐与音像产品的市场准入限制保护了本国版权行业与视听服务行业免受外部文化产业的冲击，对保护中国文化产业具有积极的作用。值得注意的是，从文化需求角度而言，限制国外文化服务提供者进入本国文化市场会造成本国日益增长的精神文化需求同本国有限的文化生产力之间的矛盾。这种文化市场的供给与需求失衡最直接的影响就是关于文化产品与服务的知识产权保护。一般而言，文化产品的创作过程分为两个阶段：第一阶段是文化产品的创意阶段，该阶段生产成本较高且风险较大；第二阶段是文化产品的复制阶段，该阶段产品生产成本较低。在文化产品流通领域，如果购买者掌握了产品的复制技术，便可以在未经生产者许可的条件下以较低的成本对产品进行复制并在文化市场流通，盗版问题随之产生。

盗版问题一直都是知识产权保护中最棘手的问题，同时也是中国与美国文化贸易争端之一。盗版一方面可以为本国居民提供廉价的文化产品，满足他们的文化需求；另一方面可以对一国文化产业产生巨大的负面影响。根据美国电影协会公布的报告，2005年中国的电影盗版造成影片原产国与国际制片商损失近27亿美元，网上下载为授权影片所造成的损失达10亿4 000万美元。此外，中国已经被美国电影协会列入全球发行盗版电影和电视节目市场名单行列五次，其中“Kuaibo. com”已经被其列入影响全球数字分销服务公平与稳定的主要威胁。虽然2012年中国与美国就电影工业交流和发展问题达成协议，中国将在原有的每年引进20部美国电影基础上增加14部IMAX或3D电影，但是，中国文化市场准入限制的进一步放松仍然难以掩盖中国文化市场旺盛的需求与国内有限的文化生产力之间冲突的事实。

2. 中国文化体制改革与政策修订的滞后性

为提升中国文化软实力，推进中国文化“走出去”，近些年中国政府不断深化文化体制改革，制定并推出一系列相关文化政策。然而，随着文化体制改革的逐渐深化，一些难以根除的问题不断出现。问题一是中国文化体制改革的步伐整体落后于全球文化经济的发展形势，无法适应世界文化市场的发展需求。具体而言，中国实行的是渐进式文化体制改革，与激进式改革相比，渐进式改革以一种较为稳妥的方式推动中国文化体制改革，降低了文化体制改革的风险，积累了改革经验，巩固了改革成果。特别是在文化这一特殊领域，渐进式改革的步伐往往落后于全球文化市场需求的更新速度，造成中国文化生产力难以满足本国文化市场日益增长的文化需求。问题二是中国文化政策修订滞后，现行的文化政策与 WTO 规则存在冲突。尽管中国已经制定了与文化产业发展有关的法律规定，但是，大部分与文化有关的法律条文不仅针对性不强，涵盖面过窄，而且与 WTO 规则相悖。以中国进口电影的审查政策来说，主要是国家通过行政手段直接控制了进口电影的引进和发行时间，来对国内电影市场进行的保护性政策。该政策严格限制了国外电影进入国内市场，不利于市场的公平竞争，明显地构成了无理由歧视，严重地违反了 WTO 相关规定。此外，从“中美服务贸易视听案”中我们也不难看出，美国恰是在对中国视听服务政策中的歧视性规定展开一系列的攻击。

3. 中美之间在文化贸易领域将成为主要对手

近些年，在政府的大力支持下，中国文化贸易的发展保持良好势头，文化贸易总额持续上升，文化贸易的整体竞争实力逐步提高。中国文化贸易竞争力的提高无疑给实行文化帝国主义战略的美国造成了巨大的压力。所谓文化帝国战略，主要有两个目标：一个是经济的，一个是政治的。在经济上，通过文化产品与服务的输出占据全球文化市场，挖掘巨大的文化利润。在政治上，文化产品与服务的输出与消费有利于将文化贸易出口国的文化价值观转移至进口国，产生意识形态的说服功能，在全球文化市场上建立起除经济、军事、政治之外的文化霸权。可见，在美国提升文化软实力、建立全球文化霸权的今天，中国文化贸易的崛起无疑对美国的文化入侵策略造成负面影响，威胁了美国在世界文化市场的地位，毫不利于美国作为文化巨头制定并维护国际文化贸易规则与秩序。所以，无论是在传统货物贸易领域，还是在近些年“文化热战”之中，中国的崛起都被美国视为最主要威胁，一直以来都是美国贸易保护战中主要的攻击对象。在这种情况下，美国通过各种方式，以各种理由制造贸易摩擦与争端，逼迫中国开放本国文化市场，力图将其文化产品和服务输入中国文化市场。通过上述分析，我们可以断定，随着中国文化软实力的提升，文化“走出去”步伐的加快，未来美国仍会不断地发起针对中国文化贸易的摩擦与争端。

4. 文化贸易数据的缺失为美向中施压提供口实

除了文化帝国战略与贸易保护战略外，文化贸易统计数据的缺失也成为美国在文化贸易领域向中国施压的途径之一。由于文化贸易统计数据的缺失，导致中美之间的文化贸易数据不能真实地反映两国文化贸易的情况。在中美文化贸易过程中，大部分数据都显示，中国的文化出口要远远大于文化进口。根据联合国教科文组织的有关统计，2003年，在美国核心文化产品出口对象中，中国(包括中国香港地区)占美国文化出口总量的3.3%，然而，当年在美国的核心文化产品进口中，中国对美国出口的总量占美国核心文化产品总进口量的30.8%。再如，美国劳工协会2005年的报告，指责中国东莞地区生产相关迪士尼授权商品的工厂是“血汗工厂”。然而，我们必须看到的是，产品销售过程中绝大部分利润都被美国厂商拿走了，但其产品的出口总量又被计入中国的出口顺差之中，成为美国指责中国贸易的口实。就目前情况而言，在文化贸易统计中，还未有一个国家或国际组织，如WTO、联合国教科文组织，制定出一套可以真实反映文化贸易的统计框架。主要原因在于文化产品与服务属性本身。根据联合国教科文组织2005年颁布的《1994—2003年文化产品与文化服务的国际流动》，统计数据包括了“核心文化产品”“核心文化服务”“相关文化产品”与“相关文化服务”四个部分，上述四个部分均属于可见的“文化硬件”范畴。同“无形的文化软件”相比，上述产品在文化产业链中所占附加值相对较低，对于文化价值观传播、意识形态的影响相对较弱。然而，真正对文化产业具有带动作用的相关“无形的文化软件”却暂时无法包括在统计框架中。因此，正是由于上述原因，现有的文化贸易数据不能真实地反映中美两国之间文化往来的真实情况，成为美国针对中国采取种种贸易制裁的借口。

11.2.5 “中美服务贸易视听案”的启示

在“中美服务贸易视听案”里，中国的败诉使得中国不得不对国内相应的文化政策进行修改并进一步开放本国文化市场。中国文化市场的开放不仅使美国受益，同样也使得在该案中作为第三方的澳大利亚、欧盟在内的 WTO 成员借此机会扩大了对中国文化产品与服务的输出。这样一来，使得中国处于发展初期的文化产业面临着严重的外部冲击。同样，中国传统的文化价值观、道德观念、风俗习惯等也会因外国文化的入侵而受到不同程度的破坏。

通过上文的深入分析，要避免类似文化贸易摩擦再一次发生，防止因外国文化产品与服务的输入对中国本土文化造成破坏，一方面，提高文化贸易的竞争实力是解决上述问题的根本途径。从政府层面而言，中国应加快转变经济发展方式，深化文化体制改革，加大对文化产业的支持力度，特别是要加强对中小文化企业的扶持力度，努力培育出一批又一批优秀的本土文化企业，打造具有中国特色的文化品牌。从法律层面而言，中国应尽快修订相关的文化贸易政策，建立起与 WTO 精神相符的法律、法规。此外，针对上文所提及的文化贸易数据缺失问题，中国也应该组建相关的专家团队，认真研究并制定能够客观反映文化贸易真实情况的有关统计指标，按照文化贸易的三重功能，将实体文化产品贸易数据、后续产品带动情况以及思想观念影响情况都列入统计框架中去，以准确地反映中国文化贸易的真实情况。值得注意的是，文化贸易竞争力的提升并不是一蹴而就的，需要经历很长的一段时间才能形成。另一方面，如何有效地援引“文化例外”原则是当前降低或避免文化贸易摩擦的最直接有效的途径。虽然“文化例外”规则为许多国家所诟病，但纵观整个文化贸易摩擦的历史，“文化例外”规则依然是被诉方进行抗辩的有力武器。因此，对于中国而言，有效地援引“文化例外”原则可以增加中国未来在文化贸易争端中胜诉的概率，对于保护中国文化贸易、加快中国文化“走出去”具有重大意义。

11.2.6 “文化例外”与中国文化产品贸易摩擦

自2001年中国加入WTO以来，为履行入世承诺，中国市场逐渐地向世界开放。中国文化市场的开放，无论从开放幅度还是范围方面，都采取了谨慎的态度。但根据入世承诺，中国文化产业已经度过了保护期，真正的WTO时代已经到来(马冉，2009)。近些年，中国经济快速发展改变了中国居民的消费结构，特别是对精神文化层面的消费起到了重要的推动作用。面对国内居民日益增长的文化需求，仅靠本国国内文化市场已经远远不够了。国内文化市场的对外开放，从一定意义上满足了本国居民的文化需求，但从维护文化安全的角度而言，对于文化竞争力较弱的中国来说，无疑是雪上加霜。作为WTO框架下的非正式的法律条文，“文化例外”原则犹如一把“双刃剑”。一方面，它成为WTO成员保护本国文化多样性、维护本国文化贸易可持续性发展的重要手段。特别是在贸易争端处理中，有效地援引“文化例外”将增大中国在争端案件中胜诉的可能性，起到对中国文化贸易的保护作用。另一方面，如上文所述，由于WTO规则中文化产品属性界定的空白与“公共道德例外”严苛的标准，它也大大增加了未来WTO成员之间的文化贸易摩擦发生的风险。因此，如何妥善地处理好“文化例外”与中国文化贸易之间的关系，对于未来有效地援引“文化例外”规则化解文化贸易摩擦具有重要的意义。

目前，除了2007年美国对中国的出版物和视听娱乐产品的贸易权以及分销服务措施的贸易争端案件外，针对中国文化贸易的争端案件相对较少。“中美服务贸易视听案”虽小，却反映了复杂国际经济社会的贸易利益走向(王海文，2011)。以下基于“文化例外”在WTO框架下的具体体现，以“中美服务贸易视听案”为例，对由“文化例外”引起的文化贸易摩擦的争议问题进行具体分析。

1. 文化产品的货物属性与服务属性的争议

在“中美服务贸易视听案”中，美国指控中国在争端产品的贸易权方面仅保留给本国指定企业、国有独资企业等，并没有对外国企业或个人进行开放。以电影进口为例，根据《电影管理条例》的规定，中影集团和华夏集团享有对进口电影的进口权和发行权。中影集团对电影的进口以及发行条件进行统一的规定。同时，美国指控中国对影视产品与电子书籍等文化产品进口主体进行了限制，违反了中国《入世协定书》第5.1段和第5.2段中的贸易权承诺，在国产电影和进口电影的发行权上实行了差别化待遇，违反了GATT第3条的国民待遇原则。针对贸易权问题，中国认为《入世协定书》中所阐述的贸易权只适用于货物的贸易，而电影作为一种传播介质，它所传达的核心在于有声画面中的“内容”，属于服务的附属品。因此，影响进口电影的措施应该排除在GATT范围外。

“文化例外”在GATT规则中体现在第20条(f)项规定，即“为保护本国具有艺术、历史或考古价值的国宝而采取的措施”可以排除在自由贸易以外，脱离国民待遇原则。在上述GATT规则中并未对文化产品进行具体说明，但其他与文化有关法律给出了文化产品的相关界定，这从一定意义上为援引“文化例外”提供了有力的依据。例如，美国著作权法规定以下七类文化产品享有文化权的保护：文学作品，音乐作品、戏剧作品、哑剧和舞蹈作品，图片，绘画，雕刻作品，影视作品以及录音作品。在上述案件中，中方试图将视听类影视类产品排除在GATT管辖范围内，采用“文化例外”为其辩护。值得注意的是，目前，关于文化产品到底属于服务还是货物在WTO框架下仍然是个悬而未决的问题。虽然一些与文化有关的法律如《尼泊尔保护文学艺术作品公约》以及上文提到的美国著作权法对文化产品进行了相应界定，但它们仅仅是解释WTO规则时的可供参考的文本资料，而不能作为例外条约来取代WTO权利与义务。因此，有关文化产品属性的界定成为“中美服务贸易视听案”的主要争议之一。

不仅如此，有关文化产品属性的界定一直以来都是文化贸易摩擦频发的焦点。例如，在加拿大期刊案件中，诤诉双方就期刊征税是以货物税形式还是服务税形式产生分歧。文化产品属性的界定之所以成为文化贸易摩擦争论的焦点主要在于GATT规则与GATS规则的适用性问题，即选用哪种规则来对限制性贸易措施进行约束。在WTO规则中，“以最惠国待遇原则和国民待遇原则为表现形式的不歧视原则在GATT中是一种‘平行式’的法律体制，也就是说作为普遍原则的两类原则它们的地位是对等的；而在GATS中，不歧视原则是一种‘立体式’法律体制，即最惠国待遇为普遍原则，而国民待遇原则将视为具体承诺”(张桂红、郑寰宇，2013)。此外，GATT义务与GATS义务通常是可以重叠使用的而非互相排斥的(黄安平，2009)。因此，如果将上述“数字化”产品界定为货物属性的话，这就意味着对于电影、电子类书刊必须遵守国民待遇和最惠国待遇原则，不得采用任何歧视性贸易措施。此外，根据GATS第1条第1款规定，GATS适用于“成员采取的影响服务贸易的措施”，它对成员直接管制或规制服务贸易行为产生约束。同时，只要任何执行措施对服务贸易产生影响都要受到GATS的约束。那么根据GATT和GATS规则重叠性适用原则，如果考虑到电影院放映电影的这一服务行为，中国就要承担GATT和GATS规则下的双重义务，毫不利于本国相关文化产业的持续性发展。

通过上述分析，我们不难发现：有效地援引“文化例外”原则维护一国文化安全取决于对文化产品属性的合理界定。WTO框架下文化产品属性界定的空缺一方面为中国有效地援引“文化例外”推动中国文化贸易发展、维护本国文化安全提供了机会。另一方面也成为文化经济强国对中国文化贸易进行贸易制裁的有力武器，大大增加了未来中国文化贸易摩擦的风险。因此，如何合理地界定文化产品属性，有效地援引“文化例外”规则成为未来缓解中国文化贸易摩擦的关键。

2.“公共道德例外”条款的适用性问题

在“中美服务贸易视听案件”中，中国引用了GATT第20条(a)项的“为维护公共道德所必需的”进行辩护，认为“对于贸易权限制”与GATT1994条款的义务具有客观联系。同时，中方提出对出版物实行贸易限制措施(例如，对国外进口电影内容由制定的国有企业审查)也是符合“为维护公共道德所必需的”这项条款。

当WTO成员的国内管理措施同其贸易权的相关承诺发生冲突时，GATT项下的“公共道德例外”作为WTO规则中体现“文化例外”原则中最为广泛的一个条款，可为国内的管理措施的合理性提供一定的依据，保护本国文化贸易。特别是在致力于保护文化多样性的被诉方的解释中，被诉方应该充分利用(吴承忠、牟阳，2013)。援引“公共道德例外”条款必须满足以下两个条件：一方面，相关措施必须是维护公共道德所必需的；另一方面，相关措施的实施必须符合导言，即不得构成无理的、任意的歧视手段或变相地限制国际贸易。在“中美服务贸易视听案件”中，最终专家组认为由特定的国有企业审核争端产品的内容审核措施并非是“维护公共道德所必需的”。那么，什么是“维护公共道德所必需的”？“所必需的”要考虑以下几个条件：第一，该措施对贸易的影响；第二，该措施对追求目标的作用；第三，该措施对于保护利益的重要程度。假若中国的政策符合“为维护公共道德所必需”的条件，也可能违背GATT第20条导言的规定。根据导言的内容，该措施可以分解为以下三部分：首先，该措施要构成歧视；其次，该歧视必须是无理的、任意的；最后，该歧视必须发生在情况相同的国家之间。第20条导言包括出口成员中实行的歧视，也包括在出口成员和制定歧视性措施的进口成员之间实行的歧视。那么，实施该措施就符合导言所述的任意和无理的歧视。此外，“对国际贸易的变相扭曲”也会与“无理的、任意的歧视”发生重叠，这是因为“无理的、任意的歧视”也同样会对国际贸易产生扭曲效应。因此，GATT第××条的导言部分对被诉方提出了更加严苛的标准。在上述案件中，中国对于影视类出版物的国内外差异化审查制度极有可能在情况相同的国家之间构成任意或不合理的歧视，难以符合“非歧视原则”，同时也难以援引“公共道德例外”条款来保护中国文化贸易，维护中国文化安全。

目前，还未有任何一个国际文化贸易争端案件符合GATT第20条的导言要求，如何在满足“维护公共道德”条件下满足导言的要求成为未来文化贸易摩擦案件胜诉的核心，这也为中国关于国际文化贸易的WTO规则研究提出了重大的挑战。

11.2.7 国际文化产品贸易经典争端案例

1. 安提瓜诉美国关于影响赌博和博彩服务跨境提供案

(1)案件背景

2003年3月21日，安提瓜和巴不达根据《关于贸易争端解决规则和程序的谅解》第4条和《服务贸易总协定》第23条要求与美国就其中央、地区以及地方当局所适用的影响赌博和博彩跨境服务的相关措施进行磋商。2003年6月12日，在与美国磋商未果情况下，安提瓜要求WTO争端解决机构成立专家小组并于2004年4月30日向争端方和各WTO成员分发专家组报告。美国和安提瓜均向专家组提起了诉讼。2005年4月20日，争端解决机构通过了上诉机构的报告和经过专家组修改过的报告。

(2)争端案件的焦点

第一，是否违反了美国服务贸易减让表中的具体规定。美国有关服务贸易减让部门的10.D项中，服务类主要是指“其他娱乐服务(不包括体育运动)”。在“其他娱乐服务”类的“市场准入”规则中，美国提供了四种服务的提供类型，其中在“跨境支付”的服务项下，美国做出了“没有限制”的承诺。安提瓜方认为，美国在赌博和博彩服务的“跨境支付”项下做出了完全的市场准入承诺。但美国认为，由于在“其他娱乐服务”部门中已经排除了“体育运动”，说明赌博和博彩服务已经被排除在上述部门类别之中，不受到减让表的约束。此外，美国还主张，赌博与博彩属于一种特殊的服务活动，如果要硬让其归入“其他娱乐服务”部门中，也应该将其归入10.E部门分类之中，因此，美国认为它们并未违反“跨境支付”项下的自由准入的原则。

第二，是否违反了GATS第16条的市场准入原则。安提瓜认为，美国在赌博和博彩服务的“跨境支付”的限制违反了GATS第16条第1款和第2款。此外，在“跨境支付”采取“完全禁止”措施属于“零配额”，违反了GATS第16条第2款项下的(a)、(c)的义务。

第三，美国是否可以援引GATS第14条项下的一般例外条款。根据GATS第14条的规定，对符合GATS项义务的例外条款情况下，WTO成员可以豁免于其市场准入承诺。根据GATS第14条的规定，该协定的任何规定不得解释阻止任何成员采取或实施为保护本国公共道德或维持本国公共秩序所必需的措施。因此，美国认为，即使美国在赌博和博彩服务上的措施违反了“跨境支付”的承诺，但其相关的立法《有线通讯法》《禁止非法赌博网络交易法》等仍然符合GATS项下义务的例外条款，可以根据GATS第14条(a)项和第14条(c)项豁免其市场准入义务。具体来看，美国认为互联网赌博容易招致未成年人参与赌博或被用于非法洗钱等犯罪行为。因此，该项措施是为了“维护本国公共道德或维持本国公共秩序所必需的措施”，是为保证与GATS相一致的法律措施，因而可以获得豁免。

(3)争端案件的最终裁决

在美国服务贸易减让表中对赌博和博彩服务的承诺方面，上诉机构维持了专家组的认定，认为美国服务贸易减让表的第10.D部门含有对赌博和博彩服务的承诺。在美国是否违反GATS第16条中市场准入原则方面，上诉机构认定，“零配额”限制属于一种数量限制，美国完全禁止了赌博和博彩的跨境服务，属于GATS第16条第2款(a)项下关于“数量配额的方式对服务提供者数量进行限制”。同时，上诉机构还支持了专家组关于美国的相关措施构成了第16条第2款(c)项关于“以配额限制服务就业总数或服务业总产出数量”。所以，上诉机构认定美国的《有线通讯法》等法规违反了GATS第16条的相关规定。最后，在美国是否可以援引一般例外条款来取得市场准入承诺的豁免权方面，上诉机构分为两方面进行裁决。从美国可否缓引GATS第14条的一般例外条款来看，就GATS第14条(a)项而言，上诉机构认为美国已经拿出了相关证据来证明争议措施涉及“相当重大的社会利益”，是为了维护公共道德或社会秩序所必需的。然而，安提瓜也并未提出“合理并可利用的”相关替代措施，上诉机构推翻了专家组关于美国相关措施不是就GATS第14条(a)项中“为维护公共道德或社会秩序”所必需的措施认定。从GAT第14条序言来看，根据序言“不得在情形类似国家之间构成任意和不合理的歧视手段或构成对服务贸易的变相限制”，上诉机构认为美国没有能在《有线通讯法》等相关法规完全禁止赌博和博彩服务的跨境支付措施不符合GATS第14条序言规定，认为美国的相关立法违反了其市场准入承诺，无法根据GATS第14条中的一般例外取得豁免权。

2. 美国诉加拿大期刊进口措施案

(1)案件背景

1996年3月11日，美国就加拿大禁止或限制期刊进口的措施进行磋商，并认为加拿大在期刊进口方面的措施违反了GATT第11条相关规定。本案中加拿大所实施的进口限制措施主要是下述三种：①只要进口到加拿大的不同版本的期刊中有5%以上的广告是针对加拿大市场的，就禁止其进口。②1995年12月15日所实施的货物税法对不同版本期刊征收货物税，不同版本期刊要根据其所等在广告的总价的80%征收货物税。③1996年3月4日，加拿大邮政公司对其邮寄费做出了新规定，将期刊分为了受加拿大政府资助、加拿大商业期刊和国际商业期刊，并采取了不同的邮寄费标准。美国主张，国外版期刊的税收待遇和邮费标准适用于加拿大期刊，违反了GATT第3条。同年4月由于双方磋商未果，5月24日美国要求成立专家组，对加拿大期刊进口措施案件进行调查。

(2)争端案件的焦点

第一，货物税法是否符合GATT的相关规定。加拿大主张其在期刊进口的禁止或限制措施主要是针对广告服务，应该纳入GATS框架进行考虑，认为GATT不应适用于货物税法。此外，由于加拿大并未在GATS项下的广告服务方面做出过任何承诺，所以其进口限制措施应该得到WTO义务的豁免权。专家组认为，该项措施只是针对广告服务是不可信的，即便是针对广告服务，GATT仍然适用。同时，专家组认为货物税法违反了GATT第3条第2款。具体来看，根据GATT第3条第2款“任何缔约方领土的产品进口到任何其他缔约方的领土时，不得对其直接或间接地征收高于本国同类产品直接或间接地征收的任何种类的国内税或国内费用”。在同类产品方面，专家组援引了日本酒争端案件的相关结论，即可以根据产品的最终用途、消费者的口味与习惯、产品特征与质量等对“同类”产品进行判定。但由于加拿大对不同版本的期刊均试行了禁止进口措施，因此实际上并不存在实际进口的期刊。专家组采用“假设的进口”以美国和加拿大的《乡村生活》期刊为例进行比较，最终认为两类杂志属于同类产品。在对于进口产品是否征收了高于本国同类产品的国内税或国内费用方面，专家组认为，由于期刊征税措施只是针对加拿大以外的不同期刊，因此，认定存在国内外的差别待遇，加拿大对进口期刊征收了高于本国同类产品的税收。

第二，加拿大的邮费标准是否符合GATT相关规定。加拿大认为，加拿大邮政公司属于私人机构，具有不同于政府的法律性质，因此其收费标准不应该纳入GATT第3条第4款的相关规定之中。专家组认为，加拿大邮政公司是根据加拿大政府指示而进行运作的，一旦政府认为加拿大邮政公司的邮费定价不合理，将会根据加拿大邮政公司法第22节进行干预对邮费进行相应的调整。因此，专家组认为加拿大邮政公司的邮费收费标准适用于GATT第3条第4款中的政府措施或要求。此外，美国认为加拿大政府的资助并非是对期刊出口商的资助而是对加拿大邮政公司的资助，因此构成了国内补贴，违反了GATT第3条第8款(b)项的规定。而专家组认为加拿大邮政公司并未从资助中获取任何经济收益，补贴并非针对加拿大邮政公司的，而是针对期刊出口商的，因此，符合GATT第3条第8款(b)项的规定。

(3)争端案件的最终裁决

上诉机构认为加拿大货物税法第五部分第一节的制定明显具有保护加拿大本土期刊的倾向，违反了GATT的相关规定。具体来看，上诉机构认为进口不同版本的期刊与国产非不同版本的期刊之间是可以相互竞争并相互替代的，但认为并不是所有期刊之间都是可以相互替代的，例如，以新闻为版本的期刊和以体育、娱乐为版本的期刊之间就是非替代关系。因此，上诉机构认定进口不同版本和国产非不同版本期刊之间是直接竞争和替代关系。同时，在竞争产品之间的税收是否一样的问题上，上诉机构认为，对进口期刊和本国期刊征税存在较大差别，实际上已经达到了禁止外国产品进口的效果，同时也存在诸多证据可以说明该项法律的起草的目的是为了保护加拿大本土期刊。由于加拿大货物税法第五部分第一节的序言起源于加拿大杂志业调查组报告，可以明显看出这一法律的最终目的就是为了保护本土期刊，使之免受进口期刊的冲击，保护本国期刊市场。此外，在加拿大邮费措施是否符合 WTO 相关规定方面，最初专家组否决了美国认为加拿大邮政费率不符合 GATT 第 3 条第 8 款(b)项的相关规定，但在最终裁决中，上诉机构否定了专家组的论断，认为该项资助不是给予本国出口商的，而是从一个政府实体转移到另一个政府实体，该项措施不符合 GATT 第 3 条第 8 款(b)项的规定。

11.3 中国文化产品贸易摩擦的启示

随着中国文化产品贸易总量的逐渐上升，中国文化贸易竞争力的日益增强，中国与贸易伙伴之间的文化贸易摩擦成为未来中国面临的主要问题。那么，中国与贸易伙伴间的文化贸易摩擦对于中国文化贸易会有怎样的影响？文化贸易摩擦的产生在中国文化贸易发展中到底扮演一个怎样的角色？本部分将对中国与贸易伙伴文化贸易摩擦的利弊进行具体分析。

11.3.1 文化产品贸易摩擦对中国的警示

根据上文论述，在文化贸易摩擦中，有效地援引“文化例外”原则可以增大被诉方在争端案件中胜诉的概念，有效地化解贸易摩擦。特别是对于中国而言，在中国还未全面开放文化市场的背景下，如果在文化贸易争端中败诉，中国势必要面临着对与文化争端产品与服务相关的国内文化政策的修改，被迫开放本国相关的文化市场。在“中美服务贸易视听案”结束后，中国承诺进一步开放本国的视听服务市场，允许美国及其他外国企业向中国引进电影、音乐、电子游戏和图书，并将准许中美合资企业在互联网上分销音乐(刘映花、王琳，2010)。因此，出于对本国文化安全等核心问题的考虑，“文化例外”规则就顺理成章地成为中国文化贸易、文化产业发展的重要保护伞。然而，“文化例外”规则对一国文化市场的保护仅仅是暂时的，从长期来看，一国的文化市场开放是一个从无到有的过程，是经济全球化的必然趋势。特别对于拥有巨大文化需求的中国而言，利用“文化例外”规则等措施对中国文化贸易进行保护真的就是长宜之计吗？

中国文化贸易摩擦的发生，一方面反映了西方发达国家对中国文化崛起的恐惧，害怕由于中国文化贸易竞争力的增强使得本国文化产业受到相应的威胁，撼动自身在国际文化贸易领域的地位，削弱自身在制定文化贸易规则与维持国际文化贸易秩序上的话语权。另一方面，中国文化贸易摩擦也反映了当前中国文化政策与WTO规则的冲突，也正是由于两者之间的冲突才为发达国家对中国文化贸易进行攻击提供了一定的空隙。此外，从冲突本身来看，中国对文化产业的保护是文化政策冲突产生的根源。这种对文化产业的保护主要源于一类传统观点，即由于中国文化产业起步较晚，担心文化市场的开放、贸易的开放使得外国文化大量地向本国涌入，造成本土文化的消失。因此，需要对本国文化贸易进行一定扶持与保护，来维护本国文化贸易的正常发展。

事实上，一国文化市场的对外开放、文化贸易的自由化不一定会导致本土文化的消失。这是因为，在贸易开放过程中，必然会发生不同国家、不同社会群体之间经济因素与非经济因素的相互交流与相互改变的过程。伴随着经济要素的流动，与文化相关的非经济要素(如不同的价值观、行为准则等)也会在彼此之间传递和分享，一国的文化在施加影响于他国的同时也必然受到反方向的作用。目前，国外不少学者也通过实证分析验证了上述结论。如Cowen(2002)认为，虽然贸易的开放从一定意义上会侵害一国文化，但它也会形成新的对本国有益的一系列文化产品。而且，贸易的开放还可以促进个人主义观点的传播，提高参与经济活动的可能性，这些都对于企业家精神的培养具有重要意义。最后，他认为贸易的开放并不会削弱社会的凝聚力，相反会为人类的交流提供更多的机会，从而建立一种人与人交往中的信任。此外，还有部分学者也进一步说明了贸易开放与文化的关系，Storr(2008)强调市场可以看成是经济与非经济关系产生与发展的“社会空间”。Jones(2006)也提到文化的融合可以产生一种共性，这种共性将减少人类来往与交流的成本。因此，上述成本的降低可以提升双方交流的信任度，加速社会人际网络的增长，扩大市场规模。

从中国文化的角度来看，大部分外国国家对于中国文化依然持着包容态度，中国的文化在海外市场拥有着巨大潜力。以汉语言学习为例，中国国家汉语国际推广领导小组办公室是中国向世界提供中文与中国文化的资源和服务，以满足海外学习者学习中文需求，并促进世界文化多样性的执行机构。其中最能体现出汉语言学习情况的两个指标是汉语水平考试考点和考生变化情况以及孔子学院的开设情况。中国在全世界建立汉语言水平考试考点数目和参与考试的人数呈现快速增长，2000年，中国在22个国家开设47个考点有8 327名考生参加，截至2015年，中国已在全球120多个国家和地区开设944个考点，考生人数达600万人，较2000年有较大幅度的增长。在孔子学院开设方面，截至2015年年底，中国已经在135个国家和地区建立了500所孔子学院和1 000多个中小学孔子课堂。其中，亚洲32国111所，非洲32国46所，欧洲40国167所，美洲19国158所，大洋洲3国18所。美洲和欧洲已然成为中国孔子学院分布较为集中的地区，是中国文化对外输出的主要地区。通过上述分析，我们不难发现，随着中国经济实力的提升，中国早已摆脱了在外国人心目中的贫穷落后的形象，大多数外国民众对中国都持有积极的看法。特别是2008年中国成功举办北京奥运会后，向世界展现了一个崭新的北京，一个新时代的中国，通过北京奥运这个窗口更多的外国友人开始了解中国，逐渐地接受中国文化。在2012年的法国巴黎秋冬时装周的T台上，不乏各式中国元素的身影，这些颇具东方特色的印花外套，由青花瓷衍生出来的精致刺绣等混合中国元素的时尚服装一方面体现了全球对中国文化的包容性，另一方面也说明了中国文化在世界文化市场中巨大的潜在需求。

虽然对本国文化贸易的保护可以从一定程度上减少本国文化市场受到外部文化的冲击，但文化贸易的保护将阻碍本国文化潜在需求的释放。根据上文的分析，贸易的开放对一国文化有着正向的促进效应。降低对文化贸易的保护作用将有利于进一步激发中国潜在的文化需求，增进中国文化市场的活力，推动中国文化贸易的发展。然而，中国文化贸易仍采取着较为保守的发展模式，故步自封，文化贸易保护现象依然存在。因此，未来中国应该正视贸易开放对文化的促进作用，尽量避免使用“文化例外”对中国文化贸易进行保护。

11.3.2 中国文化产品贸易摩擦的趋势

中国与贸易伙伴之间文化贸易的摩擦也为中国文化贸易的发展提出了更高的要求。

首先，从中国文化体制本身来看，中国应深化文化体制改革，提高文化开放水平，增强中国文化软实力。中国文化产业起步相对较晚，国内文化体制改革严重滞后于全球文化产业的发展形势与现实需求，阻碍了中国文化产业生产力的迅速提升。中国共产党十八届三中全会明确提出“建设社会主义文化强国，增强国家文化软实力……提高文化开放水平”。在深化中国文化体制改革与增强中国文化软实力方面，尽管政府对于文化市场的直接管理模式的作用不可忽视，但中国应该充分重视市场在资源配置中的重要作用，充分发挥市场机制对于文化资源配置的调节作用，快速推动政府职能的转变，激发文化市场活力，推进中国文化政策与WTO规则的有效对接，建立统一开放的文化大市场。在提高文化开放水平方面，一方面，中国政府应该进一步在可控的范围内开放本国文化市场，引进国外优秀的文化，推动国内文化市场的繁荣，缓解国内文化市场的供需不平的局面。另一方面，要实现中国文化真正地“走出去”，需要加大对中国文化企业的扶持力度，着力发展文化贸易，增强本国文化产品和服务在国际市场的竞争力，提高中国文化软实力。

其次，在文化法律、法规方面，中国应完善文化政策的相关法律条文，实现中国文化政策与 WTO 规则的对接，建立起既符合中国国情又符合 WTO 规则的全新的文化贸易政策与法律体系。面对国际文化贸易摩擦的日益增多以及中国文化竞争实力的进一步提高，如何实现本国文化政策与 WTO 规则有效地对接成为减少中国文化贸易摩擦、提高中国在文化贸易争端中胜诉的关键环节。尽管中国已经制定了与文化产业发展有关的法律规定，但是，大部分与文化有关的法律条文不仅针对性不强，涵盖面过窄，而且与 WTO 规则相悖。以中国进口电影的审查政策来说，主要是国家通过行政手段直接控制了进口电影的引进和发行时间，来对国内电影市场进行的保护性政策。该政策严格限制了国外电影进入国内市场，不利于市场的公平竞争，明显地构成了无理由歧视，严重地违反了 WTO 相关规定。因此，中国政府应该加强对现有文化法规的进一步审核工作，特别是与国际文化贸易相关的法律规定，认真研究 WTO 规则，借鉴文化产业发达国家的相关文化法规，来实现中国文化政策与 WTO 规则的有效对接，建立起符合既中国基本国情又符合 WTO 规则的文化贸易政策与法律体系。

最后，在文化贸易人才培养方面，中国应重视 WTO 规则在文化贸易领域的应用，加大文化贸易法律人才的培养。在上述中国文化贸易摩擦的分析中，我们不难看出目前构成中国文化贸易摩擦的主要因素除了国家层面的因素外，还表现为如何合理地应用 WTO 规则来解决文化贸易争端，维护本国文化安全。在贸易争端案件中，任何一方成员要想在案件中获胜不仅需要确凿的证据，更需要一批精通 WTO 法规的人才。然而，从文化贸易培养来看，中国缺乏一批既懂国际文化贸易又熟悉WTO相关法规的人才。一方面是由于中国开设文化贸易课程的高校相对较少，大部分高校都主要集中在传统贸易理论、贸易实务等方面的人才的培养；另一方面，即便一些学校开设了国际文化贸易的课程，但大部分课程都仅仅是围绕着文化产业与国际文化贸易相关理论与实践展开的，涉及WTO规则与文化贸易的课程十分有限。因此，在未来国际文化贸易人才培养方面，应该更加注重WTO规则在文化贸易领域的应用方面的培养，对已有的课程进行适当改革，使之更符合当前国际经济形势。同时，加强法学、经济学、传播学交叉学科应用型人才的培养力度，推进产、学、研一体化发展，为中国国际文化贸易的发展提供更多的创新型人才，带动中国国际文化贸易的发展。

11.4 本章小结

本章在讨论中国文化产品贸易与WTO规则的基础上，通过对中国文化产品贸易摩擦的经典案例分析，阐释了“文化例外”在中国文化贸易摩擦问题中的重要作用。本章首先描述了与文化产品贸易相关的国际协定、公约以及WTO规则，并进一步探讨了“文化例外”与WTO规则之间的关系；其次，对国际文化贸易经典争端案例进行汇总，并针对“中美服务贸易视听案”进行专题研究；最后，借鉴先前贸易争端的处理经验，详细分析了“文化例外”与中国文化产品贸易摩擦之间的关系，并提出“文化例外”对于处理中国产品贸易摩擦问题的重要作用。本章通过对中国文化产品贸易摩擦问题的进一步深入研究，不仅解释了前文所述的中国文化贸易摩擦的产生原因，还为下文的政策建议提供了合理、有效的解决机制。

第 12 章 中国文化产品贸易案例分析——以影视产品为例

近年来，外国电影正以产业化姿态走进中国。自中国加入 WTO 以来，外国影片尤其是好莱坞电影强势地同国产电影一起角逐中国市场。好莱坞电影每年从中国电影市场掠走 40%左右的票房。而韩国的影视剧也趋势崛起，风靡亚洲。韩国在短短几年内发展成为文化产业强国，其文化产业成为其国民经济的支柱产业。这不仅意味着电影票房的流失，同时表明国外大片在中国银幕上向中国观众推介强势国外文化。中国电影作为中国文化产业的重要组成部分，参与国际文化产业竞争已是不可回避的时代课题，那么，加快发展国内电影产业、促进中国影视产品出口就成为亟待完成的重要任务。

本章首先就中韩两国间影视产品贸易发展截然不同的走向进行对比分析；其次在探讨发达国家成功经验的基础上，对中国影视产品贸易的发展提出启示，并结合前文部分实证分析的结果，从税收优惠、投融资政策、财政支持、出口信贷、出口信用保险、成立专项资金、革新电影审查制度等角度提出可操作性的对策建议，为中国制定影视产品贸易促进措施提供参考。

12.1　中韩发展影视产品贸易的相似性

12.1.1　相似的儒家文化底蕴

近代以来，由于战争和政治的因素，韩国受到日本式的西方文化影响较大，特别是 20 世纪六七十年代韩国经济的现代化发展就主要是在美国主导的西式文化下实现的。但延续上千年的儒家文化传统，已经牢牢根植在韩国国民的价值观和行为准则之中，并指导着民众的日常行为规范。从某种意义上讲，韩国文化是传统的中国儒家文化和韩国社会文化相互作用发展出来的，两国文化之间可以说是“一脉相承”，同属于儒家文化圈，也决定了两国文化底蕴、生活方式的相似性，以及相同的文化内涵。

12.1.2　政府主导的文化产业发展模式

中韩两国对于文化产业的重视和发展都起步较晚。韩国政府对于文化产业的扶持始于 1998 年“文化立国”战略的实施，对政策法规、人才培养、组织机构都给予了足够的资金支持，甚至是持续性的投入，十几年来韩国影视产业的迅猛发展与政府的有效支撑是分不开的。中国政府自 2000 年以来，特别是 2006 年以后，认识到了文化产业经济对于经济发展、结构转型、国民导向的重要性，逐步加大了政策和支撑力度。总体而言，两国都是政府主导下的文化产业发展模式，区别在于政府介入的力度和技巧存在明显差异，就中国而言，目前仍保持着文化产业“双轨制”的特殊结构。

12.1.3　共同面临美国文化“霸权”的压力

美国凭借其强势的文化产品输出能力，以及对世界政治经济的影响力，通过贸易谈判方式持续地向两国施加压力，特别是在影视产业上，美国政府常常提出迫使中韩两国开放电影市场的强硬条件。因此，两国都面临着是开放市场接受竞争，还是保护本土影视产业的两难选择。

12.2 中韩发展影视产品贸易的对比

近年来，影视产业已经成为汽车产业之后韩国的第二大经济支柱，许多优秀的影视作品不仅在本土得到了认可，在海外市场也有着优异的表现。

反观中国，近年来随着文化产业的国家扶持和激活发展，国产影视剧的数量和质量都有了显著的改善，但相比较中国庞大的人口和文化资源规模，取得的成绩就显得微不足道。尽管韩国文化产品综合竞争力的排名并不突出，但其影视产品的地位已然取代中国香港地区成为亚洲之首，再考虑到中国和韩国有着邻近的地理位置，类似的文化传承，特别是文化产业发展模式都突出政府的地位和作用，因此，就中韩两国间影视产品进行案例比较，有着更实际的价值。

12.2.1 一组电影市场数据的对比

表 12-1 报告了中韩两国电影市场 2006—2010 年的几个主要指标数据，从总票房和银幕数的指标来看确实体现了中国近年来影视产业的迅猛发展，但也给了我们一种惊喜的错觉，因为此类总量数据是由 26 倍于韩国总人口的庞大人口规模所贡献的，实际按人均存量计算，韩国票房是中国的 24 倍，银幕数是 12 倍。值得注意的是，2010 年中国人均观影次数仅为 0.2，如仅以城镇人口计算，年平均观影次数也仅为 0.48，每人平均 2 年才看一部影片。而同时期韩国人均观影次数为 2.9，即每人平均一年看 3 部电影。数据真实地揭示了中国影视产业仍显乏力的消费现状。

中国电影市场国产片份额的数据表现也很好，但这是在对

表 12-1　2006—2010 年中国和韩国电影市场

指标	2006		2007		2008		2009		2010	
	中国	韩国	中国	韩国	中国	韩国	中国	韩国	中国	韩国
票房(亿美元)	3.29	11.00	4.38	9.45	6.25	8.88	9.09	8.54	15.03	10.28
国产片份额(%)	55.0	63.8	54.1	50.8	60.1	42.1	56.6	48.8	57.0	46.5
人均观影(次)	—	3.1	—	3.2	—	3.0	—	3.2	0.2	2.9
总发行(部)	179	—	188	392	166	379	192	361	280	426
银幕(块)	3 034	1 880	3 527	2 058	4 097	2 081	4 723	1 996	6 256	2 003

数据来源：中国数据来源于《中国电影产业报告》、中国国家新闻出版广电总局；韩国数据来源于韩国电影振兴委员会。

进口片实行严格的配额制后的结果。中国现阶段用于影院放映的外片数量控制在每年50部左右，其中分账大片只有20部且必须包括非美国出品的电影；在放映上，国产片的放映时间不能低于2/3；外资控股影院的最高股份为49%，而这一比值曾为75%。

12.2.2 政府的介入和管理模式

毋庸置疑，中国和韩国在目前的影视产业发展内外形势下，政府的支持和认可是发展的重要保障。事实上，两国政府的文化产业发展模式均属于政府主导的类型，但在政府的扶持方式和介入角色上，两国却存在着较大的差异。韩国政府并不直接介入影视产业的运行，而是交由“放送(广播电视)影响产业振兴院”“电影发展基金”等第三方机构去实施干预，政府部门只保留了监督的权力。而中国影视市场依然存在着文化事业和文化产业并存的“双轨制”，政府部门全权干预管理，如国家新闻出版广电总局既主导政策的制定，又管理影视产品的制作和生产，还参与审查和市场监管。

12.2.3 法律、法规及影视政策

法律、法规及影视政策的制定，保障了政府可以有效监督、管理电影产业。韩国政府较早就致力于影视配套政策和法律框架的完善，相关法律、法规级别较高。早在1999年就通过了文化产业的基本法《文化产业振兴基本法》，随后又颁布了《著作权法》《影像振兴基本法》《电影振兴法》《演出法》《唱片录像带暨游戏制品法》等一系列高效透明的法律政策，真正做到了影视市场的有法可依，成功保证了电影产业市场的开放性。

相比较，中国影视产业相关政策法规的制定严重滞后，仅有的《电影管理条例》只是属于行政条令，根本不具备完备的合法性。而2005年业界翘首企盼的《电影促进法》至今没有下文，政策制定的效率较低。

12.2.4 影视产品的审查执行

影视剧审查一方面是对特定消费观众的保护；另一方面也是对电影创作生产力最大化的解放。审查制度的科学制定，公平透明的执行，对影视创作发展意义深远。自1998年，韩国首先以电影分级制①代替原有的电影审查制，其后在电视剧领域也废除了审查制度，特别是韩国影视作品的审查工作由民间机构“影像物等级委员会”来完成。由此，不仅原有的政治历史题材禁忌被打破，而且情色、暴力等特定类型的影视作品生产也有了相应的空间，从而出现了《太极旗飘扬》《家族荣誉》《实尾岛》等韩国电影历史上最为著名的影片。

中国影视业的管理一直在拒绝分级制度的实行，而是由国家新闻出版广电总局邀请业界人士和相关专家进行行政审查，尽管2006年后已经由完整剧本审查简化为剧本梗概备案审查，但后期的完成片审查依然存在。审查结果一般只有两种：可上映且全民可以观看和不可以上映。这种简单的做法剥夺了特定题材或风格的电影保持艺术的完整性和合理上映的权利。

12.2.5 税收政策和人才的培养

韩国政府自1955年起，对国内所有电影制片商实行免税并持续至今，政府还鼓励三星、大宇等财团积极进入影视界，并对其实行减免税政策。同时，韩国政府专门拨出资金交给电影振兴委员会用于人才的培育。该辅助金主要为年轻的电影人提供成长学习的机会，凡是进行实验短片、纪录片、艺术独立电影的制作，最高可得到4亿韩元或30%制作费的资助，而一般的商业电影却无辅助金可拿。就中国而言，目前并不存在针对影视产业完善的税收减免政策体系，是否减免、如何减免并

① 该制度在法律上规定电影分为5个等级：全民可以观看、12岁以上可以观看、15岁以上可以观看、18岁以上可以观看、限制放映。

无统一标准；而影视人才的培养，除个别院校和势单力薄的民间组织外，基本上属于“优胜劣汰”的形式。

12.2.6 影视企业的创新、制作、运营

韩国影视企业十分注重自身名誉价值的影响，体现为不断地改革和创新。韩国影视作品一直以来以制作精良著称，一部电影、电视剧往往拍摄两三年；在影视内容的创作上，编剧并不会将剧本全部写完，一般都是边写、边拍、边播，注重观众的反应，并将观众意见与剧组原计划糅合之后再组织剧本。而在中国，耗时半年以上的影视作品已属罕见，利益为导向的发行方和制片方有时对于作品的艺术价值以及消费观众的反应并不在意，他们更关心市场的轰动和相关广告收益。

同时，韩国影视企业的国际市场营销观念和营销手段先进，对于国际市场的影响十分重视。韩剧之所以能够产生跨国界的吸附力，除精良的制作外，提倡的大众流行文化、明星制度、经纪人制度以及全球化的市场都起到了关键作用。一部影视产品，从制作拍摄，到包装策划，再到后期的宣传推介，是一套完整的“亚洲好莱坞”模式。

12.2.7 影视作品的内容技巧

著名导演李少红说过，“韩国人从好莱坞学来了两种东西：经营理念和内容技巧”。韩剧从最初的简单模仿，到自身风格的形成，始终注重在吸纳西方文化的同时以儒学的视角重新包装设计，以爱情、亲情、友情来体现韩国的文化价值观，以朴实的生活细节打动观众，其长处在于更生活化，可看性更强。[①]

① 正如著名导演尤小刚所说，“韩流并不像某些媒体吹捧得那么不可一世，更不像某些追风者眼中那么高不可攀，它就是一种认认真真的戏剧，一种能够在平和中传达情感、掀起情感波澜的细腻作品”。

中国对影视产业的理解在某些情况下是大手笔、大制作、大场面就是好作品。事实上，中国近年来的影视作品更多的是模仿，题材缺乏创新，其结果是要么太过媚俗，要么过于教化，缺少对于平凡人生中的朴素和人性美的宣扬。对于中国影视制作来讲，向来不缺乏优秀的导演和演员，也不缺乏大手笔的资金和制片技术，缺少的正是“会讲动人故事的人”，即文化产品内容的创意和融合。

12.3　韩国影视产业的“亚洲”身份

2005年，韩国电影振兴委员会发起的，包括了日本电影国际促进协会(UNIJAPAN)、泰国国家电影联合会(FNFAT)、越南媒体公司(VMCorp)、新加坡电影协会(SFC)在内的“亚洲电影工业网络”(AFIN)组织成立。韩国此举在于“理解文化多样性的背景下刺激海外市场，推进亚洲地区电影工业的发展，施惠于每个成员”，但实际上也是产能严重过剩的韩国电影产业的海外市场扩张诉求。一方面是竭力促成一个更加广阔的亚洲电影市场；另一方面，韩国电影也试图标签为“亚洲电影”来打开欧美市场。长期以来，中国香港是“亚洲电影”的代名词，但这个位置正在被韩国取代。在西方公众的电影消费记忆中，“亚洲电影”通常都是作为东方奇观的视觉标识而存在的，而亚洲各国(地区)电影间的差异性却并未引起关注，因此，韩国正着力开发一直由中国香港电影主导类型的动作片和功夫片。所有对于韩国电影有所观察的人都会注意到，就在釜山电影节的国际影响力赶超中国香港电影金像奖的同时，它所设置的大多数主题单元都在以“亚洲”来命名。

12.4　中国影视产品贸易发展的实践及经验启示

12.4.1　税收优惠政策的实行

1. 发达国家的经验

国际上普遍对影视产业的生产和出口实行税收优惠政策，尤其是美国、韩国等影视大国更是走在影视优惠政策的前端。早在1969—1971年“好莱坞”大萧条的时期，美国政府就开始实施电影业税收优惠政策，通过对投资影视产业的企业的税收优惠吸引了大量资金进入好莱坞各大制片厂，形成了“好莱坞”70年代的鼎盛时期。1995年，美国取消对辛迪加管制，1996年，美国修改《通信法》，从而大大促进了电视网与电影公司间的交易，以“好莱坞”为代表的娱乐节目制作公司带动了美国娱乐业的新一轮发展。时至今日，美国依然重视对影视产业的税收优惠支持，美国大部分的州都给电影业提供税收优惠政策。娱乐调查公司Axium国际在2007年的秋季报告显示，有5个州提供优惠政策旨在吸引电影人在该州成立公司。以推行新优惠政策著称的新墨西哥州为例，该州实行了两项旨在吸引州外的电影制作人来此拍片的政策：其中一项是予以退25%的税，另一项是为每个电影项目投资1 500万美元贷款。2010年1月19日，美国加利福尼亚州和纽约州竞相展开税收优惠政策：加州认为其针对影视公司的税收优惠政策半年来初见成效，决定继续实施；纽约州决定维持影视公司税收优惠政策5年不变。加州州长阿诺德·施瓦辛格表示，该州自2010年开始实施为60个影视制作项目减免税收的优惠措施，预计本财政年度给加州带来7.1亿美元收入，这些拍摄活动创造了大量就业岗位，对于实现全州经济复苏至关重要。纽约州州长戴维·帕特森说，2010—2015年将为在纽约州拍片的影视公司减免大约21

亿美元的税收，这将对纽约州经济复苏起到推动作用。与美国相邻的加拿大也积极对影视产业实行税收优惠政策。2009年，加拿大的影视业大省安大略、魁北克、不列颠哥伦比亚等地相继提高本省影视业的税收抵免额，力图以更优惠的税收政策吸引国外影视投资商来加投资，并带动当地的就业和相关行业的发展。加拿大政府制定了名目繁多的税收优惠政策，其中最重要的是《加拿大电影电视制作税收返还条例》和《加拿大电影电视制作服务税收返还条例》。2007年，安大略省政府宣布，将从2008年1月1日开始实行的影视业税收优惠政策永久化。这一政策的主要内容是，对当地影视公司的税收抵免比例由合法安大略省居民人工费用(包括工资、薪金和补助)的30%提高到35%，同时还将商品服务税的税收抵免比例由合法安大略省人工费用开支的18%提高到25%。2012年，仅这两项税收优惠就使在安大略省拍摄的影视公司节省税款开支1.65亿美元。

再来看韩国的税收优惠措施。1997年金融危机后，韩国总统金大中宣布将致力于把韩国建设成为文化产业大国，政府经济积极扶持文化产业。1997年11月，韩国通商事业部宣布电影业及相关产业属于风险投资业，这意味着电影融资难度减小，并且电影产业可以享受减免税等优惠待遇。此后，韩国制定了大量有关电影产业税收优惠的政策法规。据统计，韩国现行法律、法规中有15个部门法涉及电影产业，尤其在扶持中小企业以及税收方面给予优惠，为电影产业的发展提供了法律保障。韩国的《海关法》《附加价值税法》等法律及相关法规也做出了有利于电影产业发展的规定。韩国《关税法》第50条按类别规定了各种胶片的税率；《附加价值税法》规定，由文化团体购买或是由于参加电影节而输出/入境的非商业用途的影片可以免税；《特别消费税法》第18条规定，电影放映机、摄影机等可免除特别消费税；《租税特例限制法》第7条规定，对从事电影业的中小企业，可就其电影业的营业收入减免10%～15%的所得税，第101条规定，对由外国人或非居民经营的电影企业，可用其购买货物、劳动所发生的费用折免增值税。除此以外，韩国文化园区的税收优惠也有借鉴意义。韩国文化园区将文化产业相关的技术研究、产品开发和制作、人才培养集于一体，优化了资源组合，实现设备共享，提高了集约化程度，迅速形成规模优势。在文化园区的建设上，韩国是通过将制造业工业园区建设模式引进文化产业。韩国《文化产业振兴基本法》规定，对园区建设业者免除耕地保护负担金，免除山林、草地复植费，并对相关投资给予税收减免优惠，对相关设备的进口免除关税。在政府的这些税收优惠政策下，韩国的各种文化园区迅速发展起来。目前，韩国已建成大田尖端影像及多媒体园区、春川动漫业园区、富川电影漫画业园区、光州工艺设计及卡通业园区、全州数码影像及音像业园区、清州学习用游戏业园区等七大园区，并于2015年在首尔成立“文化创新创业园区”，旨在扶持韩国文化产业。在该园区内，入驻企业将享受无须缴纳两年的租赁费，免收办公室费用的50%等优惠政策。

2. 完善中国影视产业发展的税收政策

中国目前对于电影企业的税收优惠政策主要是在《电影管理条例》中规定的对新成立的电影制作、发行或者放映企业免征1～3年的企业所得税。虽然近年来中国电影产业得到了较快的发展，但是与美国、韩国等影视大国相比，仍缺乏大资金的流入，这与中国至今没有较明显的财税倾斜政策有关。中国有关影视产业发展的税收政策目前仍存在很多不完善之处：比如相关税收立法系统性不强，目前涉及电影产业的具体税收政策还比较少；中国促进电影产业发展的税收政策力度还不够，税负相对较重，对影像制品常见的退回特殊性并没给予足够的重视，对中小型影视企业的重视程度不够，在中国的文化产业中，多数企业作为小规模纳税人在购进固定资产等方面享受不到“增值税转型”所带来的实惠；促进高端影视产业发展的税收政策缺失，数字技术、新媒体等高端文化产业缺少体现行业针对性的税收优惠政策，这对中国影视产业的长远发展有着不可忽视的影响。为此，中国仍须加大税收优惠，制定更有针对性、更加有力的财政税收政策，吸引更多优秀人才和资金进入影视产业，以增强中国影视产业的国际竞争力。具体来说，完善影视产业的税收优惠政策主要可以从以下几方面着手。

第一，完善影视产业税收制度体系。政府部门将扶持影视产业的发展作为国民经济发展的重点，从制度层面确立影视产业优先发展的战略方向。给影视企业提供长期稳定的外部发展环境。中国影视产业税收制度体系的建立应遵循公平税负、平等竞争的原则，改变以往按所有制性质制定税收优惠政策的传统思路，结合近年来税收工作实际，借鉴发达国家通过税收政策促进影视产业发展的经验，完善已有的税收优惠政策，建立起规范统一、具有针对性的促进影视产业发展的税收制度体系。

第二，降低影视产业相关的税率。在中国目前的税制环境下，文化产业(包括影视产业)主要涉及增值税、营业税和企业所得税。在增值税方面，中国可以效仿发达国家，下调文化企业的增值税适用税率；在营业税方面，可以顺应营业税税制改革的大趋势，以文化产业为试点，改征增值税；在企业所得税方面，可考虑对文化企业适用高新技术企业适用的15%的优惠税率。另外，可以延长临时投资免税制。并且，正视影视产业的特殊性，制定适用于影视产业长期发展的税收优惠政策。如为增加影视企业对未来发展的确切性，以制定企业中长期的发展规划，可将目前的相关税收优惠条款适用年限由一般的2～3年延长至5～10年。

第三，制定吸引优秀人才的税收优惠。影视产业是资金密集型产业，同时也是智力密集型产业，好的制作人、导演、演员对影视作品的成功都至关重要。美国文化部门就利用雄厚的资金和具有针对性的税收政策，从世界各地吸收大量优秀影视人才。韩国对在国内文化产业工作的外国人给予5年的所得税减免。中国可以借鉴它们的做法，对本国优秀影视从业人员的所得税收入等做出相应调整，对外国到中国来参加影视制作的人员也给予一定税收优惠政策，从而吸引广大优秀从业人员，提高中国影视产业的竞争力。

第四，制定针对中小型影视企业的税收优惠政策。这类企业由于规模小、技术落后等原因，在市场竞争中处于弱势地位。政府应该出台针对中小型影视企业的税收优惠政策，例如可以给予中小型影视企业各种政策、资金支持；可以给予其所得税抵扣、减免等优惠；或给予其税收担保，以增强其竞争力，扶持其快速成长和发展。

第五，制定促进高端影视产业发展的税收政策。目前，日本生产的数字技术和动漫制品占全球出口总额的65%，高端文化产业的年产值占到文化产业总产值的80%以上。发达国家为鼓励文化产业利用高科技发展和壮大自身，推行了一系列促进高端文化产业发展的税收政策。如英国对本国生产的数字技术和动漫产品免征增值税，对网络游戏产品出口实行50%退税；法国政府规定对在境内举办的会展活动全部免税。中国应该借鉴发达国家的做法，应以《财政部、国家税务总局关于扶持动漫产业发展有关税收政策问题的通知》(财税[2009]65号)的出台为契机，不断补充和完善有助于高端文化产业发展的税收政策，为高端文化产业发展铺路。未来的电影发展不可避免地要走数字化技术的道路，只有促进高端文化产业发展才能为影视产业的长远发展铺好路。

第六，制定吸引外资的优惠税收政策。为吸引更多外国电影公司，特别是美国大牌影星来法国拍片，并努力扭转法国电影公司纷纷前往低消费的东欧国家拍片的现状，法国文化部、财政部将对来法拍片的外国电影公司都推进优惠税收政策，按照投资数额，给予减税20%的优惠。英国伦敦、德国柏林也对外国电影公司在其城市投资拍片，实行优惠税收政策，尤其是针对资金投入大的美国电影公司。中国应该学习发达国家的做法吸引外国电影公司来华投资，以促进竞争并且为中国影视产业带来更多资金。

12.4.2 投资融资渠道的扩展

对于任何一个产业而言，投融资体制的建设问题都是制约产业发展的瓶颈问题，对于电影这类资金密集型的产业更是如此，资金供给就是电影产业发展的“血脉”。中国电影产业要发展，必须有资金的大力支持。近些年来，国家政策相对改善了中国电影的投融资环境，使电影业的投融资能力得以增强，但影视业发展资金的短缺问题仍然是业内关注的焦点。调查显示，中国影视产业的融资来源大约有90%是自有资金、7%来自政府投入，而社会资金投入只占2%，从这些数据可以看出，目前中国影视产业的投融资渠道比较单一，绝大部分资金是自有资金，社会资金的投入比例相当低，难以满足电影制作的资金需求。与此同时，美国、韩国等影视大国开始大规模整合电影文化资源，把投融资问题作为推进电影产业改革的重点，推动了新一轮电影资本投资浪潮的形成。对于中国而言，借鉴影视大国吸引业内外多渠道的资金源进入电影业，推动中国电影产业的纵深发展，已是电影产业发展的必然要求。

1. 发达国家的经验

(1)政府带头引导资金进入电影产业

在电影业投融资方面，发达国家政府起到积极带头作用，采取鼓励政策。早在1965年美国就成立国家艺术拨款委员会，向文化机构提供资助。但是，联邦政府机构并不为其提供百分之百的资金，而是在政策上采取了“杠杆方式”，各州、各地方都必须拨出相应的地方财政来与联邦政府的资金配套。一般联邦政府资助总额不超过项目所需经费的50%，而另一半须由申请者从政府机构以外筹集。另外，美国政府还通过立法鼓励社会团体、企业和个人对电影等文化事业进行捐赠，美国的文化团体从社会各界得到的捐赠相当于政府财政拨款的10倍，实际上这也可以看作是另一种形式的政府投入。除此以外，在电影业的融资方面，美国还发扬了其一贯的金融创新的精神，为电影产业注入了大量资金。1995年，美国将投资组合的理论运用于电影投资。其运作原理为：一个投资组合中通常包括20～25部风格不同的电影，极大地降低了投资人的风险，使得保险资金和退休资金纷纷涌向电影产业。2004年，华尔街的私募基金也加入了电影投资中，以电影投资基金的方式出现。例如，2005—2006年，Gun Hill Road分别向索尼和环球提供7.5亿美元和5.15亿美元，华纳兄弟获得了来自Legendary Pictures的5亿美元资金。

韩国政府也为引导资金进入影视产业做出巨大努力。韩国电影振兴委员会2001年启动了“电影专门投资组合”，该投资组合采取动员社会资金为主、官民共同投融资的运作方式。2001年，该投资组合融资3 000亿韩元风险投资资金，为电影产业的发展提供了重要的资金保障。与此同时，韩国政府开辟了几个投资基金管理机构，如中小型商业投资管理委员会(SMBA)、韩国电影委员会(KOFIC)等。自2000年以来，来自各渠道的组合基金投资电影行业的总额超过了1亿美元。充足的资金让韩国电影实力大增，他们引进好莱坞的先进制作技术，大力建设国内影院，使得韩国电影产业近年来在国际影坛上位置攀升，姜帝圭导演的《生死谍变》《太极旗飘扬》等影片在韩国的票房甚至超过了好莱坞大片《泰坦尼克号》。

(2)大财团的资金支持

美国的电影产业在国际上独占鳌头还得益于财团的资助。第二次世界大战后，美国形成了洛克菲勒财团、摩根财团、第一花旗银行财团、杜邦财团、波士顿财团、梅隆财团等大财团，这些大财团大都与电影产业有着千丝万缕的联系。例如，美国全国广播公司(NBC)就是通用电气旗下的一家子公司，通用电气公司又是由美国老牌财团摩根财团控股的，所以NBC背后的大财团是摩根财团。通过与大财团的合作，美国影视产业获得了发展所需要的大量资金。

财团体制更是韩国经济发展中的一大特色。长期以来，韩国电影掌握在三星、现代、大宇等大型财团手中，这些财团纷纷投资电影业，为韩国电影业提供了雄厚的资金后盾。特别是1997年金融危机爆发，韩国企业发现投资电影是一个较有保障的投资方式，并且政府对大财团投资影视产业给予了税收优惠支持，鼓励它们进入电影业。这些大财团投资电影产业往往先买断版权，继而参与到影院的运营、制作、流通、配送等环节中。大企业的资金投入对韩国电影产业的崛起无异于锦上添花，进一步激活了韩国电影市场，使其向商业领域大步迈进。

(3)网络融资的兴起

韩国在电影产业融资方法上，除了政府扶持与社会投资相结合外，还有一个很有特点的融资方式，即普通民众参与到电影投资中，具体方法是依靠通过互联网向社会募捐得来的资金进行拍摄。这种网络融资的方式属韩国特有，虽然并不是主流的融资方式，但在韩国却受到了欢迎。网络融资源于1999年的网民基金，Intz.com第一个为喜剧片《茅趸王》建立了网民基金，接受网民投资，最终从464名网民手中筹集到了7.75万美元投资，约占影片预算的1/20。这种融资方式建立起来后大受民众支持，目前韩国票房好的商业大片都曾建立网民基金，有的基金甚至不到1分钟就被抢购一空。韩国还有一种类似股票市场的网民基金网站，以Simmani.com为例，其基金开放至影片进入录像带市场的前3个月，网民可根据票房行情买卖自己的“股票”，基金关闭后核算影片总收益，投资者就可得到自己的投资回报。王家卫的《花样年华》成为Simmani.com的试点，收益率为10%。这种网络融资方式将投资与宣传炒作融为了一体，全民参与投资既解决了资金问题，分摊了投资风险，又培育了民众对影片的热情，非常具有借鉴意义。

(4)银行信贷的支持

好莱坞电影具有很高的市场效益和强大的盈利能力，电影制作业的运作完全市场化，电影的生产及资金筹措大多都来自市场，借贷融资是在美国电影公司中风行的一种筹款形式。电影制片人必须有权威公司签发的发行影片的保证文件才能取得银行或其他借贷机构的款项。由于生产独立于资助者和发行人，且财务部门必须对规定的资金花费和制片团体是否严格遵循影片预算执行有效监督，所以大多数公司愿意把这一任务交给银行。发行人执行发行保证是从上映之日起全部或部分地保证偿还借贷，期限为两年。从银行进行借贷融资还涉及担保问题，好莱坞的投资担保体系丰富而复杂，具体可以以电影版权、发行权预售、公司股份、优先债券等无形资产作为抵押物，最典型的是履约保证制度。履约保证制度即投资商请求第三方机构(完片保证公司)就制片商的影片制作完成提供担保，如果影片没有按期在预算范围内完成制作，第三方机构就要承担相应的责任。履约保证制度有效地转移了投资商在电影制作过程中的潜在风险，增强了其盈利能力。韩国政府于1997年后开始实行抵押版权融资制。1998年，韩国国有的电影振兴公司为包括林权泽参加戛纳电影节的《春香传》等10部电影做抵押版权融资，总共提供30亿元韩币。

2. 中国鼓励加大投资融资的启示

国产电影投资少是不争的事实，调查显示，目前中国电影投资只占全球电影投资的2%～3%。中国影视产业投融资体制不完善，影视企业缺乏丰富、独立的经费来源，影视产业的投融资存在巨大的障碍。参考国外投融资成功的经验及中国电影产业的特点，对解决目前中国电影制作资金短缺以及如何拓展电影制作的投融资渠道具有较大启示。

(1)加大政府支持力度

目前政府对中国电影业的支持力度逐年加大，充分合理利用国家设立的相关资助资金是解决电影制作资金短缺的一个重要渠道。政府资助资金不仅使影片的制作人获得部分制作资金，还能使制作项目获取一定的信誉度，为制片人进一步的融资提供了一定程度的便利。但是一部电影的制作资金不可能只靠政府资助，单靠政府投资无异于杯水车薪。因此，政府要发挥其支持作用，应吸引各种资金提供者进入电影投资领域。政府在发展电影产业风险投资的过程中，可以提供启动资金建立风险投资公司，这样不仅可以壮大风险资本的实力，而且对风险资本市场和产业发展起到引导作用，可以吸引更多的民间资金参与电影产业的风险投资，从而大大推动电影产业的发展。除此以外，政府可以发挥其引导作用，利用少量的资金作为种子资金，吸引更多社会资金的进入，鼓励大型企业建立电影产业风险投资公司，鼓励民间兴办电影产业风险投资共同基金，如此既有助于集中社会闲散资金、发展电影投资业，又有利于社会资金的有效配置。允许一定比例的养老金和保险金进入电影风险投资也是一个有效渠道。随着中国养老基金制度的健全和保险业的发展，中国可以借鉴西方国家的做法，在相关政策和法律的支持下，吸引部分养老保险基金和社会保障基金投入中国电影产业，这不仅可以满足养老金和保险金保值增值的要求，而且可拓宽电影资金来源。政府还应积极引进国外资金，国外资金经验丰富，可以为电影产业提供充足和有效的资金源泉。

(2)利用资本市场融资

中国电影产业应该抓住资本市场迅速发展的时机，改善电影产业的投融资环境，促进多主体投资、多元化融资、多样化发展的活跃局面，促进金融资本与电影资源的融合。具体可以从以下几方面入手：一是组建影视产业基金。调动各方面积极性，鼓励社会资本投资开发的同时组建影视产业投资基金，对于有市场前景的影视项目给予专项资金支持。二是上市融资。通过公司股票发行上市为电影企业提供集资途径，帮助其发展及扩展业务，扩大经营规模。企业上市融资，不仅能够解决资金问题，而且还可以提升企业的信誉和品牌，促使企业规模化发展。中国政府应创造良好的政策条件积极推动符合条件的国有和国有控股电影企业重组上市。有条件的电影企业应积极申请上市融资，对于那些尚不具备进入主板市场的电影企业来说可通过中小企业板、二板市场进行融资。例如创业板就较为适合中小企业从证券市场获得资金支持。三是大力发展电影企业债券市场。从根本上改革目前的公司债发行审批制度，开启一条新的债券资本市场化的通道。与发行股票相比，发行债券所筹集的资金期限较长，资金使用更为自由，且债券投资者无权干涉企业的经营决策，现有股东对公司的所有权不变。发行债券在一定程度上弥补了股票筹资和向银行借款的不足。政府应支持具备条件的电影企业通过发行企业债券、短期融资券、中期票据和利用银行贷款等多种融资手段，多方面拓宽融资渠道，扩大规模，壮大实力。

(3)开发银行资源、完善信贷支持

企业进行生产或扩大再生产，一般都离不开银行的信贷支持。电影作为一种产业，要实现规模化生产，更离不开雄厚的资金支持，离不开银行信贷。鼓励金融机构加大对电影企业的金融支持力度无疑是支持一国电影产业的重要手段。对符合信贷条件的电影企业，金融机构应确定合理的贷款期限和利率，为国产电影事业提供积极支持。可以从以下几个方面改善目前电影企业间接融资的困难：一是建立电影产业的金融信贷保障制度。具体做法是，国家新闻出版广电总局可以从“电影专项基金”中拨出一定额度作为电影拍摄信贷保证金，替影片贷款提供政府信贷保证，协助电影投资者向银行申请贷款。由政府充当贷款保证机构，可以提高信誉，减少贷款阻碍。这项制度的核心是建立履约保证制度，该制度在美国电影业内已经形成一套非常成熟的运作机制。在中国，保障机构可以由国家新闻出版广电总局信贷机构兼任，也可以委托第三方行业机构或者协会执行。这一模式可以加强集资者的信贷能力，尤其有利于中小电影企业向银行借贷。二是建立、健全国家电影版权抵押贷款制度。尽快研究建立健全电影版权价值评估体系，制定有关无形资产价值评估标准。在有效防范信贷风险的基础上，积极探索股权、债权、知识产权等无形资产质押担保方式，增强电影企业的融资能力。三是促进电影行业公益性事业单位和经营性事业单位的分离改制。目前，影视行业的事业单位仍较多，在争取银行信贷过程中往往遇到资产抵押不足的障碍。加快影视行业公益性事业单位与经营性事业单位分离改制，可以增强其在信贷政策方面的灵活性，从而提高影视企业在银行取得贷款的可能性。

12.4.3 财政支持与影视专项资金的成立

1. 发达国家的经验

国家对影视产业的投入从一个侧面反映出国家对文化产业的重视程度。一些发达国家或地区对本地电影生产给予了财政补贴，同时增加文化预算，以此保护其影视产业，提高其影视产业的国际竞争力。

在美国，补贴和捐助已成为电影制作的重要资金来源。补贴是由联邦和地方政府机构、私人基金会、各种利益团体、学术基金会组织、社会团体、教育领域的研究基金会等组织提供的，补贴的前提是这些组织团体对制作影片、对影片思想同它们活动的目标和任务接近而感兴趣。法国政府长期以来既对电影文化事业给予不同形式的财政支持，如中央政府直接提供赞助、补助和奖金等，从事该类文化事业的企业或民间协会可向文化部直接申请财政支持；还有来自地方的财政支持，法国的大区、省、市、镇政府都有支持电影文化事业发展的财政预算。从20世纪50年代起，法国政府便采取了“制片资金垫付法”，为每部影片的拍摄提供100万法郎的资金。90年代，法国政府增加了文化预算，达到国家预算开支的1%。据统计，2000年来，法国电影扶持资金一直保持在每年4亿～5亿欧元，2003年为4.5亿欧元，使法国电影在国际竞争中具有较强的实力。2005年年初，法国国家电影中心(CNC)正式启动了新的影视产业的资助预算，这笔预算当于50亿元人民币，用于

2005年符合法国文化原创价值的电影、电视节目的创作、发行。欧洲的电影政策和扶持体系比较完善，欧盟对影视产业的补贴和资金支持主要有MEDIA和EURIMAGES计划：MEDIA计划即“鼓励影视业发展的措施”，该计划从1991年开始，每5年一期，由欧盟拨出专款，用于支持影视生产和发行，但每期有不同的侧重点。EURIMAGES计划即“支持欧洲影视作品合作生产的计划”，该计划通过鼓励欧洲范围内的影视合作，促进欧洲电影产业的整体发展。

亚洲金融危机之后，韩国政府开始重视影视等文化产业的发展，政府对文化的财政预算逐年增加。2000年，韩国文化产业预算首次突破国家总预算的1%，2001年上调9.1%，进入了“1兆韩元时代”，相当于80亿元人民币，2005年，文化的财政预算为1兆4 252亿韩元，即114亿元人民币。资料显示，仅釜山国际电影节一项，1999年以来国库每次都拨款10亿韩元(800万元人民币)，足见韩国政府对影视文化产业的重视程度。从1999年开始的韩国电影的飞速成长，很大程度上受助于政府的文化产业支援政策。正是因为这些文化、影像产业振兴政策，金大中政府在1999—2004年由政府演出款组成的电影振兴金库财源多达1 670亿韩元。韩国政府对电影电视进行财政支持的具体做法是：韩国政府每年拿出相当于4 500万元人民币的资金重点支持20部影片的拍摄，另外还设立电影辅助金制度，电影辅助金是政府交给电影振兴委员会让其分配用于辅助电影的资金。辅助金发放的主要目的是增加年轻的电影人成长学习的机会，其发放对象是电影学院学生或者进行独立电影制作的导演，最高可申请4亿韩元或制作费30%的辅助金。这笔资金无须归还，也无须以奖项和内容上的附和作为回报。除此之外，韩国还于1994年2月1日设立了专项电影振兴基金，目的是提供电影产业发展所需的资金，扶植电影产业。该振兴基金向电影制作商提供不高于10亿韩元的专项贷款，期限两年，利率因借贷方提供的担保方式不同而变化。中国香港特别行政区政府也设立了专项基金，早在1999年中国香港就拨款1亿港元建立了电影发展基金，主要用于香港电影专业人才的培养。人才培养资金具体用于：资助香港电影导演会，开办香港电影编导制作人员训练班；开办香港电影配乐训练班，吸引有志于从事电影音乐工作的人士参加培训；给予香港动作特技演员工会，给在职的以及有志于从事电影动作特技事业的人士提供培训服务。

2. 中国加大财政支持的措施

改革开放以来，中国政府出台了一系列政策措施来扶持影视等文化产业的发展，对中国电影产业的快速发展起到了重要作用。例如在党的十七大报告中提出了“文化软实力”的概念，指出文化软实力是综合国力和国际竞争力的重要组成部分。2007年，国家对文化事业的财政拨款达13亿元，为历年之最。可以说，中国电影每前进一步，背后都有政府财政部门的帮助和国家财政的支持。尽管如此，中国的电影产业财政支持仍存在不少问题，中国电影产业的根基还相当薄弱，电影文化影响力不足。要尽快改变这种状况，政府对电影产业实施扶持尤为重要。要完善中国政府对电影产业的财政支持，需要学习影视强国的先进理论和经验，制定政府对电影产业的扶植政策的具体实施细则，以便落实和操作。

第一，加大国家财政投入。近几年，中国政府也加大了对文化产业的投入，文化产业预算由1998年的168亿元增加到2003年的1 878亿元，占文化事业总预算的比例由3.5%增长到约17.9%。尽管增长很快，但与韩国等影视大国相比这一预算比例还远远不够，财政部应该进一步加大对文化产业的投入，通过贷款贴息、项目补贴、补充资本金等方式，支持国家级影视文化产业基地的建设，支持影视产业重点项目，支持影视企业的股份制改造，支持影视产品和服务的出口。

第二，调整补贴方向和策略。为促进中国电影的发展，政府应该对国产电影进行补贴。政府对影视产业关键和核心技术研发、影视内容原创等创新项目，应增加更多的财政投入，尽快缩短中国影视产业在创新能力上与国外的差距。政府也应该注重对“文化折扣”的部分予以补偿。例如韩国政府特别成立了“影音分轨公司”，对韩文翻译为外语和制作的费用几乎给予全额补助，在很大程度上弥补了“文化折扣”对韩国文化出口的负面影响，促进了韩国影视作品的出口。除此以外，政府应该变明补为暗补，否则会容易出现贸易摩擦。其中中国进出口银行的出口信贷就是一个较好的暗补途径。在财政方面给中国进出口银行更多的优惠，降低其出口信贷利率，对影视文化产品出口给予倾斜。

第三，设立电影专项基金，完善电影专项资金制度。政府应该依法建立各项电影专项基金，通过市场运作的手段促使国产电影的创作生产走上良性循环的道路。中国的电影事业发展专项资金是 1991 年 5 月 1 日开始提取建立的，主要用于对国家重点影片、少数民族影片、农村影片、儿童题材影片以及动画片的长期扶持；还从电视广告纯收入中提取 3%建立了“电影精品专项资金”，用于支持摄制电影精品；2007 年 1 月，国家广电总局开始实施“青年电影导演创作资助计划”的专项基金，为有潜力、有创新精神、45 岁以下、取得过初步成绩的青年导演提供政府资金支持。这些专项资金的来源为财政预算资金和按国家有关规定批准的收费等预算外资金，财政部门应该做好专项资金的预算安排，有关部门要严格按照规定征收预算外资金，制定强有力的有效措施，保证国家电影专项资金的足额上缴，进一步完善专项资金制度。并且资金管理部门应该按照有关财政法规的要求健全制度、加强管理，保证专项专用，并接受财政部和审计部门监督检查。另外，中国政府在评审项目、提供扶植资金方面应该改变以往较多考虑政治宣传效益，而较少考虑社会效益和市场效益的倾向，应该设立完善的机制来管理、监督受资助电影的资金回笼及市场效益情况，发挥资助基金的“造血”功能。对那些接受资助而市场回报率低的电影项目，吸取经验教训，在下一次资助电影项目时做更全面的考察。这又涉及扶植资金评审机制的变革问题，完善电影基金评审机制。需要制定一整套对受资助影片的评估办法，就每部影片的政治、社会、经济等评价指标进行细化打分，定期向业内公布。确保专项资金用于那些值得资助的电影项目，使资金得到合理有效发放。

12.4.4 健全的影视保险制度及完善

1. 发达国家的经验

影视保险在影视大国发展影视产业的过程中起着十分重要的作用。在美国百年电影史中最伟大的100部影片中，大多数都有安排保险，如《教父》《辛德勒的名单》《阿甘正传》等。发达国家保险产业很发达，很多保险公司都参与到了影视保险的业务中，例如美国国际集团(AIG)、丘博保险集团(Chubb)等保险公司就都开展了影视保险业务。与此同时，西方国家还出现了一些专门从事影视保险的机构，这些机构为影视产业提供更加专业的服务，如英国的特殊风险保险计划代理机构(SISA)就专门针对影视行业不同的风险对象提供了各种不同的保险计划。国外影视保险的产品大致可以分为四类：制片人一揽子保险、制片人错误与疏忽责任保险、财产和责任保险以及完工保险。以完工保险为例，我们可以清楚看到影视保险在国外的飞速发展。在影视业发达的国家，有许多独立制片人需要向银行等机构进行融资以完成拍摄，融资机构通常要求他们必须以电影拍摄完成后的发行收入作为抵押，为此，完工保险就成为这些影片制作不可或缺的环节，如果没有完工保险，这些独立制片人或者电影企业几乎不可能从银行得到贷款，这就大大促进了影视产业的完工保险的快速发展。例如劳合社(英国最大的保险组织)的电影融资公司自1950年成立以来，已为世界各地的4 000多部电影、电视剧、纪录片提供了完工保险。《卧虎藏龙》也是通过完工保险的形式取得贷款从而顺利完成拍摄的。

在亚洲，影视保险发展较好的例子是韩国，韩国电影振兴委员会与韩国出口保险公司签订了协议，以共同促进韩国电影产业的发展。双方约定：共同研究摸索持续扩大文化出口保险(电影)的方案，由韩国出口保险公司为电影振兴委员会推荐的电影或出资的电影基金实行出口保险优惠措施；同时，电影振兴委员会向出口保险公司提供有关电影产业市场动向的信息，以确保出口保险公司能较好监督已获得保险的影片的情况。有了出口保险公司的保险，韩国电影的国外出口业务变得更加安全快捷。

2. 对发展中国家影视保险的启示

2005 年 6 月，中国出口信用保险公司(以下简称“中国出口信保”)为华谊兄弟投资公司提供了 5 000 万元人民币融资担保，支持投资拍摄影片《夜宴》，期限 2 年，并对其海外发行收入承保了出口信用险。这是中国出口信保支持文化产品和服务出口的首次尝试。由于有中国出口信保对其未来应收账款提供风险保障及担保，华谊兄弟投资公司还顺利从深圳发展银行获得 5 000 万元人民币融资，解决了《夜宴》拍摄中的流动资金需求问题。尽管如此，与中国影视产业发展相比，中国影视保险起步较晚、发展滞后。目前，中国的影视保险基本上停留在为主要演员投保意外伤害保险上，其他险种没有得到较好的发展。从国际上已有的事例来看，影视保险将在一国影视产业崛起中起到越来越重要的作用，因此，加快中国影视保险的发展，已成为促进影视产业健康发展的重要因素，具体可以从以下几方面入手。

第一，加强影视保险宣传，进一步普及风险管理意识。缺乏风险管理的意识是导致目前中国影视保险发展较为滞后的重要原因，文化部门应该利用各种渠道和机会加强影视保险的宣传，强调影视保险的重要性和必要性，让影视企业和影视从业人员认识到影视制作过程中的各种风险，追求利益要建立在防范风险的基础上。

第二，创造影视保险发展的环境。一方面，要建立健全制度环境，政府应完善对影视保险的立法，明确影视制作单位以及演职人员、拍摄场所的法律责任，例如英国法律就规定，所有的影视制作单位都必须投保限额不低于1 000万英镑的雇主责任险，中国政府和文化部门可以参照国外的做法，制定出影视保险的相关法律、法规，如要求影视制作单位必须按照有关规定办理相关的保险。另一方面，政府应引导和推动影视行业的自我管理，如通过建立演艺工会组织以维护演职人员的合法权益。工会组织可以集合个体的力量以维护群体的利益。在一些影视产业发达的国家和地区，通常就有演员工会等组织存在。例如英国、美国和中国香港的演员工会均规定，所有剧组必须为所有演员投保人身意外伤害保险，如果涉及出国拍摄，或危险场景的拍摄，还需要另外加保相应的保险，或者提高保险金额。

第三，根据市场需求提供保险产品。目前，中国影视保险产品的供给是短缺的，所谓的影视保险产品都是通用的保险产品，针对性并不强，不能满足影视行业的需求。保险行业应当借鉴国外先进经验，结合中国的具体情况，开发和完善中国影视保险产品，例如，引进在国外已经成熟的完工险等。

第四，发挥中国出口信保的带头作用。中国出口信保应该积极贯彻国家政策，支持中国影视产品的国际化发展和竞争。例如，为影视产品出口提供创新型保险服务；延长风险管理链条，加大支持力度；为影视企业提供信用风险管理服务，构建信息服务平台，等等。

12.4.5　取消电影审查制度，实行电影分级制度

1. 发达国家的经验

近年来，有关取消中国电影审查制度的呼声日益高涨。在影视业发达的国家，电影审查制度早已成为过去式，取而代之的是电影分级制度。

美国电影分级制由 1992 年成立的美国电影协会(MPAA, The Motion Picture Association of America)制定。主要分为：G 级(GENERAL AUDIENCES All ages admitted)，即大众级，所有年龄均可观看。该级别的电影内容可以被父母接受，影片没有裸体、性爱场面，吸毒和暴力场面非常少，对话也是日常生活中可以经常接触到的。PG 级(PARENTAL GUIDANCE SUGGESTED Some material may not be suitable for children)，即辅导级，建议在父母的陪伴下观看，有些镜头可能让儿童产生不适感，该级别的电影基本没有性爱、吸毒和裸体场面，即使有时间也很短，此外，恐怖和暴力场面不会超出适度的范围。PG-13 级(PARENTS STRONGLY CAUTIONED Some material may be inappropriate for children under 13)，即特别辅导级，不适于 13 岁以下儿童，13 岁以下儿童尤其要有父母陪同观看，一些内容对儿童很不适宜，该级别的电影没有粗野的持续暴力镜头，一般没有裸体镜头，有时会有吸毒镜头和脏话。R 级(RESTRICTED Under 17 requires accompanying parent or adult guardian)，即限制级，17 岁以下观众要求有父母或成人陪同观看，该级别的影片包含成人内容，里面有较多的性爱、暴力、吸毒等场面和脏话。NC-17 级(NO ONE 17 AND UNDER ADMITTED)，17 岁以下观众禁止观看，该级别的影片被定为成人影片，未成年人坚决被禁止观看。影片中有清楚的性爱场面、大量的吸毒或暴力镜头以及脏话等。

韩国电影崛起的一个重要原因也是因为韩国取消了电影的政府审查制度。20 世纪 90 年代初，韩国独立导演金东园、赵成丰因放映电影《红色》被抓，韩国非官方性质的最高电影主管机构韩国电影振兴委员会出面协调其与政府之间的矛盾，此事件最终促成了韩国取消电影审查制度。1996 年 10 月 4 日，法庭宣布韩国政府机构电影公映伦理委员会的审查违反宪法，结束了 70 多年的电影审查制度。1998 年，韩国正式取消了“电影审查制度”，以电影等级制度代替。电影的等级由民间组织“影像物等级委员会”进行评级，对色情、恐怖、政治等题材不再限制，总体上将电影分为 5 个等级：一级全民皆宜，所有年龄的观众都可以观看；二级适合 12 岁以上观众观看；三级适合 15 岁以上观众观看；四级适合 18 岁以上观众观看；五级限制放映，该等级电影只能在“限制上映馆”里上映。对限制上映馆，禁止所有除影院之外的广告，如果违反禁止青少年出入的条款，可能被判处 3 000 万韩元以下的罚款或 3 年以下徒刑。等级分类制度为韩国电影制作提供了更广阔的空间，韩国电影创造力受到极大鼓舞，韩国电影人可以涉足过去禁止进入却又为人所关注的领域，如《生死谍变》《共同警备区》《实尾岛》等讲述南北韩关系的电影都获得巨大成功，韩国电影分级制为韩国电影顺利销售海外做出了巨大贡献。

2. 呼吁中国电影分级制度的建立

电影分级制度为电影作品的审查提供了一个基本标准和参考。而在中国，电影审查并没有一个文本规则可参考，电影电视能不能通过审查都是靠政府审查委员的经验及当前的政策方向来把握。毫无疑问，不适当的电影审查制度已经影响到了中国电影的创作，使电影题材局限在狭小的领域中。在电影行业内，取消电影审查制度的呼声日益高涨。取消电影审查制度无疑对中国电影的发展是一重大推动，韩国著名导演姜帝圭曾说，如果中国以电影分级制取代审查制度，那么中国电影的发展力量能够让韩国电影导演感到害怕。

中国的影视审查制度相当严格，中国 2004 年共拍摄 400 多部电影，能公映的影片还不到一半，很多好作品通不过政府的审查，大大限制了中国电影产业的发展。为了促进中国电影产业的进一步发展，中国需要学习美国、韩国等国家建立的电影分级制度方面的宝贵经验，结合中国国情，建立新的电影制度，进行电影评级。只有这样，电影才能满足不同消费者的需求，并可以对未成年观众和成人观众区别服务，真正做到保护未成年人的利益，使社会主义文化产业的发展适应人民群众日益增长的文化需求。该制度的施行也可以促进引进更广泛题材的电影，由此国内导演可以学习国外导演的优秀成果，吸取精华，提高自己的能力。电影分级制度的建立也有利于促进国内电影票房的增长，保持国民经济的增长。除此以外，电影分级制度可以树立一个电影评判的基本标准，改变以往电影审查制度中难免掺杂主观情绪的评判，提高审片效率。在制定分级制时，要参考美国等国家的经验，也要考虑社会学、人类学、心理学等各方面的社会发展因素，要考虑观众的年龄、文化水平、所在地域、城乡差距等各方面问题，并且也要考虑到分级后的审查工作以及保障体制的建立，例如进入影院可以通过检查身份证的方式来确定观众是否适合观看等。

综上所述，参考美国和韩国等影视贸易大国的经验，在税收政策、投融资渠道拓展、财政支持、出口保险、革新电影审查制度等方面进行自我修正和完善，一定可以使中国影视产品贸易的发展加快，在国际竞争中占据一席之地。

12.5 本章小结

本章的初衷是提供一个关于中国影视产品贸易发展对比分析的文本解读。影视产品是公众喜闻乐见的文化娱乐形式，也是文化产品中最具生命力和活力、最能体现竞争力优势的部分。就诸多“文化强国”而言，其在发展影视产业上并不具备“压倒”中国的比较优势，但其影视作品强势的表现却让我们惊醒，相似的发展模式、相似的文化底蕴以及远小于中国的国内市场规模，却产出了制作优良的影视作品，其中的原因值得我们深思。

第13章　中国文化贸易发展的对策与建议

中国共产党十七届六中全会通过了《中共中央关于深化文化体制改革　推动社会主义文化大发展大繁荣若干重大问题的决定》(以下简称《决定》),《决定》明确提出要大力发展中国文化产业，将中国文化产业打造成为国民经济支柱性产业，推动其成为中国新的经济增长点、中国经济结构战略调整的重点。大力发展文化产业不仅有利于中国经济发展方式的转变，而且在开拓中国国际文化市场、提升中国文化"软实力"与发展服务贸易外包等方面发挥着积极的作用。文化贸易作为中国文化"走出去"的重要方式，在推动一国文化"软实力"和文化国际竞争力方面有着举足轻重的作用。随着中国加入WTO、中国对外文化领域的不断开拓以及提升国家文化"软实力"战略的提出，中国文化贸易在近些年得到了快速的发展，文化贸易整体发展速度超过了世界文化贸易的平均水平，中国文化"软实力"明显提升。在以文化为标志的新一轮国际竞争中，如何实现中华民族文化的伟大复兴，提升中国在政治、经济、文化等领域的整体竞争实力，改变国际社会对中国的旧认识，在世界市场上树立起形象上更加亲和、道义上更具有感召力的形象，成为中国文化贸易发展之根本所在。因此，全面把握现阶段中国文化贸易发展存在的主要问题，探索出符合中国基本国情的文化贸易对策与建议，将对新时期中国文化贸易发展战略具有深远的意义。

13.1 中国文化贸易发展中的问题

随着中国文化领域的开放逐渐深化，文化“走出去”的步伐不断加快，近些年中国文化贸易进入快速增长的阶段，与此同时，中国文化贸易的产品结构、国际市场分布、文化贸易结构以及行业结构也在悄然变化着。值得注意的是，尽管中国文化贸易取得了快速发展，但同中国传统的货物贸易一样，在快速增长的贸易总量背后，中国文化贸易仍然存在着许多值得深思并有待解决的问题。其中，中国文化贸易的“不平衡”、文化产品缺乏中国特色与原创力、文化贸易融资难等现象成为近些年中国文化贸易发展中最突出的问题。因此，本节将对中国文化贸易发展中存在的问题进行总结与归纳，从而找准中国文化贸易未来发展的定位，制定相应的对策与建议，进而实现中国文化贸易的快速发展，使之成为中国经济发展方式转变的重要支柱，发挥其在文化、政治、经济等领域的重要作用。

13.1.1 文化贸易特色不鲜明，缺乏文化原创力

作为文化贸易的载体，文化产业是指通过商业化和工业化方式所进行的文化制品的生产、再生产、供应和传播。随着信息技术的快速发展以及产业边界概念界定的模糊，消费者对文化产品与服务的需求呈现多样化、个性化和时尚化趋势。特别是随着新媒体技术的快速发展，传统的文化产业发展很难适应快速增长的文化市场需求。加快中国文化贸易快速发展，必须改变过去固化的、稳态的发展模式，取而代之的是不断变动的创新策划、创意设计和创意营销。因此，我们必须强调文化产品本身的全面创新，注重内容为王的发展理念，重视文化产品自身的特色。中国文化产品进入世界市场的时间尚短，与世界发达国家相比，中国文化企业在整体策划创新能力、市场拓展能力、文化产品生产成本控制、产品营销分销等方面都存在很

大的差距，没有能力将中国特色文化转化为中国独有的文化竞争力，以全面地参与世界主流文化市场的竞争。此外，一些世界文化巨头企业凭借自身在世界文化市场的影响力，将其自身的文化产品标准设立为全球文化产品标准，从而阻碍了中国文化产品的对外输出。对于中国而言，未来如何创造具有中国特色的文化产品将成为中国文化贸易发展的关键。

13.1.2 文化贸易缺乏龙头企业与知名文化品牌

由于受到国家的严格管控，目前，中国文化企业的改革步伐明显落后于其他产业部门，中国大部分文化事业单位仍处在从事业单位向企业转型的阶段，自身的竞争实力有待改进。此外，中国正处于文化体制改革的初期，要想建立起中国特色的社会主义新型文化体制仍需要一段时间。处于转型时期的中国文化企业，正在市场经济环境里摸索中发展。受传统思想的束缚，中国文化企业重视生产表状态、获奖式产品，忽视文化市场的需求，导致中国文化产品的生产及营销无法适应当今国际文化市场多样化、个性化、时尚化的需求。此外，中国文化企业过于重视文化产品的交流功能，而忽略文化产品的经济价值与功能。同时，中国文化企业的文化产品生产大部分仅停留在模仿阶段，而忽略了对文化产品的深度挖掘与创新，导致在文化贸易领域中缺乏龙头企业，没有较多具有中国文化特色的产品，没能形成品牌示范效应，在国际文化市场的影响力较弱。

13.1.3 文化贸易缺乏融资担保机制，文化企业普遍存在融资难问题

对于中国中小文化企业而言，目前获得资金支持的方式主要还是商业银行借贷，文化企业只有向商业银行提供资产抵押或担保方可获得相应数额的贷款。但是，由于文化企业自身轻资产的特点很难提供一定数额的资产抵押或担保，加之目前中国金融机构对文化企业缺少深入的认识，缺少非常准确的对中

小文化企业资产价值的认识，造成中国在文化类资产的知识产权评估方面的不健全、中国文化领域融资担保机制的不完善，产生文化与金融在对接中的破裂。另外，政府部门、财政部门和政策性金融部门在对文化企业的资金支持的审批程序上过于严苛，政策导向主要集中在那些已形成一定规模的文化企业。然而，我们应该看到的是一些中小文化企业有着社会效益非常好的文化作品，但资金的缺乏成为它们发展的瓶颈，造成中国文化企业普遍存在着融资难问题，阻碍了中国文化产业的发展，限制了中国对外文化贸易的发展。

13.1.4 文化企业整体科技实力较弱，缺乏竞争优势

科技创新是中国文化贸易竞争能力提升的重要引擎，文化与科技的融合与创新在促进一国文化贸易发展方面起到了重要作用。很多文化产业发达的国家，如美国、日本都十分注重科学技术在文化产品生产中的应用，将科学技术融合于文化之中，使之成为进一步推动文化贸易发展的重要动因。相比之下，中国文化企业的相关科技水平较为落后，文化与科技并未实现真正意义的融合，文化产品整体缺乏科技创新，不仅阻碍了中国文化产业竞争力的提升，而且也限制了中国文化贸易的进一步发展。以中国影视贸易为例，中国电影行业、演出行业在影片、节目制作以及后期加工处理方面仍然停留在传统的技术手段，和发达国家的技术水平存在着较大的差距。2010 年，美国动画电影《阿凡达》掀起了一场数字电影的革命，连续创造了票房奇迹，其中科学技术创新与艺术表现效果的融合成为该部电影取得成功的关键。3D 虚拟影像技术的应用不仅呈现出更具深度的场景效果，同时也带给了观众视觉上的盛宴，成功地开辟了 3D 电影的新里程。

13.1.5 文化贸易发展“不平衡”

目前，中国文化贸易发展存在着“不平衡”现象。从中国文

化贸易整体水平来看，根据联合国贸发数据库的统计(UNCTAD)，2002—2011年，中国文化贸易增长了近2.9倍，且保持着文化贸易顺差，从2002年的349.86亿美元发展到2011年的1 352.24亿美元。其中，中国文化产品的出口总额远远大于中国文化产品的进口额，存在着大量的文化贸易顺差。值得注意的是，中国文化贸易中大部分出口均集中在文化内容含量较低的劳动密集型产品，如乐器制造、胶片录像带、手工艺制品等，如果以文化内容含量较高的核心文化产品为统计口径的话，更能体现中国文化内涵和文化价值观的核心文化产品贸易额度却处于较低的发展态势。例如，2012年中国核心文化产品贸易总额仅为117.53亿美元。从中国文化贸易出口结构来看，中国文化贸易出口中占比较高的是设计类产品，设计类产品在中国文化贸易中的比重每年均在70%以上。除了设计类产品，手工艺产品、新媒体产品和视觉艺术品在中国文化产品出口中占比分别为10%、5%～10%之间。

然而，上述文化产品均属于低附加值、低文化内容的劳动密集型产品，其根本的比较优势主要是来源于中国低廉的劳动力，而非中国深厚的历史与文化底蕴。相比之下，那些能真正反映中国核心文化竞争力的文化产品，如表演艺术、影视媒介与出版物等占比相对较小，三者之和不足3%，说明中国文化出口贸易在贸易结构方面存在着严重的不平衡。最后，从中国文化贸易区域结构来看，贸易区域结构主要体现了一个国家出口商品和进口商品的主要来源，反映了一国与其他贸易往来国家或地区的对外贸易的关联度。目前，中国文化贸易的贸易区域结构相对比较集中，主要以部分高收入发达国家和地区为主。以2012年为例，中国核心文化产品贸易进口主要集中在美国、日本、中国香港、德国、韩国、英国、澳大利亚、印度，其中，日本、美国成为中国核心文化产品贸易进口的主要来源地。值得注意的是，在产品进口方面，只有印度属于发展中经济体，其余均属于发达经济体。在核心文化产品贸易出口方面，中国核心文化产品贸易出口流向仍然以发达国家及高收入地区为主，2012年，中国核心文化产品出口贸易伙伴排在前十位的国家和地区是美国、日本、中国香港、德国、韩国、英国、荷兰、澳大利亚、阿联酋、新加坡。其中，美国、日本仍然是中国核心文化产品贸易的两个最大出口国。通过上述分析，我们不难看出，中国文化贸易流向过于集中在发达国家和地区，造成了中国文化贸易区域结构分布的不平衡。

13.2 中国文化贸易发展的对策

13.2.1 优化文化产业结构，加强对新型文化业态产业的建设与培育

从中国文化贸易发展的结构来看，目前中国文化贸易的总量较大，但中国文化贸易产品的内部结构呈现出不平衡状态。具体来看，视听、新媒体、表演艺术类文化产品与服务在中国整体文化贸易中占比相对较小。若从文化产品核心竞争力的角度看，上述产品均是最具备文化传播能力的文化产品，在一国文化“软实力”的提升以及推动一国文化“走出去”方面均具有重要的影响力。一国文化贸易的产品结构说到底是和一国文化产业结构与产业基础密切相关的，它反映了一国文化产业的结构，是一国文化产业竞争实力的具体体现。作为全球制造业大国，近些年，中国凭借自己廉价的劳动力，在手工艺、设计类文化产品方面具备一定的比较优势。然而，值得注意的是，上述产品均属于劳动密集型与资源消耗型的传统文化产业。从长期的角度看，以资源消耗为代价的文化产业与中国经济发展战略是相互违背的，不利于中国经济的可持续性发展。

党的十八大报告指出：“促进文化与科技融合，发展新型文化业态，提高文化产业规模化、集约化、专业化水平。”所谓新型文化业态产业是指借助互联网和数字技术支持而衍生出来

的与文化产品和服务相关的文化业态。具体来看，新型文化业态产业是将高新技术应用于文化产业中的产物，它通过利用数字技术、软硬件技术，对影像、图片、数字、语音等内容进行深度加工与整合，通过数字化创作、编辑、生产创作及传递，向消费者传递多方位、多层次的文化产品。同传统文化产业相比，新型文化产业摆脱了对资源与劳动力的过分依赖，是一种利用现代高新技术手段发展起来的创新型、综合型的文化产业，符合中国文化产业的长期发展战略，有利于中国文化产业结构的优化，对于推动中国文化贸易的发展具有重大意义。

1. 加强科技与文化的深度融合

文化创新的核心在于科学技术的创新，特别是对于新型文化业态产业而言，作为文化产业与高新技术结合的产物，科学技术的创新对新型文化业态产业的建设与培育具有重要作用。高新技术与文化产业之间的渗透与融合不断加速，传统的文化产业正逐渐衰退，新型文化业态产业的快速发展成为优化文化产业结构、推动文化产业发展的重要动力。然而，目前中国文化产业在与科学技术融合方面仍存在一系列问题。从二者发展水平来看，中国文化产业正处于发展初期，整体实力较弱，同与文化相关的高新技术产业相比具有很大差距，短时间内两者很难做到深度地融合。从行政管理的角度，由于中国文化企业和高新技术企业分别由不同的部门进行管理，这就造成了行业之间交流的障碍，制约了文化与科技的融合。从文化产品本身来看，目前中国大部分文化产品仍处于模仿阶段，文化产品缺乏创新，产品缺乏深度，文化含量较低，造成了低文化与高科技的悬殊局面，两者很难有效融合。

基于上述分析，未来中国政府在促进文化与科技融合方面应做好如下工作：中国政府应推动建立新兴文化产业的科技创新平台，通过国家政策的引导与支持，建立专业化的文化科技的研发机构、文化与科技深度融合的文化科技研究中心等相关机构，加强文化科技的创新，突破并掌握新型文化业态领域中的核心技术，加快文化科技成果的转化，提升新型文化产业的产业化速度。在新型文化业态科技创新体系建设中，应始终坚持政府引导与支持，构建以政府为主导，文化企业为主体，市场为导向，政产学研相结合的新型文化业态产业科技创新体系。加大对文化企业的政策扶持力度，以文化科技创新为动力，加大对文化企业在管理与技术创新方面的培育力度，转变文化产业发展方式，全面提升文化企业的整体竞争实力，以减少文化与科技之间的融合阻力，充分发挥文化与文化产业创新的引领作用与核心驱动作用。

2. 加强国家对新型文化产业的引导与支持

产业的发展需要国家的引导与支持，特别是处于初始阶段且拥有高附加值的产业，文化产业也不例外。政府通过出台一系列相关政策，可以有效地引导文化产业的发展方向，优化文化产业的发展环境，保持文化市场良好的运行秩序，促进文化资源的整合、保护与开发。同欧美发达国家相比，中国文化产业正处于发展的初级阶段，特别是对于新型文化产业来说，整体的科技水平相对较为落后，产业创新能力较低，新型文化业态型文化企业普遍缺乏核心竞争力。在文化产值方面，虽然目前中国没有对新型文化产业进行专项统计，但从中国文化产业相关产值来看，2011 年中国文化产业附加值为 13 479 亿元，占全年 GDP 的比重仅为 2.85%，可想而知，作为文化产业中的一种新型文化业态产业，该产业在 GDP 的比重更是微乎其微。

再来分析欧美的相关数据，欧美发达国家的新型文化业态产业占 GDP 比重已达到 12%～18%，单从新型文化业态产业的角度来看就已经超过了中国文化产业整体占 GDP 的比重。

因此，政府的政策引导与扶持是中国优化文化产业结构、发展新型文化业态产业的重要途径。

第一，着力打造新型文化业态产业基地，培育优质的新型文化业态企业。

目前，中国在全国主要地区建立了不同层面的文化示范产业园区和基地，基本形成了以国家级文化产业示范园区和基地为龙头，以省市级文化产业园区为骨干，以各地特色文化产业群为依托的文化产业基地格局。但从文化企业的角度来看，大部分园区中的文化企业缺乏创新性，使得中国大部分文化产业园区和基地呈现“有产业而无文化”的局面，这里的“文化”主要是指有中国民族特色的文化。因此，未来中国政府应该加大对新型文化业态产业园区和基地的建设与打造，推进传统文化产业园区和基地的转型，加大培育新型文化业态园区中龙头企业的培育，实现新型文化产业中科技与文化的深度融合。

第二，构建新型文化业态产业链，创造完善的文化市场竞争环境。

作为文化产业的一种全新的产业模式，目前中国还未形成真正的新型文化业态产业链。因此，未来中国政府应该打破文化部门与科技部门之间的界限，实现真正意义的文化与科技融合，构建起高技术含量的新型文化业态产品的创意、生产、传播、营销和消费的综合体系，促进新型文化业态上、中、下游企业的均衡发展，形成一条具有高附加值的新型文化业态的产业链条。此外，中国政府应该加大对新型文化业态产业中微观机制的创新，加大对从事自主研发企业的支持与奖励，加快不同文化企业之间资源的有效整合和各类新型文化生产要素的聚集，实行集团化的发展战略，提高新型文化业态企业的集约化程度，增强新型文化业态企业之间的专业化分工和互动合作，最终实现新型文化业态产业的整合发展。

在文化市场环境的营造方面，中国政府应该完善与新型文化业态产业有关的法律与法规，为培育新型文化业态产业创造良好的法律环境。在市场运营方面，政府还应规范文化市场环境与秩序，完善市场机制，给予企业更多的自主经营权，减少不必要的行政干预。在资金方面，政府应该增加对文化产业的财政投入，制定相关的优惠政策，如在土地使用、税收减免、资金投入以及人才引进等方面的政策导向，积极引进金融资本，实现文化、科技与金融三者的深度融合，为中国新型文化业态企业提供更多的资金支持。

第三，打破政府的行政垄断，文化体制改革助推新型文化业态的发展。

赛缪尔·亨廷顿等曾在《文化的重要作用——价值观如何影响人类进步》一书中提到“政治可以改变文化，使文化免于沉沦”。这句话说明了文化管理体制改革在文化中的重要作用，文化体制改革需要我们理顺政府与文化企业、文化中介之间的联系，进一步完善政企分开、管办分离、政事分开，弱化政府的行政干预，强化政府在文化领域的宏观调控、市场监管、社会服务等方面的作用，建立起职责明确、操作有序、高效统一的宏观调控体系。然而，值得注意的是，目前中国政府对文化领域的管理仍然存在着许多的不足，阻碍了中国文化贸易的发展。具体来看主要有如下问题：第一，政府对文化行业的行政干预依然过多，特别是在微观层面上的干预过多，严重阻碍了文化企业发展的积极性；第二，政府在对文化产业宏观调控方面能力较弱；第三，在处理来自国外强势文化冲击和承受力方面处于劣势。上述政府职能上的缺陷严重阻碍了中国从传统文化产业形式向新型文化业态产业的转变，也不利于中国文化贸易实现跨越式的发展。因此，未来中国政府应该打破在文化领域的行政垄断，突出政府在文化领域的主导作用，积极发挥其对文化领域的宏观调控功能，尽量避免对文化企业的行政干预，通过文化体制的改革来进一步地推进中国新型文化业态的发展，推动中国文化贸易的发展。

13.2.2 增加文化产品的发行渠道和营销渠道，培育多元化的文化出口市场

中国加入 WTO 以后，给中国文化企业带来的不仅仅是国外大型文化企业集团的挑战，同时也带来了国际文化市场的种

种机遇。同国外企业相比，博大精深的中国文化是中国文化企业拥有的最大的竞争优势。对于文化大国的中国来说，未来如何立足于本国民族特色的文化，将中国民族的特色文化传播到世界各地，特别是那些不了解中国文化的西方国家，成为中国文化“走出去”的重要任务。作为文化传播的载体，文化产品与服务以国际贸易的形式将一国文化传播到世界每个角落，其中文化产品的发行与营销作为国际文化贸易中的重要环节，对于中国文化贸易的发展具有重要意义。

以前中国“文化”并没有成为一项产业经营，而是看成一项“文化事业”，市场化程度十分欠缺。从文化产品发行和营销角度来看，由于中国文化产业刚刚起步，产业运作资金和管理经验有限，真正能从事文化贸易的推广与营销的机构相对较少，文化贸易的境外推广与营销网络尚未成熟。目前，中国文化产品的出口主要有两个渠道：一是通过国内国外文化产业博览会如深圳文博会；二是通过外国发行公司代理。这两个渠道在推广中国文化产品方面有一定的效果，但仍有一定的局限性。因此，总体上来看，中国企业应该采用多种营销方式，如直销、代理、合作营销等，来迅速拓宽中国文化产品与服务的推广与营销渠道。此外，中国企业也应在理顺自身传播渠道的基础上，通过对现有产品与服务推广与营销的整合，实现各类营销渠道的协调与配合。具体来看，一方面，中国可以利用其他产业已有的相对完善的境外产品推广与营销网络，如工业制成品的国际营销网络来获取信息或扩大中国文化的国际影响力，扩展中国对外文化贸易。另一方面，中国政府应当鼓励国内文化企业组建自己的专业化海外营销机构或收购国外现有的海外发行公司来推动本国文化产品的出口。同时，还可以依托其他行业有实力的跨国公司已经建立的海外网络营销渠道进行文化贸易的增值服务。最后，中国政府应加强对营销网络的管理，重视对文化产品与服务知识产权的保护，避免在推广过程中盗版的产生。

从文化贸易出口市场来看，中国文化贸易出口市场主要集中在下述三个地区：第一，东亚地区、东南亚地区以及中国周边地区。在这些地区中，中国文化贸易的出口主要集中在日本、韩国和部分东南亚国家，如马来西亚、新加坡等。这些国家与中国地理相邻，同处于儒家文化圈，使得中国文化产品在这些国家中“文化折扣”相对较小，这些国家对于中国文化存在着一种长期的认同感。因此，在长期的文化贸易往来中无形中增进了对双方社会与文化的理解，使得这些国家和地区的消费者彼此接受对方国家的文化。第二，美国、欧盟等西方发达国家。虽然中国文化贸易合作伙伴以发达国家居多，但从文化产品结构来看，除了文化核心产品外，中国向欧美等发达国家出口仍然以与文化相关的产品为主，即劳动密集型的非核心文化产品。从历史上看，美国、欧盟等国家在过去的两次世界大战之中，与中国的关系均是殖民者与被殖民者的关系，这些国家在现代化进程中都是以殖民者的身份出现的。所以，正是由于上述截然不同的历史与文化背景，使得中国的文化产品与服务很难像在东亚国家那样更容易被接受，因为在上述国家眼里，只有它们才是世界的中心。第三，诸如非洲的一些发展中国家。这些国家由于经济水平相对较低，文化消费较少，难以形成具有一定规模的文化消费市场。特别是对于中东、南美地区的国家，除了文化背景的差异外，这些国家文化市场还存在着种种壁垒，阻碍了中国文化贸易对这些国家的出口。文化贸易出口过度集中限制了中国文化“走出去”的范围。文化“走出去”目的是要实现不同地域、不同国家之间文化的交流与沟通，让世界更好地了解中国文化，中国出口市场的过度集中限制了中国对外文化传播的深度与广度，同时也阻碍了中国文化“走出去”的步伐。必须看到的是，虽然中国文化产品与服务在日本、韩国以及其他东南亚国家得到了一定的接受与认同，也形成了一定的消费群体，但这些国家和地区不仅文化市场规模有限，而且还存在着诸多来自美国、欧盟的文化贸易的竞争者，从一定意义上来说，会削弱中国文化传播的速度。欧美等发达国家虽然成为中国文化贸易的主要贸易伙伴，但由于文化认同程度较低，导致反映中国核心文化的文化产品与服务无法被这些国家真正地接受。中俄两国作为邻邦国家，多年来一直保持着良好的外交关系，中国文化产品在俄罗斯也有着很大的开拓空间。因此，中国不应该把文化贸易出口仅仅集中在这些文化亲近的国家，应该进一步开拓文化贸易的区域范围，着力培育多元化的文化出口市场，推动中国文化在全球的传播。

13.2.3 加强文化产品的创新，减少“文化折扣”

创新的概念是熊彼特在其成名作《经济发展理论》中提出的。在书中，他将创新定义为新的生产函数的建立，是企业家对企业要素实行新的组合。根据熊彼特的定义，新产品生产、新技术或新的生产方法应用、新的市场开辟、原材料供应来源的发现与控制、新的生产组织方式的执行等，都应包含在创新的范畴之内。赵有广(2012)在《文化产品生产方式创新研究》一书中以熊彼特的定义为基础，将文化产品创新定义为在市场机制作用下，充分利用现代科学技术发展条件，有效地整合各种资源，不断进行机制、体制调整，最大限度地调动文化产品生产者的积极性、创造性，以生产出更多满足消费者需求的文化产品，从而获取最大的经济收益和社会效益的活动。

创新是一个民族的灵魂，为一个国家的经济发展提供了源源不断的动力，同样也是一国文化“走出去”的根本所在，是提高一国文化贸易的国际竞争力的重要途径。发展一国文化贸易不仅需要创新的文化理念，更需要的是在创新的文化理念指导下真正地实现一国文化产品与服务的创新。创新的文化理念与文化产品、服务的创新活动的相互结合将成为一国文化走向世界的动力，也将成为一国文化贸易发展的核心。因此，如何将创新的文化理念转化成创新活动，成为文化贸易发展的关键所在。然而，在中国的文化贸易发展中最突出的问题之一就是中国的文化产品的生产缺乏本国的原创性与创新性，中国大部分文化产品仍处于模仿阶段，原创能力较低，缺乏文化产品内容性的打造，特别是对中国民族特色文化形象的树立与打造。此外，知识产权观念的淡薄，知识产权保障机制不健全，也从一定意义上阻碍了创新实践活动的发展，抑制了企业从事创新活动的意愿。文化产品创新的主体是企业和创作者，因此，若想提高本国文化产品的创新，势必需要从以上两个主体上下功夫。

从企业层面来看，中国文化企业在进行文化产品生产的过程中，应立足于本土的传统文化，充分挖掘中国丰富的文化资源，设计出具有鲜明中国文化特色的产品。一个国家的文化产品只有让外国人能看得懂，能够理解，才可能让对方喜欢，从而产生对文化产品的消费行为。因此，在文化产品的生产过程中，中国文化企业应该吸收并借鉴国外先进的文化，借用国外观众熟悉的文化样式，融入具有中国特色的本土文化、文化样式等，以此生产出更富有文化内容、文化创意且又能迎合国外文化消费者需求的文化产品。例如，美国好莱坞曾经以《宝莲灯》《花木兰》等中国古代神话、故事为题材，利用好莱坞自身的科技、资本、营销等方面的优势，在不失原著本意的基础上对上述作品进行了创新性打造，成功地打入了中国市场。

此外，随着互联网、多媒体等大众传媒的快速发展，整个社会的文化传播载体与传播方式正经历着一场深刻的变革，以电子传播、网络传播移动新媒体为主导的新型传播与传播工具纷纷涌现。各式各样的新型媒体传播媒介为文化产品的创新、共享与交流提供了虚拟组织的最好平台。互联网和多媒体技术的发展改变了以往单向、静止、平面的文化内容表现形式，使其表现形式向着交互、立体、跨媒体乃至多线索方向进行转变，使得文字、图像、语音、影像等原来以不同形式表达的文化内容得到了整合与统一。完全自由、平等的互联网平台也让每一个人都成为潜在的文化产品创造者，为他们提供了文化创造的公平机会，自助出版系统、按需印刷等技术也大大降低了文化作品出版的门槛。同时，互联网和网络应用技术的发展使得大规模的协作创造内容成为可能，改变了以个体或团队为主体的创作模式。因此，对于中国文化企业而言，未来应该借助新型的传播媒介，提高对文化产品创作过程中科技的投入，加大对文化产品内容的创新，打造主流的文化产品，加大文化产品的服务模式的创新，不断提升中国文化传播中的时效性、先进性和生命力。同时，互联网的便捷性也为许多从事写作活动的人提供了发挥自己专长的平台，为文化产品的生产企业提供了更好的材料来源。文化企业可以与这些作者签约，以保证自己能够得到更加具有原创性、创新性的文化产品。

从创作者层面来看，内容作为文化产品的灵魂，不可能像商品一样进行批量生产，每一件文化产品都是独特的。同我们生活中的衣食住行不同，诸如影视作品、书籍等文化产品，除非特殊原因，消费者一般不会进行重复观看与阅读。因此，文化产品内容的独特性，决定了该产品是否能够吸引到消费者，是文化产品创新的核心环节。作为文化产品的创作者，要想创作出好的文化作品，必须具备一定的思想深度，所以如何使得创作者成为有思想的创作人成为中国文化产品创新的重点。思想家应该具备如下四种权力：意识形态的话语权、思想方法的主动权、先进文化的表达权以及表达方式的创新权。意识形态的话语权是指对主流意识形态的控制权。近些年意识形态日益显现出两大特点：一是作为新国家制度架构的观念基础而具有先导性；二是作为现代国家的“软实力”而具有核心性。对意识形态的控制权与国家的兴衰具有紧密的联系，而文化产品在掌握意识形态的话语权方面，具有不可替代的作用。在文化产品的生产过程中，思想方法的主动性往往具有重要的作用。文化产品的生命力就在于对文化产品核心内容的不断创新。如果没有一套有效的思想方法，总是将过去陈旧的东西进行翻来覆去的炒作与翻拍，那么，整个文化产品也就失去了自己的核心竞争力，最终会被市场淘汰。从文化产品内容来看，先进的文化是文化产品内容的重要表现，因此，如何将先进文化合理地表达出来对于文化产品的创新同样具有重要意义。未来我们应该加大对文化创作者在先进文化表达权方面的培养，使得更多中国先进的文化能够以文化产品的形式有效地传播出去。最后，表达方式的创新是指努力探索、充分想象，寻找出或者设计出更好的表达产品内容的方式，使得自己文化产品变得与众不同，得到公众的认可与接受。表达方式的创新不仅是技术上的创新，而且是艺术上的创新。因此，未来我们不仅需要加大与文化产品有关相关科学技术的投入，还需要创作者加强自身的艺术修养。

除了上文所提及的文化产品创新外，“文化折扣”也成为制约中国文化贸易发展的重要因素。所谓“文化折扣”是指由于文化差异与文化认知程度的不同，受众群体在接受陌生的文化产品时，其对文化产品的理解、兴趣等能力方面会大打折扣。一般而言，“文化折扣”的产生主要是由以下几个因素造成的：文化背景与审美预期、历史传统和语言。除了与周边国家如日本、韩国等国家处于同一个儒家文化圈外，中国与美国、欧洲等西方发达国家之间无论从语言、历史还是文化方面均存在着较大差异，如何有效地减少和化解“文化折扣”成为中国文化贸易发展的又一关键任务。具体来看，首先，我们应该采用本土化与国际化结合的方式，降低“文化折扣”，即坚持以本土文化为起点，吸收并借鉴国际化的诸多元素，生产出既具有本土化特色又与国家化接轨的文化产品。在国外经验借鉴方面，我们应该借鉴和平、奋斗、平等、爱情等人类发展的永恒元素，妥善处理传统文化资源与西方文化资源之间的差异，减少不同文化之间的距离。其次，应借助外国观众熟悉的文化样式，融入中国传统文化、艺术样式等内容，以此降低“文化折扣”。我们可以根据每一个地区或国家居民所熟悉的文化产品，以这类文化产品为载体，融入中国文化的内容，赋予其新的内容，以此来降低“文化折扣”。最后，选用“文化折扣”程度较低的文化产品类型，来降低“文化折扣”。例如，在影视方面，中国最早在商业上取得成功的主要以动作片为主，如曾经获得奥斯卡奖的《卧虎藏龙》。这说明与其他类型的影视作品相比，中国的动作片和武侠片中所存在的“文化折扣”相对较低。因此，未来中国应该以武侠片和动作片为龙头，以此带动中国其他方面的影视作品“走出去”。

13.2.4　注重文化品牌的塑造，增强中国文化企业的国际影响力

在中国文化“走出去”的过程中，对本土文化企业的打造成为提升中国文化软实力、促进中国文化对外传播的关键环节。2006 年中共中央、国务院出台了《关于深化文化体制改革的若干意见》(以下简称《意见》)，《意见》强调要将中国文化体制改革上升到提高中国综合竞争力的战略高度上来，并进一步指出：在经济全球化的今天，文化与经济、政治相互交融，文化在一国综合竞争力中占据了重要的地位并拥有着积极的推动作用。作为文化产业链的核心环节，文化企业上承文化产品的创作者，下连衍生产品的生产、营销渠道与市场。因此，应打造一批具有国际影响力的文化企业，培育中国文化市场的龙头企业，使之成为推动中国文化贸易发展、实施中国文化“走出去”的战略主体。

品牌不仅是一种符号结构，一种意象特征，更是企业、产品、社会的文化形态的综合反映和体现。对于现代化商品而言，品牌给企业所带来的附加值已经远远超过商品本身的价值。对于文化企业而言，品牌效应更是如此。从消费方面来看，文化消费从某种意义上来看是一种品牌的消费，它将使消费者自觉地将该品牌与文化产品或服务联系在一起，从而构成一种购买行为。例如，迪士尼主题乐园的米老鼠、唐老鸭以及芭比娃娃等产品，它们的品牌影响力所带来的经济利益已经远

远超过了该产品本身的价值。鉴于上述特征，许多文化产业较为发达的地区或国家政府在打造本土优秀文化企业的过程中，都更加关注文化品牌的塑造。例如，美国是全球文化产业最发达的国家，其文化品牌在国际上拥有最高的知名度。美国好莱坞电影占领了全球票房数的2/3，美国控制了全世界75%电视节目的生产和制作，其电视节目品牌在世界上独占鳌头。虽然美国是典型的市场型国家，一直以来主张公平贸易，但在本土文化企业的培育、本土文化品牌的塑造方面，美国政府始终都在文化企业背后予以支持。在本土文化品牌的海外扩张进程中，美国政府充分利用其在经济、政治方面的优势，积极地对本土文化品牌进行有力的扶持进而占领国际文化市场，并在文化立法、财政扶持、融资支持、政府采购等多个方面为本土文化企业提供了资金支持与法律保障。因此，在中国文化品牌的塑造、打造优质文化企业的过程中，中国政府应该做到如下几点。

第一，树立正确的品牌意识，研究并制定符合中国实际的文化品牌战略。中国政府应该引导本土文化企业树立正确的品牌意识，结合本国的具体国情，梳理中国当前具有竞争优势的相关行业，具有潜在市场实力的文化产品，特别是高附加值、高技术含量的文化产品。以此为基础，研究并制定既符合中国基本国情又符合世界文化市场需求的文化品牌战略。在文化品牌塑造方面，要明确一定时期内中国文化品牌发展的重心与目标，以文化市场需求为导向，有选择性地去扶持和培育本土文化品牌，塑造具有中国民族特色的文化品牌。

第二，加大对文化品牌塑造、文化企业培育的政策支持力度。在品牌塑造、企业培育方面，政府不仅要为中国文化企业的发展创造良好的市场氛围，还应该对中国中小文化企业进行财政、税收、信贷、技术等多方面的支持，特别是那些符合中国文化战略发展方向，拥有一定竞争实力的文化企业。长期以来，由于中国文化市场的主体都是国有文化企业，这些文化企业大部分都是提供公共文化服务的事业单位，导致中国出现有需求无市场的局面。即便是在中国大力发展文化产业的背景下，由于文化体制、法律制度等多方面的约束，使得许多中国优秀的本土文化品牌企业由于缺乏资金支持而被埋没。因此，中国政府应该对那些具有市场前景、科技含量高、有社会效益的文化品牌给予政策、税收、资金等方面的优惠。此外，对于那些已经拥有知名品牌的文化企业，应鼓励它们以资本为纽带，通过兼并、收购、合并、租赁等方式，组建文化企业集团，并帮助它们实现文化品牌企业的战略重组和上市。推动中国文化品牌向集团化、规模化的方向发展。

第三，加大对文化品牌的宣传与推广。由于政府具有较高的权威性，以政府为渠道向市场传达的信息从一定程度上可以对市场的生产者和消费者产生一定的影响。因此，由政府出面来进行文化品牌的宣传与推广成为一国塑造本土知名文化品牌，培育具有国际竞争力的文化企业的重要途径。具体而言，中国政府应该利用各类传播渠道和对外经贸活动，如举办国际文化产品展销会，主动地向消费者宣传和推荐文化品牌，提高本土品牌在国际文化市场的知名度和美誉度，以品牌为窗口，来提升本国文化企业在国际的知名度与影响力。

13.2.5　加大对中小文化企业的融资支持，拓宽文化贸易融资渠道

文化企业融资难问题已经成为当今中国文化贸易领域的一个老生常谈的问题了。一个国家只有大力发展本国文化贸易才能向世界传播本国文化，彰显本国的文化软实力。充足的金融资本推动着一国文化“走出去”的进程，为本国文化贸易的发展提供了重要资金支持。近些年，中国在影视、版权、对外演出、创意产品等文化领域的资金筹措、管理等方面的能力都是今非昔比的。除了以往政府主导的文化融资模式以外，中国文化贸易的融资模式已经呈现多样化趋势。例如，华谊兄弟投资

公司采用上市的形式来融通公司资金；对于中国部分影视企业融资难问题，国内商业银行推出版权质押的方式为上述文化企业提供融资；除此以外，还有版权信托融资模式、股份制合作融资、私募资金等多种融资方式。

国外的一些大型的文化经济实体，凭借其强大的融资优势，为本国文化企业的发展提供了巨大的资金支持，生产制作出世界一流的文化产品。以电影制片为例，2005 年美国制作一部电影的平均成本为 6 000 万美元，而中国的电影平均制作成本不到其 1%。文化资金的缺乏成为阻碍中国文化贸易发展的主要障碍。在中国文化贸易融资多样化的同时依然存在着多方面的不足，使得中国部分中小文化企业依然无法得到资金方面的融通。究其原因主要有以下几点：第一，金融担保机制的不健全。抵押贷款和担保贷款是中国文化企业获得资金支持的主要途径。但是，除了国有文化企业外，中国大部分文化企业都属于中小文化企业，固定资产数额相对较少，难以获得银行的资金支持，在很大程度上限制了中国文化贸易的发展。以中小影视企业为例，由于固定资产的数额相对较少，大部分中小影视企业普遍存在“租”的现象：影视公司的导演、演员是临时请来的，场地、道具、戏服都是临时租用的。由于固定资产数量相对较少，使得中国大部分中小文化企业可用于抵押的资产过少，导致文化企业陷入融资难的困境，一些优秀的文化产品因缺乏资金，无法真正意义上走出国门。第二，从文化企业自身来看，中国文化企业的管理者大部分都是从事文化艺术事业的人，同经济学科班出身的管理者相比，他们相对缺乏一定的投融资意识和能力，在企业资金运作方面，大部分是靠企业的自主资金支持，同时辅以少量的民间借贷。当缺乏资金的时候，大部分企业的选择依然是商业银行贷款，很少去考虑其他的融资渠道。此外，除了一些国有文化企业外，中国文化市场的主体仍然以中小文化企业为主。但这些企业普遍存在着内部管理的不规范问题。中国中小文化企业成立的时间普遍较短，大部分企业内部还没有建立起规范的财务管理体系，盈利模式不清晰，导致中国中小文化企业内部存在财务混乱、账目不清的现象，很少有中小文化企业聘请社会上专业的审计机构对其进行审计。因此，在向商业银行申请贷款时，无法提供所必需的财务资料，无法获得资金支持。第三，知识产权评估机制不健全。版权是知识产权，属于无形资产的范畴，是一种看不见、摸不着，没有实体且不具有流动性的无形资产。知识产权不像实物那样较容易地判断其自身的市场价值。以影视产品贸易融资为例，影视产品有其自身的规律，其商业模式和盈利模式均具有较大的不确定性，因此，加大了知识产权的价值的评估。对于中小影视文化企业而言，由于没有强大阵容的明星团队、世界一流的导演，将影视剧本作为抵押成为其获得贸易融资最好的方式。但正如上文所述，由于目前中国知识产权评估机制不健全以及文化市场的不确定性，导致很难准确地评估一部剧作的真实市场价值，造成文化企业融资难问题。第四，文化贸易融资门槛过高。目前，中国在产品的抵押或质押权方面的法律仍有待完善，版权抵押或质押权作为无形资产变现能力较差，投资周期相对较长，加之文化市场的不确定性较大，无疑增加了中国文化贸易融资的风险。因此，中国商业银行在对文化贸易融资方面十分注重对融资风险的控制。以影视产品贸易融资为例，一般而言，银行在决定是否贷款方面经常考虑下述几点：影视作品是否有可靠的资金来源，影视集团的固定资产，是否有知名的导演和明星加盟等因素。因此，这就对中小文化企业获得贷款提出了更为严苛的条件。此外，从政府专项扶持资金的角度来看，目前中国文化产业政府的专项基金仍然是在试点运营阶段，以文化部和中国进出口银行签订的《关于扶持培育文化出口重点企业、重点项目的合作协议》为例，一般获得政府专项资金支持的企业都要经过当地文化行政部门的申报，由政府组织相应的专家和业内人士进行评选而选出，企业或项目的市场表现成为评选的重要依据，而中国文化企业大部分以中小企业为主，由于受其规模和效应的影响，目前还难以大范围普及。

因此，未来中国政府应该加大对中小文化企业的资金支持力度，拓宽中国文化贸易的融资渠道。具体而言如下。

第一，加强文化企业的内部管理，提升文化企业的融资意识。中国政府应该对中小文化企业进行有效的政策引导，鼓励并监督中国文化企业完善内部管理，做到企业财务信息的规范化、可靠化。定期举办相关的文化企业培训讲座，邀请国内外知名文化企业的管理人员对中国中小文化企业内部管理进行相应的培训，为中国文化企业管理者提供一个交流与学习的平台。此外，中国政府还应该出台一些针对中国文化企业内部管理的相关规定，树立统一的、规范化的文化企业管理制度。在文化融资方面，中国政府可以成立相关的文化投融资部门，聘请专业的融资人士为中国文化企业提供相应的文化融资服务。在融资方式方面，中国政府应鼓励与引导中国文化企业积极开拓与非银行机构之间的合作，如信托公司等，拓宽中国文化贸易的融资渠道。

第二，建立文化贸易融资的资金担保、保险机构，化解融资机构的后顾之忧。由于文化市场的不确定性较多，导致文化贸易的融资风险要远远大于其他产品贸易的风险，这就造成了许多银行不愿意为文化企业进行贷款。正如上文所述，只有拥有一定数量固定资产，拥有专业化、高水平的制作团队的企业才具备贷款资格。因此，建立文化资金的担保机制成为化解文化贸易融资难的关键。然而，除非是文化企业为此付出更高的代价，很多商业机构为规避风险都不愿意承担担保机构的责任。因此，中国政府应该尽早建立政策性的文化担保机构，为中国文化企业融资提供一定的融资担保、保险基金，一定程度上降低文化企业贸易融资的风险，从而增加企业获得贸易融资的机会。

第三，完善与文化资产有关的知识产权价值评估机制。由于与文化资产相关的知识产权的价值无法做到合理估价，导致许多中小文化企业面临着资金获取较少或无法获取资金的情况。因此，中国政府应该进一步完善与文化资产相关的知识产权价值评估机制，吸收行业内具有专业鉴赏能力的专家，组成专业化评估团队，对版权类文化资产给予合理的定价，降低中国文化企业融资的门槛。

第四，拓宽文化贸易融资渠道，鼓励文化金融创新。在文化贸易融资方面，中国政府应鼓励中国金融机构加大文化金融创新，拓宽中国文化贸易的融资渠道。具体而言，由于中国文化企业的资产大部分为无形资产，阻碍了其在金融机构的借贷。因此，中国金融机构应结合文化产品的自身特点，开发出更多新的文化金融产品。例如，可以借助投资公司这个平台，利用它们的信息量和资源，来吸引国内外的资金进入文化企业，为企业提供融资支持。此外，私募资金作为一种非公开宣传的、私下向特定投资人募集的一种合作方式，也可以成为中国文化企业进行融资的工具。私募资金主要有两种形式：一种是签订委托投资合同的契约型集合投资基金；另一种是基于共同出资入股成立股份公司的公司型集合投资基金。特别是近些年中国经济高速发展，部分人手中有了闲钱，如果这些闲钱可以以私募基金的形成进入中国文化产业中可以从一定程度上缓解中国文化企业融资难的问题，尤其是那些正处于创业阶段的文化企业。文化金融创新不仅仅是上述两种，目前，中国已有许多商业银行针对文化企业的自身特点，设计出适合中国文化企业融资的产品，如北京银行的“创意贷”，这是一款应用于电子出版物发行、影视产品制作与发行的金融产品，它主要依靠版权质押、版权质押打包贷款等融资方式来为文化企业实现资金的融通。可见，对于中国文化企业融资难问题，金融业自身的文化创新以及政府的政策引导在解决上述问题、拓宽文化贸易融资渠道方面均具有重要的意义。

13.2.6 加大对文化贸易人才的培养，完善文化人才的激励机制

文化贸易的核心竞争力是人才，然而从中国目前的文化贸易发展来看，除了制度、企业自身、融资等因素外，文化贸易人才的缺失成为制约中国文化贸易发展的主要瓶颈。作为一门集传媒经济学、经济学、国际贸易、文化研究、传播学等知识为一体的交叉学科领域，在中国文化贸易发展过程中存在着外向型和复合型的文化经营人才的需求远远大于其供给的问题。

造成中国国际文化贸易人才缺失的原因主要有以下两个：一个是中国高校对文化贸易人才的培养；另一个是中国文化出口企业的人才制度问题。

从高校文化贸易人才培养方面来看，2011 年教育部在修订版本科专业目录中取消了国际文化贸易这个专业，将贸易经济与国际文化贸易统一归并为贸易经济，这从一定意义上降低了高校开设与发展国际文化贸易相关课程的积极性。目前，国内仅有为数不多的学校将国际文化贸易作为其人才培养的重点。在文化贸易的培养方式上，这些高校主要是将国际文化贸易作为一门课程纳入本科生教学，或者将国际文化贸易作为硕士和博士研究生的某一研究方向进行人才的培养。例如，北京第二外国语学院的经贸与会展学院将文化贸易作为服务贸易项下的某一研究领域进行硕士研究生的培养。中国传媒大学的经管学院同样将国际文化贸易作为传媒经济领域硕士与博士研究生的某一研究领域进行培养。与文化贸易形成对比的是文化产业经营与管理，随着中国文化产业的蓬勃发展以及对文化产业人才的大量需求，不少高校都相继开设了文化产业经营与管理专业。虽然文化产业是国际文化贸易发展的根基，文化产业人才的培养一定程度上可以看成是文化贸易人才的培养，但从师资力量上看，很多高校的文化产业经营与管理授课教师大部分来自文学、传播学专业，缺乏国际经济学、国际贸易等相关的学

科背景知识，其所教授的课程大部分仅仅是从自己所属领域出发，缺乏综合性，使得从事文化经营与管理学习的学生由于缺乏经济学、国际贸易的基本专业常识，很难去胜任国际文化贸易领域的相关工作，造成中国文化贸易人才的短缺。

此外，从中国文化出口企业来看，中国文化出口企业从业人员结构整体不合理，其中行政、传播、艺术类专业的比重过高，而国际贸易、营销、管理类人才比重相对较低，企业内部缺乏复合型、国际型的文化贸易人才。究其原因主要是有以下几个方面：第一，中国文化产业发展较晚，文化企业内部缺乏有效的人才培养机制，大部分从业人员是计划经济管理下的培养起来的，大多数习惯于过去的行政管理，而不熟悉国际贸易规则，缺乏产业的管理与经营经验。特别是对于文化出口企业而言，由于忽略了对文化贸易人才的培养，造成了文化出口企业从业人员结构过于单一。第二，现有文化企业缺乏人才激励机制，欠缺完善的人才管理制度。目前，同发达国家相比，中国文化企业缺少现代的企业管理经营理念，企业人才管理制度过于落后，特别是在人才激励机制方面，由于没有形成有效的绩效考核体系，使得中国文化企业内部不能建立起公平、公正、公开的竞争机制，造成中国人才激励机制的不健全，没有将文化企业员工的积极性完全激发出来。第三，中国大部分文化企业缺少对现有员工的专业知识的培养，文化企业内部没有建立起一套有效的企业员工培训的流程。对文化企业员工定期进行业务、技能等方面的培训成为解决企业内部人员比例过于单一、提升文化企业从业人员水平、提高文化企业竞争力的主要环节。然而，目前中国大部分文化企业对于员工的培训仅仅停留在入职培训、任务式培训或应急型培训，而这些培训的内容绝大多数都与文化贸易无关。以入职培训为例，大部分入职培训主要都是针对公司文化、公司规定等方面对企业员工进行培训，而缺少文化贸易相关领域知识的培训。

针对上述问题，我们应该从如下几个方面进行改进。

第一，鼓励高校在现有教学资源的基础上，开设与国际文化贸易相关的课程，提倡跨学科的教师交流与合作。

为了克服文化产业专业教学内容过于单一的局面，中国政府应该鼓励那些已经开设文化产业专业课程的高校根据文化市场的需要推进高校文化产业相关课程的改革，在现有的课程体制下开设国际文化贸易课程和与国际文化贸易相关的课程，坚持理论指导实践，理论联系实践，实践反哺理论的原则，大力培养国际文化贸易的相关人才。此外，针对目前中国高校文化产业相关专业师资结构单一的问题，未来中国高校可以采取师资力量的跨学科交流与合作，例如，在本专业缺乏经贸专业毕业的教师的相关学院，可以邀请本校或外校从事相关领域，特别是一直从事文化贸易领域研究的教师来为本校专业学生授课，这样不仅可以开拓本专业学生的知识面，从不同视角加深对国际文化贸易的理解，培养学生在文化产业领域的商业能力和企业经营管理能力，而且也符合国际文化贸易跨学科专业的要求，为中国培养既懂得与文化相关的理论与知识，又具备一定经济学功底、熟悉国际文化贸易规则与商业惯例的人才。

第二，高校应创新文化贸易人才培养体制，鼓励“产学研”结合。

由于中国高校教授与文化贸易相关课程的教师大部分都缺乏实践操作经验，导致培养出来的相关人才更加偏重理论性而缺乏实践性。在这方面，我们可以借助社会的力量，来加大对高校文化贸易人才的培养。在人才培养方面，社会力量更具备一定的优势，其培训方式相对灵活，培训模式呈现多样化，培训目的往往具有一定的针对性。根据当前文化企业发展的需要，有意识地对人才进行培养，有利于中国文化贸易实用型、复合型人才的培养。因此，中国未来应该进一步创新文化贸易人才的培养体系，拓宽文化贸易人才的培训渠道，加大社会力量在文化贸易人才中的比重。例如，政府可以建立文化贸易培训基地，吸纳优秀的文化企业经理和业内专家加入培训基地的讲学中来。同时，鼓励本地区相关文化企业人员定期参加文化贸易的相关培训，为文化贸易的从业人员提供知识、业务、经验等方面的培训，提高从业人员的整体水平。

此外，针对目前中国部分文化企业为了确保自己的经济利益，而拒绝接收文化企业实习生或经验不足者的现象，未来中国政府应该加强文化企业在人才培养中的作用，在人才培养过程中文化企业不仅应该注重对本企业员工的培训，而且应该关注与高校、研究所之间的科研实践活动，鼓励企业的员工进入高校、研究所进行深造，委托高校与企业开展文化企业人员的从业人员的培训，并逐步规范化。同时，文化企业也应该与进行文化贸易等人才培养的高校建立长期合作关系，为高校的大学生提供更多实习机会，强化学生的业务实践能力，打造更加符合文化贸易发展需要的复合型人才。

第三，引入有效的文化企业考核机制、良好的激励机制。

目前，中国文化企业在人才培养机制等方面存在着许多的不足，特别是在文化企业人才考核制度与人才激励机制方面尤其需要改善。对于一个企业而言，一个高效客观的人才考核机制为企业在职员工建立了一个公平竞争的企业环境，不仅有利于调动企业员工的工作积极性，激发企业员工的工作热情，促进企业员工主动学习和进步，而且有利于增加员工对企业的忠诚度。在文化企业中，经营与管理类人才是文化企业发展的骨干与核心力量，对文化企业经营的每一个环节进行着统筹与规划，特别是在企业的重大决策方面发挥着重要的作用，在企业的绩效方面发挥着重要影响。因此，合理的企业人才激励机制成为文化企业留住优秀的经营管理人才、提高他们工作效率的关键。一个合理的企业人才激励机制首先应该具备有针对性的薪酬设计，合理的薪酬设计应能够体现文化企业经营管理人才对文化企业发展的贡献与价值，通过向他们提供合理的薪酬福利来满足他们的生活等多方面的需求，对他们形成有效的激励，进而提高他们对工作的积极性，激励他们的自我学习与进步的意愿，增强其对企业文化的认同度，降低企业经营管理人才流动性风险，保持并提高文化企业经营管理人才结构的稳定性，使他们更好地为文化企业的未来工作与服务。具体来看，在薪酬设计方面，企业可以引入年薪制，并可以实行经营管理人才的股份制，将他们的薪酬与企业的发展联系起来，来增加他们对企业的忠诚度。

13.3 本章小结

本章基于前文对中国文化产品贸易现状、影响因素、贸易开放度、文化多样性以及贸易摩擦等的研究，总结了中国文化产品贸易发展中存在的主要问题，并提出符合当前中国基本国情的文化产品贸易发展对策建议。当前，缺乏文化原创力、缺乏龙头企业与知名文化品牌、融资困难、科技实力较弱是制约中国文化产品贸易发展的重要原因。今后，应从优化文化产业结构、培育多元文化出口市场、加强文化产品创新与文化品牌的塑造、增强文化企业的国际影响力等方面着力，以促进中国文化产品贸易的可持续发展。

参考文献

1. Adams, R., Almeida, H., Ferreira, D. "Powerful CEOs and Their Impact on Corporate Performance". *Review of Financial Studies*, 2005, 18, pp. 1403-1432.

2. Allain, Marie-Laure, Waelbroeck, Patrick. "Music Variety and Retail Concentration". Working Paper ESS-06-06, ENST, 2006.

3. Albuquerque, Rui., Miao, J. "CEO Power, Compensation, and Governance". SSRN Working Paper, 2007.

4. Alesina, A. and Perotti, R. "The Political Economy of Budget Deficits". IMF Staff Papers, 1995, 42(1), pp. 1-31.

5. Alexander, P. J. "New Technology and Market Structure in the Recording Industry". *Journal of Cultural Economics*, 1994, 18(2), pp. 113-123.

6. Alexander, P. J. "Entropy and Popular Culture: Product Diversity in the Popular Music Recording Industry". *American Sociological Review*, 1996, 61(1), pp. 171-174.

7. Anderson, Bruce. "Hit Record Trends: 1940—1977". *Journal of Communication*, 1980, 30(2), pp. 31-43.

8. Andy Stirling. "On the Economics and Analysis of Diversity". SPRU Electronic Working Papers Series, 1999, 28.

9. Andy Stirling. "A General Framework for Analyzing Diversity in Science, Technology and Society". *Journal of the*

Royal Society Interface, 2007, 4(15), pp. 707-721.

10. Andy Stirling. "Multicriteria Diversity Analysis: A Novel Heuristic Framework for Appraising Energy Portfolios". *Energy Policy*, 2010, 38(4), pp. 1622-1635.

11. Baumol, W. J. and Bowen, W. G. "Performing Arts: The Economic Dilemma". Twentieth Century Fund, New York, 1966.

12. Baker Alan. "A Model of Competition and Monopoly in the Record Industry". *Journal of Cultural Economics*, 1991, 15(1), pp. 29-54.

13. Baxter, William F. "Regulation and Diversity in Communication Media". *The American Economic Review*, 1994, 64(2), pp. 392-399.

14. Berry, J W. "Immigration, Acculturation and Adaptation". *Applied Psychology: An International Review*, 1997, 46, pp. 5-34.

15. Bebchuk, L. A., Fried, J. M., Walker, D. I. "Managerial Power and Rent Extraction in the Design of Executive Compensation". *University of Chicago Law Review*, 2002, 69, pp. 751-846.

16. Bebchuk, L. A., Fried, J. M. "Pay Without Performance: Overview of the Issues". Working Paper of Harvard University, 2004.

17. Becker, G. S. and Murphy, K. M. "A Theory of Rational Addiction". *Journal of Political Economy*, 1988, 96(4), pp. 675-700.

18. Blank, David M. "The Quest for Quantity and Diversity in Television Programming". *The American Economic Review*, 1966, 56(2), pp. 448-456.

19. Belot, M. and Ederveen, S. "Cultural Barriers in

Migration Between OECD Countries". *Journal of Population Economic*, 2012, 25, pp. 1077-1105.

20. Bergstrom and Goodman. "Private Demand for Public Goods". *American Economic Review*, 1973, 63 (3), pp. 280-296.

21. Boisso, D. and Ferrantino, M. "Economic Distance, Cultural Distance, and Openness in International Trade: Empirical Puzzles". *Journal of Economic Integration*, 1997, 12(4), pp. 456-484.

22. C. B. Graber. "The New UNESCO Convention on Cultural Diversity: A Counterbalance to the WTO". *Journal of International Economic Law*, 2006, 3(3), pp. 65-77.

23. Canoy, Ploeg. "Handbook of the Economics of Art and Culture", 2006, 1, pp. 721-761.

24. Caves, R. E. *Creative Industries: Contracts Between Art and Commerce*. Harvard University Press, 2000.

25. Chaloupka, F. "Rational Addictive Behavior and Cigarette Smoking". *Journal of Political Economy*, 1991, 99(4).

26. Cheng, S. J. "Board Size and the Variability of Corporate Performance". *Journal of Financial Economics*, 2008(87), pp. 157-176.

27. Cowen, T. *Creative Destruction: How Globalization is Changing the World's Culture*. Princeton: Princeton University Press, 2002.

28. David Throsby. "Economics and Culture". University of Cambridge, 2001.

29. David Hesmondhalgh. *The Cultural Industries*. Sage Publication of London, 2002.

30. Deardorff, A. V. "Local Comparative Advantage: Trade Costs and the Pattern of Trade". Research Seminar in

International Economics Discussion Paper, University of Michigan, 500, 2004.

31. Degryse, H. and A. de Jong. "Investment and Internal Finance: Asymmetric Information or Managerial Discretion?". *International Journal of Industrial Organization*, 2006, 24, pp. 125-147.

32. Disdier, A. C, Head, K. , and Mayer, T. "Exposure to Foreign Media and Changes in Cultural Traits: Evidence from Naming Patterns in France". Revised Version of CEPR Discussion Paper 5674, 2009.

33. Disdier, A. C. and Mayer, T. "Bilateral Trade of Cultural Goods". *Review of World Economic*, 2010, 145, pp. 575-595.

34. Dixit Avinash, Stiglitz Joseph E. "Monopolistic Competition and Optimum Production Diversity". *American Economic Review*, 1977, 67(3), pp. 297-308.

35. Dowd, T. J. "Concentration and Diversity Revisited: Production Logics and the US Mainstream Recording Market, 1940—1990". *Social Forces*, 2004, 82, pp. 1411-1455.

36. Edward Greenberg and Harold Barnett. "TV Program Diversity: New Evidence and Old Theories". *The American Economic Review*, 1971, 61(2), pp. 89-93.

37. Eichengreen, B. and Irwin, D. I. "The Role of History in Bilateral Trade Flows". In J. A. Frankel (ed.). *The Regionalization of the World Economy*. National Bureau of Economic Research Project Report Series. Chicago: University of Chicago Press, 1998.

38. Elsass, P. M. and Veiga, J. F. "Acculturation in Acquired Organizations: A Force-Field Perspective". *Human Relations*, 1994, 47, pp. 431-453.

39. Falkinger, J. "Attention Economies". *Journal of Economic Theory*, 2007, 133, pp 266-294.

40. Fare, R., Grosskopf, S., Norris, M. "Productivity Growth, Technical Progress, and Efficiency Change in Industrialized Countries". *The American Economic Review*, 1997, 85(5), pp. 1040-1044.

41. Farrell, M. J. "The Measurement of Productive Efficiency". *Journal of the Royal Statistical Society*, 1957, 120(3), pp. 253-290.

42. Fazzari, S., G. Hubbard, B. Peterson. "Financing Constraints and Corporate Investment". *Brookings Papers on Economic Activity*, 1988(1), pp. 141-195.

43. Ferreira, F., Waldfogel, J. "Pop Internationalism: Has a Half Century of World Music Trade Displaced Local Culture?". NBER Working Paper, 2010.

44. Fieler, A. C. "Non-homotheticity and Bilateral Trade: Evidence and a Quantitative Explanation". New York University, 2008.

45. Finkelstein, S. "Power in Top Management Teams: Dimensions, Measurement, and Validation". *Academy of Management Journal*, 1992, 35, pp. 505-538.

46. Firth, M., P. Fung, O. Rui. "Corporate Performance and CEO Compensation in China". *Journal of Corporate Finance*, 2006, 12(4), pp. 693-714.

47. Francoise Benhamou, Stephanie Peltier. "Diversity Analysis in Cultural Economics: Theoretical and Empirical Consideration". Group de Recherche Angevin en Economie et Management, 2009, pp. 1-26.

48. Frey, B. S. "Has Baumol's Cost Disease Disappeared in the Performing Arts". *Journal of Cultural Economics*, 1996,

16(1), pp. 1-12.

49. Gabszewicz, Laussel. "Press Advertising and the Ascent of the 'Pensee Unique'". *European Economic Review*, 2002, 45, pp. 645-651.

50. Gabszewicz, Laussel. "Programming and Advertising Competition in the Broadcasting Industry". *Journal of Economics and Management Strategy*, 2004, 13(4), pp. 657-669.

51. Geert Hofstede. "Cultural Roots of Economic Performance: A Research Note". *Strategic Management Journal*, 1991, 12(1), pp. 165-173.

52. Geert Hofstede. *Culture's Consequences: Comparing Values, Behaviors, Institutions and Organizations Across Nations*. Thousand Oaks, London, New Delhi, Sage Publications, 2001.

53. Geert Hofstede, Michael Minkov. *Cultures and Organizations: Software of the Mind*. The Third Edition. McGraw-Hill, 2010.

54. Glenn Withers. "Private Demand for Public Subsidies: An Econometric Study of Cultural Support in Australia". *Journal of Cultural Economics*, 1979, 3(1), pp. 53-61.

55. Getzner, M., Glatzer, E., and Neck, R. "On the Sustainability of Austrian Budgetary Policies". *Empirica*, 2001, 28(1), pp. 21-40.

56. Getzner, M. "Determinants of Public Cultural Expenditures: An Exploratory Time Series Analysis for Austria". *Journal of Cultural Economics*, 2002, 26(1), pp. 287-306.

57. G. I. P. Ottaviano, G. Peri. "The Economic Value of Cultural Diversity: Evidence from US Cities". *Journal of Economic Geography*, 2006, 6(1), pp. 196-212.

58. Gordon H. Hanson, Chong Xiang. "Testing the Melitz Model of Trade: An Application to U. S. Motion Picture Exports".

NBER Working Paper No. 14461, 2008.

59. Guiso, L., Sapienza, P., and Zingales, L. "Cultural Biases in Economic Exchange". *Quarterly Journal of Economics*, 2009, 124(3), pp. 1095-1131.

60. Greenberg, Barnett. "TV Program Diversity: New Evidence and Old Theories". *The American Economic Review*, 1971, 61(2), pp. 89-93.

61. Grinstein, Y., Hribar, P. I. "CEO Compensation and Incentives: Evidence from M & A Bonuses". *Journal of Financial Economics*, 2004, 73, pp. 119-143.

62. Grossman, S., Hart, O. "Corporate Financial Structure and Managerial Incentives". In J. McCall(ed.). *The Economics of Information and Uncertainty*. Chicago: University of Chicago Press, 1982, pp. 107-140.

63. Guiso, L., P. Sapienza, and L. Zingales. "Cultural Biases in Economic Exchange". *Quarterly Journal of Economic*, 2009, 124(3), pp. 1095-1131.

64. Han, S. J., J. P. Qiu. "Corporate Precautionary Cash Holdings". *Journal of Corporate Finance*, 2007, 13(1), pp. 43-57.

65. Hanson, G. "Testing the Melitz Model of Trade: An Application to US Motion Picture Exports". NBER Working Paper, 2008.

66. Hart, O., J. Moore. "Default and Renegotiation: A Dynamic Model of Debt". *Quarterly Journal of Economics*, 1998, 113, pp. 1-41.

67. Hayashi, F. "Tobin's Marginal Q and Average Q: A Neoclassical Interpretation". *Econometric*, 1982, 50, pp. 224-313.

68. Hofstede, G. *Culture's Consequences: Comparing Values, Behaviors, Institutions, and Organizations Across Nations.*

Thousand Oaks, London, New Delhi: Sage Publications.

69. Hu, A., P. Kumar. "Managerial Entrenchment and Payout Policy". *Journal of Financial and Quantitative Analysis*, 2004, 39(4), pp. 759-790.

70. Hummels, D. "Toward a Geography of Trade Costs". Manuscript, University of Chicago, 1999.

71. Inglehart, R. and Baker, W. E. "Modernization, Cultural Change, and the Persistence of Traditional Values". *American Sociological Review*, 2000, 65(1), pp. 19-51.

72. J. Chan-Tiberghien. "Cultural Diversity as Resistance to Neoliberal Globalization: The Emergence of a Global Movement and Convention". *Education and Social Justice*, 2006, 52, pp. 74-96.

73. Lopes, Paul D. "Innovation and Diversity in the Popular Music Industry 1969—1990". *American Sociological Review*, 1992, 57(1), pp. 56-71.

74. Kogut, Singh. "The Effect of National Culture on the Choice of Entry Mode". *Journal of International Business Studies*, 1988, 19(3), pp. 411-432.

75. Macarthur, R. H. "Patterns of Species Diversity". *Biological Reviews*, 1965, 40(4), pp. 510-533.

76. Marvasti, A. and Canterbery, E. R. "Cultural and Other Barriers to Motion Pictures Trade". *Economic Inquiry*, 2005, 43(1), pp. 39-54.

77. Markowitz Harry. "Portfolio Selection". *The Journal of Finance*, 1952, 7(1), pp. 77-91.

78. Marco Alderighi, Eleonora Lorenzini. "Cultural Goods, Cultivation of Taste, Satisfaction and Increasing Marginal Utility During Vacations". *Journal of Cultural Economics*, 2012, 36, pp. 1-26.

79. Maria Masood. "New Evidence on Development and Cultural Trade: Diversity, Re-concentration and Domination". Cepn Working Paper, 2012

80. Maystre, N. , Olivier, J. , Thoenig, M. , and Verdier, T. "Product-based Cultural Change: Is the Village Global?". Manuscript, University of Geneva, 2005.

81. Mcquail, Van Cuilenburg. "Diversity as a Media Policy Goal: A Strategy for Evaluative Research". *International Communication Gazette*, 1983, 31, pp. 145-162.

82. Melitz, J. "Language and Foreign Trade". *European Economic Review*, 2008, 52(4), pp. 667-699.

83. Myers, Stewart, Nicholas Majluf. "Corporate Financing and Investment Decisions When Firms Have Information the Investors Do Not Have". *Journal of Financial Economics*, 1984, 13, pp. 187-221.

84. Peacock, A. and Scott, A. "The Curious Attraction of Wagner's Law". *Public Choice*, 2000, 102(1), pp. 1-17.

85. Peterson, Richard. "Cycles in Symbol Production: The Case of Popular Music". *American Sociological Review*, 1975, 40(2), pp. 158-173.

86. Plumper, T. and Troeger, Vera E. "Efficient Estimation of Time-Invariant and Rarely Changing Variables in Finite Sample Panel Analyses with Unit Fixed Effects". *Political Analysis*, 2007, 15, pp. 124-139.

87. Ranaivoson, H. "Measuring Cultural Diversity: A Review of Existing Definitions". UNESCO Institute for Statistics, 2007.

88. Rauch, J. E. and Trindade, V. "A Model of International Trade and Cultural Diversity". NBER Working Paper, 2005.

89. Richard Peterson, D. G. Berger. "Measuring Industry

Concentration. Diversity and Innovation in Popular Music". *American Sociological Review*, 1996, 61(1), pp. 147-163.

90. R. G. Flores. "The Diversity of Diversity: Further Methodological Considerations on the Use of the Concept in Cultural Economics". *Ensaios Economics*, 2006(10), pp. 1-19.

91. Rose, A. K. "One Money, One Market: Estimating the Effect of Common Currencies on Trade". *Economic Policy*, 2000, 30, pp. 9-45.

92. Roubini, N. and Sachs, J. D. "Political and Economic Determinants of Budget Deficits in the Industrial Democracies". *European Economic Review*, 1989, 33(6), pp. 903-938.

93. Schumann, J. H. "The Acculturation Model for Second Foreign Language Acquisition". In R. Gingras (ed.). *Second Language Acquisition and Foreign Language Teaching*. Washington D. C. :Center for Applied Linguistics, 1978.

94. Sah, R., Stiglitz, J. "Fallibility in Human Organizations and Political Systems". *Journal of Economic Perspective*, 1991 (5), pp. 67-88.

95. Santos, S. J. M. C. and Tenreyro, S. "The Log of Gravity". *The Review of Economics and Statistics*, 2006, 88 (4), pp. 641-658.

96. Schmidt, P. and C. A. K. Lovell, "Estimating Technical and Allocative Inefficiency Relative to Stochastic Production and Cost Functions". *Journal of Econometrics*, 1979(9), pp. 343-366.

97. Schulze, G. G. and Rose, A. "Public Orchestra Funding in Germany—An Empirical Investigation". *Journal of Cultural Economics*, 1998, 22(3), pp. 227-247.

98. Schulze, G. G. "International Trade in Art". *Journal of Cultural Economics*, 1999, 23(1-2), pp. 109-136.

99. Shannon, C. E., Wiener, W. *The Mathematical*

Theory of Communication. University of IIlinois Press, Urbana, 1962.

100. Simpson, E. H. "Measurement of Diversity". *Nature*, 1949, 163(30), p. 688.

101. Solow, A. R., Polasky, S. "Measuring Biological Diversity". *Environment and Ecological Statistics*, 1994, 1(2), pp. 95-103.

102. Steiner, P. O. "Program Patterns and Preferences, and the Workability of Competition in Radio Broadcasting". *The Quarterly Journal of Economic*, 1952, 66(2), pp. 194-223.

103. Tabellini, G. "Culture and Institution: Economic Development in the Region of Europe". *Journal of European Economic Association*, 2010(4), pp. 677-716.

104. Tadesse, B. and White, R. "Does Cultural Distance Hinder Trade in Goods?". *Open Economies Review*, 2010, 21(2), pp. 237-261.

105. Thoenig, M. "Product-based Cultural Change: Is the Village Global". CEPR Working Paper, 2009.

106. Tirole, J., Holmstrom, B. "Market Liquidity and Performance Monitoring". *Journal of Political Economy*, 1993, 101(4), pp. 678-709.

107. Tobin, J. "A General Equilibrium Approach to Monetary Theory". *Journal of Money, Credit and Banking*, 1969(1), pp. 15-29.

108. UNESCO. *Convention on the Protection and Promotion of the Diversity of Cultural Expression*. Paris, 2009.

109. Van der Ploeg, F. "Beyond the Dogma of the Fixed Book Price Agreement". *Journal of Cultural Economics*, 2004, 28(1), pp. 1-20.

110. Van Cuilenburg. "On Competition, Access and Diversity in Media, Old and New Some Remarks for Communications Policy in the Information Age". *New Media and Society*, 1999, 1(2), pp. 183-207.

111. Van Cuilenburg. "Impact of Moderate and Ruinous Competition on Diversity: The Dutch Television Market". *The Journal of Media Economics*, 2001, 14, pp. 213-229.

112. Van der Wurff, Richard. "A Helical Model of Media Competition, Innovation and Performance". 6th World Media Economics Conference, 2004, pp. 12-15.

113. Van der Wurff, Richard. "Competition, Concentration and Diversity in European Television Market". *Journal of Cultural Economics*, 2005, 29, pp. 249-275

114. Wang, H. J. "A Stochastic Frontier Analysis of Financing Constraints on Investment: The Case of Financial Liberalization in Taiwan". *Journal of Business and Economic Statistics*, 2003(1), pp. 1-14.

115. Weitzman, Martin. "On Diversity". *The Quarterly Journal of Economics*, 1992, 107, p. 2.

116. Williams. "Motivation in Foreign and Second Language Learning: An Interactive Perspective". *Education and Child Psychology*, 1994, 11(2).

117. Whited, T. M. "Debt, Liquidity Constraints and Corporate Investment: Evidence from Panel Data". *Journal of Finance*, 1992, 47, pp. 1425-1460.

118. Withers, G. A. "Private Demand for Public Subsidies: An Econometric Study of Cultural Support in Australia". *Journal of Cultural Economics*, 1979, 3(1), pp. 53-64.

119. Ward, C., Kenedy, A. "Acculturation Strategies Psychological Adjustment and Socio-cultural Competence

During Cross-cultural Transitions". *International Journal of Intercultural Relations*, 1994, 18(1).

120. Yinghua Meng. "Determined Factors of International Trade in Cultural Goods of China: A Panel Data Analysis". *Applied Economics, Business and Development*, 2011, 208, pp. 429-435.

121. Yu-Jun, Lian, Ching-Fan, Chung. "Are Chinese Listed Firms Over-investing?". Working Paper, 2009.

122. 陈亚芸. 欧盟文化贸易政策研究——兼评对中国文化贸易政策的启示. 华南理工大学学报(社会科学版), 2012(1).

123. 陈晓清, 詹正茂. 国际文化贸易影响因素的实证分析——以美国1996—2006年对外文化贸易双边数据样本为例. 南京社会科学, 2008(4).

124. 陈换明. 为中国文化角逐国际市场支招. 决策与信息(财经观察), 2007(8).

125. 程恩富. 文化经济学通论. 上海: 上海财经大学出版社, 1999.

126. 崔新建. 文化认同及其根源. 北京师范大学学报(社会科学版), 2004(2).

127. 戴翔. 创意产品贸易决定因素及对双边总贸易的影响. 世界经济研究, 2010(6).

128. [澳]蒂莫西·J. 科埃利等. 效率与生产率分析引论. 王忠玉译. 北京: 中国人民大学出版社, 2008.

129. 丁菊红, 邓可斌. 政府偏好、公共品供给与转型中的财政分权. 经济研究, 2008(7).

130. 丁伟. 发展中国对外文化贸易的历史机遇. 光明日报, 2004-09-22.

131. 樊艳茹. 中国核心文化商品国际贸易发展影响因素分析. 商业时代, 2011(4).

132. 方英, 李怀亮, 孙丽岩. 中国文化贸易结构和贸易竞争力分析. 商业研究，2012(1).

133. 方英，魏婷，虞海侠. 中日韩文化创意产品贸易竞争关系的实证分析. 亚太经济，2012(2).

134. 傅勇，张晏. 中国式分权与财政支出结构偏向：为增长而竞争的代价. 管理世界，2007(3).

135. 高红岩. 文化多样性的内涵及其政治导向研究. 北京行政学院学报，2010(1).

136. 胡飞葛，秋颖. 中国内地创意产品贸易的发展及国际竞争力分析. 国际贸易问题，2009(12).

137. 花建. 文化软实力：全球化背景下的强国之道. 上海：上海人民出版社，2014.

138. 黄娟. 基于林德模型的国文化贸易现状的实证分析. 价格月刊，2009(8).

139. 霍步刚. 中国文化贸易偏离需求相似理论的实证检验. 财经问题研究，2008(7).

140. 姜付秀，伊志宏，苏飞，黄磊. 管理者背景特征与企业过度投资行为. 管理世界，2009(4).

141. 蒋萍，王勇. 全口径中国文化产业投入产出效率研究——基于三阶段 DEA 模型和超效率 DEA 模型的分析. 数量经济技术经济研究，2010(12).

142. 蒋中一. 数理经济学的基本方法. 北京：北京大学出版社，2006.

143. 蒋珠燕. 中国文化贸易发展现状与对策分析. 北方经济，2011(22).

144. 蒋冠宏，蒋殿春. 中国企业对外直接投资的异质性检验——以服装、纺织和鞋帽类企业为例. 世界经济研究，2013(11).

145. 康小明，向勇. 产业集群与文化产业竞争力的提升. 北京大学学报，2005(2).

146. 雷兴长. 文化产品“走向世界”的战略价值选择分析.

科学经济社会，2009(2).

147. 李本乾，陈德金. 中国传媒集团国际化目标市场选择模型研究——基于文化差异实证与DMP方法的分析. 中国软科学，2011(1).

148. 李春雨. 北京文化的异域审视——针对在京留学生群体的考察. 北京师范大学学报(社会科学版)，2006(6).

149. 李东华. 文化产品价值分析. 科技广场，2006(6).

150. 李怀亮. 国际文化贸易格局下的中国文化出口策略. 现代经济探讨，2008(3).

151. 李嘉珊. 文化贸易在自由竞争与多样性保护下的发展博弈. 国际贸易，2008(12).

152. 李嘉珊. 破解中国对外文化贸易出口瓶颈的三个关键问题. 国际贸易，2010(12).

153. 李洁. 国际法视野下的自由贸易与文化多样性之冲突——兼论UNESCO《保护和促进文化表现形式多样性公约》第20条. 中南民族大学学报(人文社会科学版)，2011(3).

154. 李婉. 财政分权与地方政府支出结构偏向——基于中国省级面板数据的研究. 上海财经大学学报，2007(5).

155. 李小牧，李嘉珊. 国际文化贸易：关于概念的综述和辨析. 国际贸易，2007(2).

156. 李晓东. 全球化与文化整合. 长沙：湖南人民出版社，2003.

157. 李薇，靳静. 核心文化贸易与经济增长关系的实证分析. 生产力研究，2010(1).

158. 李清亮. 中国文化产品出口现状分析及政策研究. 中国改革，2009(8).

159. 李雍. 改善中国文化贸易逆差的对策探讨. 消费导刊，2009(13).

160. 李雍. 中国国际文化贸易逆差原因探讨. 现代商贸工业，2009(15).

161. 连玉君，程健. 投资—现金流敏感性：融资约束还是代理成本?. 财经研究，2007(2).

162. 梁昭. 构建中国文化贸易统计指标体系之研究. 国际贸易，2010(10).

163. 刘敏. 社会学视角下中国公民出境旅游的文化价值. 旅游学刊，2009(12).

164. 刘杨，曲如晓，曾燕萍. 哪些关键因素影响了文化产品贸易. 国际贸易问题，2013(11).

165. 卢锐，魏明海，黎文靖. 管理层权力、在职消费与产权效率——来自中国上市公司的证据. 南开管理评论，2008(11).

166. 罗能生. 全球化、国际贸易与文化互动. 北京：中国经济出版社，2007.

167. 罗立彬，孙俊新. 中国文化产品贸易与文化服务贸易竞争力：对比与趋势. 财贸经济，2013(2).

168. 马冉. WTO框架内的中国文化贸易问题. 南京政治学院学报，2009(5).

169. 彭育园. 国际文化贸易产业发展的研究与对策. 统计与决策，2006(21).

170. 曲如晓，韩丽丽. 中国文化商品贸易影响因素的实证研究. 中国软科学，2010(11).

171. 曲如晓，江铨. 来华留学生区域选择及其影响因素分析. 高等教育研究，2011(3).

172. 权小锋，吴世农，文芳. 管理层权力、私有收益与薪酬操纵. 经济研究，2010(11).

173. 阮婷婷，欧阳有旺. 文化贸易壁垒的效应分析. 国际商务(对外经济贸易大学学报)，2010(5).

174. 任靓. 文化贸易——中国经济的新亮点. 现代经济信息，2008(3).

175. [美]塞缪尔·亨廷顿. 文明冲突论与世界秩序的重

建. 周琪译. 北京：新华出版社，2006.

176. 尚涛. 我国创意产业国际贸易结构与竞争力演进分析. 财贸经济，2010(8).

177. 申丽婷. 如何发展中国对外文化贸易. 现代经济信息，2011(2).

178. 孙珉，孙煜华. 形成文化建设的强大合力——五部委相关负责同志答记者问. 求是，2012(7).

179.[美]泰勒·考恩. 创造型破坏：全球化与文化多样性. 王志译. 上海：上海世纪出版集团，上海人民出版社，2007.

180. 谭秀阁，王峰虎. 基于DEA的中国公共文化投入效率研究. 科技管理研究，2011(7).

181. 唐雪松，周晓苏，马如静. 上市公司过度投资行为及其制约机制的实证研究. 会计研究，2007(7).

182. 童盼，陆正飞. 负债融资、负债来源与企业投资行为——来自中国上市公司的经验证据. 经济研究，2005(5).

183. 涂斌. 公共文化服务体系财政投入：规模、结构与效率. 当代经济，2011(12).

184. 许亚群. 后金融危机时代中国文化贸易的机遇与挑战. 中国商贸，2012(8).

185. 王家庭，张容. 基于三阶段DEA模型的中国31省市文化产业效率研究. 中国软科学，2009(9).

186. 王晓东. 中国国际文化贸易的特点，现状及路径分析. *China's Foreign Trade*，2011(20).

187. 王晓德. 全球自由贸易框架下的"文化例外"——以法国和加拿大等国抵制美国文化产品为例. 世界经济与政治，2007(12).

188. 王晓德. 美国"文化帝国主义"与拉丁美洲. 拉丁美洲研究，2008(1).

189. 王永钦，张晏，章元，陈钊，陆铭. 中国的大国发展道路——论分权式改革的得失. 经济研究，2007(1).

190. 王海文. 新形势下中国对外文化贸易的困境与出路——基于中美视听服务案的剖析. 国际经贸探索，2011(2).

191. 王哲. 论经济全球化与文化多样性. 东北财经大学学报，2009(2).

192. 魏浩，王宸，毛日昇. 国家间人才流动及其影响因素的实证分析. 管理世界，2012(1).

193. 文化部对外文化联络局，北京大学文化产业研究院. 中国对外文化贸易年度报告(2012). 北京：北京大学出版社，2012.

194. 吴晓刚. 高级回归分析. 北京：格致出版社，2011.

195. 吴祥宇. 中国文化对外贸易逆差现状分析. 经济前沿，2007(11).

196. 夏艳霞. 经济全球化条件下的文化多样性. 金陵科技学院学报，2008(12).

197. 谢晓芹，易锐. 论当前中国对外文化贸易逆差问题. 经济论坛，2008(14).

198. 闫玉刚. 试论经济危机形势下的文化贸易“引领战略”. 国际贸易，2010(11).

199. 严成樑，龚六堂. 财政支出、税收与长期经济增长. 经济研究，2009(6).

200. 杨丽琳. 对《国际服务贸易统计制度》中服务贸易统计框架的分析与评价. 统计研究，2012(7).

201. 杨宇婷. 中美文化贸易发展的比较分析. 黑龙江对外经贸，2010(2).

202. 姚新超. 保障文化多样性与WTO规则的冲突及其协调措施建议. 国际贸易问题，2008(6).

203. 余道先，刘海云. 中国生产性服务贸易结构与贸易竞争力分析. 世界经济研究，2010(2).

204. 余文利. 博弈与突围——法国应对多元文化冲击的政

策及其启示. 理论学刊, 2008(9).

205. 臧清秀, 游涛. 文化产品: 特征与属性的再认识. 探索, 2011(5).

206. 曾珠. 文化贸易发展对策的国际比较与借鉴. 理论导刊, 2011(5).

207. 张斌. 国际文化贸易中文化保护所面临的局限性. 湖北社会科学, 2011(3).

208. 张帆. 文化认同与文化产品贸易. 思想战线, 2007(3).

209. 张凤铸, 胡智锋. 和而不同——全球化视野中的影视新格局. 北京: 中国传媒大学出版社, 2005.

210. 张国良, 陈青文, 姚君喜. 沟通与和谐: 汉语全球传播的渠道与策略研究. 现代传播, 2011(7).

211. 张海涛, 张云, 李怡. 中国文化对外贸易发展策略研究. 财贸研究, 2007(2).

212. 张皞. 基于 PEST 框架的中国文化贸易发展研究. 亚太经济, 2011(1).

213. 张娜. 电子商务下国际文化贸易创新及对策. 经济研究导刊, 2012(6).

214. 张抒. 中国文化贸易发展的问题与潜力. 学术交流, 2011(5).

215. 张文. 旅游与文化. 北京: 旅游教育出版社, 2001.

216. 赵森. 浅谈提升我国文化产品竞争力. 黑龙江对外经贸, 2008(7).

217. 赵有广. 中国文化产品对外贸易结构分析. 国际贸易, 2007(9).

218. 郑雪, 张磊. 中国留学生的文化认同, 社会认同和主观幸福感. 心理教育与发展研究, 2010(1).

219. 中国版权年鉴编委会. 中国版权年鉴. 北京: 中国人民大学出版社, 2009, 2010, 2011.

220. 中国文化出口对策研究课题组. 中国文化出口对策研

究．国际贸易，2007(7)．

221．周国富，吴丹丹．各区文化软实力的研究．统计研究，2011(2)．

222．周升起，兰珍先．中国创意服务贸易及国际竞争力演进分析．财贸经济，2012(1)．

223．朱春奎．国外竞争力理论研究综述．生产力研究，2004(1)．

224．朱文静，顾江．中国文化贸易结构与贸易竞争力的实证分析．湖北经济学院学报，2010(2)．

后 记

改革开放以来，中国经济水平得到了显著提升，经济总量跃居全球第二，成为全球第二大经济体。然而，与中国经济水平相比，中国文化并未得到全球民众的普遍认同，中国文化在全球的影响力依然十分微弱。在文化的国际影响力上，中国与日本、美国等文化发达国家仍然存在着较大的差距。众所周知，文化产品与服务是一国文化传播的重要载体，而国际文化贸易是全球民众了解与认识一国文化的重要窗口，是推动一国文化海外传播的重要方式。为此，近些年大力发展中国对外文化贸易得到了政界与学术界的高度关注。

也正是在这个背景下，我于2006年起开始从事国际文化贸易领域的研究，至今已有10年的时间。在这期间，我先后主持了2009年国家广电总局项目“中国影视贸易及出口促进研究”，2009年教育部人文社会科学规划项目“文化距离对中国出口贸易影响的实证研究”，2013年国家社科基金重点项目“文化多样性与中国文化产品贸易互动关系研究”，2013年北京市教育科学“十二五”规划重点项目“文化接受度对来华留学生规模、结构的影响分析”，2015年北京市社科重点项目“北京市文化产品国际竞争力提升的路径研究”，并在国内权威期刊发表相关学术论文数篇，这本专著是我对国际文化贸易领域数年学术研究成果的一个汇总。

由于国际文化贸易是一个崭新的领域，目前从事国际文化贸易研究往往会因数据与文献而受到限制。因此，从文献的收集到数据的处理，从文章的选题到最终的定稿，本书的每一节内容都倾注了我们大量的心血。在这里，我要感谢我的研究团队多年来的共同努力，特别感谢博士生刘杨、杨修、曾燕萍、安振和刘霞，感谢我的硕士生李婧和李世恒，感谢你们在本书撰写过程中所付出的辛勤劳动。这本书不仅仅是我一个人的成果，也是我们师门集体智慧的结晶。

同时，我要感谢北京师范大学经济与工商管理学院的领导与同事，感谢你们对我工作的支持与帮助，是你们让我感受到工作的舒心与温暖。我要感谢我的家人，你们的爱与支持是我工作无限的动力。

最后，感谢北京市社科理论专著出版基金的资助，感谢北京师范大学出版社编辑对本书出版所给予的支持与帮助。

由于时间仓促和水平有限，本书难免存在错漏与不足，恳请广大读者批评指正。

曲如晓

2016 年 6 月